ARCHIVES DE L'INDE FRANÇAISE.

CORRESPONDANCE

DU

CONSEIL SUPÉRIEUR DE PONDICHÉRY

ET DE LA COMPAGNIE

PUBLIÉE AVEC INTRODUCTION

PAR

ALFRED MARTINEAU.

Tome I
1726 - 1730.

PONDICHÉRY

SOCIÉTÉ DE L'HISTOIRE DE L'INDE FRANÇAISE

No. 37. — 1920.

IMPRIMERIE MODERNE, PONDICHÉRY.

Correspondance
du Conseil Supérieur de Pondichéry
et de la Compagnie.
1726-1730.

CORRESPONDANCE

DU

CONSEIL SUPÉRIEUR DE PONDICHÉRY

ET DE LA COMPAGNIE

PUBLIÉE AVEC INTRODUCTION

PAR

ALFRED MARTINEAU.

Tome I

1726 - 1730.

PONDICHÉRY

SOCIÉTÉ DE L'HISTOIRE DE L'INDE FRANÇAISE

No. 37. — 1920.

IMPRIMERIE MODERNE. PONDICHÉRY.

INTRODUCTION.

Les archives de Pondichéry renferment en sept volumes
la correspondance du Conseil Supérieur de Pondichéry
avec la Compagnie depuis le 8 octobre 1727 jusqu'au
8 janvier 1767. Quelques années toutefois manquent
complètement. Où sont passés les textes égarés ou perdus?
Il nous a été impossible de le savoir. Les documents qui
subsistent ne sont eux-mêmes pour la plupart que des
copies faites dans la seconde moitié du xixe siècle sur
des originaux, qui n'existent plus ou ont suivi une destination que nous ne connaissons pas.

Tels quels, ils offrent pourtant à l'historien un
intérêt d'autant plus grand que les matériaux qu'ils
renferment sont uniques et que, si nous ne les possédions
pas, il y aurait toute une partie de l'histoire de l'Inde
française qu'il serait impossible de reconstituer. Nous
désirons très sincèrement que, malgré l'aridité de certaines
matières, un écrivain veuille bien les utiliser pour un
travail d'ensemble qui pour tous les lecteurs serait une
révélation. Notre but ici est beaucoup plus modeste :
nous nous proposons seulement, par une sorte d'analyse
des documents contenus dans le premier volume, de
faire connaître dans leurs points essentiels ce que furent
nos établissements de l'Inde pendant quatre à cinq ans,

de 1726 à 1730, pendant les premières années du second gouvernement de Lenoir [1].

Ce volume comprend, en 310 feuillets, la correspondance échangée entre le Conseil et la Compagnie du 8 octobre 1727 au 15 janvier 1730 et celle entre la Compagnie et le Conseil du 28 décembre 1726 au 29 novembre 1729 ; la première parait s'y trouver en entier [2].

Les lettres de l'Inde sont toutes adressées soit aux directeurs généraux, qui étaient alors Deshayes, Fromaget, Le Cordier, l'abbé Raguet, Saintard et d'Epréménil, soit aux directeurs des ventes, M. Fayet à Lorient, MM. d'Hardancourt et Godeheu à Nantes. La Compagnie ou les directeurs des ventes répondaient en général par une lettre en deux colonnes dont ils remplissaient l'une et laissaient l'autre au Conseil pour la réponse ou l'apostille.

Ces lettres, tout au moins les lettres générales, étaient presque toujours conçues sur le même plan :

Commerce d'Europe,

Commerce d'Inde en Inde,

Affaires de Pondichéry, dites de "la colonie,"

Affaires des Comptoirs : Chandernagor, Mahé, Surate, Mazulipatam,

Les troupes,

Les employés,

Les fortifications et bâtiments,

Les iles de France et de Bourbon,

et quelquefois différents articles très courts, d'un intérêt

---

1. Lenoir avait exercé une première fois le gouvernement du 11 octobre 1721 au 6 octobre 1723, à la suite de la mort de M. de la Prévostière. Il fut remplacé à cette dernière date par M. Beauvollier de Courchant et le remplaça à son tour le 21 Août 1726.

2. On sait comment cette correspondance était transmise. En raison des conditions de la navigation à voile, qui obligeait les navires à partir à certaines dates, le Conseil ne pouvait écrire à la

secondaire. Aucun chapitre n'était spécialement consacré aux rapports avec les étrangers ou avec les princes indiens. La Compagnie de France, comme celle d'Angleterre, partant du principe que toute extension de sa puissance ne pouvait que susciter des conflits dont le commerce souffrirait, ces rapports étaient réduits au minimum imposé par les circonstances. On subissait les évènements plutôt qu'on ne cherchait à les diriger.

Nous suivrons le même ordre. Rappelons, toutefois, avant d'exposer le commerce d'Europe, que le gouverneur de nos établissements était depuis 1726 M. Lenoir et que le Conseil qui l'assistait était composé de M. Delorme comme second et de MM. Legou, Dirois, Dupleix, Vincens, Dulaurens et de Bellegarde. Ce dernier étant mort au début de 1729 fut remplacé par Signard.

I. — LE COMMERCE D'EUROPE.

Le Commerce d'Europe était un monopole de la Compagnie. A moins qu'elle n'accordât des faveurs ou des

Compagnie que du mois de septembre au mois de janvier. Inversement, la Compagnie écrivait entre les mois d'octobre et de février. On condensait de part et d'autre en une lettre volumineuse ses observations ou renseignements et on confiait cette lettre au premier bateau en partance, sauf à envoyer des duplicata ou même des triplicata et des quadruplicata par les bateaux partant ultérieurement, et à compléter alors la correspondance.

Un voyage de l'Inde en Europe et inversement durait de six à huit mois, en passant par les iles (Maurice ou Bourbon) et le Cap de Bonne Espérance. On relâchait aussi parfois à Sainte-Hélène et quelquefois encore – mais plus rarement – à Rio de Janeiro ou à la Martinique, si les vivres du bord venaient à manquer. Lorsqu'on était pressé de faire passer des nouvelles en Europe, on envoyait porter le courrier à Bassora dans le golfe Persique et de là il gagnait Marseille, d'abord par la voie des caravanes de Bassora à Alep, puis par mer à partir d'Alexandrette. Le voyage total durait de quatre à cinq mois ; il ne semble pas qu'on ait recouru à cette voie de communication pendant la période qui nous intéresse.

autorisations spéciales qu'elle faisait payer assez cher
— généralement 20 sols par livre — elle seule avait le droit de
charger ses navires avec des marchandises lui appartenant.
Ce souci du monopole, poussé à l'extrême, est une des
caractéristiques du commerce au XVIIIe siècle.

Aucun autre navire ne pouvait par conséquent charger
pour l'Inde ni de l'Inde en Europe en dehors de ceux de
la Compagnie. Ceux qui voulaient tenter l'aventure
étaient réputés *interlopes*, et pouvaient en cette qualité être
arrêtés et saisis et leurs marchandises confisquées. Les
mêmes principes étaient appliqués en Angleterre, au
Danemark et en Hollande, où il y avait des Compagnies
similaires reconnues. Les navires comme ceux de Pologne,
de Prusse et de Suède qui naviguaient avec une commission de leur roi, n'étaient pas considérés comme
interlopes ; ils pouvaient faire du commerce où il leur
plaisait en dehors des comptoirs attribués à ces Compagnies ; c'était pour eux une affaire d'entente avec les
souverains du pays.

Les vaisseaux de la Compagnie française partaient de
Lorient, touchaient ensuite à Cadix pour y prendre du
vin et des matières d'argent et quelquefois au Cap, puis
gagnaient les iles Bourbon ou Maurice par le canal de
Mozambique avec arrêt assez fréquent à Anjouan et,
après un séjour plus ou moins prolongé dans ces iles, se
dirigeaient sur Pondichéry. Quelques uns cependant s'en
allaient directement dans l'Inde.

Ces bateaux, d'un port de 5 à 700 tonneaux, étaient en
général commandés par des capitaines de la Compagnie,
plus rarement par des officiers de la marine du roi :
ceux-ci étaient plus appréciés, comme étant plus
scrupuleux. Les capitaines et officiers des navires
jouissaient en effet, sous le nom de *port-permis*, de la
faculté d'embarquer pour leur compte une certaine
quantité de marchandises et ne se génaient pas pour

abuser de cette tolérance et faire de la fraude [1]. La Compagnie était constamment assaillie de plaintes à leur sujet par ses directeurs des ventes et sans cesse aussi elle enjoignait aux Conseils de Pondichéry et de Chandernagor d'exercer la plus étroite surveillance au moment des embarquements. Les Conseils n'y pouvaient rien, un embarquement clandestin étant la chose la plus aisée du monde en rivière ou dans une rade foraine. Une surveillance effective ne pouvait s'exercer qu'à Lorient à l'arrivée des navires. La Compagnie n'y manquait d'ailleurs pas et il lui arriva plusieurs fois de prendre ses officiers en faute. En 1727, le présidial de Rennes condamna du Fougeray, capitaine du *Saint Louis*, à la perte de ses appointements, à une amende de 3000 livres et à la confiscation des marchandises frauduleusement chargées. Il fut en outre retenu en prison. Le 13 janvier 1729, le même présidial condamna aux mêmes peines les capitaines La Franquerie et la Feuillée ; les marchandises qui leur furent confisquées s'élevaient à 200.000 livres. Uu autre capitaine, Beaugrand, était retenu en prison préventive pour les même charges.

Le principal but du commerce de l'Inde était moins d'importer des marchandises françaises dans ce pays que de lui demander les siennes propres. Aussi les bateaux partaient-ils d'Europe assez peu chargés. Ils emportaient surtout des matières d'argent, prises à Cadix qui, transformées dans l'Inde en roupies, devaient servir aux transactions commerciales; les marchandises d'Europe étaient l'appoint plutôt que le principal de ces transac-

---

1. Le port-permis était rempli par une somme d'argent variant avec chaque grade, déposée à Lorient avant le départ du navire et remboursée au retour avec 40 o/o de bénéfice. Il était, en principe, alloué de 5000 à 5500 piastres de port-permis par navire, savoir :. au capitaine 3000, au 1er lieutenant 1000, au 2e lieutenant 600 au 1er enseigne 300, au 2e enseigne 200, à l'écrivain 200, à l'aumônier et au chirurgien-major, chacun 100.

tions. Nous verrons tout à l'heure le rôle exact des matières d'argent; les marchandises d'Europe consistaient surtout en draps et en fer, puis venaient dans des quantités peu appréciables les autres produits, notamment le corail et le vin. Par une malchance vraiment singulière, alors qu'on trouvait à acheter à Madras du vin de bonne qualité, presque tous ceux qui étaient apportés à Pondichéry arrivaient en mauvais état. Le Conseil en distribuait gratuitement à ses employés une ou deux barriques, suivant leur grade et leur cédait ce qu'ils demandaient en surplus à raison de 20 pagodes la barrique; c'était à peu près la moitié de la valeur réelle. Une bouteille de champagne valait de 10 à 15 francs. Les marchandises de la Compagnie étaient vendues payables à six mois, avec un escompte d'un pour cent par mois.

Les marchandises de l'Inde devaient être commandées plusieurs mois avant la livraison: il n'y en avait pas de préparées à l'avance. Comme il n'existait pas de fonds de roulement, on ne pouvait en principe faire une commande qu'avec de l'argent importé de France. Cet argent arrivait soit sous forme de lingots, soit sous forme de piastres mexicaines; aussi le premier bateau était-il attendu avec impatience. Les fonds étaient immédiatement portés à la monnaie des souverains du pays, qui seuls à ce moment avaient le monopole de la frappe des pièces d'argent, et, après l'opération, la plus grande partie était distribuée aux marchands. Les commandes s'exécutaient alors en toute sécurité. Il arrivait quelquefois que des prêteurs indigènes consentissent à avancer de l'argent sur la simple espérance de l'arrivée des fonds d'Europe; les marchands commençaient aussitôt à travailler et le chargement des navires pour la fin de l'année était mieux assuré. Les choses allaient tout-à-fait mal, lorsqu'il n'y avait ni argent ni crédit; dans ce cas, le succès de toute une opération annuelle pouvait être compromis. Les fonds envoyés par la Compagnie ne suffisaient pas toujours à assurer l'intégralité des chargements demandés et c'était l'objet de récriminations incessantes de la part des Conseils. Ceux-ci demandaient avec plus d'insistance encore – et une insistance justifiée – qu'on leur envoyât assez de fonds pour pouvoir commencer les opérations de l'année suivante sans être obligés de recourir au crédit. Sans méconnaître la justesse de ces désirs, la Compagnie ne put jamais leur donner satisfaction. Ainsi l'avenir du commerce n'était jamais assuré d'une année à l'autre, et cependant la prudence eut commandé d'avoir les fonds d'avance, ne fut-ce que pour payer les marchandises un peu moins cher, en les achetant plus à loisir et de meilleure qualité.

Les marchandises fournies à la Compagnie par ses différents comptoirs de l'Inde lui coûtaient à cette époque un peu moins de trois millions par an. A défaut de statistique ou d'état en règle, on a déduit ce chiffre du rapprochement d'estimations de nature différente.

Il y a d'abord le compte des marcs. La Compagnie envoya en 1728, 89.492 marcs [1] ou 4.475.000 livres ou francs, en 1729, 63.999 marcs ou 3.200.000 frs. et en 1730, 80.248 marcs ou 4.000.000 francs. soit une moyenne annuelle de 3.550.000 francs. A ces chiffres, il convient d'ajouter environ 250.000 francs de marchandises d'Europe et autant de droits divers perçus dans nos établissements. L'addition donne approximativement 4.050.000 francs.

Sur cette somme, le Conseil Supérieur en retenait

---

1. Un marc valait de 48 à 50 livres ou un peu moins de 6 pagodes. La pagode, monnaie d'or, valait 8 livres à 8 livres 1/2 ; la roupie, monnaie d'argent la plus courante, 2 livres 30 à 2 livres 50 ; la piastre valait 2 roupies, par conséquent environ 5 frs. Toutes ces valeurs étaient essentiellement variables et n'étaient pas les mêmes dans les différentes parties de l'Inde.

650.000 pour les divers services administratifs de Pondichéry et 135.000 pour ceux de Mahé (chiffres de 1730) Nous n'avons pu trouver les chiffres des autres comptoirs, mais on peut avec quelque vraisemblance les fixer à 300.000 pour Chandernagor et autant pour les autres établissements y compris ceux de Chine, de Perse et d'Arabie. Après prélèvement de ces sommes, il devait rester pour le commerce autour de 2.650.000 francs.

On a un état des demandes faites à Pondichéry en 1727 par les directeurs des ventes à Nantes : il s'élevait à 260 balles qui, à 800 livres la balle, prix moyen, faisaient 210,000 francs. Mais cet état paraît s'appliquer presque exclusivement à des sortes étrangères, hollandaises ou anglaises : 190 balles contre 70, et ce sont les commandes de Nantes seulement. Il nous faut chercher ailleurs des données plus exactes. Or nous savons que, par un contrat du 20 juin 1728, le Conseil Supérieur fit à ses marchands une commande de 100.000 pagodes ou 850.000 frs et que le 1er mars 1729, il fit un autre contrat de 1.400 balles, devant se monter à près de 140.000 pagodes, ou 1.200.000 francs. Retenons ces chiffres et adoptons une moyenne d'un million.

Pour Chandernagor, le Conseil avait reçu de 1723 à 1726, 87.000 marcs et 100.000 Rs. de marchandises, soit 1.500.000 francs par an. En 1725, il avait fait un contrat de 1.038 balles ou 828.000 francs. En 1728, il reçut 36.000 marcs et 50.000 piastres, soit près de 2 millions. On peut accepter le chiffre de 1.500.000 comme un chiffre moyen.

Mahé devait fournir annuellement 400.000 livres de poivre qui, à raison de 60 roupies ou 150 frs le candil de 560 livres, valaient environ 110.000 francs.

On demandait à Moka pour 60.000 piastres ou 350.000 francs de café.

Le Conseil Supérieur était enfin autorisé à affecter par

an 10.000 pagodes ou 85.000 francs au commerce d'Inde en Inde, c'est-à-dire aux autres comptoirs.

Si nous additionnons ces chiffres, tous légèrement arrondis, nous obtenons :

pour Pondichéry . . .	1.000.000	francs
Chandernagor . .	1.500.000	—
Mahé . . ' .	110.000	—
Moka	350.000	—
les autres comptoirs .	90.000	—

Total ... 3.050.000 francs.

Les expéditions connues des navires ne donnent pas tout à fait les mêmes chiffres. Ceux de 1727 emportèrent 1.975.000 francs de marchandises et ceux de 1728, 2.150.000, mais ce sont les chiffres de trois navires seulement et il en repartit quatre. Nous savons, d'autre part, qu'un chargement pour l'Europe oscillait autour de 750.000 francs. Quatre navires représentaient ainsi 3.000.000 francs de marchandises.

L'abbé Morellet, dans son *Mémoire sur la situation de la Compagnie en 1769*, donne pour les achats effectués dans l'Inde, de 1725 à 1736, le chiffre global de livres 50.980.429, ce qui fait une moyenne annuelle de 4.250.000 francs, et, en effet, les chiffres de 1731 s'élevèrent à 3.850.000 livres et ceux de 1732 à 5.635.000, mais de 1726 à 1730, il est certain que ces chiffres furent loin d'être atteints et l'on peut s'en tenir à celui de 3.000.000 livres comme l'expression d'une vérité théorique, sans doute peu éloignée de la vérité effective.

Les marchandises arrivées en France étaient vendues presque aussitôt après leur débarquement ; elles se vendaient d'autant mieux qu'elles correspondaient davantage aux goûts du public, mais alors, comme aujourd'hui, la mode était inconstante. On réclamait sans cesse des modèles nouveaux ; comment les faire exécuter dans l'Inde d'une année à l'autre ? Le Conseil Supérieur était fort embarrassé pour concilier les exigences des directeurs avec la coutume des fabricants. Nous ne pouvons à cet égard résister au devoir de citer les lignes suivantes extraites d'une lettre à Godeheu et d'Hardancourt du 25 janvier 1728 ; elles sont encore de circonstance, même pour d'autres objets : "Nous savons parfaitement, écrivait le Conseil Supérieur, que notre nation est inconstante et veut de la nouveauté non seulement dans les marchandises, mais dans toutes les affaires; ce qui est projeté et en train d'être exécuté est aussitôt culbuté avant que l'on puisse en savoir les progrès. Quel changement voulez-vous que nous fassions dans les marchandises de cette côte pour les ajuster à la variété continuelle du génie français ?"

Voici la liste des vaisseaux qui arrivèrent à Pondichéry de 1726 à 1730 :

en 1726, *le Jason*, *la Vierge de Grâce*, *l'Argonaute* et *la Danaë*;

en 1727, *le Lys*, cap. Desboisclairs, *le Solide*, cap. Marquaysac, *la Badine*, cap. la Feuillée, *le Jupiter*, cap. la Franquerie ;

en 1728, *le Mercure*, cap. Beaugran, *le Mars*, cap. Jonchée, *la Syrène*, cap. Massiac et *le Bourbon*, cap. de la Garde ;

en 1729, *la Danaë*, cap. Dufay, *le Royal Philippe*, cap. Beaudran de la Mettrie, *le Duc de Chartres*, cap. Marquaysac ;

enfin, en 1730, *le Lys*, cap. Pondevez, *le Neptune*, cap. Jonchée, et *la Diane*.

Les navires arrivés en 1727 furent tous placés sous le commandement de Desboisclairs pendant leur séjour dans la colonie ; ce dernier avait une mission spéciale pour faire un rapport d'ensemble sur la situation de nos établissements. Les fonds apportés furent insuffisants et le

Conseil Supérieur dut annuler un contrat de 100.000 pagodes qu'il avait passé le 20 juin avec ses marchands habituels et prendre des engagements sur l'avenir pour ceux qui ne purent être cassés. L'effet produit fut très mauvais pour notre crédit.

Les chargements pour la France s'élevèrent pour *le Solide* à 58.878 pagodes, pour *la Badine* à 88.831 et pour *le Jupiter* à 85.687. Jamais les marchandises ordinaires n'avaient coûté moins cher depuis plusieurs années. La Compagnie avait désiré recevoir des échantillons de camphre et d'alun ; il n'y en avait pas dans l'Inde ; le Conseil Supérieur fit venir l'alun de Chine et du Tonkin et le camphre d'Achem.

Les fonds apportés en 1728 s'élevèrent à 89.492 marcs ; ils servirent d'abord à acquitter les dettes de l'année précédente jusqu'à concurrence de 20.457 pagodes et à payer 81.364 piastres de café de Moka et 39.506 pagodes de poivre et de cardamome.

Les opérations de cette année furent particulièrement difficiles à effectuer, en raison d'une sécheresse persistante qui fit tarir les puits et contraria le blanchiment des étoffes. La Compagnie dut faire des avances de riz à ses marchands pour les décider à continuer leur contrat.

Le Mars repartit avec un chargement de 77.599 pagodes. Les marchandises emportées par *le Mercure* et *le Bourbon* se répartirent de la façon suivante :

Par le Mercure

marchandises de Bengale	282.625	rs.
„ de Pondichéry	28.745	rs.

Par le Bourbon

marchandises de Bengale	242.584	rs.
„ de Pondichéry	93.988	rs.

Ces simples chiffres indiquent mieux que tout commentaire l'importance relative des commerces du Bengale et de la côte Coromandel. A la suite de ces envois, il resta à Pondichéry environ 200 balles et 300 milliers de poivre.

Nous ignorons les opérations du *Lys*.

Les directeurs des ventes à Nantes, Godeheu et d'Hardancourt, firent plusieurs observations assez désobligeantes sur les opérations du *Mercure*, notamment sur les achats de camphre, d'encens et de myrrhe. Ces marchandises, à leur sens, avaient été mal achetées et les comptes mal établis, et pour mieux témoigner leur mécontentement, ils renvoyèrent le camphre à Pondichéry. Les tarlatanes étaient de qualité trés inégale et avaient été mal visitées. Godeheu et d'Hardancourt supposaient *à priori* que ces marchandises n'avaient été achetées que pour faire plaisir à quelques particuliers aux dépens de la Compagnie. Le Conseil prit fort mal la plupart de ces observations : " Les termes durs dont vous vous servez dans vos lettres, répliqua-t-il, nous conviennent d'autant moins qu'outre le droit que nous ne pensons pas que vous ayez de nous maltraiter, nous n'avons jamais tenu une conduite qui le méritât ". D'après eux, les réflexions des directeurs étaient autant d'erreurs qu'ils auraient pu s'éviter, s'ils s'étaient donné la peine de lire attentivement la correspondance de l'Inde. Leurs observations épuisées, les directeurs demandaient qu'à l'avenir on leur procurât annuellement 2.500 pièces de tarlatanes, 8 à 9.000 pièces de bétilles, 3.200 pièces d'organdis, 24.000 pièces de salempouris blancs de diverses qualités et deux balles de chacune des marchandises fabriquées à Surate, comme douttys, sauvaguses, déribadis d'Agra et baffetas.

La Danaë et *le Royal Philippe* qui arrivèrent à Pondichéry en juillet et en août 1729 apportèrent 63.999 marcs, dont 28.092 furent immédiatement envoyés au Bengale. *Le Duc de Chartres* n'arriva que le 29 janvier

1730, après avoir perdu par le scorbut 26 hommes de son équipage et il en perdit encore huit autres pendant son séjour à Pondichéry.

La sécheresse de 1728 s'étant prolongée en 1729, les opérations commerciales furent très difficiles. Vivres et marchandises augmentèrent. Les cotons passèrent de 15 et 20 pagodes le bard à 22 et 24. Le Conseil fit un contrat de 1.400 balles de marchandises, qui devaient monter à près de 145.000 pagodes, et emprunta 8.000 pagodes pour faire une partie des avances. La production se ralentit en octobre par suite de la non arrivée du *Duc de Chartres*, qui apportait le reste des fonds. Les marchands ne fournirent que 1.160 balles.

Le Royal Philippe fit retour dès le 7 octobre avec 431.000 livres de café et 350 balles de différentes marchandises, le tout s'élevant à 81.157 pagodes. Parmi ces marchandises, il y avait 8 balles de mouchoirs de Paliacatte, des mouchoirs sassergantis de Mazulipatam et d'autres de Tranquebar. *La Danaë* partit le 30 janvier 1730 avec un chargement de 124.671 roupies. Le même jour partait également *l'Alcyon*, un vaisseau venu des îles en 1728 pour se faire radouber dans l'Inde. Sa cargaison s'élevait à 42.255 roupies seulement.

Après le départ de ces navires, il restait en magasin à Pondichéry 200 balles prêtes à partir, 227 balles de Mazulipatam, 480 milliers de poivre et toute la cargaison d'un navire venu de Bengale, d'une valeur de 256.786 roupies.

L'arrivée tardive du *Duc de Chartres*, qui ne put repartir qu'à l'automne, était la cause de cette accumulation: ce navire avait apporté 26.230 marcs.

Le Conseil Supérieur avait demandé qu'on lui envoyât pour 1730, 300 milliers de fer carrés ou plats, 100 quarts d'eau de vie et 40 balles de draps assortis pour Moka.

Le premier des navires qui parut cette année fut *le Lys* ; il arriva le 20 juillet, beaucoup trop tard pour le succès des affaires. Les fabricants ne le voyant pas venir, avaient interrompu la fabrication à l'époque de l'année la plus favorable.

Le Lys apportait 40.126 marcs et *le Neptune*, arrivé le 26 août en même temps que *la Diane*, en apporta 40.112. Le Conseil Supérieur en envoya à Mahé 5.000 par *le Duc de Chartres* au mois de février et 7.000 autres à la fin de l'année, et 52.000 autres au Bengale entre le mois de février et celui d'août. Le surplus fut employé à payer les cafés arrivés de Moka et les marchandises ordonnées pour les cargaisons des vaisseaux d'Europe.

Le Lys fut envoyé à Achem et Merguy au mois de juillet ; *la Diane* resta pour charger les cafés ; *le Neptune* alla au Bengale. *La Diane* et *le Duc de Chartres* repartirent pour l'Europe le 11 octobre, le premier avec un chargement de 38.989 pagodes et le second avec un chargement de 187.747 pagodes.

II. — LE COMMERCE D'INDE EN INDE.

Le commerce d'Inde en Inde était celui qui se faisait des mers de Chine au Cap de Bonne-Espérance et à la Mer Rouge, par les bateaux de la Compagnie ou ceux des particuliers dûment autorisés à naviguer.

Nul ne fut plus capricieux ; tantôt la Compagnie voulait le faire pour son compte exclusif et tantôt elle ne le voulait pas. A l'origine il était rigoureusement interdit à tous ses commis, employés et officiers ; mais en 1722 la Compagnie, considérant que le commerce d'Europe était plus favorable à ses intérêts et qu'il convenait de lui consacrer la presque totalité de ses fonds, permit à tous ses employés de faire le commerce d'Inde en Inde, à l'exception toutefois de la Chine, de Moka et des autres endroits où elle avait des comptoirs : là elle continuait de se réserver un privilège exclusif. Elle se réservait également l'usage de ses bateaux; ses employés ne devaient se servir que de ceux des Maures ou des gentils (Paris, 20 février 1722).

En 1724, nouvelle accentuation de cette politique. Par lettre du 12 décembre, la Compagnie ne garda plus que le commerce de Moka et résolut de ne s'intéresser dans celui des autres comptoirs que pour une somme globale de 10.000 pagodes chaque année. C'était à peu près la quinzième partie des armements ; le reste fut abandonné aux particuliers. En prenant ce parti la Compagnie déclarait, plus nettement encore qu'elle ne l'avait fait précédemment, ne pas vouloir nuire à son commerce d'Europe, qui devait seul retenir son attention; l'autre dépendait de trop de circonstances fortuites et se présentait rarement dans les mêmes conditions d'une année à l'autre dans le même comptoir. Mieux valait, à son sens, une concentration qu'une dispersion des efforts.

Il est difficile de savoir à l'avance quel commerce est le moins douteux ; c'est souvent l'évènement qui en décide par des circonstances que l'on ne peut prévoir. La prudence de la Compagnie était au moins exagérée ; les hommes qui font des affaires doivent savoir courir quelques aléas. Néanmoins la décision de la Compagnie fut loin de déplaire au Conseil Supérieur qui, pour faire un armement, était obligé le plus souvent d'attendre les fonds d'Europe. Si ces fonds arrivaient trop tard, il fallait renoncer à tout voyage, à moins de recourir à des emprunts onéreux. On aurait au contraire toujours assez d'argent pour faire les 10.000 pagodes, et les navires partiraient en temps opportun. Les employés de la

Compagnie et les particuliers auraient aussi plus de liberté pour faire les opérations qui leur conviendraient. Le Conseil ne put cependant s'empêcher de faire remarquer que de pareils changements de direction étaient fort préjudiciables aux affaires. Le commerce d'Inde en Inde, comme tout commerce, demandait une continuation annuelle et constante si l'on voulait en tirer profit. Le faire une année et l'abandonner la suivante pour peut-être le reprendre ensuite ne pouvait donner que de mauvais résultats ; les marchands ne s'intéressent pas aux affaires qui se présentent dans de pareilles circonstances ; aussi tomba-t-il presque complètement après 1725. Ni les employés de la Compagnie, ni les particuliers n'étaient préparés à l'entreprendre du jour au lendemain. Il leur fallut tout d'un coup se concerter entre eux, rassembler des fonds, prendre des engagements. Ils trouvèrent fort heureusement un puissant concours auprès d'un des commerçants les plus riches et les plus entreprenants de Pondichéry, nommé Soucourama.

Le commerce d'Inde en Inde se faisait surtout du Bengale, où se trouvaient les marchandises les plus appropriées. Le Conseil de Chandernagor pouvait indifféremment armer pour Jedda, Moka, Bassora, Bender Abbas, le Pégou, Achem, Manille et Canton, tandis que les toiles bleues de Pondichéry, qui constituaient presque uniquement le commerce de cette ville, ne s'écoulaient guère utilement qu'à Moka et à Manille. Le commerce de Chine, si séduisant fut-il, ne réussissait guère qu'une fois tous les trois ans.

L'armement d'un navire oscillait autour de 100.000 roupies ; on en vit toutefois de beaucoup plus élevés, dépassant même 300.000 roupies, mais il y en eut de moindres. L'armement était constitué par les marchandises propres aux armateurs et celles qu'ils avaient à fret, généralement à 7 o/o, comme aussi par les fonds qu'ils prenaient à la grosse entre 15 et 20 pour cent. Après prélèvement des droits d'entrée fixés à 3 pour cent, il pouvait laisser un bénéfice net de 30 à 40 pour cent, mais ces chiffres étaient rarement atteints.

Le succès d'un armement dépendait de la capacité du capitaine, mais surtout de l'habileté du subrécargue. Il ne semble pas que les capitaines aient été en général des hommes d'une haute valeur à tous les points de vue ; ils pouvaient être d'assez bons manoeuvriers et conduire convenablement leur navire, mais leur rudesse, leur brutalité même produisait souvent à terre ou dans les ports des incidents fâcheux. C'est ainsi qu'en 1727 le capitaine de *la Minerve*, étant à Merguy, enleva de force des esclaves pour compléter l'équipage de son navire. Il en résulta avec les propriétaires et avec les autorités locales des difficultés assez sérieuses et il fallut toute l'autorité de M. Aumont, missionnaire des Missions étrangères, pour les apaiser. Les subrécargues chargés de la vente des marchandises étaient mieux choisis ; on les prenait assez souvent parmi les commis et même les sous-marchands de la Compagnie. Dupleix fit en cette qualité le voyage de Chine en 1724.

Comme pour le commerce d'Europe, les officiers jouissaient d'un port-permis leur permettant d'embarquer gracieusement une certaine quantité de marchandises ; pour tout ce qui excédait cette permission, ils avaient la faculté d'embarquer ce qu'ils voulaient, à condition de payer le fret. On en vit qui abusaient de cette faculté au détriment des commerçants. Aussi les postes de capitaines étaient-ils fort recherchés ; on y faisait souvent fortune. Ceux de subrécargues ne l'étaient guère moins, car ceux-ci étaient intéressés à la vente, ordinairement avec une part de trois pour cent.

En dehors de naufrages qui étaient assez fréquents, surtout à l'embouchure du Gange, les navires n'avaient guère d'autres dangers à redouter que les Angriàs, pirates de la côte Malabar, entre Goa et Bombay, qui n'hésitaient pas à attaquer même les vaisséaux d'Europe et parfois les capturaient. Ailleurs on n'avait à craindre que les avanies ou exactions assez habituelles des chefs indigènes, comme à Moka, ou les guerres civiles qui paralysaient le commerce.

Examinons maintenant le commerce d'Inde en Inde dans les divers comptoirs où il se pratiqua en dehors de l'Inde elle-même et en n'y comprenant pas non plus les îles de France et de Bourbon avec lesquelles les transactions revêtirent un caractère particulier. Rien n'indiquant un ordre spécial de préférence, nous suivrons l'ordre alphabétique.

Achem. — Il ne se faisait pas grand commerce à Achem, qui, comme on le sait, est situé à la pointe de Sumatra. Les anglais en étaient exclus depuis plusieurs années ; nous n'y tentions rien ; seuls, les Danois de Tranquebar y envoyaient parfois des bateaux, en vertu de traités remontant à quarante ans. En 1725, le roi d'Achem envoya un messager au Bengale pour ouvrir des relations entre son maître et le Conseil de Chandernagor. Ce fut le Conseil Supérieur qui répondit à ces ouvertures en envoyant *le Triton* au mois d'août 1726. Le voyage fut mauvais en raison des troubles politiques du pays. Le Conseil ne se découragea pas et en 1727, il envoya le brigantin *le Diligent* et le vaisseau *le Jupiter* pour faire un traité avec le roi ; ces deux navires emportèrent 4.172 pagodes de marchandises pour le compte de la Compagnie et 495 grosses balles pour celui des particuliers. Un employé du Conseil, le sieur Porcher, accompagnait le convoi et devait vendre les marchandises. Les propositions de Pondichéry furent accueillies assez favorablement. Porcher obtint que 200 balles seraient exemptes de droits d'entrée en 1728 et 150 en 1729. *Le Jupiter* ramena des chevaux, du ganja, du soufre, du benjoin, de l'arreck et un peu d'or.

Le succès de l'opération décida le Conseil à la renouveler en 1728 ; il envoya *la Marie-Gertrude* et renvoya *le Diligent* avec 8.477 pagodes de marchandises pour le compte de la Compagnie et 347 balles pour celui des particuliers. On avait également embarqué deux marchands, Bellegarde et Porcher et un détachement de 20 soldats pour la sûreté de nos magasins, car le pays était rempli de voleurs. Précautions superflues ; nos marchandises n'eurent, il est vrai, rien à craindre des voleurs, mais elles furent en partie consumées par un incendie. Bellegarde mourut vers la fin du voyage, le 27 janvier 1729.

Chandernagor envoya de son côté un brigantin, *l'Indien*, avec un chargement de 51.803 roupies, dont 24.731 pour l'intérêt de la Compagnie. Un particulier, nommé Fournier, y alla de son côté avec un brigantin armé tout à la fois à Pondichéry et à Chandernagor. Comme les anglais y avaient envoyé de leur côté des vaisseaux et que la guerre régnait à l'intérieur du pays, les opérations furent peu fructueuses.

En 1729, *la Danaë*, vaisseau récemment arrivé de France, partit en août pour Achem avec 10.472 pagodes de marchandises et 144 balles à fret pour les particuliers qu'il avait ordre de rapporter s'il ne pouvait les vendre. Les opérations furent également assez médiocres. Aumont et Desplats représentaient la vente. Le pays étant ruiné, ils ne voulurent pas contracter de nouveaux engagements ni faire de crédit aux gens du pays. Le roi nous fit cependant un nouveau traité par lequel il réduisait les droits à 5 o/o et nous permettait d'embarquer 20 chevaux, 10 bards de brai, 10 de ganja, 10 de benjoin et 10 de soufre, sans payer de droits, toutes conditions fort avantageuses pour le jour où le commerce serait rétabli et où le pays serait en paix.

Il ne fut rien tenté en 1730.

Bassora et Bender Abbas. — Bassora était une ville turque depuis 1688 ; auparavant elle appartenait à la Perse. Nous y faisions sans doute du commerce depuis le jour où nous nous établîmes à Surate ; quand nous nous installâmes au Bengale, nos navires partirent surtout de Chandernagor. Ce commerce, bien qu'il fut réputé avantageux, ne donnait pas toujours d'heureux résultats. En ce pays où les anglais, les hollandais et les français se disputaient la clientèle, le succès tenait surtout à une heureuse proportion dans les marchandises importées ; s'il en arrivait en abondance, elles se vendaient à bas prix et tout était compromis. Le voyage du *St. Joseph* en 1726 fut si mauvais que la Compagnie, qui y était intéressée, songea à ne plus en entreprendre dans la suite. Celui de *la Marie-Gertrude* en 1727 fut également mauvais, en raison des troubles politiques du pays. En 1728, on envoya de nouveau *le St. Joseph* avec les sieurs Regnault et Bunel comme marchands. La vente des marchandises n'y fut pas encore favorable, à cause de là grande quantité d'objets qui fut apportée par cinq vaisseaux anglais partis du Bengale. Regnault et Bunel durent rester à Bassora tout l'hiver dans l'espérance d'une vente plus avantageuse ; les marchands anglais en firent autant. Cette série d'insuccès ne découragea pas le Conseil ni les marchands qui décidèrent de renvoyer le même navire en 1729. Il porta 220 balles à fret et 28.063 pagodes de marchandises : par exception, on joignit quelques marchandises de la côte Coromandel à celles du Bengale.

Le Conseil, sur les ordres de la Compagnie, décida de ne pas reprendre ce commerce en 1730, mais comme il y avait lieu de ramener les marchandises invendues, si réellement leur liquidation n'était pas possible, il résolut d'y envoyer tout de même le brigantin *le St. Ignace.* Bien entendu les particuliers restaient libres de continuer ces voyages, s'ils trouvaient les fonds et les marchandises nécessaires ; ils envoyèrent *l'Union* en 1730.

En dehors des aléas propres à toute affaire, nos commerçants rencontraient encore de grandes difficultés auprès des autorités turques, qui ne nous ménageaient ni les avanies ni les exactions ; d'autre part nos intérêts, confiés aux Carmes, qui exerçaient les droits consulaires sans en avoir la fonction effective, étaient mal défendus par eux ; le Père Placide, leur supérieur, ne justifiait que trop son nom. Fatigué des vexations que nous subissions, Regnault porta plainte à notre ambassadeur à Constantinople, M. de Villeneuve. Celui-ci obtint sans peine de la Sublime Porte que les capitulations fussent observées dans un esprit plus libéral et obtint, moyennant un don de 383 piastres que dut faire la Compagnie, un commandement dont l'original fut envoyé au P. Placide pour être remis à Regnault ou à son remplaçant. Le P. Placide refusa de le remettre et le présenta au pacha de la ville qui le garda sans vouloir s'y conformer, sous prétexte qu'il avait reçu depuis des ordres contraires de Constantinople. Bunel, qui venait de remplacer Regnault, se plaignit à nouveau à notre ambassadeur et celui-ci annonça un autre commandement qui ordonnerait l'exécution du premier. Le Conseil Supérieur mis au courant de ces faits, pria Saint-Hilaire, capitaine de *l'Union*, de s'entendre à ce sujet avec le P. Placide, mais posa dès ce jour le principe du retrait des fonctions consulaires des mains d'un religieux incapable de les exercer ou qui les exerçait contre nos intérêts. Si cette proposition ne pouvait aboutir, le Conseil suggérait d'écrire au général des Carmes à Rome, pour le prier de donner ordre à ses religieux de ne plus se mêler des affaires de la Compagnie et de laisser agir ses employés.

Les difficultés que nous avions avec les autorités turques provenaient surtout des droits de douane. Les marchandises introduites à Bassora par d'autres que les Européens payaient 7 pour cent de droits ; les Anglais et les Hollandais payaient 5 pour cent et nous, trois seulement. Le commandement obtenu par M. de Villeneuve nous accordait une insignifiante diminution d'un pour mille. Furieux de voir que la Sublime Porte nous eut accordé cette faveur, le pacha exigea de Bunel qu'il payât 5 pour cent comme les Anglais. L'incident prouve tout au moins que les ordres du sultan étaient mal exécutés dans ses provinces les plus éloignées. Nous sortirions du cadre de ce travail en expliquant que les gouverneurs turcs, comme les autres fonctionnaires, étant mal payés jouissaient d'une sorte de tolérance pour se procurer des ressources même par des moyens illicites.

Les navires allant en Perse s'arrêtaient parfois à Bender Abbas, où ils déposaient quelques marchandises. Nous eûmes autrefois une loge en cette ville, mais on n'en tira jamais une grande utilité et, en 1727, elle était totalement tombée en ruines.

Chine. — Le commerce de Chine était réputé l'un des meilleurs, parce que les retours se faisaient en or et en marchandises propres pour l'Europe, mais il n'offrait aucune sécurité. Les Chinois n'aimaient pas l'étranger ; l'argent qu'on leur portait était la seule chose qui les fît recevoir. Tyrannisés par les mandarins, trompés par les marchands et interprètes, on était encore exposé à la rapine des voleurs dont le pays était rempli. Nous avions néanmoins fondé à Canton un comptoir dont la Bretesche était directeur en 1723 avec Tribert de Tréville comme sous-directeur, Duvelaër et Renault comme employés. En

1724, Tribert remplaça la Bretesche ; le Conseil envoya á Canton *le St. Joseph* avec Dupleix comme subrécargue. Les opérations de cet armement où la Compagnie était intéressée de 56.000 piastres furent ultérieurement critiquées de la façon la plus sévère par la Compagnie.

Celle-ci faisait généralement le commerce de Chine par des vaisseaux partant directement de France ; en 1726 elle décida qu'ils partiraient de Pondichéry, mais toujours pour son compte ; elle acceptait pourtant que les particuliers pussent y charger à fret tant pour l'aller que pour le retour. Le Conseil Supérieur devait faire les fonds.

Il envoya en 1726 *le Pondichéry.* Ce vaisseau eut les pires aventures ; arrivé à Macao et au moment où il se dirigeait vers Canton, il fut pris par un premier typhon qui le fit échouer dans une anse à cinq lieues de Macao et, cinq jours après, par un second qui le jeta plus avant encore dans les terres. Il fut complètement démâté. Il en coûta 7.663 taëls pour le remettre à flot. Une grande quantité des marchandises fut perdue, et il ne tint pas au gouverneur de Canton que le reste ne disparut également ; il voulait se l'approprier. Nous fûmes sauvés par le gouverneur de Macao ; seulement *le Pondichéry* n'ayant plus assez de fonds pour acheter des marchandises, dut revenir chargé de sable.

Le St. Pierre fit un meilleur voyage en 1727, mais à son retour il se trouva si rempli de carias qu'il fallut le condamner et le démolir. Il avait été acheté 4.000 pagodes en Juin 1725. Les marchandises pour l'Europe apportées par ce navire furent chargées sur *le Solide* ; il y avait de la soie grège, de la rhubarbe, des vernis, une grande quantité de thé et des porcelaines dorées aux armes du roi.

La constance n'était pas la qualité dominante de la Compagnie ; en 1726 elle avait résolu de ne plus envoyer directement de navire en Chine ; en 1727 elle y envoya *le Jason*, tout en exprimant au Conseil le désir qu'il continuât ses armements particuliers, de façon à donner des marchandises au dernier navire rentrant en France.

Cette même année, Tribert mourut à Canton, au mois d'octobre ; il laissait la réputation d'un homme entendu aux affaires. Duvelaër, qui venait de faire un voyage à Manille, le remplaça à titre provisoire.

Le Conseil n'ayant pas d'argent n'envoya pas de vaisseau en Chine en 1728. Contrairement à la décision prise en 1726, il fut invité à ne plus faire le commerce de ce pays pour le compte de la Compagnie, sous prétexte que l'argent qui y était consacré diminuait d'autant les fonds nécessaires au commerce d'Europe. La Compagnie invoquait aussi les risques de transbordement dans l'Inde de marchandises aussi délicates que les procelaines et les soieries. Le Conseil Supérieur restait libre, bien entendu, d'entreprendre des armements particuliers, s'il trouvait des fonds.

En 1728, la Compagnie envoya *l'Argonaute* qui arriva à Canton le 10 août 1729 pour en repartir le 10 décembre avec 97.156 taëls de différentes marchandises. A la fin de cette même année, *le Mars* et *l'Atalante* succédèrent à *l'Argonaute*. Il ne semble pas que, dans le même temps, le Conseil de Pondichéry ait fait des armements particuliers.

Manille. — Les Français n'allaient à Manille que depuis 1720 ou 1721 ; un seul armement avait procuré un bénéfice assez appréciable ; d'autres n'avaient rendu que leur capital ; ceux de 1725 et 1726 donnèrent de la perte. *Le Soucourama*, parti le 6 juillet 1726, fit un mauvais voyage, à cause de la grande rareté de l'argent et de l'abondance des marchandises. Au départ du navire, le sieur Bouttier dut rester pour vendre les siennes.

Cet insuccès découragea les freteurs et il ne serait

parti aucun navire en 1727 si le gouverneur Lenoir et un Arménien du nom d'Elias ne s'étaient entendus pour y envoyer pour leur compte un petit brigantin nommé l'*Indien*. Ce navire étant trop chargé dut se débarrasser de 20 balles à Malacca ; à son arrivée à Manille, où il se trouva que Bouttier était mort et ses effets et livres mis sous séquestre, on lui fit payer des droits très élevés, mais l'argent étant devenu très abondant par suite de l'arrivée d'un vaisseau de Capoulco richement chargé de piastres, les marchandises se vendirent très avantageusement. Un incident faillit tout compromettre au moment du départ ; un des pilotes frappa si brutalement un créole de l'île que celui-ci en mourut. Le brigantin fut aussitôt arrêté ; il ne fut relâché qu'au bout de deux mois, à la suite des sollicitations des Jésuites et après avoir payé une indemnité de 400 piastres.

Le succès de l'expédition aurait dû décider le Conseil à tenter un armement en 1728 ; à son grand regret il ne put pas le faire faute d'argent. Ce fut un particulier, nommé Dutertre qui se substitua à son initiative en envoyant *le Saint Christophe* : ce navire partit en mai avec un chargement de 400 balles, et ayant à son bord Duvelaër, chargé de réclamer les effets restés à la mort de Bouttier [1]. Ces effets se montaient à 37.000 piastres ; Duvelaër fut assez heureux pour les recouvrer, puis il passa en Chine par un vaisseau portugais.

Le commerce avait été si avantageux en 1727 et en 1728 que le Conseil décida de le continuer en 1729 ; en conséquence il arma *le Soucourama*. L'armement s'éleva à 13.964 pagodes, dont 3.364 pour la Compagnie. Outre la cargaison, il fut chargé 423 balles à 16% de fret et 53 balles à 7%, ces dernières pour Malacca. Le comman-

1. Duvelaër était rentré de Chine à Pondichéry par *le Saint-Joseph* au mois de mars 1725.

dant de ce navire fut un Malabar et les subrécargues deux Européens, les sieurs Dubois et de la Noë. *Le Soucourama* appareilla le 23 juin 1729.

Moka.— Le comptoir de Moka n'avait d'utilité que pour le commerce des cafés du même nom, qui venaient en réalité de l'intérieur et, notamment, de Betelfagui, à quelque cent kilomètres de la côte entre Moka et Hodeïda. A l'origine, la Compagnie faisait directement ce commerce de France ; en 1726, elle résolut de le faire faire de Pondichéry et donna pour instructions à la Feuillée, chef du comptoir, de lui procurer chaque année 4 à 500 milliers de café. Les fonds lui seraient fournis par le Conseil de Pondichéry soit en numéraire, soit en marchandises qui seraient vendues sur place. Le premier navire envoyé à la suite de ces dispositions fut *la Marie-Gertrude*, dont le chargement fut emporté en France par *le Jason* à la fin de 1726. Par suite de l'insuffisance des fonds envoyés, la Feuillée dut tirer sur le Conseil Supérieur des lettres de change qui le gênèrent singulièrement, car il manquait d'argent.

La Feuillée avait songé à faire un établissement à Jedda et son second, Ingrand, avait même passé un traité avec le pacha. Mais, dans le temps où il faisait ces projets, les Anglais envoyèrent deux vaisseaux dont les capitaines et subrécargues en même temps que sept personnes furent massacrés par la populace. La Feuillée renonça à son idée. Il fut remplacé en 1727 par Burat, ancien capitaine en second de *l'Argonaute*, avec Ingrand comme second et Miran comme troisième.

Le Saint-Joseph fit le voyage de Moka en 1727 et *le Pondichéry* en 1728. Faute d'argent, *le Saint Joseph* ne rapporta pas de café. *Le Pondichéry* était un ancien vaisseau de la Compagnie vendu à des particuliers. Le commandement en fut donné à la Bourdonnais, qui s'était distingué à la prise de Mahé et commanda ensuite en second sur *la Badine*. Avant de partir pour Moka, la Bourdonnais alla au Bengale acheter du riz et charger quelques marchandises à fret ; il quitta Pondichéry pour la mer Rouge le 31 décembre 1727 avec 7.000 pagodes pour la Compagnie. Il revint le 2 août suivant avec 1.500 balles de café ; un autre vaisseau, un anglais, en chargea 500. Le Conseil Supérieur put avec ces deux chargements expédier en France par *le Mars* 550.000 livres, qui furent payées par lui en lettres de change tirées par Burat et par la vente de diverses marchandises restant en magasin de l'année précédente. La Compagnie n'avait demandé que 400.000 livres ; elle fit au Conseil des observations fort déplaisantes pour le surplus. Le Conseil justifia sa conduite par les troubles du pays ; il avait cru devoir se prémunir contre une absence possible de marchandises l'année suivante. L'armement donna 15 % de profit ; les 7.000 pagodes de la Compagnie lui en rapportèrent 1.050.

Malgré ce bénéfice, le Conseil hésita un instant à faire le voyage de 1729. La guerre régnait sur toute la côte et dans l'intérieur ; le gouverneur nous obligeait sans cesse à lui prêter de l'argent qu'il ne remboursait pas ; les avances succédaient aux avances. De guerre lasse, les Anglais avaient momentanément évacué le comptoir et les Hollandais se préparaient à en faire autant. Burat lui-même demandait à s'en aller. Le Conseil fut beau joueur ; il décida de renvoyer quand même *le Pondichéry* ; seulement, pour atténuer les aléas de la partie, il fit monter à bord 60 soldats avec mission de se faire rembourser par le gouverneur 13.000 piastres d'emprunts forcés et d'évacuer le comptoir, si c'était nécessaire.

Le Pondichéry devait rapporter très exactement 400 milliers de café. Le Compagnie s'intéressa dans l'armement pour 1.517 pagodes seulement en marchandises et 1.000 autres à intérêt ; les marchands ne purent réunir que

12.513 pagodes, les marchandises manquant à la côte Coromandel en raison de la rareté des cotons et de la cherté d'une graine qui se mêle à l'indigo pour teindre les étoffes en bleu; cette graine était passée de 25 pagodes à 600.

Lorque *le Pondichéry* arriva à Moka, la paix était rétablie, l'iman changé et le commerce libre. L'iman compensa une partie de ses dettes par un abandon de 4.680 piastres de droits de douane et promit de ne plus faire à l'avenir d'emprunt forcé. Dans ces conditions, Burat ne crut pas devoir relever le comptoir et il envoya Ingrand à Pondichéry pour en expliquer les motifs. L'armement donna 38 o/o de bénéfice.

Ce succès décida les armateurs du *Pondichéry* à le renvoyer pour la troisième fois en 1730. Après un court séjour au Bengale, où il alla se faire caréner, le navire repartit de Pondichéry le 16 janvier, avec Ingrand comme successeur de Burat, nommé second au Bengale. La Compagnie était intéressée de 2.500 pagodes dans les nouvelles opérations; ses employés étaient chargés de la vente des marchandises avec 4 o/o de commission. Le fret à payer pour les cafés était de 3 o/o. Un présent de 8 à 900 piastres devait être fait selon l'usage au nouvel iman.

Nous n'avons pu trouver nulle part un compte exact et détaillé des marchandises constituant un chargement à l'aller ou au retour, soit pour Moka, soit pour tout autre comptoir : il eût été intéressant de le connaître, comme on aime à connaître des précisions. C'est pourquoi nous nous bornons, à titre de simple indication, à relater la nature et la quantité de marchandises qui furent expédiées de Chandernagor pour le voyage de Moka en 1732. Elle comprenait 1.000 sacs de riz, 300 mans de gingembre, autant de safran et autant de laque, 600 mans de fer de Balassor, 150 courges de sanas et 40 courges de malle-molles.

Pégou. — On [allait au Pégou pour y construire ou y radouber des navires et pour en retirer des bois, tels que le teck, du bray, des huiles et autres objets nécessaires à la navigation : les bois y étaient pour rien. On y portait très peu de marchandises; les paiements étaient longs et les risques très grands.

Il ne semble pas que l'on eût été en relations suivies avec ce pays avant 1725, année où l'on y envoya *le Pondichéry*. Les renseignements rapportés furent si favorables que l'on décida un nouvel armement pour 1726· Malheureusement *la Reine*, un navire confisqué aux Iles et alors insuffisamment visité, était en si mauvais état qu'on dut le vendre sur place. Un bijoutier de Paris nommé Alvarez, décoré du titre d'agent de la Compagnie, alla jusqu'à Ava où il eut une audience du roi. Celui-ci voulut bien lui promettre de traiter favorablement les vaisseaux que nous enverrions en ses Etats : il promit aussi de nous donner un terrain pour établir un bassin de radoub. Cette négociation se termina par des présents au compte de la Compagnie.

Après *la Reine*, ce fut *le Courrier de Siriam* en 1727 et *le Saint-Pierre* en 1728. *Le Saint-Pierre* partit avec un chargement de 5.741 pagodes et 100 marcs de piastres. Ce navire, après avoir été radoubé, fut vendu par son propriétaire, le sieur Dubois, et revint à Pondichéry en février 1729 avec un chargement de riz, de bois et autres objets. Dubois acheta à sa place un navire de 300 tonnes qu'il nomma *le Nouveau Saint-Pierre* et arriva à Pondichéry le 23 avril 1729, chargé à peu près comme l'ancien.

En 1729, le Conseil envoya au Pégou *la Marie-Gertrude* avec Finiel comme marchand, puis, d'accord avec quelques particuliers, acheta pour 4.000 pagodes un bateau neuf construit dans le pays même par un nommé Tornery; on lui donna le nom *d'Union* et on en confia le commandement à un sieur de la Butte. Un brigantin parti de

Pondichéry en juillet lui porta tous les agrès et apparaux nécessaires pour le gréer et des marchandises pour le payer.

Cependant le roi, cédant à nos instances et à de nouveaux cadeaux, nous avait cédé un terrain à Prôme, ville située sur le chemin d'Ava, et un bancassal à Syriam et avait réduit les droits de douane à $9\frac{1}{2}$ o/o. Les autres Européens n'avaient pas d'autres privilèges.

Sur cette même côte d'Asie, mais plus au sud, nos vaisseaux allaient parfois hiverner à Merguy. qui appartenait alors au Siam, mais nous n'y faisions aucun commerce.

III. — PONDICHÉRY ET LES COMPTOIRS.

Pondichéry. — L'histoire même de la ville de Pondichéry et de son territoire est dénuée de tout intérêt pendant cette période de quatre ans; on y trouve peu d'évènements qui méritent d'être signalés. L'un des plus curieux est l'aventure qui arriva à un fils du roi d'Anjouan. Ce prince, nommé Saïd Mamad, avait fait naufrage près de Madagascar en 1725 en allant à la Mecque. Recueilli par un vaisseau anglais, il fut porté à Surate, puis à Madras, où il fut nourri et défrayé au compte de la Compagnie d'Angleterre. En août 1726, il passa à Pondichéry, pour se rendre à Négapatam. Le Conseil Supérieur lui fit payer 50 pagodes pour les frais de son voyage et autant pour revenir en septembre. Saïd Mamad retourna alors à Madras, où le Gouverneur continua de le défrayer de toutes ses dépenses, mais à la fin il se lassa et en juillet 1727 il coupa tout crédit. Le prince fit de nouveau appel à notre générosité et le P. Thomas, qui était en quelque sorte à Madras le correspondant du Conseil, fut autorisé à lui donner cinq pagodes par mois depuis le 1er juillet. La dépense n'était pas excessive, et dura jusqu'au 31 janvier 1728; à ce moment le prince se décida à revenir à

Pondichéry, sous prétexte de demander au Conseil à passer en France, qu'il désirait connaitre. Le Conseil lui
représenta qu'il y souffrirait du froid et lui offrit un passage pour Bourbon, dans la pensée qu'il y trouverait une
occasion favorable pour rejoindre son pays. Le prince
s'embarqua par *le Solide* peu de temps après. A Bourbon,
il ne se trouva aucun navire pour aller aux Comores et
Saïd Mamad fit des dépenses si considérables que le Conseil
de cette ile se résolut à le renvoyer dans l'Inde. Ainsi, toujours poussé vers de nouveaux rivages, le prince arriva à
Pondichéry. Il fallait en finir ; le Conseil pensa qu'il y
parviendrait en priant le vice-roi de Goa de lui accorder un
passage sur un vaisseau portugais jusqu'à Mozambique,
qui est dans les parages d'Anjouan, et, sans attendre la
réponse, il lui envoya son hôte. Il se trouvait que Saïd
Mamad avait une sœur mariée à l'un des rois de la côte
d'Arabie ; le vice-roi envoyait précisément un navire à cette
côte ; il y envoya du même coup Saïd Mamad. Nous ignorons si ce prince rejoignit jamais les Etats de son père.
Son odyssée singulière eût mérité d'être écrite avec plus
de détails.

La situation de Pondichéry était assez satisfaisante en
1727. Elle était due au long séjour que les vaisseaux de la
Compagnie y avaient fait en 1725, à la grande quantité
d'ouvriers employés aux bâtiments, à l'accroissement du
commerce avec l'Europe, à l'augmentation des droits par
terre et par mer, toutes choses qui avaient eu pour résultat
de faire monter les fermes du bétel, de tabac et de l'arra-
que : celle-ci était passée de 1.370 pagodes à 1.710.

Cette situation fut profondément modifiée en 1728 par
suite de la sécheresse. Les pluies ayant peu tombé à l'automne, la récolte de riz fut compromise et la famine se fit
bientôt sentir dans tout le pays. Beaucoup de personnes
ayant des joyaux durent les vendre pour vivre. Pour empêcher ses employés de mourir de faim, le Conseil leur fit

donner 486 marcals de riz par mois. Le chef de Villenour crut remédier à la disette d'eau en creusant un canal entre la rivière Gingy et le Grand Étang, d'où les eaux distribuées par de multiples canaux vont irriguer les terres de Villenour et d'Oulgaret. Il nous demanda de contribuer aux dépenses et le nabab voulut nous y contraindre. Notre ingénieur, le P. Louis, estima que, le lit de la rivière étant un peu plus bas que le niveau du Grand Étang, il serait pour ainsi dire impossible d'exécuter le travail. Il fut néanmoins commencé, mais non continué 1.

Cette sécheresse eut pour résultat de faire baisser l'adjudication des fermes des aldées qui avait précisément lieu cette année pour une période de cinq ans. Pondichéry fut adjugé 535 pagodes, Ariancoupon 415, Mourougapac 520 et Oulgaret 1.050, soit 300 pagodes de moins dans l'ensemble que la fois précédente. La ferme du bétel et du tabac put rester au même taux, soit 4.955 pagodes, à la suite d'habiles manœuvres de la Compagnie. La misère résultant de la cherté des grains obligea le Conseil à abolir la ferme du change et la taxe sur les habitants qui avait été instituée en 1726 pour la construction du mur d'enceinte. On les remplaça toutes deux par un droit de 1 % sur les entrées et de 1/3 % sur les sorties ; encore la perception de ce droit fut-elle provisoirement ajournée pour permettre aux grains venant de l'intérieur d'entrer à meilleur compte à Pondichéry. Comme on avait beaucoup de peine à en trouver, on en fit venir de Mazulipatam et de la côte d'Orissa, Ganjam et Bimlipatam. Le défaut de pluie obligea encore le Conseil à faire creuser et nettoyer plusieurs fois les étangs et les puits, pour faciliter aux blanchisseurs la préparation des tissus demandés pour l'exportation.

La sécheresse se prolongea juspu'à l'automne de 1729 ;

_____

1. Le canal en question est sans doute celui de Poulliarcoupon, qui prête encore aujourd'hui aux mêmes critiques.

alors il tomba de grandes pluies. Leur abondance eut un autre inconvénient ; elle causa beaucoup de fièvres, sans développer cependant une grande mortalité.

Nous terminerons cet article par deux ou trois petits faits n'ayant entre eux de lien d'aucune sorte.

En 1727, le feu prit à la poudrerie qui sauta en faisant 15 victimes. Il fut impossible d'établir les responsabilités, tous les témoins étant morts. Les frais de reconstruction s'élevèrent à près de 600 pagodes.

On a fait remonter à la ruine de notre empire dans l'Inde la dispersion des aventuriers français qui se répandirent dans l'Inde et cherchèrent à se mettre au service des princes indiens. Il est certain que nos malheurs favorisèrent cette dispersion, mais elle avait existé de tout temps. Du jour où nous eûmes de soldats, il y eut des déserteurs, qui ne pouvaient plus trouver d'emploi que chez les étrangers et les souverains du pays. Il arrivait aussi assez souvent que les capitaines de navire embarquaient à leur départ de France des personnes qui ne figuraient pas sur le rôle d'équipage ; arrivés à Pondichéry, ils ne trouvaient pas à s'employer, alors ces gens passaient chez les Maures, où ils menaient généralement une existence misérable. Ils y faisaient presque toujours de mauvaises affaires, à la suite desquelles ils retombaient à la charge de la nation. Comme, en 1730, il y en avait une grande quantité répandus dans toutes les parties de l'Inde, le Conseil supérieur demanda à la Compagnie s'il ne serait pas bon de les ramener tous à Pondichéry ; on garderait ceux qui étaient de bonne conduite et capables de rendre quelques services et on renverrait les autres en France.

On doit à cette même époque une mesure d'un caractère particulier plus appréciable pour ceux qui écrivent l'histoire que pour ceux qui la lisent. Les registres de l'état-civil de Pondichéry étaient tenus par les Pères

Capucins en un seul exemplaire ; à partir du mois d'août 1729, il fut décidé qu'ils seraient tenus en deux exemplaires, dont l'un serait déposé au greffe : pour leur donner plus d'authenticité, on remit aux Pères des registres en blanc, cotés et paraphés. Le Conseil supérieur compléta la mesure en faisant faire des copies collationnées des registres depuis janvier 1720 et les déposa au greffe. Qui sait si l'on ne doit pas à ces sages prescriptions la conservation des actes de l'état-civil de Pondichéry [1] ?

Chandernagor. — Nos établissements du Bengale ne comprenaient encore à cette époque que Chandernagor, Cassimbazar et Balassor ; ils étaient tous les trois situés dans les états du nabab de Mourchidabad, Mourchid Kouli Khan ou encore Jaffer Khan. Ce souverain, dépendant du Mogol comme tous les souverains de l'Inde, était arrivé au pouvoir en 1704 et un de ses premiers actes avait été de transférer sa capitale de Dacca à Moxoudabad, qui, de son nom, prit alors celui de Mourchidabad. Il mourut en 1727, laissant sa succession à son petit-fils Safras Khan, au détriment de son gendre Soujah Khan, mais ce dernier soutenu par deux puissants gouverneurs, les deux frères Hadji Hamet et Mirza Mohamed Ali [2], parvint à saisir l'autorité et il la garda jusqu'à sa mort en 1739. Déjà nabab du Bengale et de l'Orissa, il acquit encore le Béhar en 1729, et devint ainsi un souverain très redoutable.

Les nations européennes devaient composer avec lui pour la sécurité de leurs transactions et il en tirait sous

1. Un résumé contenant les parties essentielles de ces actes depuis leur origine jusqu'à la fin de 1760, a été publié par nous, en deux volumes l'un de 460 et l'autre de 380 pages, Pondichéry, 1917 et 1919.

2. Ce dernier devint en 1739 nabab du Bengale sous le nom d'Aliverdi Khan.

le moindre prétexte des sommes considérables sous forme de droits, de présents ou simplement d'exactions. Les Anglais et les Hollandais, plus riches que nous, étaient plus pressurés. Le pouvoir du nabab était pourtant pour nous une garantie contre la rapacité de ses propres agents ou de tous ceux qui prétendaient avoir des droits à une part quelconque d'autorité.

Chandernagor, Cassimbazar et Balassor étaient sous les ordres d'un directeur commun qui avait le titre de directeur du Bengale et administrait avec un conseil de cinq membres. Le directeur était depuis 1726 d'Aguin de la Blanchetière et les conseillers étaient Guillaudeu, Bourlet d'Hervillers, Jacquart, Delacroix et Saint-Paul. Contrairement aux règles établies à Pondichéry, où le gouverneur pouvait prendre des décisions en dehors du Conseil et même contre ses avis, le directeur du Bengale était tenu de discuter toutes les affaires avec le sien et de tenir compte de ses délibérations.

Le Conseil de Chandernagor était naturellement subordonné à celui de Pondichéry. La distance et la lenteur des communications gênaient parfois l'exécution des ordres ou instructions, devenus souvent sans objet depuis le jour de leur transmission. Pondichéry se plaignait d'être mal obéi et Chandernagor d'être mal commandé ; les conseillers du Bengale se plaignaient, de leur côté, qu'on leur manquât d'égards et qu'on leur témoignât une hauteur insupportable. Ces plaintes étaient transmises à la Compagnie où elles trouvaient un certain écho. Les directeurs répondirent le 28 décembre 1726 que, tout en reconnaissant la subordination du comptoir de Chandernagor à celui de Pondichéry, ils n'entendaient pas pour cela que le Conseil supérieur fît sentir trop durement sa supériorité ; ils recommandaient au contraire d'user de toute la politesse et de la douceur qui conviennent à d'honnêtes gens travaillant pour le même but. Le Conseil supérieur répondit qu'il n'avait rien à se reprocher : il avait toujours traité fort honnêtement les employés du Bengale ; c'étaient eux au contraire qui s'écartaient sans cesse des règles de la subordination. Il ne semble pas qu'il y ait eu de nouveaux froissements jusqu'en 1731, mais le conflit reprit avec une nouvelle acuité lorsque Dupleix eut été chargé de la direction du Bengale.

Dupleix remplaça la Blanchetière, mort le 29 août 1729, mais seulment après un intérim de deux ans exercé par Dirois. Cet intérim donna lieu à de vifs incidents au Conseil supérieur ; Dupleix prétendit y avoir droit et revendiqua très énergiquement la place. Vincens et dans une certaine mesure Dulaurens appuyèrent sa candidature, tandis que Delorme et Legou adoptèrent sans hésitation celle de Dirois, mise en avant par le gouverneur. Ce fut Dirois qui fut nommé : il s'embarqua au mois d'octobre. Sa nomination toutefois n'était que provisoire ; c'était à la Compagnie à faire la nomination définitive ; elle désigna Dupleix qui s'embarqua en août 1731 et Dirois revint prendre sa place au Conseil de Pondichéry. Il n'est pas inutile à ce propos de rappeler que Dupleix avait été destitué de ses fonctions de conseiller le 28 décembre 1726 et réintégré le 30 septembre 1728 ; sa nomination au Bengale était une réparation de la disgrâce qu'il avait encourue.

De tous les comptoirs de la Compagnie, Chandernagor était celui qui offrait le plus de richesses ; cependant, par suite d'une mauvaise direction, les affaires y étaient peu prospères. On y vivait au jour le jour en attendant les faibles avances de Pondichéry et dans la crainte de quelque interruption du commerce intérieur par un caprice du nabab ou des petits princes indiens, situés aux bords de l'Hougly, qui arrêtaient à leur gré les bateaux pour leur faire payer des droits abusifs. Les Anglais de Calcutta et les Hollandais de Chinsura réussissaient mieux que nous.

On pouvait demander au Bengale tous les produits ;

Dupleix estimait dès 1727 que son commerce était la source de toute l'Inde. Les marchandises propres au pays étaient les baffetas et sanas, qui servaient à faire des robes pour les femmes ; des adatys ; des casses, nansouques et tangebs ; des mallemolles, assaras et térindins ; des doréas et steinkerques ; des basins ; des mouchoirs blancs et bleus. Cassimbazar fournissait des soies, Patna du salpêtre et Dacca des broderies renommées.

Les vaisseaux d'Europe pouvaient remonter jusqu'à Chandernagor, mais par prudence ils s'arrêtaient à Coulpy, dans l'estuaire du Gange ; là des bots ou des *bazaras* et des *bourys*, petits bateaux propres au pays, allaient chercher les marchandises et apportaient celles destinées à l'Europe. C'était une perte de temps et une augmentation de frais ; en 1729, la Compagnie résolut de faire monter les bateaux jusqu'à Chandernagor ; l'opération se fit sans difficulté.

Le commerce de Chandernagor avec l'Europe se montait à environ 1 million et demi de livres par an. Dans les trois années du gouvernement de M. de Beauvollier (1723-1726), sur 244.997 marcs reçus par le Conseil supérieur, 87.324 furent envoyés au Bengale avec plus de 100.000 roupies de marchandises de l'Inde. Sur les fonds reçus en 1727, le Conseil supérieur fit passer 21.313 marcs : *le Saint-Joseph* porta en outre le produit de deux armements faits pour la Perse. Ces fonds permirent au Conseil du Bengale d'acquitter les emprunts faits en 1726.

En 1728, le comptoir reçut par *le Mercure* et *la Sirène* 36.701 marcs de matières et 50.000 piastres. Le Conseil supérieur envoya encore la chaloupe *le Yanaon* pour servir dans le Gange et le bot *le Dauphin* pour le pilotage de Balassor. Au début de 1729, le Conseil de Chandernagor fut autorisé, pour faire des avances, à emprunter 200.000 roupies remboursables à l'arrivée des vaisseaux de France; il put en conséquence passer un contrat de 400.000 roupies avec ses marchands. *L'Alcyon* arriva le 1er août avec

15.972 marcs d'argent, 30 balles de draps et 20 caisses de corail ; un autre navire de l'Inde, *le Saint-Pierre*, apporta plus tard 12. 120 marcs et différents objets. *Le Saint-Pierre* ramena, le 22 janvier 1730, 435 balles de marchandises et 385 sacs de salpêtre, valant ensemble 255.786 roupies, mais *le Duc de Chartres* qui devait les remporter en France était arrivé trop tard dans l'Inde ; ces marchandises durent attendre le mois d'octobre. Antérieurement, *le Pondichéry* avait rapporté, pour être chargées sur les vaisseaux de France, 201 balles montant à 160.142 roupies.

Les opérations commerciales de 1730 s'élevèrent à un million de roupies. Les marchandises furent chargées sur deux forts navires, *le Neptune* et *la Diane*, et durent pour ce motif se composer de grosses marchandises ayant moins de valeur plutôt que de marchandises fines, valant plus cher mais aussi pesant beaucoup moins.

Un incendie qui fit 12.000 roupies de pertes se déclara le 2 mars 1729 à un bancassal ou magasin recouvert en paille où étaient des mâts, des bois et 32 affûts de canon. Il fut impossible de rien sauver. Le Conseil demanda de le remplacer, ainsi que les autres magasins également recouverts de paille, par des hangars argamassés ou recouverts de tuiles. Ces travaux furent exécutés au début de l'administration de Dupleix.

Le directeur du Bengale n'avait guère à s'occuper que d'affaires commerciales, en ménageant les susceptibilités du nabab. Les rapports avec les étrangers étaient peu cordiaux, mais nullement hostiles ; les diverses nations établies au Bengale se jalousaient trop pour vivre en intimité, mais elles étaient trop dépendantes du nabab pour se chercher querelle. Ces nations étaient les Anglais, les Hollandais et les Portugais. Vers 1722 un concurrent surgit. L'Empereur avait fondé à Ostende une grande Compagnie de commerce sur le modèle des autres puissances ; il résolut de l'établir dans l'Inde et fonda à Isapour ou Banquibazar, à deux lieues au-dessous de Chandernagor de l'autre côté du Gange, un comptoir dont le paravana officiel lui fut accordé en 1727, peu de temps avant la mort de Mourchid Kouli Khan. Les trois principales nations d'Europe s'entendirent aussitôt pour paralyser son commerce dans l'Inde, en même temps que la diplomatie travaillait en Europe pour faire supprimer la Compagnie elle-même. On tint à cet effet un congrès à Aix-la-Chapelle, puis à Cambray, et il fut convenu (1727) que la Compagnie d'Ostende pourrait avoir un établissement au Bengale, mais qu'elle n'y pourrait envoyer aucun vaisseau avant sept ans. C'était l'année même où le nabab venait de la reconnaître officiellement ; les Anglais et les Hollandais déployèrent tous leurs efforts auprès de Soujah Khan pour qu'il retirât le paravana accordé par son prédécesseur. Malgré tout l'argent qu'ils dépensèrent pour appuyer leurs arguments, leurs peines furent perdues ; pour le nabab, une nouvelle nation européenne établie en ses états était un contribuable nouveau, victime désignée d'avance à toutes les exactions.

Nous ne prîmes pas aussi résolument parti contre la Compagnie d'Ostende que les Anglais et les Hollandais. Considérée comme interlope avant qu'elle ait obtenu le paravana du nabab, elle fut d'abord traitée comme telle. Le 16 août 1723, le roi Louis XV défendit à ses sujets de s'intéresser dans son commerce, à peine de 3.000 livres d'amende, dont moitié au profit du Trésor et moitié au profit des dénonciateurs, sans compter la confiscation de tous les fonds ou objets qu'ils pourraient avoir dans cette compagnie. Par différentes lettres, notamment par celle du 25 janvier 1726, la Compagnie de France invita ses conseils dans l'Inde à faire arrêter avec toutes les précautions d'usage et renvoyer prisonniers en France tous ceux de nos nationaux qui pouvaient se trouver au service de la Compagnie impériale et lui adresser le nom de tous ceux qui ne pourraient être arrêtés.

Conformément aux résolutions arrêtées au congrès de Cambray, l'Empereur n'envoya pas de vaisseau dans l'Inde en 1728 ; mais en 1729 le comptoir de Banquibazar reçut deux vaisseaux qui lui étaient consignés ; ces navires armés de 36 pièces de canon et ayant à bord 300 hommes d'équipage étaient pourvus d'une commission régulière du roi de Pologne et ils en portaient le pavillon. Moyennant un présent de 130.000 roupies, les Anglais et les Hollandais persuadèrent le nabab qu'il fallait les faire sortir du Gange par force et avec son assentiment ils s'emparèrent du plus petit. Moins intransigeant, le Conseil de Chandernagor crut devoir accorder la protection de notre pavillon à celui qui restait et la Compagnie approuva sa conduite (26 septembre 1730). La Compagnie d'Ostende ne diparut dans l'Inde qu'en 1733.

Cassimbazar. — La loge de Cassimbazar avait été créée spécialement pour le commerce des soies, qui se préparent en grande quantité dans la région de Mourchidabad. C'était aussi un poste d'observation politique aux portes de la capitale ; à ce dernier titre il était assez onéreux, en raison des exigences constantes du nabab et de sa cour. Comme le commerce était peu considérable, les Conseils de l'Inde et les directeurs en France étaient d'accord, en 1726, sinon pour l'abandonner totalement, du moins pour n'y laisser qu'un ou deux écrivains indigènes, qui auraient mission de réserver l'avenir plutôt que de conclure des affaires. Toutefois, en 1727, on n'avait encore pris aucune décision ferme pour l'abandon ou le maintien du comptoir. L'ordre ne fut donné que le 25 janvier 1728 ; il fut prescrit à Malescot, alors gérant du comptoir, de rentrer à Chandernagor. Mais, avant même qu'il eût abandonné la place, il fut victime d'une insulte, dont nous ne connaissons pas la nature, mais qui dut être assez grave, puisque le Conseil de Chandernagor crut devoir en demander raison au nabab. Mais l'employé chargé de cette mission, un nommé Lempererur, se conduisit avec une telle faiblesse qu'il fallut le désavouer publiquement et le congédier du service. Pour montrer que nous n'étions pas d'humeur à nous laisser traiter comme des sujets, Lenoir décida de renvoyer Malescot à Cassimbazar avec une force de quarante hommes (28 février 1729) qui, pour ne pas diminuer la garnison de Chandernagor, alors réduite à quarant-six hommes, furent envoyés de Pondichéry le 10 juillet par le vaisseau *l'Alcyon*. En même temps le Conseil supérieur donna ordre à celui du Bengale d'arrêter toutes les embarcations maures qui passeraient devant Chandernagor : il le laissait toutefois libre, étant sur les lieux, d'agir suivant que les circonstances le demanderaient.

Guillaudeu, qui administrait nos établissements depuis la mort de la Blanchetière, ne fut pas d'avis d'envoyer une force aussi nombreuse, qui, en cas de résistance à nos réclamations, serait encore impuissante à nous faire respecter ; il pensa que 12 hommes et un sergent suffiraient pour appuyer une mission qui fut confiée au conseiller de la Croix. Lenoir pensa tout de suite que la mission n'aboutirait pas ; de la Croix revint en effet à Chandernagor, le 1er octobre, sans même avoir obtenu une audience du nabab.

Le Conseil supérieur crut devoir reprendre les négociations pour son propre compte et, le 28 février 1730, il fit demander par l'intermédiaire d'un notable bengali de Mourchidabad, nommé Alemchend, si le nabab ne consentirait pas à recevoir un nouvel envoyé de Chandernagor pour lui remettre une lettre personnelle du gouverneur : "Cette affaire, disait Lenoir, a fait trop de bruit pour que nous restions dans l'inaction jusqu'à ce que nous ayons eu une réponse favorable du nabab." L'envoyé désigné par Lenoir était Dirois lui même ; mais, avant que celui-ci eut quitté Chandernagor, un autre affront fait en août 1730 à Pigeon, notre nouvel agent à Cassimbazar, vint compliquer et aggraver la situation, qui ne fut définitivement règlée qu'en 1732.

Notre établissement de Cassimbazar n'était pas seulement troublé par les orages politiques ; la nature aussi se plaisait à nous y rendre l'existence des plus précaires. Un des bras de l'Hougly, qui passe en cette ville, n'a pas toujours un cours stable ; tantôt il ronge une des rives du fleuve et tantôt l'autre. Notre loge, située sur la rive droite, courait sans cesse le risque d'être endommagée ou même enlevée. En 1725, une inondation en fit disparaitre une partie. L'ingénieur Deidier, envoyé au Bengale pour examiner les divers travaux à entreprendre, estima ceux de la consolidation de notre loge à 6.000 roupies. Lavabre, envoyé en 1729 pour les exécuter, calcula qu'ils dépasseraient de beaucoup cette somme : il les commença néanmoins et l'expérience justifia ses appréciations.

Balassor. — Balassor, où nous nous établimes dès 1684, eut d'abord une certaine importance commerciale, mais ce fut de peu de durée et, dès 1726, la loge que nous y entretenions avec deux employés servait encore pour l'achat des cauris venus des Maldives, mais elle avait été en réalité maintenue pour fournir des pilotes aux navires qui entraient dans le Gange. Chaque nation avait les siens ; nous en avions trois pour notre compte. On évaluait à 800 roupies l'entrée d'un vaisseau dans le Gange.

Nous n'avions pas encore de loge à Dacca, mais seulement le droit d'en établir une le jour où nous jugerions convenable de le faire. Nous tirions néanmoins de cette ville différentes marchandises fines, notamment des mallemolles qui arrivaient à Chandernagor par des bazaras. Nous faisions également venir du salpêtre de Patna, sans y avoir d'établissement.

Mazulipatam. — Mazulipatam, jadis l'une des villes les plus commerçantes de l'Inde, était alors dans un triste état ; il ne s'y faisait presque plus d'affaires. Notre loge se trouvait à quelque distance de la mer, à proximité des loges anglaise et hollandaise 1 . Le local que nous y occupions avait été acheté par Courton pour 390 pagodes. Le même agent avait proposé de faire l'acquisition de l'île de Divy, à l'embouchure de la Khistna. Le Conseil supérieur ne crut pas devoir entrer dans ses vues. Cette île avait été précédemment concédée aux Anglais par un firman du Mogol, sous réserve que cette cession ne porterait pas préjudice aux sujets du nabab. Celui-ci prétendit que l'île lui rapportait de gros revenus et demanda comme indemnité une somme considérable. Les Anglais aimèrent mieux tout abandonner. Le Conseil supérieur pensa sagement que, dussions-nous souscrire aux exigences du nabab, nous nous trouverions encore en face du droit de priorité des Anglais. La Compagnie estima de son côté qu'à moins d'avantages commerciaux absolument certains, elle ne devait, quant à présent, songer qu'à affermir ses anciens établissements et nullement à en former de nouveaux.

Le Conseil consacra en 1727 9.000 pagodes pour le commerce de Mazulipatam et donna l'ordre d'acheter 90 balles de guinées et une balle de mouchoirs. Lefaucheur, qui gérait alors la loge, acheta un terrain qui lui était contigu, pour l'empêcher d'être trop rapprochée de celle des Hollandais. Il fut remplacé en 1729 par Fouquet. Cette même année, toute la côte fut assez profondément troublée par les querelles politiques depuis Paliacatte juspu'à Vizagapatam ; les Hollandais durent évacuer momentanément leurs comptoirs. L'occasion était mal choisie pour les affaires, néanmoins plusieurs bots, et le vaisseau *le Saint-Joseph*

---

1. Le firman pour Mazulipatam nous avait été donné en 1687,

touchèrent pour notre compte à Mazulipatam et en rapportèrent une soixantaine de balles de marchandises et diverses provisions.

Yanaon. — La loge de Yanaon, fondée en 1723, dépendait de Mazulipatam ; elle eut pu fournir en temps ordinaire de 3 à 400 balles de marchandises, mais en 1727 le commerce était si défectueux et l'avenir si peu rassurant que le Conseil supérieur prit prétexte de la tyrannie des rajahs du pays pour donner l'ordre à Fouquet et Guillard, qui tenaient le comptoir, de l'évacuer momentanément, en y laissant seulement des pions pour garder les bâtiments (janvier 1728). Il ne cachait pas toutefois que, s'il avait eu de l'argent, il serait entré en accommodement avec les gouverneurs du pays.

Cette attitude produisit l'effet désiré. Timraja, l'un des rajahs de la région, écrivit à Lefaucheur qu'il ne nous obligerait plus à lui prêter de l'argent de force, que les emprunts antérieurs avaient été faits sans son aveu et que nous pourrions désormais faire le commerce en liberté. Toutefois, de nouveaux troubles étant survenus, le comptoir n'était pas encore rétabli en 1730.

Mahé. — Mahé, sur la côte malabar, avait été occupé en 1721, à la demande même de Bayanor, prince du pays, pour nous permettre d'y avoir en quelque sorte le monopole de l'achat des poivres, dont Bayanor toucherait les droits de douane à la sortie. Les deux opérations se justifiaient l'une par l'autre. Comme tout de suite l'argent nous manqua pour acheter des poivres, Bayanor, qui ne percevait aucun droit, crut avoir fait un marché de dupe et, en 1724, il nous expulsa à l'instigation des Anglais de Tellichery, un petit port situé à 8 kilomètres au nord de Mahé. La Compagnie organisa aussitôt une expédition pour venger cet affront et le 1er décembre 1725 une flotte

commandée par M. de Pardaillan parut devant Mahé ;
la ville fut reprise les 2 et 3 décembre. Toutefois, la guerre
dura quelque temps encore autour de nos frontières et la
paix ne fut signée avec Bayanor que le 8 novembre 1726.
Cette paix n'était pas en elle-même fort glorieuse ; nous
abandonnions à Bayanor nos créances sur lui estimées
70.000 fanons, nous lui faisions une sorte de don de
150.000 autres fanons et nous prévoyions divers cadeaux
annuels ressemblant à s'y méprendre à un tribut ; du moins
nous étions les maîtres en notre loge où nous pouvions
construire un fort, des magasins et habitations. L'exécution de ces travaux fut aussitôt confiée à l'ingénieur
Deidier.

Les embarras financiers qui avaient occasionné l'expédition se reproduisirent après la paix ; nous n'eûmes pas
davantage d'argent pour acheter les 1.500.000 à 2 millions
de livres de poivre que Bayanor comptait nous vendre.
En 1726, c'est à grand'peine que nous pûmes envoyer *la
Badine* à la côte malabar. Il fallait cependant ne pas s'exposer à nouveau à l'épreuve de 1724. Le Conseil supérieur
s'entendit dans cette occurrence avec des marchands particuliers : il leur emprunta 8.000 pagodes et les décida à
participer à l'opération pour une somme presque équiva-
lente. Nous pûmes ainsi, en 1727, acheter 311,000 livres
de poivre dont le prix, à raison de 24 pagodes ½ le bard
de 480 livres, s'éleva à 15.876 pagodes.

L'occupation de Mahé n'avait jamais été très populaire
à Pondichéry, où l'on pensait ouvertement que les frais
d'administration et autres absorberaient tous les bénéfices
commerciaux. L'expédition de 1725 terminée, la Compagnie elle-même se demanda si l'utilité qu'elle en retirerait
la dédommagerait de longtemps des dépenses qu'elle lui
avait coûtées ni de celles qui paraissaient s'imposer pour
plusieurs années encore. Elle pria Desboisclairs, capitaine
du *Lys*, envoyé dans l'Inde en 1727, de lui faire un

rapport à ce sujet ; Desboisclairs conclut au maintien de notre nouvel établissement, mais il ne dissimula pas que les appréhensions de la Compagnie et celles du Conseil Supérieur étaient pleinement justifiées.

C'était *la Minerve* qui avait ramené à Pondichéry les poivres achetés au début de 1727 ; elle ramena également l'homme qui, depuis l'origine, avait pris la plus grande part à la fondation de notre établissement, M. Mollandin. Mollandin était fatigué par un long séjour dans l'Inde et son activité ne suffisait plus à ses nouvelles fonctions. Il fut remplacé par son second, M. Tremisot, ancien employé du comptoir de Surate. Mollandin avait administré à peu près souverainement ; Tremisot fut assisté d'un conseil, imité de celui de Chandernagor et reposant sur les mêmes principes.

Cependant le traité du 8 novembre 1726 n'avait pas réglé toutes nos difficultés à la côte malabar. Si nous étions en paix avec Bayanor, nous restions en réalité en guerre avec les Anglais pour le compte d'un petit prince nommé Coyonnaire, dont les états se trouvaient entre Mahé et Tellichéry. Les Anglais attaquaient Coyonnaire et nous le soutenions. Cette situation, qui pouvait amener la guerre directe entre les deux pays, finit par attirer l'attention du gouvernement de Madras lui-même, d'où dépendait Tellichéry et il fut décidé que des négociateurs français et anglais se réuniraient au début de 1728 pour amener un accommodement. Les délégués français furent Delorme, second du Conseil supérieur, qui arriva de Pondichéry tout exprès par *la Marie-Gertrude* en décembre 1727, et M. Deidier ; les délégués anglais furent Adam et Et. Law. Ils parvinrent, non sans peine, à arrêter une convention, datée du 20 mars 1728, qui, après avoir réglé la situation spéciale à Coyonnaire, par une sorte de neutralité, portait une clause importante, qui joua fort heureusement dans l'avenir : les Français et les Anglais prenaient l'engagement de ne jamais inquiéter mutuellement leurs forts ni d'attaquer leurs embarcations dès qu'elles seraient en vue de Mahé et de Tellichéry, *quand même il y aurait guerre en Europe entre les deux couronnes.*

Ces difficultés résolues, le commerce put se développer un peu plus aisément ; les embarras financiers restèrent néanmoins les mêmes, tant que le Conseil supérieur ne reçut pas suffisamment de fonds et l'on sait combien il fut éprouvé en 1728, l'année de grande sécheresse. Pour remédier dans une certaine mesure à cette situation, la Compagnie se proposait de faire passer directement à Mahé un de ses navires venant de France pour y déposer des fonds et permettre au comptoir de ne pas attendre les avances de Pondichéry.

La Marie-Gertrude en 1727, *la Minerve* en 1728, *le Saint-Joseph* et *le Saint-Pierre* en 1729 furent en grande partie alimentés par des fonds particuliers : *le Saint-Pierre* rapporta 305.000 livres de poivre. Un traité fut passé à ce moment avec Ali Raja, sultan de Cannanore, pour la fourniture de 500 cottes de cauris à 4 roupies la cotte : il y avait 12.000 roupies par cotte. Ces cauris venaient des îles Maldives.

Les livraisons de poivre par les marchands ne commençaient guère que fin janvier, précisément à l'époque où les derniers vaisseaux venus de France devaient y retourner ; c'est pourquoi on était obligé de faire venir les poivres à Pondichéry, d'où ils repartaient en septembre ou octobre pour la métropole. Les particuliers avaient la faculté d'acheter le poivre que la Compagnie ne se réservait pas ; ils l'envoyaient en Perse ou à Moka.

La côte malabar était, comme le fond du golfe de Bengale, sujette à des orages fréquents et du mois de mars au mois de septembre, il était imprudent d'y naviguer. Le 20 mai 1729, il y eut sur toute la côte depuis le cap Comorin jusqu'à Surate un violent ouragan, au cours duquel 20 bâtiments tant grands que petits furent très endommagés sinon perdus. *L'Elisabeth*, vaisseau français commandé par le sieur Séniquaire, venant de Surate, sombra avec 70 hommes d'équipage ou passagers : presque toutes les marchandises furent perdues.

Aux dangers de la navigation s'en ajoutaient d'autres. Dans les anfractuosités des côtes, surtout entre Goa et Bombay, se trouvaient des pirates fort redoutables, les Angrias, qui faisaient profession d'écumer les mers. Ils ne craignaient pas de s'attaquer même aux navires d'Europe, et, en 1729, ils se saisirent d'une palle anglaise avec tout son équipage européen.

Calicut. — La loge de Calicut, fondée en 1701, avait été l'origine de notre établissement de Mahé ; depuis 1735 elle n'en était plus qu'une dépendance. Bien que la ville fut infiniment plus peuplée et que le pays lui-même ne fut pas moins riche, le poivre s'y vendait plus cher, les affaires étaient moins importantes. Un employé y faisait toute la besogne avec quelques écrivains du pays.

Surate. — C'est à Surate, alors la ville la plus importante de l'Inde, que nous avions commencé à nous établir en 1668 ; de ce lieu, l'autorité n'avait pas tardé à passer à Pondichéry, où nous nous installâmes en 1674. Les dettes contractées par l'ancienne Compagnie et qu'elle n'avait pu acquitter, l'avaient obligée à réduire le nombre de ses employés. La nouvelle voulut en 1720 rendre au comptoir son lustre primitif et elle y envoya 6 ou 7 employés qui formèrent un Conseil supérieur dont le directeur était Pilavoine. Mais les dettes qui, avec les intérêts des intérêts, s'élevaient à plusieurs millions, continuaient de peser sur les affaires et, comme nous ne fîmes aucun effort commercial, il fallut à nouveau en 1724 congédier les employés. D'Angest, Aumont, Duplessis et David repassèrent à Pondichéry où le gouverneur leur donna d'autres affectations, pour éviter de les renvoyer en France. Il ne resta plus en place que le directeur, Grangemont, et un conseiller, Flacourt. Notre situation se trouva alors humiliée au point que le gouverneur maure nous retira le droit d'arborer notre pavillon et de délivrer des passeports à aucun navire particulier.

Cependant le souci de liquider nos dettes préoccupait la Compagnie et même le contrôleur des finances Dodun. Celui-ci donna ordre à Grangemont de repasser à Pondichéry avec tous ses livres pour s'entendre avec Lenoir. Grangemont arriva à Pondichéry le 14 juin 1727, accompagné d'un délégué des créanciers, nommé Narindas, dont les pouvoirs n'étaient d'ailleurs pas en règle. Entre temps, Lenoir avait reçu ordre de payer en entier les sommes dues, mais que pouvait-il faire sans argent, sinon d'échanger des vues avec les créanciers ? Il eut avec Grangemont et Narindas plusieurs entrevues au cours desquelles divers règlements furent envisagés. Aucun ne pouvait être admis puisque l'argent manquait, même pour faire une banqueroute partielle et acceptée des créanciers. Narindas repartit à Surate n'ayant rien obtenu et assez mécontent. Grangemont fut plus heureux ; il put se faire payer l'arrière de ses appointements s'élevant à 3.929 livres et Flacourt, à qui on en devait 3.978, bénéficia de la même mesure. Narindas revint en 1729 avec d'autres créanciers, justifiant de 427.126 roupies de contrat ; ce second voyage fut aussi infructueux que le premier.

Grangemont, vieux et infirme, ne retourna pas à Surate et Flacourt resta pour gérer le comptoir avec un employé nommé Martin. Ils furent assez heureux l'un et l'autre que le gouverneur de Surate se relâchât de la défense qu'il nous avait faite de délivrer des passeports aux navires portant notre pavillon ; cette faculté nous rendit quelque crédit. Notre pavillon, toutefois, ne devait être accordé qu'aux navires en état de le défendre.

Il y eut en 1727 de grandes pluies dans toute la région de Surate. La Tapti déborda ; quantité de maisons furent emportées en ville et à la campagne ; 7 à 8.000 personnes périrent noyées ; des vaisseaux et autres embarcations vinrent s'échouer dans les terres. On ne compte pas les marchandises perdues et avariées.

Au millieu de toutes ces vicissitudes, notre commerce était pour ainsi dire inexistant ; il se bornait à quelques marchandises demandées à Pondichéry pour l'Europe et que l'on recevait sans régularité. Ces marchandises consistaient surtout en étoffes aux noms bizarres, tels que dériabédis, sauvaguses, néganepaux, etc… dont les archives ont seules conservé le souvenir. Flacourt envoya en 1729 le bot *le Dauphin* avec 48 balles de ces étoffes, des armes, des coffres, armoires et autres meubles. Surate fournissait encore du blé, dont le rendement en farine était le plus riche de toute l'Inde ; ce blé valait, en 1728, 120 pagodes la garce, alors que celui du Bengale en valait seulement 45.

Le commerce français comme d'ailleurs la ville elle-même, ne devaient jamais retrouver leur ancienne prospérité. Le lustre de Surate devait s'effacer peu à peu devant la prospérité croissante de Bombay.

IV. — TROUPES. — EMPLOYÈS. — FORTIFICATIONS.

Troupes. — La Compagnie entretenait dans l'Inde cinq compagnies sous les ordres d'un major général résidant à Pondichéry. En 1722, ce major était Boutteville ; il mourut en 1726 et fut remplacé par Simon de la Farelle, qui avait pris une part importante à l'expédition de Mahé, où son frère Bertrand servit un instant comme capitaine. Les compagnies étaient ainsi réparties : trois à Pondichéry, une à Chandernagor, une à Mahé. Sauf celle de Mahé, qui comprenait cent Français, les autres étaient composées chacune de quatre-vingts Français et de quarante topas[1]. En 1728, on créa une quatrième compagnie à Pondichéry.

La relève était assurée par des hommes recrutés en France dans les pires conditions et arrivant dans l'Inde sans aucune préparation militaire ; une bonne partie venait d'Alsace et des bords du Rhin. Les Conseils ne savaient jamais au juste pour combien de temps ils étaient recrutés ; les soldats eux-même ne le savaient pas davantage ; ils vieillissaient souvent sans qu'on voulut les renvoyer, faute de remplaçants, et contractaient des infirmités qui les mettaient hors d'état de servir ; dans la garnison de Pondichéry on en comptait une quarantaine dans ce cas. C'est pourquoi les désertions étai nt fréquentes ; au Bengale, où la discipline était plus relâchée, il ne restait guère plus de dix soldats dans la loge, au moment où les Hollandais faisaient le voyage de Patna ; les autres s'engageaient pour l'escorte. Les désertions n'étaient pas moins nombreuses chez les Anglais et les Hollandais ; aussi les trois nations s'étaient-elles mises aisément d'accord pour se rendre mutuellement leurs hommes, sous réserve qu'ils ne seraient pas punis à leur retour. On comprendra cette indulgence si l'on songe aux conditions de leur engagement ; on eût couru le risque de frapper des soldats qui avaient terminé leurs temps et étaient, en réalité, maîtres de leurs mouvements. La convention avec les Anglais pour la reddition des déserteurs au Bengale était du 13 juillet 1728.

Les bateaux de la Compagnie amenaient presque cha-

---

1. On désignait sous ce nom des métis d'Européens et d'Indiennes ; la plupart étaient d'origine portugaise.

que année de nouvelles recrues, tantôt plus, tantôt moins; le Conseil supérieur estimait qu'avec une relève annuelle de trente hommes, il pourrait satisfaire à tous les besoins. En 1727, la Compagnie envoya 91 hommes dont 6 moururent en route. En 1728, elle en envoya 165 sur lesquels il y eut un déchet de 9. Quelques-uns d'entre eux étaient mariés; ils furent tous envoyés à l'Ile de France, récemment acquise, pour aider à son peuplement et à sa colonisation. En 1729, *le Royal Philippe* n'amena que 19 hommes et en reprit 8 qui étaient infirmes, tombaient du haut mal ou étaient atteints de maladies incurables.

Un grand nombre de ces soldats se mariaient dans l'Inde avec des topasines et y restaient. Les actes de l'état-civil nous ont conservé leurs noms et même leurs surnoms, fort imagés, comme chacun sait, et qui constituent une anthologie des plus singulières. Que sont devenus ces héros ? Non seulement, ils sont morts depuis tantôt deux siècles, mais leur descendance elle-même a complètement disparu. Aucun des noms de famille relevés dans les actes ne se retrouve plus aujourd'hui.

Les armements et les munitions de guerre venaient de France comme les soldats; en 1728, la Compagnie envoya 46 pièces de canon, 25.853 boulets de différents calibres, 30.000 livres de poudre et 1.400 fusils; une poudre spéciale, de qualité inférieure, était fabriquée sur place avec du salpêtre de Patna.

Employés. — Le personnel de la Compagnie dans l'Inde se composait d'agents supérieurs, ayant le titre de sous-marchands, avec des soldes de 1.500 livres, et d'agents secondaires, ayant le titre de commis et de sous-commis, avec des soldes oscillant entre 600 et 1.200 livres. Presque tous étaient originaires de France; les topas n'étaient admis que dans les fonctions subalternes, telles que celles de surnuméraires et d'écrivains.

Les conseillers se recrutaient parmi les sous-marchands;
ils étaient investis des fonctions générales d'administration
et de justice et se réunissaient en principe chaque semaine sous la présidence du gouverneur pour examiner en
commun les affaires ; leurs décisions qui nous ont été en
partie conservées, étaient aussitôt couchées sur un registre.
En dehors de ces attributions générales, chacun d'eux
avait les siennes propres ; il y avait à Pondidhéry un procureur général, un teneur de livres, un caissier, un garde-
magasin, et un visiteur des marchandises. A Mahé, où le
Conseil ne comprenait que trois membres, certaines de ces
fonctions étaient réunies dans les mêmes mains.

Nous venons de dire qu'ils rendaient aussi la justice :
le procureur général en était spécialement chargé, sans
qu'on exigeât de lui des connaissances spéciales ; le Conseil assemblé jugeait dans les mêmes conditions les appels
des divers comptoirs. Personne ne s'en plaignait, la justice était aussi bien rendue et elle l'était plus rapidement.
Les conseillers et les commis venus de France sortaient
presque tous des bureaux de la Compagnie en France;
très rares étaient ceux qui, comme Dupleix, étaient immédiatement promus au grade supérieur. La recommandation,
plus que le mérite, présidait d'ordinaire à leur désignation;
aussi la plupart d'entre eux n'avaient-ils que des connaissances très limitées ; plusieurs même n'avaient aucune
moralité. Leurs noms ne méritent pas en général d'être
conservés. Parmi ceux qui furent envoyés de France dans
la période que nous décrivons, deux seulement ont joué
un certain rôle : Choisy et Barthélemy. Choisy devint le
chef de la loge de Yanaon, où il se distingua et Barthélemy fut chargé de la direction à Madras après la conquête
de la Bourdonnais.

Comme toutes les administrations supérieures, la Compagnie ne reconnaissait presque jamais les services rendus
et aimait à faire des observations. Les opérations commer-

ciales lui en fournissaient de faciles prétextes : elle criti-
quait le chargement des navires, le choix et le prix des
marchandises ; elle se plaignait que ses ordres ne fussent
pas toujours exécutés avec ponctualité et soumission ; une
fois même, elle écrivit au Conseil supérieur que, s'il ne
voulait pas être plus docile, il pouvait se retirer du service.
Le temps et l'éloignement adoucissaient singulièrement
l'âpreté de ces critiques ; le Conseil les accueillait d'ordinaire avec une certaine indifférence : il y répondait pourtant et parfois assez justement : " Vos employés, écrivit-il
à la Compagnie, en 1729, ont le malheur d'être condamnés de vous sans avoir été entendus...... "

En dehors des sous-marchands, commis et autres
employés de bureau, la Compagnie entretenait encore, à
Pondichéry tout au moins, un maître de port et des
ouvriers spéciaux venus de France. En 1728, elle en fit
passer quatre à 700 livres d'appointements chacun : un
menuisier, charpentier de maison, un serrurier et un taillandier. Le Conseil n'ayant pas besoin de charpentier, le fit
passer à l'Ile de France ; on pourra s'étonner que pour
exercer ces diverses professions on n'ait pas trouvé sur place des ouvriers indigènes.

Fortifications. — Jusqu'en 1724, la ville de Pondichéry
ne fut pas défendue autrement que par une haie. Le 25
mai de cette année le Conseil résolut de faire un mur
d'enceinte et demanda aux habitants de contribuer à la
dépense par une taxe spéciale qui leur serait imposée.
Européens et indigènes s'y engagèrent. La Compagnie de
son côté décida le 8 mai 1725 d'y consacrer pendant
trois ans 12.000 pagodes. La taxe, d'abord aisément
acceptée et facilement perçue, ne tarda pas à devenir im-
populaire, et dès le mois de février 1726, il fallut supprimer celle qui atteignait les Français.

Cependant les travaux étaient commencés ; conduits

d'abord par un sieur Delarche, qui n'y entendait rien, ils furent repris et continués par un capucin, le P. Louis, qui fit preuve de connaissances réelles et déploya une telle ardeur que l'on craignit pour sa santé. Ils allèrent assez vite, au point d'inquiéter le nabab de qui Pondichéry continuait a dépendre. En 1727, il nous fit défense de les continuer sous peine de venir les arrêter avec une armée. Le nabab désirait, en réalité, que nous lui envoyions des présents pour aveugler sa vigilance. Des incursions marates, qui se produisirent sur ces entrefaites, suspendirent d'un an l'effet de sa menace, mais à la fin, il fallut s'exécuter et nous lui envoyâmes, le 4 février 1728, un présent de 460 pagodes.

Pendant ce temps, on avait construit 420 toises de mur du côté du nord depuis le bastion de la nouvelle porte de Madras jusqu'au bord de la mer, avec deux bastions encastrés dans l'intervalle. Ces travaux coûtèrent 3.700 pagodes, dont 974 provenant de la taxe des Indiens dite des malabars, 1.900 de la caisse de la Compagnie, 122 d'amendes et 703 d'avances faites aux briquetiers en 1726. On avait egalment construit une caserne, dont le second étage servit de magasin de riz, et, au bord de la mer, une douane et des magasins de la marine.

Les travaux du mur d'enceinte continuèrent en 1728, du côté du nord sur une étendue de 172 toises, et du côté du sud, en partant du fort Sans-Peur, sur une étendue de 6o toises seulement. On construisit encore une poudrière pour remplacer celle qui avait sauté l'année précédente, des corps de garde et un bastion et l'on dépensa pour ces divers travaux 4.400 pagodes. Les travaux de cette année ne furent plus dirigés par le P. Louis, mais par l'ingénieur Deidier qu'on avait rappelé de Mahé.

Deidier fit commencer dans le port une halle voûtée pour la visite des marchandises, qui coûta 1.000 pagodes, une nouvelle chauderie pour 652 pagodes, un abri couvert en tuiles au bord de la mer pour les employés préposés à la navigation et pour serrer les marchandises en cas de pluie, enfin une nouvelle prison, qui était plutôt un aménagement de l'ancien magasin des matières.

La halle et la chauderie ne furent terminées qu'en 1729. Cette même année, le mur d'enceinte fut prolongé du côté du sud sur une longueur de 217 toises. Les dépenses s'élevèrent à 5.773 pagodes.

Entre temps, on avait ajourné des constructions prévues pour le gouvernement. Les Jésuites furent autorisés à bâtir une nouvelle église, à condition qu'elle ne put nuire à la défense de la citadelle non plus qu'à la décoration de la ville. Enfin le Conseil décida la destruction de l'église Saint-Lazare dite des malabars trop rapprochée de la forteresse et le transfert du cimetière, qui était installé sur les glacis mêmes du fort. Toutes les cases qui étaient autour de l'église et du cimetière disparurent également.

V. — Les Iles de France et de Bourbon.

Les îles de France et de Bourbon ne dépendaient pas de l'Inde ; elles avaient chacune leur indépendance et leur gouvernement ; cependant dans la correspondance de la Compagnie avec le Conseil de Pondichéry, il est question d'elles aussi bien que de ses autres comptoirs au-delà du Cap de Bonne-Espérance. Cette sollicitude tenait à ce que ces îles, alors au début de leur colonisation, — l'île de France tout au moins — ne trouvaient chez elles ni les vivres, ni le numéraire nécessaires à des sociétés naissantes ; elles étaient obligées de demander soit à la métropole, soit à l'Inde, les objets les plus indispensables à leur existence. Et la Compagnie recommandait expressément à ses Conseils de ne rien ménager. Les Conseils, on doit le dire, exécutaient les ordres de la Compagnie, mais, comme ils sentaient que ces ordres étaient eux-mêmes provoqués par des exigences parfois injustifiées des îles, ils ne déployaient aucun zèle pour leur accomplissement.

Le programme de la Compagnie fut en quelque sorte tracé dans une lettre qu'elle adressa au Conseil supérieur le 25 septembre 1727. Elle disait que pour sa part elle faisait passer cette année aux îles une grande quantité de marchandises, des ouvriers de toute profession, plusieurs familles qui avaient demandé à s'y établir et douze jeunes filles qu'on devait y marier à des soldats ou à des ouvriers; elle demandait à l'Inde d'envoyer des esclaves, d'avancer des outils, des semences, des graines et des vivres pendant un an ou deux, et de faire passer, chaque année, 6.000 pagodes en or et 5.000 en fanons, afin d'inciter les hommes au travail par la possession de l'argent. La Compagnie comptait enfin développer la colonisation en renonçant à toute redevance sur les terres concédées, à l'exception toutefois de quatre onces de café par arpent de terre.

Faute d'argent, le Conseil supérieur n'avait pu cette année déférer à un ordre de la Compagnie du 20 septembre 1726, par lequel il lui était prescrit de charger un navire de vivres et de marchandises à destination des îles. Dumas, ancien membre du Conseil supérieur de Pondichéry, devenu gouverneur de l'île Bourbon, craignit-il que malgré les ordres de la Compagnie, ses anciens collègues ne fissent preuve d'une certaine indifférence pour les intérets qu'il représentait ? en tout cas, il crut devoir venir lui même à Pondichéry exposer les besoins de la colonie, il y arriva le 2 octobre 1728 avec un long mémoire contenant ses desiderata.

Son voyage produisit les résultats espérés. On put lui procurer près de 180 esclaves, tant garçons que filles, âgés de 8 à 18 ans et 13 autres d'un âge plus avancé, et comme la famine sévissait à la côte Coromandel, on détermina 95 maçons, charpentiers et autres ouvriers à passer aux îles. Ces ouvriers étaient payés 3 pagodes par mois, non compris la nourriture. Divers particuliers se proposant de former des habitations à l'île de France et à Bourbon, obtinrent de leur côté la permission d'acheter et d'embarquer sur les vaisseaux de la Compagnie 173 esclaves pour défricher leurs terres. Le gouverneur Lenoir en recruta pour son compte personnel 27 pour une propriété qu'il avait à l'île de France. Ainsi l'esclavage faisait presque tous les frais de cette tentative de colonisation. Comme à la même époque la Compagnie envoya 400 noirs pris à la côte de Guinée, on peut se rendre compte de l'effort qu'elle voulut alors déployer pour développer les îles.

Ce fut *la Sirène* (capitaine Massiac) partie de Pondichéry le 15 février 1729, qui emmena tout ce personnel d'esclaves et d'ouvriers ; elle emportait, en outre, du blé, de la farine, de l'huile, 150.000 livres de riz et diverses autres marchandises ou provisions.

En octobre de cette même année, *l'Indien*, du port de 100 tonneaux, fut mis à la disposition de l'île Bourbon pour la communication entre les îles. Au début de 1730, le Conseil de Pondichéry envoya par *le Saint-Pierre* d'autres vivres et marchandises et 6.000 pagodes dont 4.500 en fanons et 1.500 en or, et ces envois continuèrent les années suivantes dans des proportions variables.

Il y avait à Bourbon deux compagnies de 50 hommes chacune; elles servaient surtout à contenir les noirs dont le nombre augmentait tous les jours.

* *
*

Ce travail ne comporte pas de conclusion. On nous excusera d'être entré parfois dans des détails qui devraient disparaître dans une histoire générale, notamment ceux sur le commerce et la navigation ; mais c'est la première fois que l'histoire de cette époque est écrite ; il se peut aussi que ce soit la dernière. Il y avait intérêt dans ces conditions à soumettre aux lecteurs moins un récit proprement dit que de matériaux historiques qu'on ne trouvera nulle part ailleurs.

Pendant cette période de quatre ans, nous ne fûmes entraînés dans aucune complication extérieure de quelque gravité ; nous ne songeâmes pas plus à sortir de nos limites qu'on ne songea à nous y confiner pour rendre nos établissements inutiles. Nous eûmes toutes facilités pour faire où il nous convenait le commerce le plus conforme à nos intérêts. Les opérations, exécutées dans une atmosphère calme et dans une complète sécurité, ne suscitèrent aucun incident tumultueux dont l'histroire ait gardé le souvenir. Lenoir gouvernait Pondichéry assez sagement mais aussi, paraît-il, assez despotiquement. Dupleix qui ne l'aimait pas a formulé ultérieurement sur sa personne et sur son administration un jugement que l'histoire n'a pas ratifié sans quelques réserves. Les affaires auxquelles il présida furent en général assez heureuses, grâce sans doute à ses qualités mais grâce aussi à la paix profonde qui régna en Europe et dans l'Inde et permit à la France et à l'Angleterre de faire leurs achats en toute sécurité.

Alfred MARTINEAU.

CORRESPONDANCE

DU

CONSEIL SUPÉRIEUR DE PONDICHÉRY

ET DE LA COMPAGNIE

1726–1730

LETTRE DU CONSEIL
SUPÉRIEUR
A LA COMPAGNIE.

Pondichéry, 8 octobre 1727

.............................(1)

Nous nous conformerons aux ordres de M. M. Godeheu et d'Hardancourt qui étaient à Nantes. Nous répondrons aux lettres qu'il nous ont fait l'honneur de nous écrire les 2 et 14 janvier 1727, et au mémoire qui y était joint.

Nous avons crû que c'était, comme nous vous l'avons écrit, la défense faite par les Anglais de sortir les matières d'argent de Madras qui en avait fait baisser les

LETTRE DE LA COMPAGNIE
AU CONSEIL SUPÉRIEUR
DE PONDICHÉRY.

Paris, 28 décembre 1726

....

La Compagnie ne vous parlera point icy de la qualité des marchandises de cette vente ni de celles qu'on doit envoyer à l'Inde de préférence, s'en rapportant à ce qui vous sera écrit à ce sujet par Messieurs les directeurs qui sont à Nantes, aux ordres desquels la Compagnie vous prie de vous conformer. Elle va présentement répondre à vos lettres dont elle vous a accusé la réception.

La Compagnie ne peut trop comprendre comment la défense faite par les Anglais de sortir les matières d'argent de Madras, a contribué à faire diminuer de prix

(1) Manquent les deux premières pages.

prix icy. Il est certain que malgré les peines et les soins que nous nous sommes donnés, nous n'avons pu les vendre mieux ; faites examiner les anciens livres, vous y verrez que M. Martin et ceux qui luy ont succédé jusqu'en 1728, ne les ont pas vendu à beaucoup près si avantageusement, les roupies étaient cependant du même poids et titre qu'à………L'argent est une marchandise qui hausse et qui baisse suivant l'occurence du temps Nous en avons profité quand il a été possible, et nous avons vendu des piastres à l'arrivée du *Jupiter* 7 pagodes 2 fanons la serre ; à l'arrivée du *Lys*, il en a été vendu à 7 pagodes 4 fanons ; c'était plus cher à proportion, parcequ'il y avait peu d'argent à la côte et qu'il n'en était point venu des Manilles. C'est un prix extraordinaire sur lequel vous ne devez point compter, il sera sans doute infiniment meilleur marché par la suite. Si nous avions des fonds d'avance, que nous ne fussions pas toujours forcés de chercher des expédients pour le vendre dès qu'il est arrivé, nous aurions le loisir d'attendre le temps convenable pour nous en défaire, quelque évènement qu'il arrive. Nous nous estimerions heureux si nous pouvions espérer vendre les piastres 7 pagodes la serre, le prix serait avantageux, mais personne n'oserait s'en flatter.

ces mêmes matières à Pondichéry. Il lui semble au contraire que les gens du pays en ayant besoin pour les porter dans les terres, trouvant de l'impossibilité d'en tirer de Madras, auraient dû rendre les matières d'argent d'une plus grande demande à Pondichéry et par conséquent en augmenter le prix. Si vous avez d'autres raisons contraires au sentiment de la Compagnie à ce sujet elle vous prie de……

Nous avons toute l'exactitude possible à ne recevoir que celles qui peuvent entrer dans les sortes suivant les

La Compagnie vous recommande d'être toujours également sévères pour rebuter les marchandises de

contrats. La nécessité et le manque d'argent nous ont forcés, pour ne pas laisser partir vos vaisseaux à vide et envoyer quelque chose aux iles, de prendre conformément aux ordres que vous avez donnés à M. Lenoir, des marchandises hors des sortes, auxquelles nous avons fait des prix proportionnés à leurs qualités, et d'autres, pour payer au 1er juillet prochain, temps auquel nous espérons avoir de l'argent par l'arrivée des vaisseaux de France. Le *Lys* a chargé 53 balles de ces sortes de marchandises, nous espérons qu'elles seront bien vendues à la vente et qu'elles vous produiront autant de profit que celles des sortes ordinaires ; le surplus de ces marchandises sera embarqué sur les vaisseaux qui partiront ce mois.

qualité inférieure aux sortes portées par vos contrats, vous priant cependant de vous conformer entièrement aux ordres dont M. Lenoir est porteur à ce sujet.

Puisque malgré vos ordres et les précautions que nous avons cy-devant prises pour empêcher l'embarquement des pacotilles, il s'en est embarqué une si grande quantité que cela porte préjudice aux ventes, la Compagnie pourrait en rendre responsables les capitaines et officiers, ou tout au moins ne leur donner aucun employ sur les vaisseaux ; cela ferait que les autres capitaines et officiers seraient plus retenus, et y en embarqueraient moins.

La Compagnie approuve fort les précautions que vous prenez pour empêcher l'embarquement des pacotilles, mais elle voit avec douleur que ces précautions n'ont pas produit l'effet que vous devez en espérer, les navires...................................... ......des Indes ayant rapporté une si grande quantité de ces pacotilles qu'elles ont fait un préjudice très considérable.

Cette précaution serait inutile. Peut-on visiter vos vaisseaux en rade chargés de vivres, boissons et autres choses nécessaires pour son retour qui ne se débarquent point ? Il y en aurait pour 200.000 livres de marchandises que le visiteur n'en verrait pas une pièce.

Il serait aisé aux officiers, pendant que cet employé serait occupé sur le gaillard à voir embarquer à tribord et bâbord les balles qui sortiraient du magasin, d'en faire embarquer par les sabords de la Ste. Barbe, par le devant du vaisseau et par bien d'autres moyens, sans que la personne proposée en eut aucune connaissance.

Elle pense qu'il convient d'ajouter aux mesures que vous avez prises jusqu'à présent, celle d'envoyer à bord d'un navire prêt à charger pour France, un des conseillers accompagné d'un commis qui commenceront, avant qu'on y envoye aucun ballot de chargement, par visiter tout l'intérieur du navire jusqu'aux soutes et la fosse aux lions pour voir s'il n'y a point de balles de marchandises. Cette visite, exactement faite, le conseiller s'en retournera et laissera à bord son commis qui aura ordre de visiter tout ce qui entrera dans le dit navire, et d'examiner s'il vient de l'envoy du garde magasin de Pondichéry, et si l'écrivain s'en charge. Il visera les reçus que ce dernier fournit au garde magasin de Pondichéry, à mesure que les ballots de marchandises luy sont envoyés, et tiendra une note de la quantité de balles ou de caisses qu'il verra embarquer pendant qu'il sera à bord, afin d'examiner si ce nombre est conforme à l'envoy fait par le garde magasin, et il ne sortira du vaisseau que lorsqu'il sera sous voile pour son retour en Europe.

Nous avons réglé par délibération du 10 novembre 1726 que les marchandises embarquées en fraude seraient confisquées le tiers au profit des soldats, pions et brames du bord de la mer, et les deux tiers restant à la construction des fortifications de la ville, c'est bien ce que vous désirez.

Pour parvenir encore plus efficacement à empêcher l'embarquement de ces pacotilles, la Compagnie a jugé à propos de vous autoriser à promettre la moitié des marchandises dénoncées qui seraient en fraude à bord des vaisseaux ou à terre.

Nous n'avons point rendu d'ordonnance, en connaissant l'inutilité. Il convient de n'ordonner que ce que l'on peut faire exécuter, nous nous en sommes tenus à notre délibération du 10 Novembre 1726.

Vous rendrez pour cet effet une ordonnance qui sera publiée et affichée, promettant de garder un secret inviolable au dénonciateur que le Conseil prendra sous sa protection et gardera même à Pondichéry s'il y avait quelque raison d'appréhender qu'il ne soit découvert et maltraité dans son vaisseau, en supposant que ce fut un matelot ou un officier marinier.

Puisque la Compagnie a si à cœur de détruire cet abus, qu'elle ait la bonté de ne se point servir des officiers qu'elle sait qui contreviennent à ses ordres, qui luy imposent la loi, et par conséquent à ses employés. Cela est très aisé à faire, nos Seigneurs les Ministres peu-

Si vous découvrez quelque autre voie qui vous paraisse encore plus efficace, la Compagnie vous prie de l'employer, n'ayant plus à cœur que de déraciner cet abus et......................

....

font à leur engagement.

vent s'ils le jugent à propos punir les officiers qui sont dans le cas.

Cet article est absolument contraire au mémoire que M. M. Godeheu et d'Hardancourt nous ont envoyé où ils fixent la quantité et la qualité nécessaires à envoyer, aux ordres desquels, au commencement de cette lettre, vous nous prescrivez de nous conformer. Nous n'y aurons donc d'égards que pour la qualité et le blanchissage des marchandises, dont ils nous parlent beaucoup. Nous ferons en sorte de bien charger vos vaisseaux lorsque nous aurons de quoi acheter les marchandises pour faire de grandes cargaisons. Ceux qui vont partir emporteront tout ce que nous avons pu acheter même à crédit, sans avoir égard aux assortiments. Ils seront cependant encore mal chargés malgré les soins et les précautions que nous avons pris, mais les marchandises seront bonnes dans leur qualité.

Il ne faut pas vous attacher scrupuleusement au nombre ni à la quantité de balles que la Compagnie vous demande par ses états, elle vous prie au contraire de charger le plus qu'il sera possible de marchandises sur ses vaisseaux, dont la plupart jusqu'à présent sont revenus au tiers ou au quart vides. Vous ne devez point vous en rapporter aux officiers qui, pour l'ordinaire, trouvent toujours leur navire trop chargé pour des raisons que la Compagnie a très grand sujet de soupçonner fort intéressées. Vous devez envoyer à bord une personne intelligente pour visiter le navire et voir s'il peut contenir plus de balles que celles qui y sont chargées, et si les officiers refusent sur cette visite d'en recevoir d'avantage, veuillez en faire faire une sommation en forme et en envoyer copie à la Compagnie.

Nous soutiendrons les qua-

Vous vous appliquerez

lités des marchandises autant qu'il nous sera possible sans en augmenter le prix. Il faudrait pour y réussir bien, avoir de quoy les faire fabriquer et blanchir à loisir dans les bonnes saisons, comme le font régulièrement les étrangers dont vous nous avez souvent parlé.

avec un soin particulier à ne point augmenter le prix des marchandises et à soutenir leur qualité.

Il est d'usage dans un contrat de 100.000 pagodes...... de comprendre au moins 150 balles de guinées et salampouris de 18 et 24 coujons en bleu sur le pied de trois sortes, et qui ne peuvent être reçues en blanc qu'en quatrième sorte. Nous nous conformerons autant qu'il sera possible à ce que vous désirez à cet égard. Les 7 balles qui sont chargées sur le *Lys* de ces qualités, étaient en magasin avant la réception de la présente, ainsy que les 9 balles chargées sur les vaisseaux qui partiront dans ce mois.

La Compagnie ne pouvant vendre ses toiles bleues, sortes françaises, à un prix plus élevé que les sortes hollandaises, parceque ces marchandises étant destinées pour le commerce de Guinée ces dernières sortes y tiennent la même valeur pour l'achat des nègres que les sortes françaises, elle vous prie de ne luy envoyer autant qu'il sera possible que des sortes hollandaises en guinées et salampouris.

Nous savons parfaitement que la Compagnie a grand soin de nous recommander des choses qui seraient très utiles à son service. Nous la supplions très humble-

La Compagnie vous a toujours recommandé d'avoir une attention particulière à pourvoir le comptoir de Chandernagor des fonds nécessaires pour ordonner à

ment d'avoir la même attention à nous procurer les moyens d'exécuter ce qu'elle désire; il ne s'agit pas de nous dire d'envoyer de l'argent au Bengale, il faut en avoir, et nous n'avons pas actuellement une piastre; le comptoir est endetté, et nous aussy. Sitôt que nous aurons reçu de l'argent, nous y enverrons de quoi payer les dettes avec les fonds nécessaires pour y faire le commerce. Rien ne manquera de notre part, les employés de ce comptoir n'auront point de reproches à nous faire, et vous serez,

l'avance l'achat des marchandises de Bengale dont [il faut] que la fabrication soit souvent [payée] 10 à 12 mois d'avance avant la livraison. Elle vous prie d'observer avec une grande exactitude ce qu'elle vous a précédemment mandé à ce sujet, et de ne point donner occasion aux employés de ce comptoir de se plaindre du manque ou du retard des fonds dont ils ont besoin, ni à la Compagnie de votre inattention sur une chose si essentielle au bien de son commerce.

Messieurs, satisfaits de l'attention que nous aurons à l'exécution de vos ordres à cet égard.

Lorsque nous avons pris le party d'y envoyer ce vaisseau, nous croyions bien faire. Il est triste que le succès n'ait pas répondu à nos bonnes intentions, nous ne pouvions pas prévoir que vous envoyassiez un si mauvais vaisseau aux Indes; s'il avait été en l'état qu'il aurait dû être en sortant de France, tous ces accidents ne seraient pas

La Compagnie ne peut approuver le party que vous avez pris d'envoyer le vaisseau *l'Hercule* à Balassor; les connaissances que vous avez de l'Inde devaient vous déterminer à expédier vos bâtiments propres pour entrer dans le Gange, et vous auriez épargné à la Compagnie les frais immenses qu'il en a coûtés pour le transport des marchandises du

arrivés, et nous n'aurions pas la mortification de nous voir accablés de reproches que nous croyons n'avoir pas mérité.

comptoir de Chandernagor à Balassor. Il convenait infiniment mieux d'envoyer hiverner *l'Hercule* à Merguy où il eut pu se raccommoder et se mettre en état de revenir en France, au lieu que cette inattention est cause peut-être, de la perte totale, par sa relâche à la Martinique où il est actuellement avec risque d'être condamné.

L'expérience vous a fait voir, Messieurs, que nos plaintes étaient bien fondées; vous nous ferez plaisir de continuer d'envoyer ce que nous avons demandé, vous vous éviterez par ce moyen de grandes dépenses, et à nous de l'embarras.

Vous vous plaignez que les vaisseaux qui vous sont expédiés d'Europe arrivent souvent dépourvus d'agrés et d'apparaux que vous vous trouvez obligés de leur fournir pour leur retour, ce qui opère de très grandes dépenses, surtout lorsque vous êtes obligés de les acheter de l'étranger. La Compagnie a commencé à vous mettre en état de leur fournir ce qui pourra leur manquer, par les envois qu'elle vous a faits par le *Jason* et *l'Argonaute*, et depuis par le *Jupiter*. Elle continuera par la suite d'approvisionner si bien vos magasins de marine, que vous pourrez non seulement fournir à ses vaisseaux ce qui leur manquera réellement pour leur retour en Europe, mais encore d'en vendre aux étrangers.

Nous sommes persuadés de l'attention que la Compagnie a eue de recommander à Lorient que ses vaisseaux fussent bien armés. Il est certain cependant

Au reste, la Compagnie a toujours fortement recommandé au directeur de Lorient d'armer ses navires avec tant de précaution, qu'ils n'eussent point be-

vrai que plusieurs sont arrivés icy en mauvais état, nous ne doutons point que M. de Fayet ne fasse faire ce qui sera nécessaire, pour qu'ils soient dans la suite mieux armés et équipés.

soin de prendre dans l'Inde des agrés et apparaux, et elle s'en est reposée sur les soins de ce directeur. Elle a lieu d'espérer que M. de Fayet ne laissera pas tomber les vaisseaux qu'il armera dans cette nécessité si préjudiciable aux intérêts de la Compagnie.

S'il se trouve quelque vaisseau qui ait besoin d'agrés ou d'apparaux pour son retour en France, nous ne manquerons pas de les fournir après nous être fait rendre compte par le capitaine de ce qui lui aura été fourni et de l'usage qu'il en aura fait.

Si cependant malgré ces précautions, les capitaines de quelque navire vous demandaient des agrés ou apparaux, la Compagnie vous prie de vous faire représenter l'état de ce qu'ils en ont reçu à leur armement, et mise hors, en partant de Lorient, et vous leur ferez rendre compte de l'usage qu'ils en ont fait, et connaitrez par là le besoin qu'ils en pourront avoir pour leur retour en Europe qu'il est cependant nécessaire de toujours bien assurer, et vous aurez soin de rendre compte du tout à la Compagnie, afin qu'elle connaisse s'ils ont mal usé de ces agrés ou apparaux.

Les officiers se sont conformés à ce que vous désirez à ce sujet, si par la suite quelqu'un y manquait, nous vous en donnerions avis.

La Compagnie vous a marqué par le *Jupiter* que son intention était que les officiers payaseent de leur argent les logements qu'ils pourront prendre à terre; s'il arrivait qu'au mépris de ces ordres dont vous leur férez part, ils prétendissent le contraire, et que prenant des logements à terre, ils partissent sans le payer, vous aurez attention d'envoyer à la Compagnie la note de ce qui sera dûe pour les dits logements, afin qu'elle en fasse faire la retenue sur ce qui leur sera dû de leurs appointements, la Compagnie ne prétendant rien payer des dépenses que les officiers font à terre pour eux.

Nous avons reçu les matières d'argent suivant les factures envoyées par M.M. Fortie et Cazanbon, ainsy que les autres effets chargés par M. de Fayet, à l'exception de 14 fusils de boucaniers qui se sont trouvés en moins dans les 19 caisses qui devaient en contenir 300, il y avait 12 caisses de 16 chacune, 5 autres de 14 et 2 de 12, ce qui ne fait que 286 fusils.

Le vaisseau *le Lys* qui vous porte les dernières expéditions, vous remettra 30,000 marcs de matières d'argent qu'il doit charger à Cadix indépendamment des marchandises, effets et munitions dont M. de Fayet aura soin de vous remettre la facture. Celle des matières d'argent vous sera envoyée par M. M. Fortie et Cazanbon de Cadix.

Nous sommes surpris, Messieurs, que vous trouviez ces vaisseaux si mal chargés, nous en avons encore examiné les factures qui nous paraissent très considérables pour la valeur et d'un grand volume pour le port. Le long séjour que les vaisseaux ont fait dans l'Inde ne les a pas faits plus grands. Quand il vous plaira de les envoyer dans des

M. Desboiclairs qui commande ce navire a été nommé par la Compagnie commandant de tous ses vaisseaux dans l'Inde, pendant son séjour. Ceux que ce commandant a ramenés en Europe cette année, étaient si mal chargés qu'il ne parait pas possible à la Compagnie de soutenir des armements aussy considérables que ceux du *Duc de Chartres*,

saisons convenables, ils ne séjourneront pas si long-temps aux Indes, ce sont des inconvénients dont nous ne devons pas être respon-sables.

Elle n'aura pas ocasion de nous faire aucun repro-che, nous aurons l'attention nécessaire pour qu'elle soit bien servie.

La Compagote fera par-faitement bien de ne point laisser de pareilles actions impunies afin de faire des exemples, autrement cela tirerait à des conséquences dangereuses pour la suite. Nous ne manquerons pas de l'informer de la conduite que tiendront les officiers de ses vaisseaux.

de *l'Apollon* et du *Neptune*, lorsqu'ils ne rapporteront pas une plus grande quanti-té de marchandises, et lors-qu'ils séjourneront aussy longtemps qu'ils l'ont fait dans l'Inde.

La Compagnie espère que vous donnerez toute votre attention pour qu'elle n'ait pas lieu de vous faire de pareils reproches dans la suite.

Sur le compte que vous rendez à la Compagnie des discours tendant à mutinerie et soulevement des équi-pages, tenus par les sieurs La Motte et Bertier, officiers sur *l'Hercule*, la Compagnie les a déclarés exclus pour toujours de son service, quoiqu'ils soient encore avec ce vaisseau à la Marti-nique. Elle vous recom-mande de l'informer exactement de la mauvaise conduite que pourraient tenir d'autres officiers de ses vaisseaux dans l'Inde, afin qu'elle puisse les en punir à leur retour en Europe.

COMMERCE D'INDE EN INDE.

Nous vous envoyons cy-joint le compte de l'arme-

La Compagnie vous re-commande de luy envoyer

ment du *St. Joseph* pour le voyage de Chine que vous nous demandez.

Nous vous enverrons par la suite celuy des autres vaisseaux qui navigueront d'Inde en Inde. Vous pourrez voir par les livres que nous vous avons envoyés au mois d'Octobre dernier le progrès

le compte du *St. Joseph* en détail, ne pouvant connaitre sans cela l'utilité du commerce de Chine. Vous en ferez autant de tous les voyages qui se feront d'Inde en Inde afin qu'elle connaisse ceux qui luy seront les plus avantageux.

des armements qui ont été faits cy-devant.

Nous ne manquerons pas d'expédier tous les ans au mois de juin un vaisseau en Chine pour votre compte si nous recevons des fonds de France assez à temps pour avoir de l'argent pour sa cargaison. Nous ferons venir les qualités et quantités de marchandises pour l'Europe que vous prescrivez, avec celles que nous croyons propres pour l'Inde.

La Compagnie n'expédie point cette année de vaisseau pour la Chine, vous réglerez ce commerce pour le faire sans association pour la Compagnie, et vous expédierez tous les ans un bâtiment pour Canton avec une cargaison suffisante pour vous apprêter *(sic)* les marchandises que vous jugerez à propos pour la côte Coromandel, et celles que vous désignerez à être envoyées en Europe dans les qualités et quantités suivantes, savoir :

30 à 40 milliers de soie grège, de Nankin, étoffes pour environ 10,000 piastres.

Thé et rhubarbe pour 10,000 piastres, ou environ.

Porcelaines et vernis 4 à 5,000 piastres.

Nous enverrons à M. Tribert copie de cet article,

La Compagnie vous observera que la rhubarbe en-

et lui écrirons en conséquence afin qu'il y prenne garde.

trop vieille et trop desséchée, après avoir souffert de l'humidité, de manière qu'elle était légère et spongieuse; elle a été vendue par conséquent à vil prix. Cette note vous servira pour les ordres que vous pouvez donner à ce sujet à M. Tribert, afin qu'l n'envoie cette drogue que très sèche, ferme et de bonne couleur.

Ncus écrirons à M. Tribert de prendre sur les fonds que nous luy remettons, l'argent pour la subsistance des employés de Canton. Il aurait été nécessaire de nous envoyer copie de l'état des dépenses qn'il vous a plû d'y fixer, afin de nous y conformer, et de nous dire la quantité de vin et d'eau-de- vie que vous souhaitez accorder à M. Tribert et aux autres employés au prix que vous l'accordez à ceux de Pondichéry.

Nous enverrons régulièrement le vin et l'eau de vie que vous ordonnez pour les Révérends Pères Jésuites de Canton.

Nous recevrons des particuliers les marchandises

voyée de Chine par *le St. Louis* s'est trouvée extraordinairement défectueuse, elle doit avoir été achetée

Vous ferez attention dans l'expédition du navire que vous ferez pour Canton d'y charger l'argent nécessaire pour la subsistance des employés auxquels vous enverez aussy du vin et de l'eau-de-vie qu'ils payeront au même prix que les employés de Pondichéry. Vous y joindrez une barrique de de vin en bouteilles et un quart d'eau-de-vie en quartes dont la Compagnie juge à propos de gratifier les Pères Jésuites de Canton.

Quoique la Compagnie se réserve à elle seule le

qu'ils voudront charger á fret pour Chine et pour le retour à cette côte, il ne s'en trouve presque point. Nous recevrons même celles qu'ils voudront envoyer à Malacca où l'on peut en débarquer sans causer de retard au vaisseau.

fond de l'armement du vaisseau destiné pour Chine, elle veut bien cependant permettre que tous les particuliers puissent y charger à fret tant pour l'aller que pour le retour, vous recommandant de ne pas exiger un plus gros fret pour Canton que pour Macao, et de l'établir toujours un peu au dessous de celuy que les Anglais se font payer.

Nous luy en écrirons dans toutes nos lettres jusqu'à ce qu'il y ait satisfait, ou qu'il nous ait dit que cela est impossible.

Quoique la Compagnie ordonne à M. Tribert de faire son possible pour obtenir une livre ou le poids qu'il pourra de bonnes graines de rhubarbe pour être envoyées en France, et d'informer la Compagnie de tout ce qu'il pourra découvrir touchant la culture de cette plante, même d'en obtenir quelques pieds frais avec leur terre pour être transportés à l'Ile de Bourbon, elle vous prie dans vos expéditions pour Chine de luy renouveler ces mêmes ordres, jusqu'à ce qu'ils soient exécutés ou reconnus inutiles par l'impossibilité de l'exécution.

Vous nous ordonniez positivement par votre lettre du 12 décembre 1724 de revendre tous les vaisseaux qui servaient au commerce d'Inde en Inde attendu la liberté que vous accordiez aux particuliers de le faire

Vous avez mal interprêté l'esprit de la Compagnie au sujet de ce qu'elle vous a mandé par sa lettre du 12 décembre 1724. Son intention a été seulement de vous faire sentir que le commerce d'Inde en Inde qui se

pour leur compte, à la réserve d'un seul du port de 3 à 400 tonneaux que vous nous marquiez de garder avec les officiers nécessaires pour le commander, et que nous devions prendre parmi ceux que vous nous aviez fait passer en divers temps et congédier le surplus comme étant inutile.

Vous fixiez encore par cette lettre à 10,000 pagodes l'intérêt que vous souhaitiez prendre annuellement dans les armements que ces particuliers feraient. C'est sur ces ordres que nous avons crû être obligés de vous faire les représentations contenues dans notre lettre du 15 Octobre 1725, que nous nous flattons que vous aurez bien reçues, ne provenant que du zéle que nous avons pour le progrès du commerce de la Compagnie.

Ayant pris le party de continuer le commerce d'Inde en Inde pour votre compte pour les raisons contenues dans notre lettre du faisait en entier pour son compte, détournait une trop grosse partie de ses fonds qui auraient été employés plus utilement à ce qui fait son principal objet, qui est l'achat des marchandises qui doivent faire le chargement de ses vaisseaux pour France que même le comptoir de Bengale en avait souffert par le manque des fonds nécessaires tant pour faire les avances dans les temps convenables que pour l'achat des qualités et sortes de ces marchandises nécessaires pour l'assortiment des cargaisons pour France. Cela est si vray que vous marquez vous mêmes par votre lettre du 30 janvier dernier que le contrat que vous vous proposez de faire ne peut-être que de 10000 pagodes eu égard aux fonds qui vous restent, montant suivant votre état à 360,675 pagodes 19 Fanons.

La Compagnie sait bien que le commerce d'Inde en Inde est très utile pour l'établissement de sa colonie de Pondichéry, et que plus

15 Octobre 1725, cela a diminué de quelque chose vos fonds à Bengale et icy. Si vous nous aviez envoyé en 1726 et 1727 des fonds proportionnés à ceux que nous avons reçus en 1723, 1724 et 1725, votre commerce n'en aurait souffert aucun préjudice, au contraire vous auriez eu différentes marchandises en magasin qui ne s'y sont pas trouvées faute de fonds. Nous nous conformerons dorénavant aux ordres que vous avez donnés à M. Le Noir à ce sujet.

il sera étendu, plus ses droits augmenteront, c'est aussy dans cet esprit qu'elle a donné ses ordres à M. Le Noir à son départ d'Europe, d'employer une partie des fonds qu'elle a fixés à peu près pour continuer et entretenir ce commerce, de manière cependant que son commerce d'Europe n'en souffrit aucun préjudice.

Elle nous a rendu justice à cet égard, nous l'en remercions.

Au surplus, la Compagnie n'a j'amais soupçonné votre conduite sur le mauvais usage des fonds, elle est persuadée que votre fidélité à ce sujet est à couvert de tout reproche.

Nous vous avons écrit par notre lettre du 30 janvier 1726 ce que nous avions appris que l'envoyé d'Achem avait fait à Bengale. Ayant pris le party de faire nous-mêmes ce commerce, nous avons envoyé le brigantin le *Triton* à Achem au mois d'août 1726, qui n'en est revenu que le 19

Sur ce que le comptoir de Bengale marque qu'il luy est arrivé un envoyé du roi d'Achem qui proposait aux Français d'ouvrir un commerce avec son maître, et qu'un navire anglais prêt à partir de Bengale pour Achem oú il ne pouvait être reçu qu'avec pavillon français, avait désarmé et inter-

juin dernier. Il n'a pas fait bon voyage, ayant rapporté de la perte, nous vous en envoyons le compte de l'armement et du désarmement

Nous y avons envoyé le petit brigantin le *Diligent* avec le vaisseau le *Jupiter* en conséquence de la délibération du 18 août dernier, dans l'intention de faire un traité avec le roi pour continuer annuellement ce commerce. Nous vous en dirons le succès par un des articles de notre lettre générale. Nous ne pouvons pas raisonnablement demander à faire du commerce dans le royaume d'Achem à l'exclusion de toutes les autres nations européennes puisque les danois, depuis qu'ils sont établis à Tranquebar, font régulièrement tous les ans ce commerce en conséquence d'un traité par le quel il leur est accordé quelques petits privilèges qui leur onr été confirmés par les rois qui se sont succedés depuis ce temps. Les Maures y envoient de Portonovo un ou deux vaisseaux tous les ans, il n'y a que les anglais qui en sont exclus depuis quelques années. Par une lettre que nous avons reçue par le brigantin le *Triton* du ministre du roi

rompu son voyage dans la crainte qu'il ne fut démasqué et reconnu par cet envoyé, la Compagnie a pensé qu'il convenait de faire l'armement que vous proposez d'un bâtimeut pour Achem, observant de donner des instructions au capitaine et subrécargue, afin qu'ils aient à s'informer exactement de toutes les marchandises et métaux qu'on peut tirer du pays, et de celles qui peuvent y être envoyées tant des Indes que d'Europe. Il convient même que vous donniez vos projets de traité au capitaine et que vous l'autorisiez à le passer avec le roi d'Achem de qui il serait à propos d'obtenir l'exclusion du commerce chez luy de toutes les autres nations européennes; cela parait d'autant aisé que vous savez qu'il ne peut entrer dans ses ports aucun bâtiment que sous le pavillon de France.

d'Achem il paraît qu'il a l'intention de renouveler commerce avec eux, les propositions qui seront faites au roi de notre part pourront en empêcher.

Nous ne croyons pas qu'il soit nécessaire de donner d'autres passeports que ceux qui se sont donnés jusqu'à présent, il ne faut rien innover icy dans les usages du pays autant qu'il est possible. Si nous continuons ce commerce tous les ans, aucune nation ne pourra abuser du pavillon, puisque ceux qui seraient sur notre vaisseau s'y opposeraient. Si nous sommes obligés de l'abandonner, nos nouveaux passeports seront absolument inutiles, nous les garderons cependant avec soin afin de nous en servir si l'occasion s'en présente.

Pour empêcher les nations qui pourraient se servir abusivement de notre pavillon, la Compagnie a jugé à propos de faire imprimer des passeports d'une forme particulière, dont elle vous remettra des exemplaires par le vaisseau le le *Mars* pour en distribuer à chaque capitaine de vaisseau que vous expédierez pour Achem et que vous aurez attention de vous faire représenter et de déchirer à leur retour. Vous enverrez un exemplaire signé de ces passeports au roi d'Achem pour qu'il ne soit point surpris par les autres nations qui pourraient entrer dans ses ports avec pavillon de France.

Indépendamment de ce passeport particulier le capitaine doit être muni d'un passeport ordinaire, pour qu'il puisse le montrer en mer en cas qu'il fut forcé de le faire par quelque évènement qu'on ne peut prévoir. Il doit pareillement avoir ordre de tenir en un lieu secret ce passeport particulier, et même de le jeter à la mer s'il arrivait par quelque malheur imprévu qu'il fut pris.

Nous attendrons le retour du *Jupiter* et du *Diligent*; si le succès du voyage est avantageux, et qu'il soit nécessaire d'y envoyer un employé, nous le ferons.

Si vous jugiez à propos de laisser à Achem quelque employé pour ce commerce, la Compagnie vous laisse la faculté de le faire, persuadée que vous ne le ferez qu'avec connaissance de cause.

Si le roi d'Achem ou quelque autre personne a besoin des petits canons qui sont icy, nous les leur vendrons.

La Compagnie étant informée par Messieurs de Bengale que l'envoyé du roi d'Achem sollicitait l'achat de petits canons pour son maitre, et qu'il doit vous rester encore à Pondichery des canons de 23 et 24 livres de balles, estime qu'il convient d'en chercher quelques-uns et les mettre sur le premier bâtiment que vous expédierez pour Achem pour les y vendre; vous devez d'autant moins hésiter à vous défaire de ces petits canons que vous 'avez dû recevoir par le *Jupiter*, 16 canons de 24 livres de balles; on est à ordonner 100 pièces de 18, dont quelques-uns longs, qui vous seront envoyés les années prochaines.

COLONIE.

Nous vous avons écrit au mois d'Octobre 1726 à ce sujet. Nous ne croyons pas qu'il convienne de faire à présent aucune proposition au Nabab, qui est extrêmement vieux et infirme, pour l'obtention de cette permission qui ne nous rapporterait pas à beaucoup près un aussy grand profit que vous le pensez.

Plus la Compagnie fait réflexion à l'utilité de faire fabriquer des roupies, plus elle pense qu'il est d'une nécessité indispensable d'en obtenir la permission; pour cet effet son intention est que vous mettiez tout en usage pour y réussir, vous laissant maitres d'employer la somme que vous jugerez être nécessaire pour parvenir à l'obtenir, étant persuadée que vous ménagerez toujours ses intérêts du mieux qu'il vous sera possible.

Le long séjour que vos vaisseaux ont fait icy, et la grande quantité d'ouvriers qui étaient employés aux batiments qui ont été faits, ont contribué à l'augmentation des fermes. Le grand commerce de marchandises pour l'Europe a augmenté les droits d'entrée par mer et par terre. Les travaux des batiments discontinuant et le commerce d'Europe diminuant fauté d'argent pour payer les marchandises, celuy d'Inde en Inde étant totalement tombé de-

La Compagnie apprend avec plaisir l'augmentation sur les fermes du bétel, tabac et change, elle voit aussy avec satisfaction que les droits d'entrée tant par mer que par terre ont augmenté considérablement ainsy que les revenus des terres et la ferme de l'arrack. Elle espère que ces produits deviendront de jour en jour plus forts par le commerce de la colonie, qu'il y a tout lieu de croire qu'il s'accroîtra tant pour la sûreté de la ville de

puis trois ans, tous les vaiseaux ayant rapporté de la perte, il est à craindre que les fermes et les droits ne diminuent plutôt que d'augmenter; celle de l'arrack de paria a cependant augmenté de 440 pagodes à l'adjudication faite le 19 septembre 1727 qui était à 1370 pagodes et qui a été portée à 1710 pagodes pour trois ans. Le Conseil ayant par sa délibération du 15 novembre 1724 supprimé la cantine qui était dans le fort où il se distribuait de l'arrack de Colombo, peut avoir contribué à l'augmentation de cette somme qui n'était pour lors qu'à 1370 pagodes.

Nous faisons un compte de toutes les dépenses de l'hôpital qui se passent par la caisse de la Compagnie, et le produit de la ferme de l'arrack de paria cy devant destiné à ces dépenses entre dans la caisse.

Quoi que les fonds destinés pour l'entretien de l'hôpital ne soient pas toujours suffisants, vous devez cependant observer la même règle, tenant un compte séparé des dépenses de cet hôpital auxquelles il faut bien que la caisse de la Compagnie supplée lorsque les autres fonds manquent.

Nous avons eu l'honneur d'écrire par notre lettre du 23 janvier 1723 et par celle du 15 octobre 1725 ce que nous savions sur cette matière. Faites vous représenter le tarif fait icy le 12 octobre 1722 des droits d'entrée qui vous a été envoyé avec cette première lettre,

La Compagnie n'est pas assez informée par votre lettre en quoy consiste le droit du tabellionnage dont jouissait Naniapa, ni sur qui ce droit est levé. Vous en laisserez jouir tranquillement la veuve de Gourouapa jusqu'à ce que vous ayez donné à la Compagnie les

vous verrez en quoy consiste ce droit et sur qui il est levé, dans l'enceinte de la ville. Dans les aldées, le propriétaire de ce droit fait ensemencer 40 cubes de terre sans payer aucun droit au fermier, il perçoit à la récolte sur 300 mesures de grains une poignée qu'on estime un dixième de mesure, et sur les autres fruits et denrées proportionnellement.

éclaircissements qu'elle vous demande.

Nous apporterons tous nos soins pour faire venir des bois de Merguy et de tous les endroits où l'on peut en acheter, lorsque nous y enverrons des vaisseaux. Nous sommes bien aises que vous approuviez l'envoy du vaisseau le *Pondichéry* au Pégou.

Vous ne devez rien négliger pour vous procurer les bois, je dis les mâts et autres bois qui sont nécessaires tant pour les vaisseaux que pour les bâtisses. La Compagnie approuve fort que vous ayez envoyé pour cet effet le vaisseau le *Pondichéry* au Pégou; ayez attention de vous en faire fournir le plus que vous pourrez par les navires que vous enverrez hiverner à Merguy.

Il aurait été difficile de faire autrement par rapport aux gens du pays qui auraient été scandalisés de voir que nous aurions fait moins d'honneur au pavillon de France qu'à ceux des étrangers.

Elle approuve aussi la proposition que vous faites de faire rendre par la forteresse le salut, coup pour coup, aux vaisseaux français qui vous parviendront.

Il augmente de prix et il est difficile d'en avoir une grande quantité, nous vous

Vous continuerez à envoyer le plus de salpêtre que vous pourrez de la cô-

enverrons celuy que nous pourrons acheter.

Le feu a pris au mois de mai 1727 à la poudrière qui avait été faite hors de la ville pour cette fabrique, il y eut 13 à 14 personnes de blessés qui sont morts peu de jours après; faute d'argent, nous ne l'avons pas fait rétablir, et de plus les ouvriers en ont été si effrayés, qu'il n'aurait pas été facile de les faire travailler de sitôt. Les effets qui ont été perdus dans l'incendie montent à 62 pagodes 3 f. 56 caches. Nous nous proposons de faire rétablir ce bâtiment qui pourrait coûter 5 à 600 pagodes pour le remettre en l'état où il était et continuer la fabrication de la poudre, aussitôt que nous aurons reçu des fonds de France. Nous conserverons avec soin la poudre d'Europe.

le, ainsy que de Bengale.

Il convient aussy que vous fassiez fabriquer à Pondichéry la plus grande quantité de poudre qu'il sera possible, tant pour en vendre que pour en fournir vos magasins, en approvisionner les iles de Bourbon et de France, en donner en remplacement aux vaisseaux d'Europe et en munir les bâtiments qui font le commerce d'Inde en Inde, vous recommandant d'avoir grande attention à conserver celle qui vous est portée d'Europe.

Nous avons envoyé cette lettre à Bengale pour la faire passer à M. Martin. Nous aurons soin d'y envoyer l'étui de chirurgie que vous promettez, aussitôt que nous l'aurons reçu.

Vous avez cy-joint une lettre de Monseigneur le Contrôleur général, écrite de la part du Roi au sieur Martin, médecin du Mogol. La Compagnie fait travailler actuellement à votre étui de chirurgie, garni d'argent, qui vous parviendra par le vaisseau qui partira en février prochain s'il n'est pas prêt à être chargé sur le *Lys*. Vous aurez soin de le faire passer au dit sieur Martin, et vous l'engagerez à continuer tous ses bons offices en faveur de la Compagnie auprès du Mogol.

Quelques uns de Messieurs les officiers du Roi prétendent ne devoir de salut ni de visite à personne. Il faudrait que la Compagnie eut agréable d'insérer dans les ordres et instructions qu'elle leur donne ce qu'elle désire à ce sujet, peut-être y aurait-il quelque attention de la part des officiers qui commandent vos vaisseaux. Nous leur donnerons les ordres nécessaires, et si quelqu'un y contrevient, nous aurons l'honneur de vous en informer.

Sur les plaintes que le Conseil de Bengale marque avoir été faites par le Gouverneur anglais de Golgota [Calcutta] que la *Sirène* n'avait pas salué la loge, vous donnerez ordre à tous les vaisseaux de la Compagnie de saluer dans tous les lieux de l'Inde où ils iront les forts et les loges des nations européennes, ainsy que des puissances du pays par des saluts ordinaires et usités, et s'il arrivait que l'on y manquât, vous en informerez la Compagnie.

Le nommé Alard, tuteur de ce jeune homme, nous avait prié de le faire embarquer pour France, attendu qu'il se débauchait aux Indes, sans cela nous ne l'aurions pas fait. Nous vous avons donné connaissance de cette affaire, Messieurs, par rapport au refus

Il parait que le jeune homme de Pondichéry auquel vous aviez fait des avances qu'il avait consommées avant de s'embarquer, n'avait pas envie de passer en France. Il convenait mieux de luy faire restituer ces avances, ou de le faire travailler pour les gagner,

que fit le sieur Drias, second capitaine sur le *Neptune,* de le recevoir à bord par les ordres du Conseil de qui il n'en recevait aucun, disait-il, sans ceux de M. Desboisclair. Nous espérions que vous auriez bien voulu répondre à cet article; ayez agréable de nous prescrire la conduite que nous devons tenir en pareil cas sur le refus des officiers d'obéir aux ordres du Conseil.

plutôt que de le forcer à faire ce voyage.

Nous n'enverrons que le nombre que vous prescrivez, du consentement des parents et de la propre volonté des sujets.

La Compagnie doit vous déclarer que son intention n'est pas de forcer aucun sujet de la Colonie à passer en Europe pour y apprendre un métier, ni même que vous en envoyez plus de deux ou trois par chaque année, mais il faut toujours que ce soit du consentement de leurs parents et de leur propre volonté.

Nous nous conformerons aux ordonnances et à ce que vous désirez, nous serons bien aises de ne nous point mêler de pareilles affaires lorsque nous pourrons honnêtement nous en dispenser.

L'affaire concernant le meurtre arrivé à bord du vaisseau la *Badine* est dans le cas des ordonnances qui attribuent aux amirautés la connaissance des délits qui se commettent à bord des vaisseaux, et qui enjoignent aux officiers des dits vaisseaux de saisir les coupables et de faire les informations nécessaires, et de remettre le tout à l'amirauté la plus proche du port où ils se trouvent en France. Ainsy, l'affaire dont il s'agit, étant de cette espèce, elle n'était point du tout de la compétence du Conseil Supérieur. La Compagnie vous recommande de vous en tenir exactement aux ordonnances de la marine lorsqu'il arrivera des affaires de cette nature.

Nous exécuterons exactement ce que vous nous ordonnez par toutes vos différentes lettres à cet égard. Lorsque nous connaitrons des français au service de cette compagnie dans le cas que vous le prescrivez nous vous en enverrons les noms, surnoms et qualités en lesquelles ils serviront. Nous enverrons copie de cet article aux autres comptoirs et nous leur écrirons en conséquence. Nous ne saurions nous conformer à ce que font les anglais. Les gouvernements de l'Etat et de la Compagnie sont bien différents chez eux que chez nous, il se passe des choses dans leur colonie qui sont approuvées en pareils cas, tandis que nous serions désapprouvés et blâmés.

La Compagnie vous confirme les différents ordres qu'elle vous a donnés par ses lettres des mois de septembre et de décembre 1724, décembre 1725, et notamment par celle du 25 janvier 1726, au sujet de la Compagnie d'Ostende. Elle vous a marqué entr'autres choses par cette dernière lettre, que vous fissiez arrêter et renvoyer prisonniers en France les français qui pourraient se trouver au service de cette compagnie, soit à terre, soit sur ses vaisseaux, avec les précautions qui y sont détaillées. Elle vous réitère avec grande instance de tenir la main exactement à tous les ordres portés dans les dites lettres; mais comme il pourrait se trouver des français au service de la dite compagnie que vous ne pouviez faire arrêter, l'intention de la Compagnie est que vous luy envoyez les noms, surnoms et les qualités en lesquelles ils servent, pour les faire exactement connaitre. Vous ne sauriez manquer de vous conformer à ce que eront les Anglais touchant ce qui regarde cette compagnie, pourvu cependant que ce que vous ferez ne tende pas à une rupture. Vous aurez soin d'envoyer de pareils ordres à tous les comptoirs des Indes, afin qu'ils aient à s'y conformer.

L'affaire dont le Conseil de Chandernagor veut parler est celle entre le sieur Parabert, francais au service des Ostendais, et le sieur Wanskaert, Ostendais ; il ne nous a jamais présenté de requête en forme sur cette affaire.

Le Conseil de Chandernagor informe la Compagnie qu'il y a un appel pendant au Conseil supérieur de Pondichéry de plusieurs sentences que ce premier a rendues contre des Ostendais. Il ajoute que le Conseil supérieur n'ayant rien prononcé sur cet appel, le sieur Wanskaert, un des exécuteurs testamentaires de feu sieur Collé qui tenait rang de second, parmi les Ostendais, n'ayant laissé qu'une somme de 2124 rs. 4 as. 24 g. en sureté d'environ 2500 rs. dont il se trouve débiteur envers plusieurs personnes de la colonie de Chandernagor, ses créanciers se sont présentés au comptoir de ce lieu, et ont demandé la délivrance des dittes 2124 rs. 4 as. 24 g. à compte des billets dont ils sont porteurs pour la somme de 2500 rs. et que le comptoir de Chandernagor n'a pas voulu aussy prendre sur luy de faire droit à la demande de ces créanciers par rapport aux defenses cy-devant faites par la Compagnie d'avoir aucune liaison ni corespondance avec les Ostendais.

Nous n'avons point refusé de juger l'appel des affaires qui ont été en première instance au Conseil de Chandernagor lorsqu'elles nous ont été présentées,

La Compagnie ne jugeant pas cette raison admissible dans l'espèce dont est question, ordonne au Conseil de Chandernagor de rendre la justice qu'il croira dûe à

Nous jugerons le plus diligemment possible celles qui nous seront envoyées.

ces créanciers, et vous recommande de recevoir et juger l'appel, s'il y en a, de la sentence qu'il aura rendue, ainsi que tous les autres appels qui peuvent venir de Chandernagor que vous ne pouvez ni ne devez vous dispenser de juger.

TROUPES.

Nous vous avons marqué par un des articles des réponses à votre lettre du 20 septembre 1726, que nous avions reçu 41 soldats sur les 50 qui avaient été embarqués sur le *Jupiter*; nous en avons reçu 44 sur les 50 mis sur le *Lys*, les six autres étant morts dans la traversée. Nous nous servirons de ces 85 soldats pour recruter les troupes de Mahé et former une 4 ème Compagnie qui était fort nécessaire icy.

Sur le besoin que vous marquez à la Compagnie d'avoir des soldats, elle en a fait embarquer 50 sur le *Jupiter*, elle en fait passer encore 50 autres sur le *Lys*. Ces cent hommes vous serviront à recruter les compagnies qui sont à Mahé actuellement, en garnison, et en former une quatrième que son intention est d'entretenir à Pondichéry.

Les 1576 aunes de drap bleu que vous avez envoyées pour l'habillement des troupes ne convient point, la couleur est trop noire, le drap trop gros, le soldat ne peut pas supporter un habit si pesant par les grandes

Le *Lys* vous porte l'armement de cette Compagnie entière d'augmentation qui sera composée comme sont les autres de 80 français et 40 topas. Ce vaisseau vous porte aussi l'habillement général de toutes vos trou-

chaleurs qu'il fait. Nous avons envoyé à Mahé des habits de guingan bleu avec des parements de drap rouge pour la garnison. Nous habillerons cependant celle-ci et celle de Bengale du drap bleu que vous avez envoyé jusqu'à ce qu'il vous plaise d'en envoyer de rouge, ou une autre étoffe de même couleur, comme vous l'aviez promis à M. Le Noir.

pes tant de Pondichéry que de Bengale et de Mahé.

Nous avons actuellement 8 capitaines, tant à Mahé qu'icy. Suivant les lettres que nous avons reçues de Mahé, l'on ne peut pas se dispenser d'y entretenir au moins 300 hommes de garnison jusqu'à ce que les fortifications soient achevées, après quoy l'on nous fait espérer que l'on pourra les réduire à 200.

L'expédition de Mahé vous a engagés à former trois Compagnies pour lesquelles vous avez nommé trois capitaines. Aujourd'hui l'intention de la Compagnie est de n'entretenir que six compagnies, dont 4 à Pondichéry, une à Bengale et la 6 ème à Mahé, cette dernière de 100 soldats français effectifs, de sorte que par la mort du sieur Changeac, vous avez le nombre de capitaines suffisants.

Nous avons fait passer le sieur Bertrand, frère de M. de la Farelle à Mahé comme capitaine d'une des Compagnies, conformément à vos ordres. Les officiers de Pondichéry ont été mortifiés de ce que vous avez envoyé un capitaine de France pour la Compagnie que vous vous proposez d'entre-

Mais comme il est très important à la Compagnie, surtout dans un établissement naissant et disputé, d'avoir à Mahé un officier de service et d'expérience, elle a fait choix du sieur de la Farelle, frère du major de Pondichéry, qui a les qualités cy-dessus, ayant servi toute la dernière

tenir à Mahé, ils prétendent que l'un d'eux aurait pu être nommé, et que cela recule les autres d'un pied. Vous êtes, Messieurs, les maitres d'ordonner ce qu'il vous plaira, mais il est disgracieux de donner de pareils désagréments à des officiers. Au moyen de la 4ème compagnie d'augmentation le sieur Cordier reste en l'état de capitaine, comme il était cy devant, il n'a pas été moins sensible que les autres de voir arriver un nouvel officier destiné à le faire rétrograder d'un degré; il merite cependant, Messieurs, quelque attention de votre part, il a fait les fonctions de major depuis la guerre pendant laquelle il s'est trouvé à plusieurs sièges et affaires, comme capitaine de la dite Compagnie entretenue à Mahé. Vous luy choisirez pour lieutenant et enseigne ceux que vous connaitrez parmi les officiers de ce grade avoir le plus de sagesse et d'expérience au fait de la guerre.

Comme par cette nomination vous auriez un capitaine de trop, vous ferez reprendre au sieur Cordier sa place de 1er aide-major, la Compagnie luy conservant les appointements de capitaine avec l'expectative de la première compagnie vacante.

mort de M. Parat. Le Conseil luy accorda seulement une petite gratification de 400 livres au mois de novembre 1725 que vous avez désapprouvée. M. Le Noir vient de luy en accorder une de 30 pagodes, et au sieur Guesdon qu'il ont bien méritée.

Nous trouverons icy et à Mahé des sujets capables de remplir les places de subalternes, nous aurons soin de vous en envoyer les noms. Nous ne croyons pas qu'il fut nécessaire de donner les places d'officiers subalternes dans la nouvelle compagnie qu'elle vous ordonne de former, parcequ'y ayant des sujets à récompenser, qui ont été à l'expé-

La Compagnie ne remplit point les places d'officiers subalternes dans la nouvelle compagnie qu'elle vous ordonne de former, parcequ'y ayant des sujets à récompenser, qui ont été à l'expé-

ner des brevets du Roi à aucun des officiers de vos troupes, cela ne sert qu'à les entretenir dans l'idée où ils sont d'être officiers du Roi et non de la Compagnie, et par conséquent d'avoir une grande répugnance dition de Mahé, vous choisirez parmi eux les plus dignes de ces places et vous aurez attention d'en envoyer les noms à la Compagnie, afin qu'elle obtienne du Roi les brevets en conséquence.

à obéir à vos employés de commerce, cela pourra bien causer par la suite quelque affaire disgracieuse dans vos colonies; les autres officiers de commerce n'ont que des commissions de leur Compagnie.

Nous luy en avons donné avis à Mahé où il est encore, le vaisseau le *Solide* luy a apporté la Croix de St. Louis, nous la luy avons envoyée au mois d'octobre dernier. Nous n'avons pas reçu la commission de lieutenant colonel, il est sans autres appointements que ceux d'aide-major. La Compagnie en reconnaissance des services rendus par le sieur de la Farelle lui accorde 500 Lv. de gratification annuelle dont vous ferez note sur vos états de dépenses, elle a demandé pour luy au Roi la croix de St. Louis et une commission de lieutenant colonel qu'elle espère obtenir, et qui pourra luy être

envoyée par le vaisseau qui partira en février prochain.

Il a été blessé à la descente de Mahé et est mort quelques jours après. Nous avons icy le sieur Guesdon son frère, lieutenant dans cette garnison, bon officier et de beaucoup de conduite. La Compagnie, en considération de la manière dont le sieur de la Geverie s'est comporté à Mahé, veut bien oublier les sujets de plaintes qu'elle avait contre luy, et qu'il soit rétabli capitaine, vous en avez cy-joint la commission.

Nous l'avons reçue par le vaisseau le *Solide*, elle est très nécessaire pour l'établissement de Mahé. Nous en usons icy avec beaucoup d'indulgence pour ceux qui tombent dans le cas, parceque la désertion ne tire pas à grandes conséquences, et que nous faisons ce

Vous avez encore cy-joint l'ordonnance du Roi pour punir de mort les déserteurs. Cette ordonnance détermine aussy le conseil de guerre pour juger les déserteurs dans les lieux oú manque le nombre comptant des officiers.

que nous pouvons pour ménager la vie des hommes et conserver ceux qui sont au service de la Compagnie.

Nous le continuerons sans y rien changer.

La Compagnie approuve que vous continuiez le traitement que vous aviez fait jusqu'icy aux soldats sans y rien changer tant pour la subsistance que pour l'habillement.

Elle est passée en France avec ses enfants sur le vaisseau la *Vierge de Grâce* parti au mois d'octobre 1726.

La Compagnie approuve la pension que vous avez établie en faveur de la veuve de Changeac, et vous continuerez à la luy payer régulièrement pendant sa viduité: si elle vient à se remarier, la dite pension passera sur la tête de ses deux enfants par égale portion; au cas que ce soient des filles, et s'il n'y en a qu'une, elle ne jouira que de la moitié de cette pension, mais si ce sont deux garcons, la pension demeurera éteinte, et vous leur accorderez à chacun d'eux une place et les appointements de cadet dans les troupes, mais si c'est un garcon et une fille, cette dernière jouira de la moitié de la dite pension, et le garcon aura la place et les appointements de cadet.

Nous nous conformerons à ce que vous nous ordon- nez à cet égard.

L'approbation de la Compagnie touchant la pension que vous avez accordée à la veuve Changeac n'est que pour cette fois seulement. Son intention est que le Conseil à l'avenir n'accorde aucune pension ni gratification dans pareil cas, ni même dans les plus favorables. Le Conseil pourra cependant ordonner la subsistance et attendre les ordres de la Compagnie pour le reste.

Nous sommes bien aises que vous approuviez le renvoy que nous avons fait du sieur La Brosse.

La Compagnie approuve que vous renvoyez en France le sieur La Brosse, il était mal fondé à prétendre de servir en qualité d'enseigne lorsque la peine de mort qu'il avait encourue avait été commuée en celle de servir la Compagnie pendant 10 ans en qualité de soldat: d'ailleurs il parait, par ce que vous en marquez, que c'est un très mauvais sujet et de dangereux exemple pour une colonie.

FORTIFICATIONS.

Lorsque nous aurons des fonds, nous ne manquerons pas de continuer le plus diligemment possible le mur d'enceinte de la ville à la même hauteur qu'il est commencé. La taxe proposée sur les habitants naturels du pays ne produit qu'environ 800 pagodes par an qu'ils refusent de payer, et dont ils ont demandé

La Compagnie vous avait marqué précédemment que son intention était d'employer 12,000 pagodes payables en trois années pour l'enceinte de Pondichéry, mais considérant de quelle importance il est pour la sureté de sa colonie et pour l'accroissement de son commerce que cette enceinte soit finie incessamment, elle

plusieurs fois à être déchargés, celle des français et employés de la Compagnie n'a produit que 375 pagodes jusqu'à la fin de février 1725 qu'elle a été supprimée.

a déterminé qu'il convenait de mettre tout en usage pour achever au plus tôt un ouvrage si nécessaire. Ainsy, vous ferez avancer par la caisse de la Compagnie tout ce qu'il faudra pour cela, sauf à vous faire rembourser dans la suite par la taxe que les habitants et les employés se sont imposés eux mêmes d'une partie de cette dépense.

Il n'est pas nécessaire d'exciter le Père Louis à donner ses soins aux travaux dont il est chargé, il s'y emploie du matin au soir avec une si grande ardeur que nous craignons qu'il n'en soit malade. Nous ferons à sa communauté quelques petits présents d'eau de vie et de vin, ou de quelque autre chose pour les aider à subsister.

La Compagnie est bien aise que M. Deidier soit content du Père Louis, capucin, et de ses ouvrages. Engagez ce dernier, par quelques présents faits de temps en temps, à donner ses soins pour que cette enceinte soit faite avec diligence et avec soin pour sa solidité.

Nous croyons que vous désirez, Messieurs, accorder 200 livres d'augmentation pour les honoraires de deux aumôniers pour lesquels vous ne payez que 800 fr. par an. Le Révérend Père Louis vient de bâtir solidement en peu de temps une maison à M. Le Noir.

Nous ne l'avons point exécuté pour les raisons portées par un des précédents articles de nos réponses. Le Nabab nous a encore

L'ordre qui vous a été donné précédemment pour la fabrication des roupies contribuera à avancer la fabrication de cet ouvrage

fortement menacés au commencement de l'année dernière d'envoyer des cavaliers pour nous défendre de la part du Mogol de continuer l'enceinte de la ville ; nous luy avons écrit civilement au mois de juin. Nous avons continué a faire travailler jusqu'au mois d'octobre dernier.

sans opposition de la part du gouverneur qui, se trouvant gratifié pour l'affaire des roupies, n'apportera aucune difficulté à le permettre. Au surplus la Compagnie approuve la conduite que vous avez tenue avec luy jusqu'à présent.

Nous attendrons que M. Deidier soit icy pour faire travailler à ces sortes d'ouvrage, et que les murs d'enceinte soient achevés à la hauteur qu'ils sont commencés avant d'en entreprendre d'autres.

La Compagnie s'en rapporte entièrement à ce que vous vous concertiez avec M. Deidier sur le bonnet du prêtre et sur la demi lune de terre qui doivent être rasés comme aussy sur tous les autres ouvrages à faire, persuadée que vous apporterez toute l'attention et l'économie nécessaire tant pour ses interêts que pour la sureté de la Colonie.

BATIMENTS.

Nous sommes bien aises que vous approuviez la construction de ces batiments qui servent actuellement et sont aussy commodes qu'utiles. Nous aurons grand soin de faire des provisions de riz et d'un peu de blé lorsque nous

La Compagnie voit avec plaisir que les deux magasins pour marchandises construits à coté de la porte royale, sont actuellement finis et qu'ils vous servent déjà. Elle approuve la construction faite depuis d'une caserne dont le premier

aurons de quoy les payer, nous n'en avons point à présent de quoi en acheter. Nous ne sentons que trop le chagrin qu'il y a d'être dans une pareille situation.

étage voûté est aussy déjà fini, encore plus de ce que vous destinez le second étage de cette caserne pour servir de magasin à conserver du riz et du blé pour provision d'une année entière, chose qu'elle vous a toujours très instamment recommandée comme importante, et qu'elle vous recommande encore avec les mêmes instances, vous priant même de fournir ce magasin pour plus d'une année s'il est possible.

Elle approuve encore les cuisines voûtées et les endroits pour serrer les vivres et les ustensiles des soldats que le Père Louis a fait bâtir sur le rempart derrière les casernes.

Le mur de revêtement n'est pas d'une grande importance, il sera facile d'y rémédier avec peu de dépense, il aurait couté moins pour le faire bien comme il devrait être que dans l'état qu'il est.

Il est fâcheux que le sieur Delarche ait si mal construit le mur de revêtement qui menace déja ruine. La Compagnie ne doute pas que vous et M. Deidier n'y ayez l'attention nécessaire pour le mettre en bon état, et vous pouvez prendre confiance en cet ingénieur qui n'en abusera pas.

Il n'est pas possible d'entreprendre tant d'ouvrages à la fois, il faut attendre 2 ou 3 ans avant que de travailler à ces bâtiments, il faut même bâtir auparavant

L'intention de la Compagnie est que suivant vos représentations, vous fassiez construire au bord de la mer les magasins nécessaires pour tout ce qui re-

une halle pour la visite des toiles, l'ancienne ne pouvant plus servir, et un corps de logis pour loger une partie des officiers et des employés.

Cela est très nécessaire, et aussitôt que nous aurons de l'argent, nous y ferons travailler.

garde la marine, ainsy que une douane, puisque, vous marquez que l'ancienne tombe en ruine.

Elle approuve aussy que vous fassiez construire au grand bazar, une prison pour les noirs et un endroit pour y rendre la justice.

EMPLOYÉS.

M. Le Noir vous rendra compte de ce qu'il a fait au sujet des employés dont il doit vous envoyer un état par lequel vous verrez, Messieurs, la place que chacun occupe.

La Compagnie n'a rien à vous marquer quant à présent au sujet de ses employés. parceque M. Le Noir étant porteur d'ordres très étendus à ce sujet, elle attend qu'elle ait appris ce qu'il aura exécuté.

M. Le Noir nous a dit qu'il changerait à l'arrivée du premier vaisseau la distribution du vin que vous aviez ordonné, qu'il en délivrerait gratuitement une moindre quantité que celle que vous avez accordée en payant 20 pagodes par barrique, il parait que cela conviendra aux intérêts de la

Elle est sensible à l'attention que vous marquez avoir de ne point prendre le vin qu'elle vous permet de retenir pour votre usage, lorsque vous jugez que ses vaisseaux en ont besoin pour leur retour en Europe.

Elle veut bien sur votre représentation que vous pre-

Compagnie et que les employés en seront satisfaits. niez une barrique de vin au lieu d'un quart d'eau de vie qui vous était passé pour les supérieurs et subalternes à proportion.

Il fut proposé au Conseil le 18 Septembre dernier de faire recevoir le sieur de Bellegarde, chacun donna son avis par écrit au pied de la proposition, en conséquence M. Le Noir a fait recevoir le dit sieur de Bellegarde qui a pris rang et séance au Conseil, ainsy que vous l'aviez précédemment ordonné.

La Compagnie désapprouve entièrement la conduite qui a été tenue à l'égard du sieur de Bellegarde. tant au sujet de sa commission de Conseiller que d'une lettre particulière adressée à M.M. de Beauvollier, Delorme et le dit de Bellegarde, touchant les affaires de Surate; il y a eu une désobéissance formelle sur l'un et l'autre de ces articles. La Compagnie entend être obéie sur de pareils ordres, sauf au Conseil aprés leur exécution de faire ses représentations. Elle est persuadée que la sagesse des chefs saura dans la suite allier l'obéissance aux véritables intérêts de la Compagnie. Au surplus, elle s'en rapporte aux ordres qui ont été donnés à M. Le Noir tant au sujet du sieur de Bellegarde que pour ce qui concerne les autres employés.

La Compagnie a reçu le rembourssement de la lettre de change de 100 pagodes que le sieur Billard vous avait fournie sur Mr. son père.

Nous en userons de même des sujets qui ne se comporteront pas bien et qui pourraient causer du désordre dans la Colonie. Il est bon que vous ayez fait repasser en France les sieurs Dumesnil et Duplessis pour les raisons que vous alléguez dans votre lettre. Vous ne devez pas hésiter à vous défaire des sujets que vous croirez pouvoir causer du désordre dans la Colonie.

MAZULIPATAM.

Dans le commencement de la présente lettre vous nous dites de nous conformer aux ordres de Messieurs les directeurs qui sont à Nantes pour les marchandises qu'on doit envoyer de l'Inde; dans un des articles suivants vous nous marquez qu'il ne faut pas nous attacher scrupuleusement au nombre ni à la quantité de balles que la Compagnie demande par ses états. Par le present article vous nous dites que la Compagnie s'en remet à ce que nous écriront M. M. d'Hardancourt et Godeheu, elle nous réitére de nous conformer à ce qu'ils nous écriront. Ces deux articles se contrarient. Enfin, Messieurs, nous sommes dans la nécessité, faute d'argent, de n'avoir aucun égard aux assortiments que vous pouvez désirer, et d'être obligés de prendre toutes sortes de marchandises de gros volume que nous pourrons avoir et de bas prix, pour charger le moins mal possible vos vaisseaux. Nous espérons cependant que toutes ces marchandises seront bonnes dans leurs qualités en proportion des prix, et que vous aurez lieu d'en être satisfaits.

La Compagnie s'en remet à ce que vous écriront M. M. d'Hardancourt et Godeheu, directeurs, qui sont à Nantes, au sujet des marchandises tant envoyées qu'à envoyer de ce comptoir. Ils ont été à portée de faire les remarques nécessaires, et n'ont pas eu le temps de les adresser à la Compagnie pour être incorporées dans la présente. Ainsy, la Compagnie vous réitère de vous conformer à ce qu'ils vous en écriront aussy bien que sur les autres marchandises

Il ne serait pas impossible

La Compagnie vous exd'iuventer de nouveaux dessins de mouchoirs, la question serait de savoir s'ils seraient du goût des marchands, et si la vente en serait avantageuse. Dans la crainte de ne pas réussir comme nous le désirerions nous vous supplions de nous envoyer des dessins, et nous ferons de notre mieux pour les faire exécuter.

horte d'inventer s'il est possible de nouveaux dessins de mouchoirs de ce comptoir, attendu que la nouveauté contribuerait beaucoup à en augmenter la valeur.

Cette loge a besoin de réparations, d'augmentation de logements ou magasins, que nous ne sommes pas en état de faire, quoi que peu considérables, faute d'argent.

Elle approuve l'achat que le sieur Courton a fait par votre ordre de la loge où est le pavillon, pour le prix de 390 pagodes, ainsi que la dépense qu'il y a fallu faire pour le firman du nouveau Nabab.

Nous ne croyons pas devoir penser à la proposition du sieur Courton au sujet de l'île de Divy. Les anglais dans une ambassade qu'ils firent, il y a plusieurs années auprès du Mogol, à grands frais, demanderent quatre différentes choses, dont l'île de Divy en était une qui leur fut accordée, ainsy que les autres demandes. Le firman fut expédié, et ils se sont mis en devoir d'en prendre possession. Le Na-

La Compagnie a pris en considération ce que le sieur Courton vous a proposé au sujet de l'île de Divy. Il est difficile, n'étant pas plus éclairée qu'elle est, de décider s'il convient à ses intérêts d'entrer en traité avec le Nabab pour obtenir la possession de cette île. Prenez à ce sujet les informations les plus détaillées qu'il sera possible, pour connaître si le commerce se ferait par ce moyen plus aisément

bab, dans le gouvernement duquel est cette île, s'y est opposé, parceque le firman du Mogol porte la condition que cela ne préjudiciera pas à ses sujets. Le Nabab prétend que l'île luy rapporte de gros revenus pour l'indemnité desquels il a demandé une somme considérable aux anglais. Ils ont mieux aimé abandonner que de payer, et elle est restée en la possession du Nabab. S'il voulait en traiter avec nous, il demanderait suivant toutes les apparences une grosse somme. Les anglais viendraient sans doute nous empêcher d'en prendre possession. Dans une pareille affaire nous dépenserions peut-être autant d'argent qu'à Mahé, sans en avoir le succès ; aussy, c'est une affaire à laquelle nous ne penserons point. Nous nous renfermerons dans l'idée de la Compagnie d'affermir et d'accroitre ses anciens établissements et non pas d'en former de nouveaux.

et plus utilement, et s'il n'y aurait pas d'autres avantages à espérer pour elle. Vous en ferez part très exactement à la Compagnie, et si cependant l'objet vous était connu assez important pour ses intérêts, et qu'il fut susceptible d'une exécution qui ne put souffrir le retard que les ordres de la Compagnie apporteraient en les attendant d'Europe, elle vous autorise à faire à ce sujet ce que vous jugerez le plus convenable au bien de son service, persuadée que ce ne sera qu'après un sérieux examen sur ce que dessus. Mais vous devez avoir toujours pour principe que les vues de la Compagnie ne tendent quant à présent qu'à affermir et accroitre ses anciens établissements, et non pas à en former de nouveaux, à moins qu'elle n'y trouve une certitude absolue d'avancement pour son commerce, ce qu'elle doute que vous puissiez faire concernant l'île dont il est question, à moins que vous n'obtinssiez

la dite île en proprieté de celuy qui en est possesseur avec un firman du Mogol.

CHANDERNAGOR.

Si vous aviez bien voulu, Messieurs, prendre la peine de lire la copie de la lettre du 14 avril 1725 que nous avons reçue du Conseil de Chandernagor, et que nous vous avons envoyée par celle que nous avons eu l'honneur de vous écrire le 15 octobre 1725, et l'extrait de celle qu'il nous a encore écrite le 24 août 1725 que nous vous avons également envoyée avec notre lettre du 30 janvier 1726, vous auriez vu que ces messieurs ce sont très fort écartés des règles de la subordination que vous ordonnez être observées par vos employés, et que nous ne méritons pas le reproche que vous nous faites. Nous les avons toujours traités honnêtement, et leur avons écrit comme à nos confrères employés au même service. Nous n'avons rien à nous reprocher à cet égard ; nous espérons, Messieurs, que par la suite ils ne vous feront pareilles plaintes.

Par les lettres écrites à la Compagnie le Conseil de Candernagor se plaint de la hauteur avec laquelle celuy de Pondichéry luy a écrit en différentes occasions au sujet des employés que ce dernier a fait passer à Bengale. L'intention de la Compagnie est, bien que le comptoir de Chandernaagor soit entièrement subordonné à Pondichéry, que ses employés travaillant dans un comptoir ne se considèrent pas comme y étant irrévocablement attachés, mais qu'ils puissent passer à un autre lorsque le bien et l'utilité de la Compagnie le demanderont, et que partout où ils seront, lenr élevation soit plutôt accordée à leur mérite qu'à la place qu'ils ont remplie. Mais elle n'entend pas pour cela que le Conseil de Pondichéry fasse sentir trop durement sa supériorité, elle vous recommande au contraire d'user de toute la politesse et de la douceur qui conviennent à d'honnêtes gens qui trvaillent pour le même but, qui est les intérêts de la Compagnie qui ne peuvent être bien ménagés que par l'union et la bonne intelligence de tous les employés dans les différents endroits de l'Inde.

Ces plaintes ne sont pas mieux fondées que les précédentes. Nous avons eu l'honneur de vous écrire par un des articles de notre lettre du mois d'octobre 1725 au sujet des fonds que nous avions envoyés, de ceux que nous nous proposions d'y envoyer au commencement de 1726 en attendant l'arrivée des vaisseaux de France que nous espérions au mois de juin ou de juillet, et qui ne sont arrivés que le 21 août avec très peu d'argent. Vous voyez, Messieurs, que nous n'avons pas été en état jusqu'au mois de may 1726 d'y envoyer plus de fonds que nous avons fait.

Ce comptoir se plaint encore sur un autre article plus essentiel au commerce de la Compagnie, c'est sur la disette des fonds dans laquelle il représente qu'il s'est trouvé pour faire travailler à l'avance dans des temps convenables, ce qui a forcé les employés de prendre des marchandises sans choix et sans élite pour charger sur les vaisseaux qui sont arrivés cette année, et les met hors d'état de travailler aux cargaisons qui sont attendues en janvier 1727.

Vous pouvez faire vraiment les comptes du comptoir de Pondichéry et ceux de Bengale de ce temps là, vous verrez que nous n'avons pas pu repartir les fonds autrement qu'ils l'ont été.

Il y avait cependant des fonds suffisants dans la caisse de Pondichéry pour que vous puissiez en fournir le comptoir de Chandernagor. La Compagnie ignore les raisons que vous pouvez alléguer de n'avoir pas remis à temps ces fonds si nécessaires pour le choix et l'assortiment des marchandises.

Nous concevons parfaitement que le principal objet est le commerce d'Europe, nous le préférons à tout autre. Nous vous représenterons seulement que celuy d'Inde en Inde demande une continuation annuelle et constante pour en tirer de l'utilité. Le faire une année et l'abandonner la suivante pour le reprendre ensuite, rien ne peut réussir, et les marchands ne s'y intéressent et ne chargent pas volontiers à fret lorsqu'ils voient de pareilles inconstances qui ne sont pas chez les autres nations.

C'est dans cet esprit qu'elle vous a déja prévenus que son principal objet de commerce était celui qu'elle faisait en Europe, et qu'elle vous recommande absolument de préférer à tout autre, et de n'employer ses fonds dans celuy que vous ferez d'Inde en Inde qu'après que ce premier sera rempli dans son entier.

Nous n'accorderons aucune gratification, et nous nous conformerons à ce que vous ordonnez à ce sujet.

La Compagnie veut bien approuver sans tirer à conséquence la gratification que vous avez accordée au sieur Ducoudray Bourgault, vous recommandant cependant de lui laisssr à elle seule la faculté de faire de pareilles grâces.

Il y a longtemps qu'il a été regardé comme à charge a la Compagnie parcequ'elle n'a pas été en état d'y faire annuellement un commerce assez considérable

La Compagnie pense comme le Conseil de Chandernagor au sujet de l'établissement de Cassimbazar, le commerce qu'elle y fait n'est pas assez considérable pour l'indemniser de la dépense qui serait nécessaire pour l'entretien d'un comptoir.

pour supporter les frais d'un comptoir aussy éloigné, et d'où il est difficile de tirer des marchandises sans s'exposer à de grandes avanies.

Le Conseil de Chandernagor y a envoyé deux employés pour faire quelques réparations. Nous vous dirons par un des articles de notre lettre générale ce que nous en apprendrons. Il n'est pas facile d'abandonner un terrain lorsque l'on en est chargé ; le Nabab demande annuellement la rente, et souvent oblige les réparations qui deviennent en pareil cas fort à charge.

La Compagnie approuve que vous ayez écrit au Conseil de Chandernagor ce qui vous a été représenté par le sieur Bourgault au sujet de l'inondation qui a causé quelques dommages aux environs de la loge de Cassimbazar ; si elle était...........
....................abandonner cet établissement, suivez cette affaire, et donnez les ordres que vous jugerez convenables à ce sujet au Conseil de Chandernagor, à qui

la Compagnie écrit d'exécuter tout ce que vous lui prescrirez.

Le Conseil n'a pas raison de se plaindre à cet égard, nous luy avons écrit de fournir ce qui serait nécessaire aux vaisseaux de l'Inde. Il y a eu trop d'indulgence pour les officiers qui ont fait des dépenses considerables contre lesquelles nous sommes récriés. Nous avons écrit encore en dernier lieu

La Compagnie recoit des plaintes du Conseil de Chandernagor sur ce que vous soutenez contre luy les officiers des vaisseaux d'Inde en Inde avec lesquels ce comptoir n'a d'autres disputes que pour modérer les dépenses excessives que ces officiers font dans le Gange. Il ne convient cependant de retrancher absolument le superflu, de ne fournir que les choses que le Conseil jugera nécessaires. Nous avons prié ces messieurs d'armer et d'équiper les vaissaux de l'Inde comme s'ils leur appartenaient, et que si les officiers ne se conformaient pas aux ordres qu'ils leur donneraient, de les congédier, d'en mettre d'autres à la place et qu'ils jugeraient à propos. Nous avons donné les ordres en conséquence aux officiers avec défense de faire aucun changement de cloison, n'y faire d'ouvertures aux vaisseaux hors du radoub ni dans le cours du voyage

pas de souffrir, encore moins d'autoriser de pareils désordres, ni de permettre que ces officiers se soustrayent à l'obeissance du Conseil de Chandernagor. L'opinion de la Compagnie est que vous ordonniez très sévèrement aux officiers d'Inde en Inde d'obeir exactement aux ordres non seulement du Conseil de Pondichéry, mais encore à ceux des autres comptoirs auxquels ils seront adressés, et vous casserez irrémissiblement tous ceux qui y contreviendraient, et les ferez repasser en France.

chefs du comptoir où ils seront armés.

sans une permission des

Ce sont des affaires où il est difficile de porter remède les maures sont avides, il y a des occasions où l'on ne peut se dispenser de leur faire des présents, d'autres où il faut de la force pour s'opposer à leurs vexations. Nous nous entendrons avec le Conseil pour ce qu'il conviendra de faire suivant les occasions.

Le Conseil de Chandernagor écrit à la Compagnie au sujet des vexations du gouvernement maure qui augmentent tous les jours ; la Compagnie s'en rapporte à vous pour y apporter, de concert avec ce comptoir, les remèdes que la prudence et la politique peuvent suggérer.

Nous avons laissé l'armement de Perse à leur disposition, ils doivent en savoir le succès et vous en rendre compte. Nous ne manquerons pas de leur faire part de ceux dont vous nous parlez.

Il est nécessaire que vous teniez ce comptoir informé en détail du succès des armements que vous faites faire pour les différents endroits de l'Inde, c'est une satisfaction qu'il demande et qui est utile aux intérets de la Compagnie, en ce qu'il aura les moyens de trouver des intéressés même parmi les employés que vous devez toujours inviter à y prendre part.

CALICUT ET MAHÉ

Nous sommee bien aises que la Compagnie soit satisfaite des précautions qui ont été apportées pour la réussite de cette entreprise, et du zèle que les officiers ont fait paraitre pour son service. Cela la fera respecter sans doute dans l'Inde, si l'établissement est bien conservé par la suite, autrement elle en aura du déshonneur et tombera dans le mépris. Cette entreprise a été faite par ses ordres. Nous ne sommes pas responsables du temps qu'il faudra pour la dédommager des dépenses qui ont été faites, ni de celles qu'il est nécessaire d'y faire pour

Après les tentatives et entreprises faites précédemment sur Mahé, la Compagnie ne peut être que satisfaite de la prise de ce poste, et se louer tant des précautions que vous avez apportées pour la réussite de cette entreprise que de celle des sieurs Molandin et Trémisot pour accélérer l'expédition des vaisseaux qui étaient destinés à la faire. Elle a tout sujet d'être contente du zéle que les officiers ont fait paraitre pour son service, elle pense que cette action doit la faire respecter dans l'Inde; mais elle ne peut encore se persuader que l'utilité qu'elle

sa conservation qui sera toujours...................... jusqu'à ce que les fortifications soient achevées. Vous serez parfaitements informés, Messieurs, par toutes les lettres que nous avons eu l'honneur de vous écrire cy-devant à ce sujet, et par celles de Mrs. Deidier et Trémisot que nous vous avons envoyées par le *Lys*. Ce dernier y a joint copie de toutes les pièces qui peuvent vous faire connaitre ce qui s'est passé, et par la lecture des quelles vous verrez l'état dans lequel était pour lors l'établissement. Nous nous y référons.

retirera de la possession de ce fort, la dédommagera de longtemps des dépenses immenses que cette expédition lui a coutées, dont elle ignore encore si les suites ne luy en causeront pas de nouvelles; elle attend avec impatience de savoir ce qui se sera passé depuis.

M. Deidier n'a pu faire travailler aussy diligemment que luy et nous l'aurions souhaité, ce qui nous a causé beaucoup de chagrin, parceque ce retard qu'on n'a pu éviter faute d'argent, augmente les dépenses par l'entretien d'une garnison plus forte qu'on est obligé d'y conserver.

Elle approuve le plan du fort que M. Deidier s'est proposé d'y faire construire, elle compte que s'il n'a pas été achevé pendant la mousson dernière, il l'aura du moins laissé en état d'en renfermer avec sureté la garnison jusqu'à la mousson suivante, pendant laquelle on pourra perfectionner ce fort.

Vous avez vu, Messieurs, par toutes les lettres qui vous ont été écrites qu'on n'a pu se dispenser de faire ces sortes de gratifications aux

Elle approuve les pensions que vous vous êtes engagés à payer aux gouverneurs ou petits souverains voisins de Bayanor. Elles

princes voisins, et les raisons qui y ont déterminé. Ces pensions ont été supprimées dès que la paix a été faite, sans que ces souverains nous aient causé aucun trouble, il n'y a que le prince Bayanor dont l'alliance est absolument nécessaire pour la conservation ont cessé aussitôt que le fort de Mahé a été construit, mais il y a lieu de craindre que ces mêmes gouverneurs ne recevant plus ces pensions, ne deviennent nos ennemis, et même ne soulèvent le pays contre les Français.

de l'établissement, envers lequel nous soyons obligés à des dépenses annuelles.

SURATE.

Nous attendrons la décision que vous nous faites espérer et les ordres qu'il vous plaira de nous donner en conséquence. La Compagnie a reçu le détail de ce qui s'est passé dans la prise faite par un vaisseau portugais d'un navire maure, ayant pavillon de France qui luy avait été

accordé par le sieur Grangemont de Surate. Elle a remis un mémoire avec copie des pièces au ministre, et elle attend la décision du parti que sa Majesté permettra de prendre à ce sujet, dont elle vous informera sitôt qu'elle l'aura reçue.

MOKA.

Nous fairons de notre mieux pour vous procurer annuellement les 400.000 livres de café que vous souhaitez. La Compagnie se réfère à ce qu'elle vous a mandé l'année dernière au sujet du commerce que vous devez continuer à faire par Pondichéry, de manière que vous soyez en état de luy envoyer chaque année 400.000 livres de café.

Vous aurez appris par nos lettres du mois de janvier 1727 que nous y avons envoyé le sieur Burat pour remplacer le sieur La Feuillée.

Elle approuve que le sieur La Feuillée, directeur de ce comptoir, ait retenu le sieur Ingrand pour remplacer le sieur... qui est mort. Les bons témoignages qui ont été rendus à la Compagnie du sieur Burat, luy font juger qu'il pourrait remplacer le sieur La Feuillée, s'il venait à manquer.

Nous avons donné le même ordre au mois de janvier 1727 en envoyant une lettre de change de 15.000 piastres, au moyen de quoy il a été en état d'acheter le café que nous vous avons envoyé par le *Lys*. Sans cet expédient vous en auriez eu fort peu; nous ne vous enverrons plus d'aloës de l'Inde.

Elle approuve aussy l'ordre que vous avez donné au sieur La Feuillée de vous envoyer tous les cafés qu'il aurait pu acheter, et qu'au cas que les fonds de la Compagnie se trouvassent consommés, de garder ceux des chargeurs à fret sur le batiment que vous luy adressiez, lesquels vous rembourseriez suivant les comptes qu'il vous en enverrait. Cet arrangement convient aux intérêts de la Compagnie, et vous le continuerez dans la suite; surtout qu'on n'envoie plus d'aloës d'aucun endroit de l'Inde.

ILES DE BOURBON ET DE FRANCE

Il ne nous est pas possible d'exécuter les ordres que vous nous donnez par votre

La Compagnie vous recommande très instamment l'exécution de ses ordres qui

lettre du 20 septembre 1726, d'envoyer un vaisseau à ces îles chargé de vivres et de marchandises, faute d'argent pour en acheter. Nous y avons envoyé jusqu'à présent ce que nous avons pu, nous y enverrons encore par les vaisseaux qui vont partir tout ce qui sera possible. Si le soutien de ces îles et l'accroissement de leur commerce dépendent, comme vous nous le dites, de

vous ont été adressés par le *Jupiter* au sujet du vaisseau chargé de vivres et marchandises que vous devez expédier pour ces deux îles. Vous ne sauriez avoir trop d'attention à ce qu'elle vous prescrit à ce sujet ; le soutien de ces îles et l'accroissement de son commerce dépendent de l'exactitude de ces expéditions qu'elle vous ordonne.

l'exactitude des expéditions que vous nous ordonnez, vous daignerez donc, messieurs, lorsque vous donnez des ordres, avoir attention à nous procurer les moyens de les exécuter. Lorsque nous aurons de l'argent, nous nous conformerons à ce que vous désirez, rien ne manquera de notre part.

Nous avons l'honneur d'être, etc. Signé : Le Noir, Le Gou, de Bellegarde, Dirois et Dulaurens.

Nous sommes, etc. Signé: Deshayes, Fromaget, Le Cordier, l'abbé Raguet, P. Saintard, Despréménil.

---

au Fort Louis, à Pondichéry le 25 Janvier 1728
MESSIEURS LES DIRECTEURS GÉNÉRAUX,
Par les vaisseaux le *Solide et la Badine*

Messieurs,

Nous avons eu l'honneur de vous écrire le 8 octobre dernier par le *Lys* party le 11. Nous vous avons accusé réception de vos lettres apportées par ce vaisseau et par

le *Jupiter*. Nous avons omis de vous dire que M. Le Noir
a fait payer à M. Desboisclairs 359 pagodes à compte de
ce qui pourra luy être dû pour payer partie des dépenses
qu'il a faites icy et pour les provisions qu'il a été obligé
d'embarquer. Cy-joint copies collationnée de ses reçus.

Le vaisseau le *Solide* est arrivé le 12 octobre le lendemain du départ du *Lys*. Les capitaines se sont cependant
parlé en mer. Nous avons reçu par ce vaisseau vos lettres
des 29 janvier et 1er février 1727 avec les pièces y jointes. Il est party pour Merguy le 15 octobre avec le plomb
et le fer que nous y avons laissés en conséquence de la
délibération du 14. Il n'a point apporté les bois qui sont
restés de l'année dernière ; ayant pris quarante et quelques
jours pour faire la traversée, le capitaine y a acheté un
peu de riz, suivant les ordres que nous luy en avions donnés. Il est de retour depuis le 3 de ce mois après avoir
passé à Mazulipatam.

Nous répondons à vos lettres des 20 septembre et 28
décembre en apostilles, afin de ne rien omettre. A l'égard
de celles des 24 et 28 septembre, 2 décembre 1726 et 29
janvier 1727, elles ne contiennent rien qui ne se trouve
dans celles auxquelles nous répondons en apostilles, nous
nous y référons. Celle du 8 octobre 1726 ne contient que
l'ordre que vous nous donnez de faire acheter des cornalines à Bengale ; nous y avons écrit et envoyé copie du
mémoire avec les montres que nous avons reçues de
M. Fayet, elles sont de Cambaye, près de Surate, les vaisseaux en portent quelquefois à Bengale. Messieurs du
Conseil en ont trouvé quelque peu à acheter, et que vous
recevrez par la *Badine*. Ne pouvant pas faire à présent de
commerce à Surate pour votre compte, M. Le Noir y a
écrit pour y faire acheter des cornalines conformes aux
montres qu'il y a envoyées, qui sont plus belles que celles
qui étaient jointes au mémoire de M. Fayet. Nous devons
les recevoir au mois de mai prochain, nous vous les enver-

rons par les vaisseaux que nous espérons faire partir au mois d'octobre. Nous continuerons de vous en envoyer la quantité que vous en demandez tous les ans, si nous pouvons les avoir.

Nous exécuterons exactement l'ordre que vous nous donnez par votre lettre du 1re février concernant M. Cousier, médecin, botaniste du Roy, auquel vous avez fait payer d'avance 1000 liv. en deux fois, à compte de sa pension. Nous luy rendrons les services que nous pourrons lorsqu'il sera arrivé. Il est resté à l'Ile de Bourbon oú il trouvera sans doute de quoy exercer sa curiosité et ses talents.

Nous vous avons marqué par notre lettre du 6 octobre dernier ce qne nous croyons que vous devez faire aux Indes à l'égard de la ration de 3 onces de riz que vous ordonnez de fournir aux équipages de vos vaisseaux; nous nous y conformerons jusqu'à ce qu'il vous plaise d'en ordonner autrement.

Nous avons reçu le 29 janvier 1727 par voix d'Angleterre une lettre de la Compagnie datée du 22 mars 1726, et le duplicata par celle de Perse, qui nous fait craindre une déclaration de guerre, et nous ordonne de nous tenir sur nos gardes et d'avertir les officiers des vaisseaux de ne se point laisser approcher des vaisseaux portugais, et depuis ce temps nous avons reçu plusieurs lettres qui ne nous parlent ni de guerre ni de paix. Il serait cependant nécessaire que la Compagnie eût la bonté de nous informer de ce qui se passe en Europe, afin de nous y conformer.

COMMERCE D'EUROPE.

Vous verrez, Messieurs, par les livres que nous vous avons envoyés par le *Lys*, soldés au dernier juin, qu'il ne nous restait point d'argent et que nous étions endettés icy et à Bengale.

Vous nous demandez par vos lettres des 20 septembre et 28 décembre 1726 quantité de marchandises. Nous avons déja eu l honneur de vous dire par les réponses que nous y avons faites que les fonds que nous avions reçus par les vaisseaux le *Jupiter* et le *Lys,* le *Solide* n'ayant rien apporté, n'étant pas suffisants pour faire ce que vous désirez. nous ne saurions l'exécuter. Vous verriez, Messieurs, l'usage et la distribution que nous avons faits de ces fonds par les différents articles de la présente. Nous avons acquitté les 9,500 pagodes que nous avions empruntées par délibérations des 30 décembre 1726 et 15 février 1727, et les 46.000 piastres dont nous avons remis 15.000 à Moka en une lettre de change, et payé les 30.000 que M. de La Feuillée a tirées sur nous.

Nous vous avons marqué par un des articles de la réponse à votre lettre du 20 septembre 1726, que nous avions fait le 23 juin dernier un contrat de 100.000 pagodes avec nos marchands, nous avons été hors d'état de l'exécuter. Nous les avons engagés à suspendre la fabrication, et à faire le moins qu'ils pourraient de marchandises fines ; nous leur avons fourni 5.900 pagodes comptant, et nous leur payerons le surplus de ce que nous leur devrons, à l'arrivée du premier vaisseau de France, suivant le compte que nous arrêterons après le départ de ceux qui sont en rade. Cela fait un mauvais effet que de voir arriver trois grands vaisseaux sans avoir les moyens d'exécuter un contrat fait, et d'être obligés de demander crédit pour un restant de marchandises, qui devraient être payées d'avance suivant l'usage ordinaire. Nous en avons acheté pour 6.372 Rs 12-30 en conséquence de la délibération du 10 novembre dernier pour payer au 1er juillet prochain, cela n'empêchera pas que toutes ces marchandises ne soient bonnes dans leur qualité. Vous trouverez dans vos cargaisons une partie des tarlatanes parfaitement belles, fates y s'il vous plait vos observations.

8

Vous nous demandez des toiles bleu foncé, nous en avons fait teindre, en conséquence de la délibération du 8 août, 59 balles qui sont certainement de même qualité et teinture que celles des hollandais, nous vous prions de les examiner avec les 22 balles, sorte aussy hollandaise, que nous avons achetées et fait teindre en bleu icy. Nous sommes persuadés que ces dernières toiles teintes icy, sont aussy bonnes et aussy bien teintes que celles de Portonovo, il y a cependant une différence dans le prix, celles achetées et teintes icy sont à meilleur marché. Nous en avons aussy acheté 20 balles de sorte hollandaise en écru qui coûtent 35 pagodes la courge, et 11 balles qui ne coûtent que 32½ pagodes. Nous les avons fait blanchir, vous nous direz, Messieurs, si elles sont de bonne vente. Il est nécessaire que vous cherchiez le débouché de ces sortes de grosse marchandise, sans quoy il ne sera pas possible de charger vos vaisseaux, à moins que vous n'ayez la bonté de nous envoyer à l'avance des fonds suffisants pour faire fabriquer celles que vous demandez.

N'ayant pas une grande quantité de poivre en magasin, nous en avons fait acheter à cette côte, en conséquence de la délibération du 8 aout, 100 bards, notre intention était d'en acheter d'avantage, mais le manque de fonds nous a forcés de changer de sentiment.

Nous ne pouvons pas vous envoyer le vaisseau la *Minerve*, comme vous l'ordonnez par votre lettre du 20 septembre 1726, n'ayant pas les marchandises nécessaires pour charger les trois vaisseaux qui sont icy. Quand bien même nous aurions de quoy charger la *Minerve*, ce vaisseau n'est point en état de faire le voyage, il faut luy faire un radoub et un équipage d'européens ; on a trouvé sa voie d'eau. Vous verrez par la suite de la présente que nous le destinons pour l'envoyer à Mahé à la fin de ce mois ; lorsqu'il en sera de retour, nous verrons à en faire la destination qui conviendra le mieux à vos intérêts. suivant la situation où nous serons pour lors. Vous devez être persuadés que s'il est possible de vous le renvoyer bien chargé, nous n'y manquerons pas.

Nous vous représentons, Messieurs, que les vins de Bordeaux en barriques et en bouteilles apportés par le *Jupiter* ne valaient rien ; nous les avons mis à l'encan, il en a été vendu quelques barriques à 5 à 6 pagodes la barrique, personne n'a voulu des autres, elles ont été consommées, ainsy que les bouteilles, à l'hôpital et sur vos vaisseaux comme breuvage de vinaigre. Messieurs de Bengale font les mêmes plaintes, comme vous le verrez par la délibération qu'ils ont faite à ce sujet le 29 juillet 1727, et par un des articles de la lettre qu'ils vous écrivent. Le vin que le *Lys* a apporté en barriques, il y en avait de bon comme de très inférieur; celuy qui était en bouteilles eut été de bonne qualité s'il avait été clair, mais il était si trouble et les bouteilles si mal bouchées que ceux qui en ont acheté y ont perdu la moitié, n'étant pas potable. Ayez agréable de n'en plus envoyer en bouteilles, il tomberait en pure perte pour la Compagnie par le peu d attention que l'on a à le tirer et boucher les bouteilles, qui sont aussy beaucoup trop cher. Les étrangers sont si dégoutés d'avoir été trompés par ceux qui vendent icy du vin, depuis trois ans qu'ils ont presque tous trouvé mauvais, qu'ils ont pris le party d'en faire venir d'Europe d'où ils en recoivent de bien clair et de bonne qualité qui se conserve bien. Comment se fait-il, Messieurs, que vous soyez si mal servis, tout ce que vous nous envoyez n'est que drogues et rebuts, mal conditionné.................. ....
....\......................................

la seconde a 6 mois de terme, nous pensions qu'elle était de la même qualité que le précédent envoy, mais à la livraison, elle s'est trouvée inferieure. Les corailleurs nous ont fait beaucoup de difficultés et ont demandé une diminution que nous n'avons pas voulu leur accorder jusqu'à présent, à cause des conséquences pour l'avenir. Nous voyons cependant qu'elle est très inférieure et qu'ils ont raison. Nous vous en envoyons cy-joint un morceau dont il s'en est trouvé 5 à 6 livres de même dans chaque caisse; vous verrez, Messieurs, que ce ne sont que des racines et n'ont point de branches. Ayez agréable de recommander à vos commissionnaires d'avoir plus d'attention à l'achat de vos marchandises. Nous n'avons point vendu les 4 caisses de gros corail, nous en avons demandé 290 pagodes du *man* de 24 livres; si nous ne le vendons pas icy, nous l'enverrons en Chine à la première occasion.

Nous avions icy une partie de draps de différentes valeurs qui nous avaient été envoyées de Moka avariés et attaqués par les vers, et qui dépérissaient journellement. Nous les avons fait vendre à l'encan en conséquence de la délibération du 30 mars 1727, vous en verrez le produit par le journal du magasin. Nous avons crù qu'il était plus convenable de les vendre de cette façon que de les garder, parcequ'ils seraient tombés en pure perte pour la Compagnie.

Nous avons répondu à ce que vous nous écrivez par votre lettre du 28 décembre 1726 au sujet de l'embarquement des pacotilles, nous nous y reférons. Nous vous dirons seulement qu'il a été saisi le 29 juillet et le 12 septembre derniers quelques pièces de grosse marchandise qui ont été vendues; la première saisie a produit 66 pagodes 12 fanons, et la seconde 66 pagode 16 fanons, qui ont été distribuées conformément à la délibération du 10 novembre 1726.

COMMERCE D'INDE EN INDE.

Le vaisseau le *Soucourama* que nous avons envoyé au mois de juillet 1726 à Manilles, en est revenu le 6 avril dernier, il a fait un mauvais voyage par la grande rareté d'argent et l'abondance des marchandises qui y étaient,

Le galion chargé s'est perdu en sortant du port, l'on a sauvé une partie des marchandises qui étaient avariées, elles ont été vendues à vil prix, ce qui a achevé de perdre le commerce et a obligé les officiers des vaisseaux d'y laisser la plus grande partie de leur cargaison invendue. Le sieur Bert, capitaine, y est mort le 10 décembre 1726; le sieur Bouttier y est resté pour y vendre les marchandises de la cargaison et recouvrer ce qui en était dû. Vous verrez, par le compte cy-joint de l'armement et du désarmement du vaisseau, le mauvais succès du voyage. Cela a tellement dégoûté les marchands que personne de la colonie n'a voulu s'intéresser de nouveau, n'y charger à fret pour ce voyage. Nous n'avons, par conséquent, pas pû faire un armement pour y renvoyer.....................

...................n'a pas voulu permettre aux marchands de la colonie qui voulaient armer un vaisseau, de l'y envoyer. Au mois de juin dernier, M. Le Noir voyant qu'il n'était pas possible d'y envoyer un vaisseau, a engagé le sieur Elias, arménien, d'armer le brigantin....................qu'il avait acheté au retour ldu voyage d'Achem, qu'ils ont nommé *l'Indien* et envoyé pour leur compte à Manilles...

....

crainte de faire encore un mauvais voyage, il est party le 22 juillet dernier. Nous nous sommes servis de cette occasion pour donner ordre au sieur Bouttier de vendre s'il est possible le reste des marchandises dont il est chargé et de s'embarquer sur ce brigantin avec l'argent qu'il aura reçu, et au cas qu'il eût encore quelques marchandises invendues, de les remettre au sieur La Zour, marchand français, établi à Manilles depuis plusieurs années, afin de les vendre lorsqu'il en trouvera l'occasion. Nous avons appris par des lettres de Chine apportées par le vaisseau le *St. Pierre* que le sieur Bouttier s'était noyé au mois d'août dernier, que les effets et papiers qui étaient en sa possession avaient été mis en sequestre, d'où il est à craindre que l'on ne puisse les retirer. Cela nous cause beaucoup de chagrin ainsy qu'aux marchands particuliers qui sont fort alarmés dans la crainte qu'ils ont de perdre leurs effets, se persuadant qu'il n'est pas aisé d'avoir justice dans ce pays là.

Nous avons eu avis par les mêmes lettres qu'il y était arrivé un vaisseau chargé d'une somme considérable de piastres qui va rétablir le commerce de ces îles, et que les marchandises y avaient pris faveur. Si nous avions de l'argent, nous y enverrions incessamment un vaisseau qui ferait un bon voyage suivant toutes les apparences, mais le fâcheux état où nous sommes nous empêche de profiter des bonnes occasions. Si au retour du brigantin que M.M. Le Noir et Élias y ont envoyé, et que nous attendons le mois prochain, les nouvelles se confirment et qu'il y ait apparence d'un bon commerce, nous mettrons tout en usage pour envoyer un vaisseau au mois de may prochain.

Vous auriez sans doute appris, Messieurs, par les lettres de M. Tribert le fâcheux accident qui est arrivé au vaisseau le *Pondichéry* que nous avions envoyé en Chine le 17 septembre 1726 ; il parut à la vue de Macao, et après que les officiers eurent conféré avec M. Tribert sur les mesures nécessaires pour entrer dans la rivière, ce dernier s'en alla à Canton. Le vaisseau n'étant pas encore party, fut surpris dans la nuit du 19 au 20 par un typhon qui luy fit perdre son canot, sa chaloupe, ses cables, ses ancres, son grand mât, et endommagea le mât de misaine, et l'obligea d'arriver à l'aventure parmi les îles vers minuit ; après avoir couru de si grands dangers, la force du vent le fit échouer dans l'anse d'une île à 5 lieues environ de celle de Macao. Cinq jours après il fit un typhon encore plus fort que le premier, et quoique le vaisseau fut échoué, il fut jeté plus avant dans les terres après en avoir coupé le mât de misaine. A la première nouvelle de cet accident, M. Tribert revint de Canton à Macao, il y fit débarquer l'argent qu'il cacha dans plusieurs maisons, et les marchandises de la cargaison, avariées et en partie perdues, furent portées à Canton par ordre du Viceroy, où elles sont restées en dépôt; il voulait avoir aussy l'argent. Le vaisseau a été tiré et conduit à Ayapa, une des iles à la vue de Macao, à une lieue de Canton; il a été racommodé du mieux qu'on a pû de sa vieille mâture, et en a coûté 7663 Taëls, il est arrivé en cette rade le 16 avril à midi sans rien rapporter. M. Tribert a eu toutes les peines du monde à sauver l'argent de la cargaison des mains du Viceroy de Canton, qui voulait s'en emparer et qui a forcé le marchand qui rendait service à M. Tribert à s'engager de luy payer le mesurage et des droits exorbitants qu'il prétendait pour ce vaisseau. Ce marchand devait de reste 8400 taëls qui auraiet été perdus, si M. Tribert n'avait empêché de payer suivant les prétentions de ce Viceroy, qui ne voulait pas permettre de vendre les effets de la cargaison qui pourissaient faute d'y pouvoir toucher.

M. Tribert a été obligé de charger sur un vaisseau anglais pour 20,318 taëls que nous a envoyés.............. ....et de renvoyer notre vaisseau avec du sable. Après avoir essuyé toutes sortes de chagrin et de persécutions de la part de ce Viceroy, il a eu celui de voir la ville de Macao interdite de tout commerce, même de vivres, parceque le gouverneur et les habitants l'avaient secouru et assisté les officiers du vaisseau dans leur embarras. Nous avons écrit au gouverneur de Macao pour le remercier, et nous luy avons envoyé en présent 4 aunes drap fin, 4 aunes d'étoffes en or, et une garniture d'habit de fil et boutons d'or. Sans son secours nous aurions couru risque de tout perdre. Ce triste évènement nous a causé beaucoup d'inquiétudes pour le vaisseau le *St Pierre* que nous y avons envoyé en conséquence de la délibération du 18 juin 1727, dans la crainte que ce Viceroy ne continuât à tyranniser les européens; heureusement qu'il n'était plus en place lorsque ce vaisseau est arrivé en Chine. Le commerce s'y est fait avec tranquillité et beaucoup de diligence; M. Tribert a retiré tant du produit des marchandises avariées que du marchand qui était redevable de 12,659 taëls, dont il a payé 4.088-3-9 pour droits et frais, et a passé au compte de l'armement du *St Pierre* 8,571 taëls. Cy-joint sont les comptes séparés de ces deux armements, nous espérons que vous serez satisfaits. Le vaisseau est de retour depuis le 28 du mois passé; comme il s'y est trouvé beaucoup de *carias* à son arrivée en Chine qui auraient endommagé les barriques qui étaient dans la cale, nous avons fait décharger toutes les marchandises de sa cargaison à terre pour visiter si les balles et caisses n'auraient point été endommagées; elles se sont trouvées bien conditionnées, Nous les faisons embarquer sur le vaisseau le *Solide*. Vous voyez, Messieurs, que nous avons eu beaucoup d'exactitude à l'exécution de vos ordres à cet égard. Il y a un peu plus de thé que nous n'en avions demandé, mais il n'a pas été possible de faire autrement. Nous avons été surpris d'apprendre que ce vaisseau eut encore des *carias*; lorsqu'il fut acheté il y en avait, et le sieur Bert le fit couler bas à Manilles pour les détruire, et il n'en avait pas paru depuis. Nous l'avons fait visiter après l'avoir déchargé, il en est rempli et est entièrement pourri, l'on ne peut en faire d'autre usage que de le dépecer. Il fut acheté 4,000 pagodes au mois de juin 1725 en conséquence de la délibération du 18 du dit mois : il a fait deux voyages à Manilles et un en Chine.

Vous avez cy-joint une lettre de M. Tribert à votre adresse avec un mémoire d'observations sur le thé qu'il nous a envoyé par le *St. Pierre*. Il nous a aussi remis cinq caisses de porcelaine dorée aux armes du roy, pour vous être envoyées ; nous les avons fait embarquer sur le vaisseau le *Solide,* vous en avez cy-joint la facture et le connaissement.

Vous nous parlez, Messieurs par votre lettre du 28 décembre 1726, du commerce d'Achem, nous vous répondons en marge de la même lettre, et vous marquons ce que nous avons fait. Nous vous envoyons cy-joint le compte du brigantin le *Triton* que nous y avions envoyé au mois d'août 1726. Il est de retour depuis le 19 juin dernier ; le voyage n'a pas été avantageux parceque peu de jours après que ce brigantin y fut arrivé, le roi mourut, il en fut élu un autre, ce qui a occasionné une guerre entre deux prétendants et a causé de grands troubles dans le commerce, qui ont opéré des frais et des dépenses considérables à l'armement de ce brigantin, qui ont dépassé au delà des profits qui ont été faits sur la vente des marchandises. Comme il y a des ressources pour ce commerce par l'or et les marchandises qu'on tire du pays, nous avons cherché un moyen de traiter avec le roi, c'est ce qui nous a engagés d'y envoyer le *Jupiter* avec le brigantin le *Diligent.* Ils vont partir de Portonovo le 12 septembre, et nous y avons chargé pour 4,172 pagodes 2: 24 de marchandises pour votre compte, et 495 grosses balles et caisses à fret pour celuy des particuliers auxquels nous avons été obligés de prêter 700 pagodes à la grosse de 18%, les risques en allant sur le *Jupiter* et au retour sur le *Diligent* qui ne doit revenir que dans la saison ordinaire, afin de les engager à charger plutôt sur nos vaisseaux que sur celuy des Danois. Nous y avons envoyé le sieur Porcher chargé de la vente des marchandises avec nos instructions pour traiter avec le roi et ses ministres, afin d'en obtenir les privilèges que nous avons crû devoir demander. Nous avons aussy donné des instructions au sieur Fauberteau, capitaine du *Diligent.* Le tout a été communiqué à M.

9

Desboisclairs qui était pour lors icy, et qui l'a approuvé.
Suivant le rapport que M. Le Noir nous en fait, nous
avons été surpris de voir qu'il s'était joint à M. Desboisclairs pour donner les instructions au sieur de la Franquerie, capitaine du *Jupiter*, puisqu'elles concernent le
même voyage et qu'il nous les a communiquées avant
de les avoir signées. Nous luy avons représenté qu'il ne
devait pas, au préjudice du Conseil, se joindre à M. Desboiclairs pour donner ses instructions, que c'était sous-
traire contre vos ordres les capitaines des vaisseaux
d'Europe à l'autorité du Conseil. Nous l'avons même
prié de les signer seul, s'il le jugeait à propos, sans y
admettre M. Desboisclairs ; il n'a pas eu égard à nos
représentations, il a signé et remis ses instructions, conjointement avec M. Desboisclairs, au sieur de la Franquerie, après les avoir fait enregistrer à l'ordinaire. Nous
croyons, Messieurs, que par la suite cela fera que les
capitaines et officiers de vos vaisseaux de France ne re-
garderont les Conseillers du Conseil que comme des gens
qui ne doivent avoir aucune autorité sur eux. Vous jugerez de l'effet que cela produira dans la suite.

Le vaisseau le *Jupiter* est de retour du 21 du mois
dernier. Nous avons appris que le roi et ses ministres
avaient reçu ños lettres assez favorablement, que le sieur
Porcher avait obtenu le privilége pour cette année de 200
balles qui seront exemptes de droits d'entrée, et pour
l'année prochaine 150 balles seulement. Ce commerce
avait assez bien commencé, les marchandises s'y vendaient avantageusement, les marchands s'étaient ralentis
par les bruits de guerre qui se sont répandus sous prétexte que l'ancien roi levait des troupes pour remonter
sur le trône. Nous espérons que ce commerce sera
avantageux à la Compagnie et à la colonie lorsque le
pays sera en tranquillité. Nous attendons le retour du
sieur Porcher pour être informés au juste de la situa-

tion des affaires du pays et des intentions du roi à notre égard, afin de nous déterminer à continuer ce commerce, s'il n'est point arrivé quelque changement par les évènements de la guerre.

Le vaisseau le *Jupiter* a rapporté plusieurs marchandises pour le compte de la Compagnie et des particuliers, tant en chevaux, *ganja*, soufre, benjoin et arrack, avec un peu d'or. Nous vous rendrons compte exactement du succès de ce voyage au retour du brigantin. Nous pourrons nous servir dans la suite d'un vaisseau d'Europe pour faire ce commerce, l'envoyer hiverner à Merguy ou à Achem, c'est même chose pour la dépense.

Le vaisseau le *St. Joseph* est arrivé le 15 septembre dernier de Moka où nous l'avions envoyé. Il a apporté le café que nous avons fait charger sur le *Lys*. Après que M. de la Feuillée eût reçu la lettre de change de 15,000 piastres que nous luy avons remise au mois de janvier 1727, il en a tiré une autre de 15,000 qu'il a reçues du produit des marchandises qui ont été vendues des frêteurs, et nous l'avons acquittée régulièrement. Il n'aurait point acheté de café, les marchandises que nous luy avions envoyées n'ayant pas été entièrement vendues; vous aurez appris les raisons qui l'en ont empêché par la lettre qu'il vous a écrite et que nous vous avons envoyée par le *Lys*. Il a remis vos affaires au sieur Burat que nous y avions envoyé ; le sieur Ingrand y est resté second, les sieurs Miran et Courbezatre comme commis et interprête. L'aumonier a quitté et repasse en France sur un de vos vaisseaux, M. Burat a pris à sa place deux Pères récollets des missions destinés pour l'Abyssinie, qui étaient au comptoir, auxquels il donne les 1,000 Rs. que vous passez dans votre état. Il a retenu un chirurgien et 4 soldats qui sont absolument nécessaires, l'un pour la conservation de vos employés, et les autres pour la garde des magasins. La dépense de ce comptoir n'excèdera cependant que de très peu de chose celle que vous avez fixée par votre dernier état.

Vous trouverez cy-joint un bilan fait sur les livres que nous avons reçus du sieur de la Feuillée, par lequel vous verrez la situation du comptoir, en attendant que vous ayez reçu copie de ces livres que nous envoyons par vos vaisseaux, et copie d'un mémoire que le sieur Burat a présenté au sieur de la Feuillée avec ses réponses en marge. Par l'un des articles sont expliquées les raisons que le sieur de la Feuillée a eues d'avoir passé les piastres à 3 Lv 10 au lieu de 5 Lv dans les paiements des appointements qu'il a faits aux employés ; nous vous déférons, Messieurs, la décision de cet article.

M. de la Feuillée nous avait écrit les vues qu'il avait pour le commerce de Jedda qui nous avaient paru bonnes ; nous avions envie de le faire ; il y avait même envoyé le sieur Ingrand qui a fait un traité assez convenable avec le pacha. Les anglais qu'y étaient allés avec deux vaisseaux l'année dernière y ont eu leurs capitaines subrécargues et sept personnes massacrés par la populace, les vaisseaux y étaient encore retenu sans savoir la suite que cela aurait. Cet accident nous a fait changer de sentiment, et il n'y a pas apparence d'y faire le commerce à présent.

Nous avons vendu le vaisseau le *Pondichéry* en conséquence de la délibération du 31 may dernier à des particuliers pour faire le voyage de Moka, et dans l'armement duquel vous serez intéressés pour environ 3.000 pagodes. Nous nous servirons du fonds de cet armement et de ceux de France pour acheter à Moka le café dont nous aurons besoin, qui sera chargé pour votre compte sur ce vaisseau, pour le fret duquel nous payerons 6% suivant la facture du prix d'achat, et nous rembourserons aux armateurs et fréteurs icy au retour du vaisseau le même poids et la valeur des piastres que votre directeur aura reçues d'eux, suivant le reçu qui nous en sera rapporté. Nous avons crû que ces conditions conviendraient parfaitement aux intérêts de la Compagnie, surtout dans un temps où nous n'avons pas de fonds pour armer et charger un vaisseau pour faire ce voyage. Les armateurs ont donné le commandement du vaisseau au sieur de la Bourdonnais qui a débarqué du vaisseau la *Badine*, en conséquence de la délibération du 23 juin dernier. Ce vaisseau est party pour aller à Bengale dans l'intention d'acheter du riz et d'y charger quelques marchandises à fret, il est de retour du 20 du mois dernier, et est party pour Moka le dernier du même mois, nous vous rendrons compte à son retour du succès du voyage.

Le vaisseau le *St. Joseph* étant fort bon et d'un grand port, nous l'avons destiné pour le voyage de Bassora...... ......et envoyé à Bengale le 26 septembre. Messieurs de ce Conseil nous ont écrit que le vaisseau la *Marie Gertrude* était très vieux, qu'il avait mauvaise réputation et que les marchands n'y voulaient pas charger à fret. Ayant substitué ce premier au dernier, nous espérons qu'il y aura plus de frêteurs, et que l'armement aura un meilleur succès que les précédents. Nous avons fait passer sur ce vaisseau les sieurs Colleno et de St. Paul avec les effets qu'ils ont rapportés de Perse par la *Marie Gertrude* du produit des deux armements, afin qu'ils rendent compte à Messieurs du Conseil qui les ont envoyés, et que nous avons priés de vous informer du succès des armements de Perse que nous laissons à leur disposition. Ce vaisseau a eu beau temps jusqu'à la Pointe des Palmiers où il est resté dix jours sans la pouvoir doubler à cause des vents contraires, enfin il arriva le 21 octobre en rade de Balassore. Le sieur de St. Hilaire, capitaine, n'ayant point trouvé nos pilotes qui étaient dans la rivière au lieu d'être en rade comme les autres, envoya son canot pour les chercher, lorsqu'un coup de vent commença le 23 et qui dura 48 heures avec une violence extraordinaire; la chaloupe qui était derrière le vaisseau coula bas, les cables cassèrent les uns après les autres, toutes les ancres furent perdues, le capitaine fut obligé, faute d'ancres, de se servir des canons pour mouiller, ayant été chassé près de terre par la force du vent et des lames, à environ cinq brasses. Le vent tourna du côté de la terre, mit ce vaisseau au large, l'on profita du moment pour le faire entrer dans le Gange par un pilote anglais auquel M. de St. Hilaire donna 800 Rs. Si nos pilotes avaient été en rade au lieu d'être en rivière, ce malheur ne serait point arrivé.

Nous vous avons écrit par notre lettre du 21 janvier 1727 que nous envoyons la *Minerve* à Mahé pour y porter le peu de fonds que nous avions empruntés et en rapporter les poivres que nous y avions fait acheter pour votre compte et pour celuy des particuliers conformément à la délibération du 20 décembre 1726. Ce vaisseau est revenu avec la *Badine* et le brigantin le *Diligent* au mois de may dernier avec 311.040 livres de poivre qui ont payé les droits de 3% d'entrée. Comme cela appartenait à divers particuliers, et que vous étiez intéressés pour 4,000 pagodes, nous avons acheté ces poivres à 24½ pagodes le bard de 480 livres qui ont monté à 15.876 pagodes qui ont été reparties à chacun en proportion de son intérêt; il vous est revenu 4,918 pagodes 11f. 30 pour votre part, sans cet expédient vous n'auriez point tiré de poivre de Mahé l'année dernière.

M. Molandim est revenu sur la *Minerve* après avoir remis toutes vos affaires à M. Trémisot, qui est resté chef conformément à vos ordres. Par le solde du compte qu'ils ont arrêté, il était dû à M. Molandin 10,000 pagodes, nous luy en avons payé 5,000, nous devons le surplus que nous payerons avec les intérêts à l'arrivée du premier vaisseau de France.

N'ayant pu envoyer par la *Miverve* au mois de janvier

1723 de l'argent suffisamment pour l'entretien de la garnison, et pour payer les choses absolument nécessaires,
nous y avons envoyé par terre. en conséquence des délibérations des 17 avril et 6 septembre dernier, 8.000 pagodes qui sont bien arrivées.

Nous ne vous ferons, Messieurs, aucun détail de tout
ce qui s'est passé dans cet établissement jusqu' à la fin de
septembre dernier, nous en référant aux lettres qui vous
ont été écrites par MM. Deidier et Trémisot et avec
pièces que ce dernier y a jointes, par lesquelles vous connaitrez comme nous la situation. Nous y avons envoyé
le 5 juillet un réglement concernant le militare, vous
verrez par les lettres le bon effet qu'il y a produit; nous
en avons fait un autre le 1er octobre dernier portant érec-
tion d'un Conseil..
...............que criminelle dont copie est cy-jointe que le
Conseil a demandée. Nous avons été obligés de ratifier
le traité de paix simplement pour avoir égard aux modifi-
cations et observations que nous avons faites cy-devant.

Le vaisseau la *Marie Gertrude* est parti le 14 octobre
dernier en conséquence de la délibération du 12, nous
y avons fait embarquer les munitious et effets montant
à 6.338 pagodes avec 23.000 pagodes d'argent comptant,
suivant l'état que nous en avons envoyé par le *Lys*; il y
est arrivé le 1er décembre après avoir essuyé beaucoup de
mauvais temps et des vents contraires. M. Lenoir y a fait
embarquer M. Delorme sans nous en avoir rien communiqué, il nous a seulement averti deux jours avant qu'il
s'embarquât qu'il l'envoyait à Mahé. Nous avons écrit à
l'ordinaire á M.M. Deidier, Trémisot et Lafarelle sans
leur donner avis qu'il y allait, ne sachant pas pourquoi.
Nous ne doutons pas que M. Lenoir ne vous rende
compte des raisons qu'il a eues pour en user ainsy, et des
ordres dont il peut l'avoir chargé. La nécessité de soutenir le crédit de la Compagnie et de faire voir à Bayanor

et à ses sujets qu'elle veut effectivement y faire annuellement un commerce de poivre, nous a déterminés à engager des marchands particuliers d'y envoyer un fonds de
10.000 pagodes pour les faire employer, conformément à
notre dilibération du 12 octobre dernier, par M. Trémisot
en achats de poivres pour être rapportés icy, et que nous
acheterons alors si nous sommes en état de les payer,
afin d'en avoir pour le chargement des vaisseaux.

Nous nous proposons encore d'y envover la *Minerve*
à la fin de ce mois pour y porter environ 20,000 pagodes
que nous espérons emprunter pour continuer les fortifications, et faire subsister la garnison, avec les effets que
nous destinons d'y envoyer. Nous comptons que les
particuliers y chargeront encore environ 6,000 pagodes
pour être employées comme dessus en achats de poivres.

Nous pensons. Messieurs, que vous nous désapprouverez
d'envoyer deux vaisseaux tous les ans à Mahé pendant
qu'un seul serait suffisant pour porter ce que nous y
envoyons et rapporter ce que nous en tirons. Au mois
d'octobre 1726 à cause de la guerre nous y envoyâmes
le vaisseau la *Badine* avec l'argent et les effets que nous
pouvions pour lors y envoyer. La nécessité d'y faire du
commerce aussitôt que la paix fut faite, nous obligea,
crainte d'une rupture, d'emprunter 8,000 pagodes, n'en
trouvant pas d'avantage au mois de janvier, et d'engager
les particuliers d'y envover 75,000 pagodes pour acheter
des poivres, que la *Minerve* auquel nous ne pouvions
donner d'autre destination, y porta; ce secours y fut
très utile. Au mois d'octobre dernier nous y avons envoyé la *Marie Gertrude* avec tout ce que nous avons pu
de munitions et d'argent, nous y enverrons encore à la
fin de ce mois la *Minerve* pour y porter ce que l'industrie et le crédit nous pourront procurer, et que nous
n'avions pas au mois d'octobre, lorsque le premier vaisseau est parti. Voilà les raisons qui nous ont obligé d'y

envoyer deux vaisseaux par an. Si vous nous envoyez de l'argent suffisamment pour faire le commerce, il sera nécessaire d'envoyer de même deux vaisseaux par an pour en rapporter les poivres et les autres choses que nous nous proposons d'en tirer.

SURATE

M. Grangemont est arrivé icy de Surate le 14 juin dernier. Il a apporté les livres du comptoir sur un vaisseau anglais, et nous a présenté un mémoire des dépenses qu'il a faites pour son embarquement et son passage, montant à 155 pagodes 1f. 32c. que nous luy avons remboursées. Il a passé sur le même vaisseau un marchand de Surate, qui est venu de la part des créanciers savoir quelles étaient les intentions de la Compagnie pour ce qui leur est dû, et de quelle façon ils seraient payés; il n'était porteur que d'un état qui contenait le montant de la dette de divers créanciers, il n'a fait paraitre aucun contrat, ni procuration, il était seulement chargé des lettres que les créanciers ont écrites à M. Lenoir qui leur a fait réponse aprés avoir conféré plusieurs fois avec ce marchand qui a aussy écrit aux créanciers de Surate les propositions que M. Lenoir luy a faites, après quoy il s'est retiré à Madras où il est resté quelques jours, nous n'en avons pas entendu parler depuis. Pour terminer cette affaire il faudrait avoir de l'argent comptant, sans quoy elle ne finira jamais. M. Flacourt nous a écrit qu'il s'était retiré dans une petite maison, ses dépenses nous ont paru trop fortes, nous les avons réduites à 220 Rs. par mois suivant l'état cy-joint que nous luy avons envoyé le 10 juillet dernier ; il n'est pas possible qu'il en fasse moins, tant que vous jugerez à propos de l'y laisser. Il luy est dû 3.798 liv. 10 d'anciens appointements échus au dernier février 1727, dont il nous demande le payement avec beaucoup d'empressement ; nous le payerons aussitôt que nous aurons des fonds, sa demande nous paraissant très juste, puisque tous les autres l'ont été, et que vous le continuez à votre service. Par l'inventaire des effets que M. Grangemont a laissés à Surate nous avons remarqué qu'il y a 44 balles de marchandises qu'il avait mises en gage, pour lesquelles il faut payer environ 7.500 Rs. Le gouverneur de Surate a exigé pour les laisser sortir 1.000 Rs. que M. Flacourt s'est engagé de payer ; nous luy avons écrit le 10 juillet de retirer ces 44 balles de marchandises, de nous les envoyer avec plusieurs bureaux, armoires et coffres du comptoir par un bot, qui sont restés faute de les avoir pu vendre, et dont nous pourions faire usage. Nous avons prié M. Martin de luy fournir jusqu'à 12.000 Rs. pour payer ses dépenses, les 1.000 qu'il doit donner au gouverneur, et pour retirer les 44 balles de marchandises, afin de nous les envoyer par le bot avec les différents meubles que nous demandons. Nous avons dit à M. Martin de tier sur nous pour son remboursement, au cas que M. Flacourt nous envoyât ce que nous luy demandons, et s'il ne le faisait pas, de ne luy fournir que ce qui luy serait nécessaire pour payer les 1.000 Rs. au gouverneur et ses dépenses suivant l'état que nous en avons arrêté. M. Flacourt nous a fait réponse le 21 octobre dernier qu'il nous enverrait le bot avec les meubles et 28 balles qu'il a retirées, n'ayant pu dégager les autres qui avaient été mises entre les mains d'un de vos créanciers qui en avait disposé. M. Martin luy a fourni 7.000 Rs. à la prière que nous luy en avons faite.

Les pluies ont été si grandes à Surate l'année dernière qu'elles ont causé deux débordements qui ont emporté quantité de maisons dans la ville et à la campagne, il y a eu plus de 7 à 8.000 personnes noyées, quantité de marchandises perdues et avariées, plusieurs vaisseaux et autres embarcations qui étaient dans la rivière ont été jetés dans les terres ; la perte que ces débordements ont causée est très considérable, l'on prétend que les eaux n'avaient jamais été si grandes, ni causé tant de dommages.

M. Grangemont nous a présenté une requête le 21 juillet dernier avec un compte pour solde duquel il paraissait luy être dû 4.450 Lv. pour ses appointements qui ne se sont trouvés montés qu'à 3.929 Lv; nous avons crû qu'il ne pouvait y avoir de difficultés pour le payement de ses appointements.

Il est venu icy par ordre de Monseigneur le Controleur général, mais l'ordre que vous avez donné par votre lettre du 10 décembre 1725 de faire restituer aux employés de Surate ce qu'ils avaient reçu pour la retenue qui a été faite aux créanciers sur ce qui leur devait être payé, nous a embarrassés. L'état fâcheux où il se trouve réduit ainsy que madame son épouse, tous les deux avancés en âge, très infirme, n'ayant rien de quoy vivre, nous a déterminés à luy accorder, en conséquence de la délibération du 13 septembre, le payement des 3.929 Lv. qui luy sont dues pour solde de son compte, en donnant cependant caution de rapporter les 2421 Rs. qu'il a reçues pour sa part. Si vous persistez dans le sentiment de les luy faire restituer, nous pensons, Messieurs, que vous vous récrirez avec raison sur ce payement. Nous nous flattons qu'en vous représentant les motifs qui nous y ont déterminés, vous nous approuverez; il est infirme, elle est malade, enflée, fort grosse, hors d'état de s'embarquer l'un et l'autre, ayant vendu jusqu'à leurs meubles pour vivre. Dans cet état nous n'avons pu nous dispenser de luy faire ce payement, nous avons demandé une caution pour la forme qu'il serait obligé de restituer si vous l'ordonnez. S'il n'avait été rien dû au sieur Grangemont, nous n'aurions pas pu luy refuser une subsistance et à madame son épouse, nous ne les aurions pas laissé demander l'aumône icy, où ils sont venus par ordre supérieur. Nous sommes persuadés que vous nous auriez accusés de cruauté, si nous en avions usé autrement à cet égard. Voilà, Messieurs, le triste état du mari et de la femme, nous vous supplions de nous dire en réponse ce que vous voulez leur accorder pour vivre ; ce que nous leur avons payé ne peut durer que peu de temps, dans l'état d'infirmité et de maladie où ils sont. Nous ne leur connaissons d'autres ressources icy que la charité que vous voudrez bien avoir pour eux. Nous prenons la liberté de vous représenter que malgré les sujets de plaintes que vous avez de la conduite que M. Grangement a tenue à Surate, vous ne devez pas luy refuser ni à son épouse un petit secours pour vivre.

Par notre lettre du 21 janvier 1727 nous avons marqué ce que nous avions appris du vaisseau la *Reine* envoyé au Pégou en 1726.

Par des lettres que nous en avions reçues le 8 de ce mois par un vaisseau anglais, nous avons appris que le bot le *Courrier de Syriam* y était arrivé le 8 mars. Les sieurs de la Rivière et Dubois nous marquent que le vaisseau la *Reine* étant absolument mauvais, ils l'avaient vendu et devaient repasser incessamment à cette côte sur un vaisseau de Madras sur lequel ils ont embarqué l'artillerie de la *Reine*, quelques effets qu'ils n'ont pu vendre au Pégou, et le produit de ceux vendus.

Le sieur Alvarez était à Ava où il a eu une audience avec le Roy, dans laquelle il luy a promis de traiter favorablement les vaisseaux que nous enverrions au Pégou, et que nous aurions tout lieu d'être satisfaits. Nous vous informerons plus amplement de ces chose quand les sieurs Dubois la Rivière seront arrivés.

COLONIE.

Nous vous avons écrit, Messieurs, au mois de janvier 1727 que le sieur Vincent avait fait sa plainte le 4 décembre

1726 pour 2 sacs de 100 marcs de piastres chacun qui avaient été volés dans les magasins. Nous fimes faire en conséquence des perquisitions qui ont duré longtemps et nous ont donné quelques indices, et fait soupçonner le nommé François Carter, métis anglais, d'être le voleur; il fut arrêté alors, et depuis décrété; par ses interrogatoires il a été convaincu d'avoir fait plusieurs petits vols chez les Anglais au Fort St. David pendant qu'il était à leur service; il s'est accusé d'en avoir fait un très considérable en septembre 1723, conjointement avec deux autres personnes dans la maison de M. Barlu, second du Fort St. David, au moment qu'il le tua d'un coup de pistolet; il prétendait que toutes les piastres qu'on luy avait vues et qu'il avait dépensées, provenaient de ce prétendu vol, qu'il en avait même encore une partie enterrée dans le jardin du dit sieur Barlu, qu'il avait eu des pagodes d'un diamant provenant du même vol, qu'il l'avait vendu à Madras à une personne qui ne s'est point trouvée. Il a fallu détruire ce prétendu vol qu'il disait avoir fait chez le dit sieur Barlu pour le convaincre et luy prouver qu'il était l'auteur véritable plu vol fait dans vos magasins. Cela a été difficile à cause des preuves qu'il a fallu avoir par les dépositions et informations de plusieurs personnes demeurant chez les étrangers, et d'autres de caractère respectable dont il n'est pas aisé de disposer, et qui demandent des précautions et des formalitées qui nous embarrassent toujours en pareil cas. Aprés bien des soins et de peines, l'on a prouvé à ce malheureux soupçonné, et par la suite accusé, qu'il était le voleur des deux sacs de piastres pris dans vos magasins, par des personnes qui ont vu un des deux sacs chez luy, et auxquelles il en avait donné des piastres en payement. Toutes ces preuves n'ont pu luy faire avouer son crime, la procédure l'a conduit à la question, où étant présenté et attaché, il avoua qu'il avait volé non seulement les deux derniers sacs dont il s'agissait, mais encore le premier qui avait été perdu au mois de juin 1726, il a confessé être entré la nuit par la porte du magasin qu'il avait ouvert avec une fausse clef qu'il a fait faire sur le dessin qu'il en avait pris lorsque le garde magasin et les écrivains y entraient, qu'il avait ouvert le cadenas avec un morceau de fer. Le premier vol s'est fait dans le temps qu'il était soldat, et suivant toutes les apparences, lorsqu'il était luy même de garde à la porte de ce magasin oú il y a toujours une sentinelle jour et nuit. Ce dernier vol est surprenant, il n'était plus soldat, M. de Beauvolier l'avait chassé du service pour les raisons que nous avons marquées dans notre lettre du mois de janvier 1727. Il y avait une sentinelle à l'ordinaire à la porte du magasin, il y est cependant entré la nuit, y a pris deux sacs de piastres qu'il a portés sur le rempart et les a descendus dans les fossés par l'embrasure d'un canon à la volée duquel il y avait une corde attachée par laquelle il a dit être descendu luy-même pour sortir du fort. Il a accusé plusieurs personnes d'être complices, cela ne s'est point trouvé vrai. Il a accusé un soldat topas d'avoir été en faction à la porte du magasin la nuit, et de l'avoir aidé à faire le dernier vol. Sur sa déclaratiou l'on fit arrêter dans le moment plusieurs topas du même nom ; par méprise il en fut arrêté un qui n'était pas du nom qu il avait indiqué, ces gens luy furent présentés, chacun en particulier, des trois premiers il dit que ce n'était point eux, du quatrième qui luy fut présenté et qui fut arrêté par méprise, Carter dit que c'était cet homme qui était en faction la nuit, et qui l'avait aidé à faire le vol des deux sacs, il l'a toujours soutenu dans les confrontations. Le soldat topas s'est défendu et a prouvé qu'il avait été, pendant tout le mois dans lequel le vol s'est fait, de service dans un des postes de l'enceinte de la ville, et que par conséquent il n'a pu être de faction dans le fort. Aprés bien des informations le procés a été jugé. François Carter, convaincu d'avoir volé par deux différentes fois les trois sacs de piastres dans les magasins de la Compagnie, a été condamné par arrêt du Conseil du 17 may 1727 à être pendu, ce qui a été exécuté. Il a été recouvert de ce vol 541 piastres en nature et 241 pagodes 4fr. 32 c., suivant l'état dont le garde magasin a fait recette, le surplus est perdu pour la Compagnie. En conséquence de l'arrêt du 21 may 1727 le Conseil a déchargé le sieur Vincens des 300 marcs de piastres volés au moyen de fausses clefs, dont un comptable ne peut être garant.

Nous avons en conséquence de la délibération du 12 novembre dernier, et pour les raisons y contenues, fait une nouvelle ferme pour la vente de l'arack de Colombo, Goa et Batavia, qui se vendait en détail dans notre magasin, et qui causait un embarras peu proportionné au profit que l'on en retirait. Elle a été adjugée à 451 pagodes par an, à commencer du 1er décembre dernier jusqu'à la fin de novembre 1730, celle des parias doit finir alors, ils s'adjugeront ensemble afin de n'en faire qu'une seule ferme. Nous croyons que cela sera plus convenable à ses intérêts.

Nous vous avons écrit au mois de janvier 1727 que le Nabab nous avait défendu de la part du Mogol de continuer les murs de l'enceinte de la ville qu'il appelle forteresse, il a continué de nous écrire au mois de février et de nous menacer de venir avec son armée pour nous empêcher de bâtir. Le Divan nous a écrit d'envoyer une personne auprès du Nabab pour accommoder notre affaire, c'était nous demander de l'argent. Nous avons fait réponse dans le temps au Divan, et nous luy avons promis d'envoyer auprés de luy, à l'arrivée des vaisseaux de France, une personne de notre part pour le remercier et luy demander la continuation de son amitié. Heureusement que les Marhates sont venus faire des courses dans le gouvernement du

Nabab qui l'ont inquieté de façon qu'il nous a laissés en
repos pendant toute l'année dernière. Nous n'avons point
envoyé auprès du Divan, il ne nous a cependant pas oubliés ; nous avons reçu une lettre de luy par un homme qui
est venu de sa part depuis 15 jours, et qui est actuellement
icy en attendant la réponse. Il nous demande des présents,
et que nous envoyions une personne auprès du Nabab.
Nous ferons de notre mieux pour luy répondre de manière à entretenir son amitié, afin qu'il nous laisse achever
l'enceinte de la ville ; comme elle est commencée, nous
ne pourrons nous dispenser de luy faire quelques présents,
nous luy répondrons après le départ de nos vaisseaux.

Saïd Mamad, fils du roi d'Anjouan, dont nous vous
avons parlé par notre lettre du 8 octobre 1726, est encore
à Madras où il vit d'une pension que le gouverneur luy
fait payer jusqu'à ce qu'il ait occasion de passer à Anjouan.
Il nous demande des secours pour vivre plus commodément, sa pension n'étant pas suffisante. Nous luy faisons
donner 5 pagodes par mois.

Nous vous avons priés, Messieurs, par toutes nos précédentes lettres d'envoyer les munitions de guerre nécessaires
pour ce fort, pour celuy de Mahé, et pour remplacer celles
qui nous ont été fournies par monsieur le Viceroy de Goa,
suivant l'état qui était joint à notre lettre du 8 octobre 1726.
Faites s'il vous plait réflexion que si vous ne nous mettez
pas en était de rendre au Viceroy ces munitions qu'il nous
a généreusement prêtées sans avoir voulu en recevoir le
payement, vous nous ôterez les moyens de trouver dans la
suite aucun crédit ni secours dans les occasions les plus
pressantes. Vous devez connaitre qu'il est d'une extrème
conséquence que le fort de Mahé et celui-ci soient pourvus de munitions de guerre et de grains pour la subsistance des garnisons. Nous sommes actuellement sans aucune
provision de riz ni de blé, faute d'argent pour en acheter,
et malheureusement dans une famine faute de pluies l'an-

née dernière, la disette des grains a été grande au sud et au nord de cette ville. Nous vous avons marqué par notre lettre de janvier 1727 le secours de riz que nous envoyâmes alors au gouverneur de Tranquebar qui était dans la disette où nous courons risque de tomber. La colonie n'a pas souffert parce qu'il y avait des provisions, et que nos magasins étaient fournis; nous avons fait vendre pour 1.500 ou 1.600 pagodes de riz de nos provisions qui commençait à se gâter parcequ'il était vieux, le surplus a servi à la garnison et se consomme journellement. Nous comptions le remplacer à la récolte de ce mois, mais la disette de grains dans le pays nous en empêche, et le manque d'argent fait qu'il n'est pas possible que nous en fassions venir du dehors. Considérez, Messieurs, à quels dangers nous expose le manque de fonds.

TROUPES.

Nous avons répondu à ce que vous nous marquez au sujet des troupes, par les différents articles de nos réponses à vos lettres des 20 septembre et 28 décembre 1726. Nous vous y marquons que le drap bleu que vous avez envoyé par le *Lys* pour leur habillement est trop gros, trop pesant et fort cher. Nous étions dans le dessein de vous le renvoyer après avoir cherché tous les moyens possibles de le vendre sans pouvoir y réussir, à cause de sa mauvaise couleur et sa qualité. Nous sommes convenus par délibération du 15 novembre dernier d'en faire habiller la garnison et celle de Bengale, afin de vous éviter de la perte que vous auriez faite en vous le renvoyant. Nous n'avons pas crû devoir en faire habiller à présent celle de Mahé, parcequ'elle n'est point coustante, qu'elle diminuera au mois d'avril, et qu'il faut un long temps pour faire la retenue des habits faits de ce drap. Ceux de *guingan* dont on se sert, les sodats les payent en peu de temps; lorsqu'ils sont

congédiés ils ne doivent rien ; si c'était du drap, ce serait
une perte pour la Compagnie. L'année prochaine le nombre sera fixé, et nous les habillerons comme ceux d'icy
afin de vous débarrasser du reste de ces mauvais draps.

Nous avions demandé par notre lettre du mois d'octobre 1726 à l'Ile de France les sieurs Mascle, capitaine, et
Le Vacher, alors lieutenant à l'Ile de Bourbon, les officiers
et soldats qui étaient à St. Paul, à l'exception des sieurs
Fonbrune et Laval qui y sont établis, pour fortifier la garnison de Mahé où nous étions alors en guerre. Au mois
de janvier nous avons écrit à l'Ile de Bourbon que la paix
était faite ; cependant les officiers et soldats que nous avions
demandés par notre lettre du mois d'octobre, et dont
nous avions besoin, ne sont pas partis, le Conseil nous a
répondu le 24 août que vous aviez envoyé des troupes à
Pondichéry par le *Lys*, et qu'il ne nous enverrait point celles de St. Paul que nous luy avions demandées, et nous a
seulement envoyé les sieurs Mascle et Le Vacher qui sont
arrivés. Nous destinons le sieur Mascle pour la 1ère Compagnie de Mahé, et nous ferons revenir M. de la Farelle
pour occuper icy la place de major. Nous croyons que le
Conseil de l'Ile de Bourbon n'aurait pas dû manquer de
nous envoyer les troupes que nous luy avions demandées,
puisque nous luy avions écrit en avoir besoin, quoique
nous fussions en paix, et qu'elles ne sont d'aucune utilité
à St. Paul que pour la parade. Vous voyez par ce que
Messieurs de Bengale vous écrivent qu'ils ont besoin de
soldats, si nous avions reçu ceux de l'Ile de Bourbon,
nous leur en aurions envoyé une partie, quoique nous en
ayons besoin icy ; au surplus, si ces troupes ne nous
avaient point été nécessaires à leur arrivée, il aurait été
facile de les renvoyer par les premiers vaisseaux. Nous ne
nous exposerons pas de donner aucun ordre dans cette île,
puisqu'il ne sera pas exécuté. Vous aurez agréable,
Messieurs, d'y ordonner vous mêmes pour les soldats ma-

riés que vous avez fait passer icy sur le *Lys* avec leurs femmes, nous les envoyons à l'Ile de France où ils pourront
travailler, des femmes de cette espèce ne conviennent
point aux Indes, elle y mourraient de faim avec leurs
enfants. Nous sommes obligés de vous renvoyer plusieurs
soldats infirmes et hors d'état de servir. Ceux que vous
nous avez envoyés par le *Lys* et le *Jupiter*, sont de très
mauvais sujets.

FORTIFICATIONS ET BATIMENTS.

Par votre lettre du 28 décembre 1726, vous nous marquez de prendre de votre caisse les fonds nécessaires pour
achever les murs de l'enceinte de la ville, nous le ferons
lorsqu'il y en aura. Nous avons commencé au mois de
juin dernier, n'ayant pu le faire plus tôt, faute d'argent, à
faire continuer depuis le bastion de la nouvelle porte de
Madras jusqu'aux fondations du corps de garde, qui doit
être attenant le bastion que l'on fera au sud; cela fait 420
toises de mur, dont il y en a 200 qui ont 15 à 17 pieds de
hauteur à cause du terrain qui demandait plus d'élevation ; dans cette étendue de mur il y a deux bastions, un
bâti à neuf à la même hauteur du mur, et l'autre ancien
par les Hollandais qui a été razé à la même hauteur ; en
cas de nécessité ils serviraient en attendant que le premier
soit achevé à sa perfection, et qu'on en construise un autre à la place du dernier. Les 420 toises de mur ont coûté
environ 3.700 pagodes, les fonds sont provenus, savoir,
de la taxe des malabars depuis le dernier
novembre 1726 au dernier novembre 1727......974 P: 3-32
des amendes et autres petits droits...............122   : 10-0
de la caisse de la Compagnie...................1900   : 0-0
et des fonds restant des avances faites
aux briquiers de l'année 1726...................703   : 2-32

Pagodes...........3700 : 0-0

Aussitôt que le corps de garde et le bastion sud.........
la ville sera enclose et défendue, par la partie du nord; nous
continuerons à faire travailler depuis le fort Sans Peur
par la partie du sud jusqu'au bord de la mer ; alors la ville
sera close du côté de la terre.

Tous les bàtiments que vous approuvez que nous fassions, sont très nécessaires, mais nous ne saurions, faute
d'argent, les commencer, nous nous conformerons à cet
égard à ce que nous vous marquerons dans les réponses
à votre lettre du 28 décembre 1726.

Il y a plus de deux ans que nous avons commencé à
faire faire une presse en fonte qui est achevée, pour presser les marchandises ; nous avons fait faire l'année
dernière un bâtiment pour la mettre avec un petit magasin
attenant, vouté, dans un coin du rempart du bastion de
Bretagne, pour faire travailler les emballeurs. Aussitôt que
nous aurons de l'argent, nous commencerons à faire bâtir
la halle pour la visite des marchandises, l'ancienne ne
pouvant absolument plus servir, ce sera tout ce que nous
pourrons entreprendre cette année avec la continuation du
mur de l'enceinte de la ville et le rétablissement du pont
hors la porte Valdaour, dont nous vous avons parlé
par notre lettre du mois de janvier.

MAZULIPATAM

Nous avons envoyé à Mazulipatam, en conséquence des
délibérations des 18 juin et 23 août derniers, par les
vaisseaux la *Badine* et la *Minerve*, 9.000 pagodes d'or avec
quelques autres effets. Nous avons reçu au mois d'octobre
dernier, par un bot et une chaloupe nouvellement construite à Yanaon, 90 balles de guinées de 15, 19 et 23
conjons, et une balle de mouchoirs. Nous avons donné
ordre au capitaine du vaisseau le *Solide* d'y passer en revenant de Merguy pour y prendre ces marchandises dans

la crainte que nous avions qu'elles n'arrivassent trop tard;
le vaisseau y a été, il ne nous a rien rapporté, les mouchoirs que nous avions demandés étaient encore chez les
marchands.

La tyrannie des Rajas ou gouverneurs nous a déterminés d'abandonner pour un temps la loge de Yanaon, nous
n'avons pu le faire aussitôt que nous l'aurions voulu,
parceque nous devions 1.500 pagodes aux marchands du
pays, et que nous y avions des marchandises qu'il n'aurait
pas été possible d'en faire sortir. Depuis que nous les
avons reçues, nous avons donné de nouveaux ordres
pour que les sieurs Fouquet et Guillard se rendent à
Mazulipatam, qu'ils laissent seulement quelques pions
pour garder la loge, et nous comptons que cela s'exécu-
tera dans ce mois. Nous nous servons du prétexte de la
tyrannie des Rajas qui effectivement nous tourmentent,
pour quitter la loge, n'ayant point d'argent pour y faire
du commerce. Si nous en avions eu, nous aurions cherché les moyens de nous accommoder avec ces Rajas.
Nous espérons que cette retraite nous procurera plus de
facilités lorsque nous serons en état d'y renvoyer vos
employés, et qu'ils auront pour eux plus d'égards qu'ils
n'en ont eu cy-devant.

La chaloupe neuve qui nous a apporté une partie des
marchandises, et qui a été construite à Yanaon par ordre du
sieur Courton, et commencée de son vivant, a été plus de 15
mois sur le chantier; elle coûte 800 pagodes, suivant l'état
que le sieur Fouquet qui l'a fait achever nous en a envoyé.
Rien n'est plus surprenant, Yanaon étant un pays de bois;
elle a été construite pour servir à la communication de
Yanaon à Mazulipatam, elle ne convient cependant pas à
cet usage. Nous nous proposons de l'envoyer à Bengale où
elle pourra servir utilement dans le Gange.

Un marchand de Yanaon, nommé Gourichetty, auquel
feu M. Courton avait fait des avances, est redevable

à la Compagnie de 300 pagodes, ce marchand n'a aucun bien ni effets qui soient de prix que deux mauvais batiments qui sont dans la rivière. Les sieurs Le Faucheur et Fouquet ont donné leurs soins pour recouvrer cette somme sans pouvoir réussir jusqu'à présent ; nous croyons que cela tombera en pure perte pour la Compagnie, nous continuerons cependant à faire ce qui sera possible pour en recouvrer quelque chose.

BENGALE

Nous avons, Messieurs, par nos réponses à vos lettres des 20 septembre et 28 décembre 1726, répondu aux plaintes que vous marquez que messieurs de Bengale vous ont faites. Nous ne doutons pas qu'ils ne vous en fassent à présent avec raison sur le manque de fonds où ils sont depuis deux ans qu'il en ont reçu fort peu. Nous ne croyons pas que la faute puisse retomber sur nous, vous devez être persuadés que nous leur en enverrons aussitôt que nous en aurons, et qu'ils n'en manqueront point si vous en envoyez suffisamment, c'est de quoy nous ne sommes pas responsables. Vous voyez, par le détail que nous vous faisons, la distribution de ceux que vous nous avez remis ; nous leur avons envoyé, en conséquence de la délibération du 18 juin, par le vaisseau la *Badine*, 21.473 marcs, et par la *Minerve*, en conséquence de celle du 23 aout, 9.840 marcs avec des vins et d'autres effets. Le vaisseau le *St. Joseph* leur a encore porté le produit de deux armements qu'ils avaient faits pour la Perse. Ils ont payé en argent le capital de ce qu'ils avaient emprunté en 1726 et les intérêts en draps, ils n'ont point encore suffisamment de fonds pour remplir ce que nous leur avons demandé, vous en savez la raison. Nous nous référons à ce qu'ils vous écrivent à ce sujet.

Nous attendions des nouvelles de ce qu'ils auraient fait faire à l'aldée de Cassimbazard, avant de prendre aucun party. Nous croyous qu'il n'y en a pas d'autre à présent que de la laisser régir par un homme du pays, d'y entretenir un écrivain ou *akon* avec deux pions, ainsy que cela avait été réglé en 1719. du temps de l'ancienne Compagnie, sans y faire aucune réparation, toutes celles que l'on y ferait deviendraient inutiles et à charge, puisque vous ne faites pas un commerce assez considérable, ni n'avez jamais d'argent pour vous indemniser des dépenses que l'entretien d'un comptoir vous causerait. Nous écrirons à messieurs du Conseil de Chandernagor de retirer l'employé qu'ils y ont envoyé, et d'y laisser un écrivain et deux pions comme cy-devant.

Le Nabab Jafferkan mourut le 11 Juillet dernier, il avait accordé aux Ostendais un terrain à deux lieues au dessous de Chandernagor de l'autre côté du Gange, nommé Isapour, pour y établir des *bencassals*, et y faire du commerce, jusqu'à ce qu'ils aient reçu le firman du Mogol pour lequel le Nabab avait écrit. Sa mort dérange le projet des employés de cette Compagnie, nous sommes persuadés qu'ils s'y soutiendront facilement, s'ils veulent faire les dépenses nécessaires auprès de celuy qui sera nommé Nabab.

Vous ne devez pas douter, Messieurs, qu'aussitôt qu'il y aura un nouveau Nabab de nommé, messieurs du Conseil de Chandernagor ne soient obligés de l'aller visiter et de luy faire un présent ; cette dépense pourra coûter environs 12.000 Rs, le plus ou le mois dépendra du caractère et de l'avidité de celuy qui sera en place. En pareille occasion on est obligé pour la première fois de se conformer à son caractère, la difficulté sera d'avoir des fonds pour faire la dépense.

MAHÉ.

M. Phipps, gouverneur de Bombay, a écrit le mois passé à M. Lenoir pour se plaindre de ce que nous soutenons Bavanor, et des ouvrages que nous avons faits sur les terres de ce prince malabar qu'il dit être le propre des anglais. Ce gouverneur se sert à peu près des mêmes raisons que Bombay nous alléguait quand il nous disputait Mahé, et nous reproche d'avoir enfreint l'amitié. Ses griefs roulent toujours sur des prétentions qui ne nous semblent pas moins frivoles et captieuses que celles qu'il disait avoir dans le pays de Bavanor. Ce gouverneur se propose de nommer deux personnes pour entrer en négociation avec deux que nous nommerons de notre pays, et décider ce qui sera trouvé convenable aux intérêts des deux partis. Afin de terminer toute discussion et vivre en paix, si cela est possible, M. Lenoir luy a fait réponse, et nous avons écrit à M. Trémisot le 18 de ce mois de nommer deux personnes d'entre MM. Delorme, Deidier et luy pour être chargées de la négociation que propose M. Phipps, de traiter et décider ce qu'ils croiront convenable aux intérêts de la Compagnie, pour quoy nous les autorisons, promettant de ratifier tout ce qu'ils auront arrêté et signé. Nous souhaitons que ce party nous procure la paix avec les anglais, et fasse cesser les troubles qu'ils continuent de nous causer à la côte Malabare au sujet de Mahé et des forts qui en font le soutien.

ILES DE FRANCE ET DE BOURBON.

Nous vons avons marqué, Messieurs, par les réponses à vos lettres des 20 septembre et 28 décembre 1726, que nous ne pouvions acheter de vaisseaux pour en envoyer à ces îles, comme vous l'ordonnez, faute de fonds. Nous y envoyons par vos vaisseaux, qui partiront incessamment pour France, pour 12.418 pagodes de marchandises, suivant factures cy-jointes, des sortes et qualités que le Conseil supérieur de l'Ile de Bourbon nous demande.

Nous n'avons point embarqué de poivres sur le *Solide* à cause du thé dont il est chargé, qui pourrait se gâter. Vous connaîtrez facilement par le compte que nous vous rendors par la présente, qu'il ne nous est pas possible d'envoyer à présent plus d'effets, nous vous supplions de croire que nous avons une attention particulière à l'exécution de vos ordres pour tout ce qui concerne ces deux îles de préférence. Nous savons, il y a longtemps, qu'il est nécessaire d'y envoyer ce que les habitants ont si souvent demandé. Comme nous avons icy en magasin beaucoup d'eau-de-vie dont la consommation n'est pas grande dans l'Inde, et qu'elle dépérit par le coulage, nous en envoyons aux Iles de France et de Bourbon une grande partie, parceque nous avons appris par plusieurs personnes qui en sont venues qu'il n'y en avait plus.

Le Conseil nous écrit le 23 août qu'il a fait embarquer sur le *Solide* les sieurs Marion et Faillet pour les renvoyer en France, conformément à sa délibération. Cy-joint est un paquet à votre adresse qu'il nous marque de vous envoyer. Il nous dit qu'il ne pouvait garder dans l'île deux si mauvais génies; il nous parait extraordinaire d'envoyer aux Indes deux officiers pour les faire passer en France, il aurait été plus à propos de les mettre aux arrête, s'ils l'ont mérité, l'un à St. Denis et l'autre à St. Paul, en attendant le vaisseau qui passerait, que de nous les envoyer. Cela retarde leur retour de 4 mois...............
....
leur subsistance. M. Lenoir les a fait débarquer le 13 octobre, ne croyant pas qu'il puisse arriver encore à leur faire faire le voyage de Merguy; il leur a fait payer à chacun 6 pagodes par mois pour leur subsistance pendant leur sejour à terre. Nous avons fait embarquer le sieur Marion sur le *Solide* avec son valet. Le sieur Faillet a passé au Fort St. David chez les Anglais le 12 de ce mois dans la crainte d'être arrêté prisonnier à son arrivée en France,

apparemment qu'il veut être en état de représenter ses raisons sans contrainte.

DIFFÉRENTS ARTICLES.

Le sieur Chavery, premier lieutenant sur le vaisseau la *Badine* nous a representé que depuis que nous avons tiré le sieur de la Bourdonnais, capitaine en second, il en faisait les fonctions, et nous a demandé que nous luy en accordassions les appointements. Quoique la chose nous paraisse juste, nous luy avons répondu de s'adresser à vous, Messieurs, n'ayant pas le pouvoir de luy accorder sa demande.

Vous verrez, par la délibératton du 13 de ce mois, les motifs qui nous ont portés à donner passage au fils du roi d'Anjouan jusqu'à l'Ile de France, pour qu'il soit envoyé de cette île ou de celle de Bourbon dans son pays, sur les vaisseaux qui vont faire la traite à Madagascar ; il s'est embarqué sur la *Badine.*

Nous avons fait délivrer à M. Franquerie, capitaine du *Jupiter,* 6 caisses de vin rouge dont il nous a dit avoir besoin, et qu'il s'est obligé, par son reçu cy-joint, de payer en France sur le pied que vous jugerez à propos.

Le fils du défunt s................sous marchand à Chandarnagor, passe en France sur la *Badine* avec le sieur Dumont. Vous aurez la bonté de luy paver de pension ce que le dit sieur................jugera à propos. Les biens qui luy sont échus par le décès de son père, ont été placés à intérêts par le Conseil de Chandernagor qui aura soin d'ouvrir sur les livres un compte à ce mineur, de recevoir les revenus de ses biens sur lesquels vous vous rembourserez de ce que vous aurez payé pour luy en France, et donc vous aurez la bonté de nous donner avis, afin d'en charger son compte à Chandarnagor.

Vous trouverez cy-joint les factures des marchandises

chargées sur vos vaisseaux destinés pour France, montant
à, savoir :

celle du vaisseau le *Solide* à ...   ...   58.878. Rs. 5 - 8
    do.   la *Badine* à ... ...   88.831. ,, 5 - 38
    do.   *Juptier* à ...   ...   85.687. ,, 6 - 2

Nous vous renvoyons, Messieurs, par le *Juptier* une longue vue et 26 pièces de broderies destinées pour le Siam,
ces effets qui sont depuis très longtemps dans nos magasins
sont estimés sur nos livres 3.923 pagodes : 63, ils paraissent
nous tenir lieu d'un gros fonds, et nous ne pouvons en
faire aucun usage.

Nous avons, etc. signé : Lenoir, Le Gou, Dirois et
Dulaurens.

Inventaire des pièces qui ont accompagné la lettre :

No. 1—Duplicata de la lettre du Conseil à la Compagnie
      du 8 octobre 1727.

2—Duplicata de la facture du chargement du *Lys*,
      3 pièces.

3—Duplicata de l'état des effets envoyés à Mahé par
      la *Marie Gertrude* en octobre 1727, 2 pièces.

4—Duplicata des délibérations du Conseil supérieur,
      depuis le 13 février 1727 jusqu'au 18 septembre
      suivant compris.

5—Duplicata de la facture des pacotilles des officiers
      du *Lys*.

6—Duplicata de la facture des marchandises envoyées
      à l'Ile de Bourbon par le *Lys*.

7—Duplicata de la facture des marchandises envoyées
      par le dit vaisseau à l'Ile de France.

8—Duplicata de la facture des marchandises et
      pacotilles chargées sur le *Lys* par le sieur la
      Rivière et le sieur Penifort l'ainé.

9-1—Lettre générale à la Compagnie du 25 janvier
      1728.

10-2—Réponse par apostilles à la lettre de la Compagnie du 20 septembre 1726.

11-3—Réponse par apostilles à la lettre de la Compagnie du 28 décembre 1726.

12-4—Copie des délibérations du Conseil de Pondichéry depuis le 18 septembre 1727 jusqu'au 13 janvier 1728.

13-5—Lettre à cachet volant du Conseil de Pondichéry à M M. d'Hardancourt et Godeheu dans lesquelles se trouve la réponse en apostille au mémoire d'observation sur les marchandises de cette côte.

14-6—Compte du voyage du vaisseau le *St. Joseph* en Chine en 1724, à la direction du sieur Dupleix.

15—Journaux de négoce du comptoir de Moka, cotés G H J.

16—Grands livres du dit comptoir cotés G H J.

17-7—Bilan des affaires de Moka sous la direction du sieur La Feuillée.

18-8—Mémoire répondu en my-marge de M M. La Feuillée et Burat sur les affaires de Moka.

19-9—Copie collationnée des reçus donnés par M. Desboisclairs d'une somme de 359 pagodes.

20-10—Reddition de compte de l'armement du navire le *Petit Soucourama* à Manille en 1725, 1726 et de retour en 1721.

21-11—Compte courant de la mise hors du brigantin le *Triton* pour Achem en 1726.

22-12—Compte courant du désarmement du dit brigantin à son retour d'Achem en 1727.

23-13—Reddition de compte du voyage en Chine du vaisseau le *Pondichéry* en 1726 à la consignation de M. Tribert de Tréville.

24-14—Continuation du voyage du dit vaisseau en Chine et solde de cet armement.

25-15—Compte du voyage du vaisseau le *St. Pierre*
en Chine à la consignation de M. Tribert de
Tréville en 1727.

26-16—Mémoire d'observations sur le thé par M.
Tribert de Tréville.

27-17—Un morceau de corail pour montre.

28-18—Dépêches du Conseil de Chandernagor pour la
Compagnie reçues à Pondichéry en janvier 1728.

Par les vaisseaux la *Badine* et la *Minerve* :

29—Dépeches de M. Trèmisot, chef de Mahé, à la
Compagnie, reçues à Pondichéry en janvier
1728.

30—Lettre de M. Tribert de Tréville, directeur à
Canton, à la Compagnie, reçue à Pondichéry
en décembre 1727.

31—Une lettre du Conseil de l'Ile Bourbon à la Compagnie reçue à Pondichéry en octobre 1727.

32—Une lettre du Conseil de l'Ile Bourbon à la Compagnie reçue à Pondichéry en octobre 1727.

33-19—Règlement fait au Conseil de Pondichéry le
1er octobre 1727, portant création d'un Conseil
de justice à Mahé.

34-20—Etat arrêté au Conseil de Pondichéry le 9 juillet 1727 des dépenses du comptoir de Surate.

35-21—Etat général par extraits des inventaires et ventes des officiers et matelots morts à Pondichéry
depuis le 1er juillet 1720 jusqu'au 1er octobre
1727, dont les deniers ont été remis à la caisse
de la Compagnie.

36-22—Un cahier de décomptes de trois matelots
mentionnés au dit état.

37-23—Etat pareil à celuy sous la cote 35-21 depuis le
1er octobre 1727 jusqu'au dernier décembre suivant.

38-24—Etat général des effets demandés à la Compagnie pour le fort Louis de Pondichéry.

39-25—Copie collationnée du reçu de M. de la Franquerie de six caisses de vin rouge du 12 janvier 1728, et (26) facture des effets envoyés à l'Ile de France par la *Badine*.

40—Duplicata de la facture des marchandises chargées à Pondichéry sur la *Badine*.

41-27—Duplicata de la facture des marchandises de Bengale chargées sur la *Badine*.

42-28—Lettre de M. Lenoir, gouverneur, à la Compagnie.

43-29—do.   do. à M. de Ste. Cathernie.

44 — do.   do. à M. de Saintard.

45 — do.   do. à Monseigneur Le Pelletier, Ministre et Contrôleur Général des finances.

46—Lettre à M. Peyrenne de Mauras.

47—Une boite à l'adresse de M. l'abbé Raguet, envoyée par le R. P. Legac.

48-30—Facture du chargement du vaisseau le *Solide*, 3 pièces.

49—do.   do.   do. *Jupiter*, duplicata.

50—Copie de la facture des marchandises envoyées à l'Ile Bourbon par le *Jupiter*.

51—Copie de celle des marchandises envoyées à la dite île par le *Solide*.

52—Facture de la pacotille des officiers du *Solide*.

53—Etat des hardes fournies par l'équipage des vaisseaux le *Solide*, la *Badine* et le *Jupiter*.

54-31—Etat des effets fournis des magasins aux vaisseaux le *Solide* et la *Badine*.

55-32—Le présent inventaire.

56-33—Inventaire des expéditions des vaisseaux le *Solide* et la *Badine*.

au Fort Louis, à Pondichéry. 25 janvier 1728.

MESSIEURS GODEHEU ET D'HRDANCOURT,

Nous avons reçu, Messieurs, les lettres que vous nous avez fait l'honneur de nous écrire, datées de Nantes les 2 et 14 janvier 1727 avec les mémoires d'observations sur les marchandises qui étaient joints à la première lettre, et celle pour M. Tribert qui était avec la dernière. Nous avons lu avec attention ces trois mémoires; comme vous nous le marquez, nous avons envoyé l'original de celuy qui concerne Bengale afin que le Conseil connaisse et sache parfaitement, comme vous nous l'ordonnez, qu'il vient de la part de la Compagnie. Nous en avons gardé copie collationnée. Nous en ferons de même de celuy pour Chine que nous enverrons avec la lettre pour M. Tribert par la première occasion. Nous avons répondu en apostille à celuy qui concerne les marchandises de cette côte, vous le trouverez cy-joint. Vous nous marquez que le goût français au sujet de la consommation des marchandises varie suivant les modes que le génie de la nation introduit, que la consommation en devient plus forte ou plus faible. Nous savons parfaitement que notre nation est inconstante et veut de la nouveauté non seulement dans les marchandises, mais dans toutes les affaires; ce qui est projeté et en train d'être exécuté est aussitôt culbuté avant que l'on puisse en savoir les progrès. Quels changements voulez-vous que nous fassions dans les marchandises de cette côte pour les ajuster à la variété continuelle du génie français, si ce n'est dans les mouchoirs dont vous pourrez nous envoyer les modéles. Ce ne sont que des toiles blanches et unies que nous vous envoyons, quelles diversités pouvons nous y faire ? S'il nous était permis de vous envoyer de toutes sortes de marchandises, de soieries, de coton peintes, teintes, rayées à fleurs, brodées et autres, nous pourrions changer annuellement les couleurs et les rayures, diversifier les fonds, les fleurs, changer les chaines et les trames.

Les marchandises qui vous sont envoyées de cette côté sont de la même qualité et de mêmes sortes que celles que l'on vous envoyait il y a 30 ans, elles sont seulement à meilleur marché, c'est une véritable raison pour en augmenter la consommation.

Par votre dernier mémoire vous nous dites que 260 ou 280 balles des sortes cy-après suffisent par an, à savoir.

    30 balles de salampouris de Mazulipatam.

    100 balles de guinées.

    30 à 40 sortes anglaises.

    30 à 40 do. hollandaises.

    30 balles de salampouris bleus.

    40 do. de guinées.

    ———

    260

Comment voulez-vous, Messieurs, que nous chargions diligemment de plus grands vaisseaux que la Compagnie se propose d'envoyer tous les ans, puisque dans six qualités de marchandises qui en composeraient 9 ou 10 sortes qui sont ordinairement les 2/3 des cargaisons des vaisseaux étrangers, et qui devraient composer le 1/3 des vôtres, vous nous réduisez à charger seulement 260 ou 280 balles par an ? Envoyez-nous donc s'il vous plait des fonds considérables pour faire fabriquer les marchandises des susdites sortes. Un vaisseau de 5 à 600 tonneaux emporterait facilement pour 160.000 ou 180.000 pagodes d'emplettes dans les sortes ordinaires que vous demandez. Si vous ne nous permettez pas d'y charger au moins un tiers de ces grosses marchandises, ayez la bonté d'engager la Compagnie à proportionner le nombre et la grandeur de ses vaisseaux qu'elle veut envoyer aux fonds qu'elle aura à leur donner.

Vous nous ferez plaisir de nous dire naturellement,

comme vous nous le promettez, ce que vous trouverez de bien ou de mal dans les marchandises que vous recevrez. Vous nous rendrez justice de croire que le Conseil de Pondichéry est porté comme vous pour l'avantage de la Compagnie, et il sera charmé que vous luy parliez avec franchise, comme vous dites que vous le ferez, il a l'honneur de vous assurer qu'il vous répondra de même avec sincérité.

Vous devez être persuadés, Messieurs, que nous aurons beaucoup d'attention au mémoire d'observations que vous nous avez envoyé. Vous nous marquez dans un des articles de votre mémoire que les marchandises sont certainement trop chères, permettez nous de vous demander quelle certitude vous en avez, il nous parait que vous n'en devez avoir aucune. Jamais les marchandises des sortes et qualités ordinaires n'ont été à meilleur marché, au contraire nous vous prouverons par nos livres, factures, et par les contrats faits anciennement par ceux qui nous ont précédés, quelles étaient plus chères. Nous avons déjà eu l'honneur de vous l'écrire en janvier 1723, observez encore que par le réglement des droits qui fut arrêté au mois d'octobre 1722, et que vous avez approuvé les marchands payent 3% de droit d'entrée qui diminuent encore le prix des marchandises que vous recevez, et que les matières d'argent ont été vendues plus cher qu'elles ne l'étaient anciennement. Vous voyez donc, Messieurs, que votre prétendue certitude de la cherté des marchandises est mal fondée, qu'au contraire vous devez être satisfaits des prix, et que vous ne devez pas espérer de les avoir de même qualité à meilleur marché. Nous vous représentons encore que pas un des articles du mémoire d'observations que vous avez faites le 22 février 1722, auquel nous avons répondu le 23 janvier 1723, vous dites que les prix, tant des salampouris que des guinées, dépendent de l'abondance ou de la disette du coton: il ne

valait en 1722 que 14 à 16 pagodes, il coûte depuis deux
ans 17 à 19 pagodes le *bard*; cela doit donc, par vos
propres raisons, vous faire craindre une augmentation sur
les marchandises plutôt qu'une diminution. Malgré la
sensibilité que nous avons de ces reproches, nous demeu-
rerions dans le silence si nous n'étions persuadés que vous
entrez dans nos représentations et que cela vous engagera
à faire connaitre à la Compagnie que nous la servons avec
autant de zèle et d'affection qu'elle peut le désirer; c'est
dans cette confiance que nous vous écrivons avec tant de
franchise.'

Nous voyons par votre lettre du 14 janvier 1727 les
erreurs qui se sont trouvées dans les cargaisons envoyées
en 1725, nous ne savons pas comment les trois pièces de
salampouris et les deux de mouchoirs de Mazulipatam ont
manqué; les marchandises se comptent et sont emballées
sous la halle en notre présence. Il n'y a pas autre chose
à faire que de passer ces articles en perte, à moins que
vous ne souhaitiez de nous les faire payer; nous croyons
qu'à Nantes ces pièces seront peut-être perdues dans l'embarras lors de la marque des marchandises où il y a beaucoup de monde, ce ne serait pas la première fois qu'il en
serait perdu même après la vérification; nous aurons toute
l'attention possible pour qu'il ne se trouve rien de manquant par la suite.

Messieurs du Bengale ont relevé au grand livre coté E
l'erreur de 675 Rs. sur les deux caisses de cravates de
Daka, ils s'en sont fait rembourser par les marchands.
En conformité, nous avons crédité la Compagnie de cette
somme au folio 137 de notre journal. Ils ont aussi reconnu qu'ils avaient porté sur leurs factures 40 pièces de
baffetas en moins qu'il ne fallait, ils nous en ont débité sur
les livres cotés E, et nous avons débité la Compagnie
au folio 137 de notre journal aussy coté E.

L'erreur de 100 Rs. sur la balle No. M S A est une faute

du copiste puisque l'addition totale des mallemolles Santipour monte à 52.974 Rs. 6 As. Le copiste par inadvertance a mis 800 Rs. au lieu de 900; l'original de la facture de Bengale porte 900 Rs. Cela est conforme aux livres du comptoir cotés E.

Nous avons, etc. signé. Lenoir, Le Gou, de Bellegarde, Vincens, Dirois et Dulaurens.

---

au Fort Louis à Pondichéry le 25 janvier 1728.
MESSIEURS LES DIRECTEURS GÉNÉRAUX,
par le vaisseau le *Jupiter*.

Messieurs,

Nous avons eu l'honneur de vous écrire amplement par duplicata par les vaisseaux le *Solide* et la *Badine*, qui partent en compagnie du *Jupiter*, par lequel nous vous écrivons cette lettre uniquement pour accompagner la facture de son chargement montant à 58.687 pagodes 6-2. Nous en envoyons le connaissement à M. de Fayet à Lorient, ainsy que ceux du chargement du *Solide* et de la *Badine*.

Le chargement du *Solide* monte à 58.878 pagodes 5 : 8, celuy de la *Badine* à 88.831 pagodes.

INVENTAIRE des pièces contenues dans ce paquet :

No. 1—Facture de la cargaison du *Jupiter*.
    2—Facture des marchandises de pacotilles des officiers du dit vaisseau.
    3—Lettre du Conseil à la Compagnie.
    4—Etat des effets fournis des magasins au *Jupiter*.
    5—Une lettre de M. Lordinois recommandée à M. de Ste. Catherine.

au Fort Louis, Pondichéry le 25 janvier 1728.

MONSIEUR DE FAYET COMMANDANT A LORIENT,

Par le *Solide*, le duplicata par la *Badine* et la 3ème

par le *Jupiter*

Monsieur,

Nous avons eu l'honneur de vous écrire amplement par le *Lys* le 8 octobre dernier, et de répondre aux lettres que vous nous avez écrites par ce vaisseau et par le *Jupiter*. Cy-joint vous trouverez le duplicata de cette lettre et de toutes les pièces qui y étaient jointes.

Nous avons reçu, par le *Solide* qui mouilla en cette rade le 12 octobre, votre lettre du 12 février, nous avons aussy reçu les effets et marchandises de la cargaison de ce bâtiment conformément à la facture.

Votre représentation à la Compagnie sur les 5 liv. qu'elle nous ordonne de retenir icy sur la paye du nommé Marc Corbon dit *Printemps*, soldat, est très juste. Vous avez bien prévu qu'il n'est pas possible de ne rien retenir icy sur le prêt des soldats qui n'ont que ce qui leur faut pour vivre. Le dit sieur Corbon passe sur le *Jupiter* avec sa femme pour aller à l'Ile de France où il leur sera plus facile de vivre qu'icy.

Le sieur Couzier est resté à l'Ile Bourbon, nous aurons soin de luy faire tenir compte des 500 liv. que vous luy avez fait payer à Lorient, et d'une seconde avance de pareille somme que la Compagnie nous marque, par sa lettre du premier février, luy avoir fait donner.

Nous vous envoyons cy-inclus le connaissement du chargement du *Solide*, de la *Badine* et du *Jupiter*, signé par les sieurs de Marquayssac, de la Feuillée, Franquerie, Capitaines et par leurs écrivains. Nous envoyons directement à la Compagnie les factures des cargaisons des trois vaisseaux que nous expédions pour France.

Vous avez cy-inclus le reçu de la boite des dépenses du

Conseil à l'adresse de la Compagnie que nous avons mise sur le *Solide* et la *Badine*.

Nous vous prions, Monsieur, d'envoyer à la Compagnie la lettre cy-incluse.

Nous envoyons à la Compagnie un état pareil à celuy que vous recevrez par le *Lys*, contenant par extrait le montant des inventaires des officiers, matelots et soldats morts à Pondichéry depuis le 1er juillet 1720 jusqu' au 1er octobre 1727 dernier. Nous luy envoyons la suite de cet état depuis le 1er octobre 1727 jusqu'au dernier décembre suivant, vous en avez cy-inclus le double. Nons n'avons jusqu'à présent pas reçu des comptoirs dépendant de celui-cy les états que nous y avons demandés, vous ne pourrez les recevoir que par les vaisseaux qui partiront au mois d'octobre prochain pour France.

Nous vous envoyons l'état des dépenses faites icy par le *Solide*, la *Badine*, le *Jupiter* et celuy des malades de ces vaisseaux, nourris à l'hopital de cette ville, avec un état de remèdes fournis en supplément à la *Badine*.

Nous sommes, etc. Signé: Lenoir, etc.

---

au Fort Louis, Pondichéry le 28 Septembre 1728.
MESSIEURS LES DIRECTEURS GÉNÉRAUX
de la Compagnie des Indes à Paris.

Messieurs,

Nous avons reçu par le vaisseau, le *Mercure*, commandé par M. Baudran, qui mouilla en cette rade le 9 juin dernier, les deux lettres que vous nous avez fait l'honneur de nous écrire en date des 25 septembre et 10 décembre 1727, ainsy que toutes les pièces qui y étaient jointes conformément à l'inventaire.

Le 16 juin arriva le vaisseau le *Mars* commandé par M. Jouchée de le Golleten, nous avons reçu par ce bâtiment les expéditions dont le *Mercure* nous avait apporté les duplicata.

Nous aurons l'honneur de répondre amplement à ces deux lettres au mois de janvier prochain par les vaisseaux que nous ferons partir.

Nous vous expédions, Messieurs, le vaisseau le *Mars* dont le chargement monte à 77. 399 pag. 20: 56, suivant la facture générale cy-jointe. Nous envoyons le connaissement à M. de Fayet, commandant à Lorient suivant l'usage pratiqué jusqu'a présent, nous luy écrivons et répondons à tous les articles de ses lettres à M. le Gouverneur et à nous reçues par le *Mars* et le *Mercure*.

Nous avons envoyé ce dernier bâtiment à Bengale en conséquence des ordres contenus dans votre lettre du 25 septembre 1727 et des délibérations des 11 et 17 juin derniers, avec les 31. 194 marcs de matières d'argent, poids d'Espagne, reçus de Cadix par le vaisseau le *Mars*, et 300 caisses de vin rouge. Les fonds reçus par le *Mercure* étaient entièrement consommés tant par les avances que nous avions données aux marchands avec lesquels nous avions fait un contrat de 100.000 pagodes deux jours après l'arrivée de ce vaisseau, que par le payement de ce que nous devions à divers marchands pour les marchandises qu'ils nous avaient vendues à crédit, celuy des poivres reçus de Mahé par les vaisseaux la *Minerve* et la *Marie Gertude*, dont le montant s'élevait à 36. 759 pagodes, et du café reçu de Moka par le vaisseau le *Pondichéy* qui compose la plus grande partie du chargement du vaisseau le *Mars*, et nous n'avions plus d'argent en caisse, pas même pour continuer à en donner aux marchands, qui nous en demandaient tous les jours et qui nous avaient déjà déclaré plusieurs fois qu'ils ne pourraient pas sans cela fournir les marchadises portées par leurs contrats, de sorte que nous attendions avec la dernière impatience l'arrivée du *Bourbon* et la *Syrène* avec les fonds que la

Compagnie nous promet, lorsque le 25 septembre il parut deux vaisseaux, qui mouillèrent la nuit suivante en rade. Ces deux bâtiments sont la *Syrène* et *l'Alcyon*, ce dernier nous est envoyé par le Conseil de l'Ile Bourbon pour le faire radouber, coulant bas d'eau. M. Massiac, capitaine du premier, nous a remis la lettre que vous nous avez fait l'honneur de nous écrire le 7 janvier dernier, et nous a dit qu'il avait laissé le *Bourbon*, qui devait partir quelques jours après luy.

Des 250.000 piastres de la cargaison de ce bâtiment messieurs du Conseil de l'Ile de Bourbon en ont chargé 50.000 sur la *Syrène*, qui nous ont été remises avec les effets chargés à Lorient par M. de Fayet.

Nous avons reçu le 26 juin par un brigantin anglais une lettre du Conseil de l'Ile de Bourbon datée du 27 avril, qui nous apprend que le *Lys* y mouilla le 3 décembre 1727, et en partit pour France le 11, que le *Solide*, la *Badine* et le *Jupiter*, expédiés d'icy le 20 janvier dernier y avaient mouillé le 28 mars, et en avaient appareillé pour France le 4 avril, nous espérons que ces quatre bâtiments seront heureusement arrivés.

Le Conceil nous informe de la confiscation faite par arrêt du 15 avril d'un brigantin anglais, nommé *l'Amitié*, commandé par le sieur John Widdrington, arrêté par le sieur Marsay, capitaine de la frégate *l'Expédition*, qui l'a amené à l'Ile Bourbon où sa cargaison, montant à 4.269 pagodes, a été remise dans les magasins et le brigantin revendu au capitaine pour 1000 piastres. Il est revenu à Madras où il avait été armé par des particuliers qui ont présenté leur requête au Conseil du dit lieu, par laquelle ils demandent main levée de cette confiscation. Le Conseil de Madras nous a écrit au mois de juin à ce sujet en nous envoyant copie de la requête des armateurs de ce brigantin, nous luy avons répondu qu'ayant plû au Roi d'ériger depuis peu un Conseil supérieur à l'Ile Bourbon pour l'administration de la justice dont les arrêts sont donnés en dernier ressort, il ne nous est plus libre de prendre connaissance de la confiscation de ce brigantin faite par un arrêt de ce Consell, qu'il n'y avait que celuy de Sa Majesté qui le put faire. Nous ne doutons pas que le Conseil de l'Ile Bourbon ne vous informe de cette affaire. Nous vous envoyons cy-joint, Messieurs, des copies de la requête que les armateurs du brigantin *l'Amitié* ont présentée au Conseil de Madras, et de la lettre que ce Conseil nous a écrite en juin dernier et de la réponse que nous y avons faite le 15 juillet.

Nous avons fait embarquer sur le *Mars* deux balles laissées à terre par le sieur Franquerie, Capitaine du *Jupiter*, au sujet desquelles il fut dressé un procès verbal le lendemain du départ de ce vaisseau pour France, dont nous vous envoyons copie.

Le vaisseau la *Syrène* fut expédié hier pour le Gange en conséquence de la délibération du 26, avec les 50.000 piastres qu'il nous avait apportées provenant de la cargaison du *Bourbon*, et 20 barriques de vin rouge; il a mis à la voile aujourd'hui.

Nous avons donné passage pour France sur le *Mars* au sieur Palmaroux, lieutenant de cette garnison, qui l'a demandé par une requête dont copie est cy-jointe, ainsy qu'au sieur Brière, commis à Mahé, qui nous l'a aussy demandé, et au sieur Duroscout revoqué par délibération du 2 de ce mois. Ils ont été payés de leurs appointements jusqu'au jour qu'ils ont cessé le service. Nous avons fait passer à l'Ile de France sur ce vaisseau une partie des soldats mariés qui nous ont été envoyés, conformément à ce que M. de Fayet nous a écrit.

Cy-joint est la facture des effets que nous envoyons à l'Ile de France et à celle de Bourbon.

Nous avons fait embarquer sur le *Mars* un cerf d'une espéce curieuse et une gazelle pour la ménagerie du Roi.

Le sieur Alvarez nous a demandé de luy permettre de charger à fret sur le *Mars* un bizail de pierreries marqué L. A. pour être remis à M^ade Alvarez de Chavigny, son épouse à Paris, vous en avez cy-joint la facture, et ce bizail est dans la boite de vos dépêches avec une petite boite cacheté du cachet du sieur Martin à l'adresse de MM. Verduc et Jamets de la Rivaudais, dans laquelle est un d'amant qui y a été mis en présence d- M. Lenoir par le dit sieur Martin; vous ferez remettre, s'il vous plait, cette boite à son adresse, en vous faisant payer le fret.

Nous sommes, etc, signé : Lenoir, Delorme, Le Gou, Vincens, Dirois et Dulaurens.

Inventaire des pièces contenues dans cette boite.

No. 1—Lettre du Conseil supérieur du 28 septembre 1728.

2—Facture générale du chargment du *Mars*, 3 pièces.

3—Copie collationnée de la requête des armateurs du brigantin *l'Amitié* au Conseil de Madras.

4—Copie de la lettre écrite à ce sujet par le Conseil de Madras au Conseil supérieur.

5—Copie de la réponse faite à cette lettre le 15 juillet 1728.

6—Procès verbal au sujet des deux balles laissées par M. de la Franquerie fils, lors de son départ pour l'Europe.

7—Requête du sieur Palmaroux.

8—Facture des effets envoyés par le *Mars* à l'Ile Bourbon.

9—Facture de ceux envoyés à l'Ile de France.

10—Facture d'un bizail de pierreries chargé à fret par le sieur Alvarez sur le *Mars*.

11—Le bizail des dites pierreries marqué L.A.

12—Une petite boite contenant un diamant chargé à fret par le sieur François Martin sur le dit navire.

14

13—Facture de la pacotille permise aux officiers du
    Mars.
14—Un paquet de lettres de M. Le Noir à messieurs
    les directeurs généraux.
15—Une lettre du Viceroy de Goa.
16—Le présent inventaire.

Au Fort Louis, le 30 septembre 1728.
M. DE FAYET, CAPITAINE DE VAISSEAU, GENTILHOMME
DE LA CHAMBRE DU ROI D'ESPAGNE, COMMANDANT
A LORIENT.
par le vaisseau le *Mars*.

Nous avons reçu, Monsieur, par le vaisseau le *Mars* qui
mouilla en cette rade le 16 juin dernier, la lettre que vous
nous avez fait l'honneur de nous écrire de Lorient le 5
octobre 1727, avec toutes les pièces qui y étaient jointes,
dont nous avons fait usage. Monsieur le Gouverneur nous
a remis celle que vous luy avez écrite par le *Mercure* le 17
décembre suivant ; ce vaisseau a mouillé icy 7 jours avant
le *Mars*, quoiqu'il fut party de Lorient après luy.

Nous vous remercions de l'attention que vous avez eue
d'envoyer à la Compagnie les livres et expéditions que
nous avions adressés par ses vaisseaux, elle nous en a
accusé réception.

Nous avons reçu les matières d'argent et autres effets,
tant de cargaisons que de présents pour le Viceroy de
Goa, que vous avez fait charger sur le *Mars* et le *Mercure*,
conformément aux factures et connaissements que vous
nous en avez remis ; M. le Gouverneur a aussy reçu les
effets qui étaient pour luy, et vous en remercie.

Des 75 soldats embarqués sur le *Mars* il, ne nous en a
été remis que 66, quatre étant restés à Lorient à ce que
nous ont dit le capitaine et l'écrivain, 4 ayant déserté
à Cadix, et Pierre Denis, sergent, étant resté sur le vaisseau.

Des 95 embarqués sur le *Mercure* il ne nous en a été remis que 90, cinq étant morts dans la traversée. Nous avons fait compter à ces troupes des avances qui leur avaient été faites à Lorient. A l'égard des soldats mariés que la Compagnie nous a fait passer cette année et la précédente, nous les envoyons à l'Ile de France. Nous avons commencé à y envoyer ceux reçus par le *Lys*, commandé par M. Desboisclairs, nous y enverrons ceux reçus par le *Mars* et le *Mercure*.

Les ouvriers et canonniers, qui ont passé sur ces deux vaisseaux, sont bien arrivés, nous avons soin de leur retenir chaque mois les avances qui leur ont été faites en France, tant au Hâvre qu'à Lorient, suivant les états que vous nous en avez remis.

Nous avons reçu les deux petits sacs de *cauris* comme montre et les avons fait passer à Bengale où se font ordinairement les achats de cette marchandise. Nous y avons écrit en conformité des ordres que la Compagnie nous a donnés à ce sujet. Les quatre barriques de vin rouge que vous aviez fait embarquer sur le *Mars* pour les compte et risques et à l'adresse de M. d'Abadie, ont été remises gâtées à M. le Gouverneur qui les a envoyées à leur destination.

Nous avons reçu le mémoire du bureau des comptes de Lorient ; pour satisfaire à ce qu'il contient, nous aurons soin de faire mention, dans les états de ce que nous fournirons aux vaisseaux, des mesures et poids de l'Inde, des vivres et autres provisions qu'ils contiendront, réduits en mesures et poids de France. Nous avons donné les mêmes ordres aux comptoirs dépendant de celui-cy.

Nous aurons attention d'empêcher les capitaines des vaisseaux de la Compagnie de faire aucun échange des gens de l'équipage d'un vaisseau avec ceux d'un autre, et nous ne ferons nous-mêmes cet échange que dans le cas d'une nécessité absolue dont nous vous donnerons avis.

Les jeunes gens des Indes que vous nous avez renvoyés sont arrivés, nous les avons remis à leurs parents.

Nous traitons les ouvriers que l'on nous envoie d'Europe suivant les conditions portées par leurs engagements avec la Compagnie, jusqu'à de nouveaux ordres de sa part, et comme ces engagements ne font mention que des gages de ces ouvriers, nous ne leur passons aucune subsistance ; l'habillement de coutil de Julien Le Franc a été consommé.

Les expéditions de la Compagnie, les vôtres et toutes les lettres particulières nous ont été remises par les capitaines du *Mars* et du *Mercure*, conformément aux notes que vous nous avez envoyées, nous leur en avons donné des reçus.

Nous avons reçu la petite caisse contenant 54 marcs, 4 onces d'argent que vous aviez fait embarquer sur le *Mercure* pour la pacotille permise des sieurs Tripier, enseigne, Lauret, écrivain, et Poupard, armurier. Ce vaisseau ayant été envoyé à Bengale, cette caisse d'argent a été remise à M. Baudran, capitaine, pour leur y être portée, l'intention des sieurs Tripier et Poupard ayant été que leur pacotille y fut faite, le sieur Lauret étant mort dans la traversée de France icy.

Nous avons demandé à Bengale 4 balles de toiles pour faire des pavillons, nous vous les enverrons au mois de janvier prochain, nous continuerons de vous en remettre la même quantité chaque année. A l'égard des bougies de cire jaune dont vous nous demandez 500 livres par an nous ne pouvons vous en envoyer, étant devenus si, rares, surtout à Bengale d'où nous les tirions, que nous ne pouvons en fournir les colonies de la Compagnie aux Indes, ni les îles de France et de Bourbon, de la quantité nécessaire.

Vous avez cy-joint, Monsieur, le paquet de nos dépêches à l'adresse de la Compagnie que nous vous prions de luy envoyer à Paris. Vous avez aussy le connaissement général des marchandises de la cargaison du *Mars*, dont la facture est dans le paquet à l'adresse de la Compagnie.

Vous avez encore cy-inclus l'état général par extrait, signé par le Secrétaire du Conseil et visé par Monsieur le Gouverneur, des inventaires et ventes des effets provenant des successions des officiers, employés, matelots et soldats morts au service de la Compagnie depuis le 1er juillet 1728 jusqu'au dernier de ce mois. Vous aurez agréable d'en envoyer une copie à la Compagnie.

Nous avons reçu de M.M. Fortié et Cazaubon de Cadix les matières d'argent et vins de Xerez qu'ils ont fait embarquer sur le *Mars*, conformément aux connaissements qu'ils nous en ont remis.

Il a été embarqué sur le *Mars* par ordre de M. le Gouverneur quatre hommes nommés Georges Libre, Jacques Hubert, Jean Louis Chabert et Jean Francois Marquis, qui doivent vous être remis par le capitaine qui en est chargé par les ordres qu'il a reçus, et dont il a signé les ampliations, vous en avez cy-joint copies collationnées par le secrétaire du Conseil.

Les sieurs Palmaroux, Brière, Duroscout, Le Bœuf, et les nommés Prévost, de Jeanfourré, sont aussy embarqués comme passagers sur ce vaisseau, vous avez cy-joint copies collationnées des reçus que M. Jouchée en a donnés.

Le vaisseau la *Syréne*, commandé par M. de Massiac, a mouillé en cette rade le 25 de ce mois.

M. le Gouverneur nous a remis la lettre que vous luy avez écrite le 10 février dernier, à laquelle nous nous conformerons.

Nos expéditions pour la Compagnie s'étant trouvées plus considérables que nous ne l'avions pensé, nous les avons mises dans une boite dont vous avez cy-joint le reçu. Nous vous prions, Monsieur, de la luy envoyer par une voie sûre et de luy écrire qu'il y a dedans deux paquets de pierreries, qu'elle ait la bonté d'y faire attention en la faisant ouvrir.

Nous avons fait payer à M. Jouchée, capitaine du *Mars*, 178 Ls. dont il vous doit compter à son arrivée à Lorient, vous avez cy-joint copie collationnée de son reçu de cette somme.

Nous vous remettons cy-joint deux états, l'un des dépenses du *Mars*. et l'autre des malades du dit vaisseau nourris à l'hopital de cette ville, les dits états signés pour amplition du sieur Dirois, caissier.

Vous avez encore cy-joint l'état des hardes fournies des magasins de ce fort à l'équipage du *Mars*.

Nous sommes, etc. Signé : Lenoir, Delorme, Le Gou, Vincens, Dirois et Dulaurens.

RÉPONSE DU CONSEIL SUPÉRIEUR
A LA LETTRE CY A COTÉ,
par les vaisseaux
le *Mercure* et le *Bourbon*
Pondichéry, le 20 janvier 1729.

Nous sommes bien aises, Messieurs, que vous ayez reçu nos expéditions et que les vaisseaux soient arrivés.

Il est fâcheux que le capitaine du *Triton* ait été obligé de relâcher à la Martinique par le mauvais état du vaisseau. Quoique sa cargaison ait été portée à

LETTRE DE LA COMPAGNIE
AU CONSEIL SUPÉRIEUR
DE
PONDICHÉRY,
reçue par le *Mars*.
Paris, 25 Sortembre 1727.

La Compagnie a reçu, Messieurs, vos lettres et vos expéditions en date des 8 et 17 octobre 1726, et 21 janvier 1727, avec leurs duplicata et triplicata, le tout conformément aux inventaires qui les accompagnaient. Elles sont parvenues par les vaisseaux le

Lorient par vos vaisseaux, le débarquement et l'embarquement des marchandises d'un vaisseau sur un autre, causent des frais qu'il serait à désirer d'éviter, pour cela il faudrait que vous eussiez agréable d'ordonner que les vaisseaux que vous nous envoyez fussent radoubés et grées suffisament pour le voyage, afin qu'ils ne fussent plus exposés à relâcher par défectuosité.

Jason, la *Vierge* de *Grâce*, *l'Argonaute* et la *Danaé*, qui sont heureusement arrivés au port de Lorient les 5 May, 19 juin, 21 juillet et 11 Août 1727.

A l'égard du vaisseau le *Triton*, il est resté à la Martinique où il avait relâché, et comme le vaisseau *l'Hercule* qui y était l'année dernière, s'est trouvé en état de s'en revenir en France, il a pris la cargaison du *Triton*, et est heureusement arrivé. Aussy, la Compagnie se prépare à faire la vente au 22 de ce mois des marchandises de *l'Hercule* relâché à la Martinique l'année dernière, et qui y ont été chargées sur les vaisseaux le *Duc du Maine*, *l'Africain* et la *Fortune*, et de celles du *Jason*, la *Vierge* de *grâce*, *l'Argonaute*, la *Danaé*, et du *Triton*, celles de ce dernier apportées par *l'Hercule*.

Nous voyons avec chagrin que vous n'ayez pu augmenter ces fonds comme vous vous le proposiez.

Elle espère que cette vente sera considérable, ce qui la mettra en état d'augmenter les fonds qu'elle se proposait de vous faire passer cette année.

Ces deux vaisseaux sont arrivés, *le Mercure* le 9 juin après avoir relâché à la baie de St. Augustin, ile de Madagascar, il a apporté 28,440 marcs d'argent; le *Mars* a

Elle compte vous expédier dans le courant de ce mois deux vaisseaux, savoir, le *Mars* de 750 tonneaux, commandé par le sieur Jouchée, et le *Mercure* de 560

relâché au Cap de Bonne Espérance, a eu connaissance de l'Ile de France, et est arrivé le 16 du même mois chargé de 31.129 marcs d'argent, poids de Cadix. Ils n'ont point touché à Mahé, les ordres qui avaient été donnés jusqu'à présent ont été inutiles.

tonneaux, capitaine le sieur Baudran. Ces vaisseaux doivent charger à Cadix 70.000 marcs de matières d'argent, et ensuite continuer leur route pour se rendre au commencement de may à Pondichéry, en mouillant à Mahé pour y jetter les secours d'hommes et de munitions nécessaires, aussy bien que les fonds sur lesquels M. Lenoir a dû y envoyer des ordres, suivant ce dont il est convenu avec la Compagnie lors de son départ de France.

Les mesures étaient bien prises, elles n'ont pu être exécutées.

Comme ces vaisseaux pressent beaucoup, et qu'il y avait lieu de craindre qu'ils ne pussent donner dans le canal de Mozambique, la Compagnie leur permet de relâcher au Cap de Bonne Espérance pour passer ensuite par le nord de Madagascar et se rendre sûrement de bonne heure sans toucher aux iles de Bourbon et de France, pour ne pas faire perdre du temps à ces vaisseaux. Voilà les mesures que la Compagnie peut prendre, elle souhaite qu'elles réussissent.

Le *Bourbon* est arrivé le 20 octobre dernier avec 27.774 marcs de matières d'argent; s'il était venu en droiture, comme vous l'aviez projeté, sans passer aux iles de France et de Bourbon, cela aurait été avantageux,

Indépendamment de ces deux vaisseaux, elle compte en faire partir deux autres en novembre suivant, savoir, le *Bourbon* pour Pondichéry, auquel elle donnera 28.000 marcs de matières d'argent, et le *Jason* pour la

son retardement fera qu'il n'emportera pas autant de marchandises de cette côte qu'il en aurait eu, faute de temps pour les faire fabriquer, puisque ce sont en partie les fonds qu'il a apportés qui servent à faire son chargement. Nous ne doutons point que le *Jason* ne soit arrivé en Chine, nous n'en avons aucunes nouvelles.

Chine avec 15 ou 18.000 marcs. Le *Bourbon* ne touchera point non plus aux iles de Bourbon et de France, non seulement pour ne les pas affamer, mais encore parceque la Compagnie estime que ce vaisseau ne peut vous parvenir de trop bonne heure. Aussi, elle compte le faire passer par le canal de Mozambique, le faire relâcher à l'île d'Anjouan, d'où il continuera sa route directement pour Pondichéry, il y a à présumer qu'il s'y rendra de bonne heure.

Le vaisseau la *Syrène* est arrivé le 25 septembre avec 4.017 marcs d'argent. Les fonds apportés cette année par vos quatre vaisseaux ne montant qu'à 89.492 marcs poids de France, ne sont pas suffisants pour faire tout ce que vous ordonnez. Nous resterons sans argent après le départ de ces vaisseaux.

La Compagnie sent vivement la situation où vous avez dû vous trouver avant l'arrivée du *Jupiter*, qui vous aura remis 40.000 marcs, mais comme les deux autres vaisseaux qui l'ont suivi, n'ont point emporté des fonds bien considérables, elle fera en sorte, par ceux qu'elle vous envoie cette année, de vous mettre en état de remplir toutes les parties de ce commerce dont vous êtes chargés. Elle compte que les fonds que vous recevrez par les envois de cette année pourront monter en tout de.............à......
............marcs, y compris le chargement de la *Syrène*, indépendamment des marchandises, effets et munitions

15

qui vous seront adressés conformément aux factures qui vous en seront remises par M. de Fayet.

Il vous à plû, Messieurs, de changer votre projet, nous souhaitons qu'il vous soit aussy avantageux pour le voyage de Chine qu'il vous sera désavantageux pour vos affaires de l'Inde, par le retard du *Bourbon*.

Le vaisseau la *Syrène* a passé aux deux îles, il est arrivé le 25 septembre et est parti pour Bengale le 28 avec 5.507 marcs d'argent.

Et comme il est nécessaire de porter aux Iles de Bourbon et de France les secours dont elles ont besoin, la Compagnie donnera ordre au *Jason* d'y toucher. Ce vaisseau part directement de France et de bonne heure pour son voyage de Chine, et la relâche qu'il fera aux îles ne luy peut causer aucun retard préjudiciable. Mais, comme ce vaisseau ne suffirait pas pour porter à ces îles tous les secours nécessaires, non plus que les passagers qui sont en grand nombre, la Compagnie a résolu d'expédier encore en janvier prochain le navire la *Syrène* pour Pondichéry, lequel portera aux dites îles ce que le *Jason* n'aura pu enlever, et vous remettra encore.........mil marcs.

Les projets paraissent toujours admirables, mais il survient dans leur exécution des difficultés qui font que tous vos comptoirs ne sont pas suffisamment pourvus de fonds dans les temps convenables, et qu'ils restent dans la disette après le départ des vaisseaux.

Cet arrangement a paru d'autant plus juste à la Compagnie que tous ses comptoirs se trouveront abondamment pourvus et en temps convenable.

Vos ordres ont été exécutés à cet égard, le vaisseau le *Mercure* est party pour Bengale le 21 juin avec la cargaison entière d'argent et d'effets apportés par le *Mars*. Nous avions un bot en rade en état d'y porter encore une partie des fonds du *Bourbon*, s'il était arrivé assez à temps, la *Syrène* a suppléé au défaut.

Tout ce qu'elle a de plus important à vous recommander, c'est de faire passer à Bengale le plus tôt qu'il vous sera possible les fonds dont ce comptoir a un extrême besoin. Pour cet effet, elle estime que vous devez y envoyer le *Mercure* sitôt son arrivée, et avoir attention qu'il y ait à la côte un bâtiment propre à entrer dans le Gange pour l'expédier avec une partie des fonds du *Bourbon*, dès que ce navire vous sera parvenu.

COMMERCE D'EUROPE.

La Compagnie a appris avec bien du plaisir l'heureuse arrivée de M. Lenoir et de M. Delorme.

Notre honneur nous force de prendre la défense de nos délibérations dont les motifs n'ont jamais été qu'un vrai zèle et de pures intentions. Nous voyons avec sensibilité que le chagrin de la Compagnie s'est répandu jusqu'aux opérations qui nous paraissaient les plus simples et les plus convenables à ses intérêts. M.

Elle ne peut admettre les motifs que vous alléguez par votre délibération du 11 juillet 1726, pour vous dispenser d'exécuter les ordres qu'elle vous donnait par sa lettre du 5 octobre 1725 de révoquer le sieur de la Morandière et le nommé Pédro. Les raisons que vous dites de la prochaine arrivée de M. Lenoir dont vous

Lenoir en arrivant icy nous désapprouva de n'avoir pas exécuté vos ordres à cet égard, il a cependant conservé ces deux sujets jusqu'à présent. Les travers d'esprit du sieur de la Morandière n'influent en rien sur votre service; en nous plaignant qu'il ne voulait pas signer ses livres, nous n'avions pas demandé sa révocation; nous l'aurions néanmoins remerçié conformément à vos ordres si nous n'avions craint que vos livres que l'on devait alors solder, ne fussent demeurés hors d'état de vous être envoyés en 1726 et peut-être en 1727.

étiez informés, et qui vous ont portés à suspendre cette révocation, sont d'autant moins admissibles par la Compagnie, que c'était ces mêmes raisons qui l'avaient engagée à vous l'ordonner. Mais vous êtes accoutumés depuis longtemps à ne vous point conformer à ses ordres. Elle espère cependant par les mesures qu'elle a prises, que pareille chose n'arrivera plus à l'avenir.

Pedro n'est qu'un malabare dont nous étions contents et dont nous avions aussi un extrême besoin pour accélérer l'exécution du contrat de cette année. Enfin, Messieurs, nous ne pensions pas pouvoir mieux faire que de nous en remettre à la prudence de M. Lenoir que nous attendions de jour en jour, et qui confirme la justesse de notre sentiment en se servant encore aujourd'hui de ces deux hommes. Un esprit d'indocilité contre vos ordres, Messieurs, nous rendrait assurément très coupables, nous sommes au désespoir que vous n'ayez pas daigné vous satisfaire des raisons que nous vous avons données, quand les occurences nous ont forcés pour le bien de votre service d'en altérer l'exécution. Notre bonne volonté mériterait du moins quelque indulgence au défaut de l'attention que nous comptions que vous feriez aux articles de nos lettres qui traitent ces sortes de cas.

L'abondance ou la rareté de l'argent à Pondichéry et à Madras en font souvent diminuer ou augmenter le prix, ainsy que la nécessité où se trouvent les maures et les négociants d'avoir des roupies. Cela suit les diverses occurences auxquelles ce pays est sujet. Nous vous avons informés plusieurs fois, Messieurs, de ce fait incontestable.

M. Lenoir est party des Indes en octobre 1723 et non en 1724, s'il était resté cette année de plus à Pondichéry, vous n'auriez pas à nous reprocher de n'avoir vendu les matières d'argent que 6 Rs. 16 et 6. Rs. 14 qui en était alors le prix. Malgré l'attention et l'intelligence que nous ayons pu employer, les circonstances du pays et du commerce ne nous ont pas permis de les vendre plus cher. Nous osons vous dire que votre observation sur la vente des matières d'argent à Madras n'est pas conforme à la justice que vous nous devez. Lorsque nous primes ce party, nous y fûmes forcés

La Compagnie voit avec bien de la peine le bas prix auquel se vendent les matières d'argent, elle vous a déja recommandé, et elle vous le recommande encore, de le soutenir par toutes sortes de moyens. Rien n'est plus important pour son commerce, vous sentez par vous-mêmes quelle différence il doit se trouver lorsqu'il y a 5 ou 6 fanons de moins par *serre*. La Compagnie ne peut cependant s'empêcher de vous dire qu'elle a remarqué que depuis que M. Lenoir a quitté Pondichéry au mois d'octobre 1724, les matières d'argent ont toujours baissé de prix. Cette époque luy persuade que vous avez eu ou peu d'attention ou bien peu d'intelligence dans cette partie de commerce; elle observe d'ailleurs que les voyages que vous avez fait faire à Madras pour y vendre des matières, ont presque absorbé par les dépenses le peu de différence en bénéfice sur le prix que vous les y avez vendues d'avec celuy qu'elles valaient à

par le bas prix qu'on nous en offrait icy, et par la nécessité absolue d'avoir des pagodes. Nous fimes passer à Madras 10.054 marcs dont on nous offrait à Pondichéry 6 Rs. 14 F. la *serre*, et ils furent vendus à Madras 6 Rs. 19 ; la différence était donc de 5 fanons par *serre*, qui a produit une somme de plus de 1,840 pagodes. Le transport et le voyage de celuy qui était chargé de la vente n'ont monté qu'à 564 Rs. 5:31. Ainsy, cette dépense n'a pas assurément absorbé le bénéfice que cette différence a causé. M. Lenoir n'apporta que 15.000 marcs, et nous n'avions plus de fonds à son arrivée. Ce qui luy est venu depuis par le *Lys* et le *Jupiter* a servi en partie à payer en matières même ce que nous devions à Bengale et à Moka, et à fournir ce premier comptoir des fonds qui luy étaient nécessaires pour le commerce. Cela a facilité les moyens de soutenir le prix du peu d'argent qui nous restait en 1727 et 1728. Les anglais ont encore aidé la côte. Elle s'est même aperçue par le détail de toutes les dépenses en général, que l'économie régnait peu parmi vous. C'est à ce manque d'économie qu'elle doit imputer en partie l'extrême pénurie où vous vous êtes trouvés à l'arrivée de M. Lenoir, car si vous eussiez ménagé avec prudence les fonds immenses qui vous ont été cy-devant adressés, il aurait dû trouver à son arrivée 150.000 pagodes au moins de plus que ce qui était en magasin. Ce n'est pas en faste extérieur et par des dépenses mal entendues que vous ferez considérer la Compagnie dans les Indes, mais au contraire par une conduite mesurée et par un commerce considérable, car enfin elle ne peut s'empêcher de vous reprocher la dissipation de ses fonds par des dépenses faites hors de propos et par des gratifications que vous n'étiez pas en droit d'accorder. Elle se flatte que le chef qu'elle vous a donné remédiera à tous les abus qui se sont passés depuis trois ans à

cette année au soutien du prix de votre argent; leurs vaisseaux étant arrivés plus tard qu'à l'ordinaire, ils se sont vus contraints pour expédier un vaisseau en Chine Pondichéry, et qu'elle n'aura dans la suite que tout lieu de se louer de votre zèle et de votre attention pour ses intérêts.

d'acheter icy pour environ 65.000 pagodes de matières d'argent à 7 Rs. 2f. de celles venues sur le *Mercure*. Ce sont de ces circonstances heureuses pour la Compagnie que le hasard ne procure presque jamais.

Nous sommes fâchés pour notre justification du passé de vous annoncer que vous verrez qu'il en sera vendu dans la suite à un aussi bas prix. Les matières d'argent diminuent, et lorsque les vaisseaux de Manilles viendront, elles tomberont encore. Nous nons flattons que vous n'attribuerez pas alors la diminution du prix de votre argent à notre peu d'attention et d'intelligence dans ce commerce.

Permettez nous de vous représenter, Messieurs, que c'est sans fondement que vous nous reprochez que si nous eussions ménagé avec prudence les fonds immenses qui nous avaient été adressés, M, Lenoir aurait dû trouver à son arrivée 150.000 pagodes, outre les marchandises que nous avions en magasin. Vous nous laissez ignorer le détail de ces dépenses qui nous attirent des termes si déshonorants. 150.000 pagodes ne se doivent pas ainsy être dissipées si lègèrement, une profusion si énorme exigerait pour l'intérêt public un exemple des plus sévères. Nous espérons, Messieurs, qu'une révision moins susceptible de prévention nous mettra en droit d'espérer de la Compagnie une justice plus conforme à son équité.

Les cargaisons considérables que nous vous avons envoyées, les bâtiments faits dans le fort que vous avez approuvés, l'établissement de Mahé, les grandes dépenses que vos vaisseaux ont faites faute d'avoir été gréés suffisamment en France avant leur départ, ne sont pas dans le cas de ce qu'on peut appeler dépenses superflues.

A l'égard des gratifications, nous avons crû être en droit de les accorder, non par un faux air de bienfaiteurs, mais dans l'idée que nous avions qu'elles étaient nécessaires pour le bien de votre service. Les occurences qui ne souffraient pas de retardement, sont expliquées dans nos délibérations, et nous n'avons jamais rien accordé sans la réserve du bon plaisir de la Compagnie.

Cy joint est le bilan de l'emploi des fonds que nous avions reçus et de ceux qui nous restaient à l'arrivée de M. Lenoir à qui nous le présentâmes. M. Beauvollier en emporta une copie en France, dont l'examen nous aurait épargné le chagrin d'avoir à nous justifier d'une accusation fondée simplement sur la mauvaise opinion que vous aviez de nous.

La contradiction que vous trouvez, Messieurs, entre notre lettre du 8 octobre 1726, la délibération du 20 juin de la même année et la lettre du 21 du même mois à M. Tribert, ne vous aurait pas paru si manifeste si vous vous étiez fait rapporter cette lettre du 8 octobre 1726; vous vous seriez aperçus en prenant la peine de la relire, que nous rappellions celle du 15 octobre 1725, temps auquel nous avions écrit que le prix de l'argent était tombé à 6 Rs. 13 fs. Dans celle que

Elle ne peut passer sous silence une contradiction manifeste dans laquelle vous êtes tombés au sujet du prix des matières d'argent. Vous dites dans votre lettre du 8 octobre 1726 que ces matières étaient tombées à 6 Rs 2 : 13, ce qui ne pouvait provenir que de l'abondance de ces mêmes matières, abondance que vous avez craint et qui vous a occasionné, suivant ce que porte votre délibération du 20 juin de la même année, à en vendre à 6 Rs. 18 f., et dans le même temps vous

vous nous faites même l'honneur de nous citer, nous ne parlions au contraire que d'augmentation depuis octobre 1725. Le voyage de Chine fut déterminé le 6 juin, nous n'avions alors qu'environ 15.000 marcs d'argent, dont 5.600 étaient destinés pour Chine, 5.000 pour Bengale ; l'argent valait alors 6 Rs. 20 à 22 fanons, ce prix n'engageait personne à s'intéresser dans cet armement. Le 19 du même mois nous apprimes l'arrivée de deux vaisseaux anglais d'Europe à Madras avec la nouvelle que les vôtres devaient arriver incessamment, ce bruit marquiez au sieur Tribert par votre lettre du 21 juin que la cherté et la rareté des matières d'argent ont été cause que plusieurs marchands n'ont pas pris d'intérêt dans l'armement que vous avez fait pour la Chine. Si cette rareté des matières était si grande, vous ne deviez pas vendre à si bas prix, si au contraire il y en avait abondance les marchands auraient dû charger pour la Chine. La Compagnie ne peut absolument accorder ces deux lettres, elle souhaite que vous luy fassiez connaitre de quelle façon elle doit les entendre.

fit aussitôt tomber l'argent, la crainte que le prix n'en diminuât encore ainsy que l'année passée, nous fit prendre le party, suivant la délibération du 20 juin, de vendre à la hàte le peu qui nous en restait et qui ne montait pas à 3.600 marcs. Le vaisseau mit à la voile le lendemain de cette délibération, l'intervalle de 24 heures entre le départ de ce vaisseau et la nouvelle de l'arrivée des vaisseaux anglais à Madras, ne suffisait pas à nos marchands pour les déterminer à s'intéresser dans cet armement, ainsy la rareté et la cherté de l'argent avaient effectivement empêché ces marchands de s'intéresser dans ce voyage, l'abondance n'ayant été procurée que 24 heures avant le départ du vaisseau que la mousson pressait de partir. Voilà, Messieurs, une partie du mystère et du sujet de la contradic-

16

tion dont vous souhaitez être éclairés, mais ce n'était pas encore la seule raison qui avait empêché nos marchands de prendre intérêt dans cet armement. Nous nous en étions servis avec M. Tribert pour ne point chagriner un si bon sujet; le changement qu'il avait fait en Chine de notre vaisseau avec la *Minerve*, était un grand sujet de dégout pour les armateurs. Nous avons gardé jusqu'à présent un profond silence sur cette affaire, nous attendions quelques remarques de la Compagnie sur cet échange. Il est surprenant qu'elle ne se soit pas aperçue de la conséquence de ce changement. Le vaisseau la *Minerve* déclaré à Canton par ses officiers incapable de naviguer, est néanmoins chargé des effets de l'armement du *St. Louis* -l'armement roulait sur le *St. Louis* et non sur la *Minerve*; quel embarras un malheur arrivé à la *Minerve* ne vous aurait il pas causé, Messieurs, ainsy qu'aux armateurs?

Nous sommes bien aises que vous approuviez l'envoy que nous avons fait à Bengale du corail, et que vous soyez satisfaits du prix auquel nous avons vendu celuy apporté par le *Jason*. Vous le serez encore de la vente faite à 111 pagodes de la première sorte et à 77 de la seconde de celuy venu par le *Lys* l'année dernière, quoiqu'il y en eut dans le nombre de mauvaise qualité, ainsy que nous vous l'avons représenté par un des articles de notre lettre du 25 janvier 1728.

Elle approuve le party que vous avez pris de faire passer à Bengale tout le corail que vous avez reçu de France, puisque vous n'en pouviez avoir à la côte un prix convenable. Les 25 caisses de l'envoy par le *Jason* et *l'Argonaute* n'ont pas mal été vendues, il n'y a que le terme de 6 mois que vous donnez à l'acheteur pour payer qui fait de la peine à la Compagnie. Ne conviendrait-il pas encore mieux d'en diminuer le prix de quelque chose et d'être payé comptant?

Il nous en était resté 4 caisses d'une qualité supérieure, elles ont été vendues 195 pagodes le *man* avec celuy que nous avons reçu cette année par le *Mars* qui a été vendu au même prix de 111 et 77 pagodes. Il y en avait beaucoup plus de la seconde sorte que de la première, cela a encore causé de l'embarras lors de la livraison. Ordonnez s'il vous plait, si cela est possible, qu'il y en ait plus de la première sorte que de la seconde dans ceux que vous enverrez par la suite.

Le terme de 6 mois que nous accordons pour le payement en soutient le prix et en facilite la vente. Il serait difficile de le vendre comptant, quand bien même nous en diminuerions le prix de 20%, il est donc plus avantageux de donner le terme de 6 mois. Nous accordons 1% d'escompte par mois pour engager les acheteurs à payer. Afin de courir moins de risques nous prenons des cautions, lorsque nous ne les connaissons pas, ce sont ordinai-

D'ailleurs êtes vous sûrs de la solvabilité de l'acheteur ? Il est vrai que vous êtes contraints d'avancer, des sommes considérables, lorsque vous faites des contrats pour des marchandises à fournir, et que vous pouvez dire que vous risquez beaucoup plus dans cette espèce. Cela est vrai, mais aussy avez-vous beaucoup plus d'obligés dans ces contrats que vous faites, et il semble qu'il n'y a pas tant à craindre. Au surplus ce ne sont que des réflexions que la Compagnie vous fait faire, et elle se repose de tout ce que vous ferez à ce sujet sur votre attention pour ses intérêts.

La Compagnie a écrit vivement à ses comptoirs de Barbarie sur la mauvaise qualité du corail dont vous plaignez, ainsy que sur le défaut de poids qui s'est trouvé dans quelques caisses ; il est aisé de remédier à ce dernier défaut par plus de soins et d'attention de la part de ceux qui en font les envoys. Il n'en est pas de même de la qualité,

rement de pauvres gens qui viennent des terres qui l'achètent pour le travailler. Il n'y a point de commerce où il ne se trouve des difficultés et des risques à courir, nous apportons tous nos soins pour surmonter les unes et éviter les autres.

elle dépend entièrement de la pêche qui souvent n'est pas avantageuse. Enfin la Compagnie y a donné et y donnera encore des ordres positifs sur cet article.

La nécessité qui nous a obligés au mois d'octobre 1724 de donner permission aux vaisseaux le *Lys* et *l'Union* de relâcher à la Martinique, ne devait pas autoriser les capitaines de vos autres vaisseaux à y aller, s'ils n'étaient point indigents ou que les vivres ne leur eussent pas manqué. La déclaration que vous avez faites d'exclure de votre service les capitaines et officiers des vaisseaux qui iraient y relâcher, les en empêchera, si vous tenez la main à l'exécution. De notre part, nous fournirons autant qu'il sera possible ce qui sera nécessaire aux équipages pour le retour jusqu'en France, afin d'éviter le prétexte d'aller relâcher dans aucun autre endroit qu'aux Iles de France

Vous ne sauriez vous imaginer combien la permission que vous aviez donnée aux vaisseaux le *Lys* et *l'Union* de relâcher à la Martinique, a été pernicieuse et de dangereuse conséquence. Depuis ce temps presque tous les vaisseaux de la Compagnie ont pris cette route; *l'Hercule*, la *Vierge* de *Grâce*, le *Triton*, la *Danaë* y ont touché, et la Compagnie ne sachant comment remédier à une relâche si préjudiciable à son commerce, a été obligée de déclarer qu'elle excluait et exclurait de son service tous les officiers qui y ont relâché et y relâcheront à l'avenir. Mais comme au milieu de cette sévérité si nécessaire il pourrait se trouver des vaisseaux qui réellement seraient forcés

et de Bourbon où ils auront toujours du bois, de l'eau, et souvent des viandes fraiches plus qu'il n'en serait nécessaire, surtout à présent que les capitaines font leurs tables.

d'y aller par indigence de vivres, la Compagnie vous recommande très essentiellement de munir de vivres et de rafraichissements les équipages des vaisseaux que vous expédierez seulement pour France, de manière que les officiers ne puissent avoir de justes sujets de relâcher en aucun autre endroit qu'aux Iles de France et de Bourbon où ils peuvent prendre, du moins quant à présent, de l'eau et du bois.

Nous ne doutons pas que par la suite ils ne trouvent aux îles de France et de Bourbon les vivres et rafraichissements dont ils auront besoin. Nous entretiendrons une correspondance exacte avec M. Dumas à cet effet. En attendant que ces îles puissent fournir aux vaisseaux qui y relâcheront ce qu'ils auront besoin, nous aurons soin lorsqu'ils partiront de leur fournir le pain, le riz et les boissons pour tout le voyage. A l'égard des viandes fraiches, l'expérience nous fait connaitre que quelque grande quantité que nous leur en ayons fournie jusqu'à présent, lorsqu'ils ont été aux îles, ils y

La Compagnie espère qu'ils y trouveront par la suite tous les vivres et rafraichissements dont ils auront besoin, et c'est sur quoy vous devez entretenir une correspondance exacte avec M. Dumas.

Vous devez aussy défendre très expressément aux capitaines des vaisseaux que vous chargerez pour France de relâcher à leur retour en aucun endroit appartenant aux étrangers, comme au Cap de Bonne Espérance et à Ste. Hèlène. Il ne convient pas du tout qu'ils se hasardent d'y aller dans l'incertitude de ce qui peut s'être passé en Europe depuis leur départ. C'est pour-

en ont pris autant que s'ils n'en avaient point embarqué, disant que tout avait péri ou était consommé pendant la traversée. Nous croyons qu'il serait suffisant en quelque état que soient les îles de ne fournir aux vaisseaux des viandes fraiches que pour le temps de s'y rendre seulement, on peut leur fournir des cochons vivants qui sont bons et se conservent jusqu'en France.

Le défaut de viandes fraiches ne doit point être un prétexte aux capitaines et officiers de relâcher lorsque les vaisseaux ne sont point indigents, qu'ils ont de l'eau, du bois, de l'eau de vie ou du vin du pays et de la viande salée. Les vaisseaux des autres européens n'ont pas autre chose pour tout le cours de leur voyage. Il ne dépend pas de nous de les faire partir au commencement de janvier, il faut qu'ils viennent de Bengale ou des autres endroits où ils ont hiverné; ils ne sortent du Gange que vers le 15 décembre. Au surplus cela dépend du temps qu'ils viennent de France. Le *Bourbon* n'est arrivé que le 2 octobre, il faut se servir d'une partie de ses fonds pour faire son chargement. Si nous avions de quoy faire fabriquer des marchandises à l'avance, vous seriez servis aussy exactement que vous pouvez le désirer.

Nous défendrons à vos officiers de relâcher dans aucun endroit en sortant des iles de France et de Bourbon, nous leur prescrirons d'aller en droiture à Lorient.

quoi vous devez apporter une très grande attention aux vaisseaux que vous expédierez en janvier chaque année, à les faire partir d'assez bonne heure, pour que la relâche aux Iles de France et de Bourbon ne leur fasse pas craindre de manquer la saison propre à doubler le Cap de Bonne Espérance, auquel cas vous les forceriez de relâcher au Cap ou à Ste. Heléne, relâches qui doivent être très sevèrement prohibées.

Il ne pouvait pas porter d'avantage puisqu'il avait 1375 balles et caisses tant de Bengale que de cette côte, 85.827 livres de bois rouge, 17.486 de sapin, 27.727 de cauris et 238.382 de poivre, toutes ces différentes marchandises encombrent et remplissent les cales. Ce vaisseau était plein à barotter, nous avons encore examiné la facture de son chargement, l'on ne pouvait le remplir d'avantage. Nous ne saurions exiger des capitaines autre chose que de faire bien arrimer les marchandises pour qu'il ne se perde point de place et que les cales des vaisseaux soient remplies. Il importe peu aux officiers de savoir ce qu'ils chargent, qu'ils prennent ce que nous leur donnons jusqu'à ce que les cales soient pleines, vous ne devez pas souhaiter autre chose. Nous savons parfaitement et nous sentons les conséquences de ne pas faire séjourner vos vaisseaux dans l'Inde, et de les renvoyer dans les saisons. Si nous avions, comme

Le vaisseau le *Lys* dont vous luy parlez n'a certainement pas apporté autant de balles de marchandises qu'il aurait pu. La Compagnie exige de votre attention, comme une des choses la plus importante à son commerce, que vous chargiez ses vaisseaux à barotter, sans vous laisser aller aux mauvaises représentations de quelques capitaines qui pourraient vous dire qu'ils ne peuvent prendre plus de marchandises. Si quelqu'un d'entre eux ne les veut pas absolument recevoir, vous luy en ferez faire une sommation en forme dont vous aurez soin de remettre copie à la Compagnie qui à leur retour trouvera bien moyen de les en punir. La seconde chose qu'elle vous demande encore et qui n'est pas moins importante, c'est d'éviter autant que vous pourrez le séjour de ces vaisseaux aux Indes, elle espère qu'avec les grands fonds qu'elle vous remet cette année et qui continueront par la suite de vous être envoyés, vous serez en

vous le dites, de gros fonds pour faire des marchandises à l'avance, ils feraient de prompts voyages. De quelle manière nous ferez-vous comprendre, Messieurs, que les gros fonds que vous avez envoyés cette année, qui ne consistent cependant qu'en 89.492 marcs d'argent, puissent fournir au chargement de 4 vaisseaux, état de faire faire des voyages très courts à ses vaisseaux par les marchandises que vous aurez eu soin de tenir prêtes en magasin, enfin de bien charger ses vaisseaux et les renvoyer promptement, ce sont deux points essentiels auxquels vous devez vous attacher efficacement.

aux envoys nécessaires aux îles de France et de Bourbon, au payement de ce que nous devions, aux dépenses de l'entretien de vos comptoirs et enfin à faire des marchandises à l'avance pour être prêtes en magasin à l'arrivée de vos vaisseaux ? En verité, Messieurs, vous n'y faites pas réflexion. Vos vaisseaux partiront mal chargés, après quoy nous resterons avec bien peu de chose, par conséquent, hors d'état de ne rien faire faire à l'avance. Il faudra attendre l'arrivée de ceux qui doivent venir à la mousson prochaine pour commencer, et s'il en vient quelques uns aussi tard que la *Syrène* et le *Bourbon*, nous vous annonçons dès à présent qu'ils resteront à sèjourner un an dans l'Inde, faute de temps pour faire faire les marchandises. Il nous est bien désagréable d'être forcés de vous tenir un pareil discours. Lorsque vous avez peu de fonds, envoyez peu de vaisseaux, le séjour qu'ils feront icy ne procèdera point de notre faute.

Vos réflexions sont justes mais les matelots sont difficiles et peu raisonnables. Nous leur ferons entendre raison lorsque nous serons Quant aux matelots que vous retenez d'un vaisseau d'Europe pour servir sur des vaisseaux destinés au commerce d'Inde en Inde,

dans le cas d'en retenir, et nous nous conformerons à vos ordres. Nous ne payerons icy aucun décompte des gens qui servent sur les vaisseaux venant de France. la Compagnie ne peut concevoir quelles peuvent être leurs plaintes, ni le sujet du refus qu'ils feront de rester, car le matelot à qui vous fournissez un décompte pour le temps qu'il a servi sur le vaisseau d'où vous le tirez, est sûr d'en être payé à son retour en France. Si c'est de l'argent dont il dit avoir besoin, vous luy faites ordinairement donner deux mois d'avances sur les gages qu'il doit gagner sur le vaisseau sur lequel il s'embarque, ainsy la Compagnie ne voit rien de plus juste que ce qu'elle vous a marqué à ce sujet qui est de ne payer absolument aucun décompte aux matelots, parcequ'il arrive toujours que l'absence de ces matelots étant plus longue, leurs familles demandent des mois d'acompte que la Compagnie ne peut se dispenser de faire payer, et qu'elle doit naturellement faire retenir sur le décompte en question dont le matelot sera porteur.

Vous nous auriez fait plaisir, Messieurs, de nous envoyer une déclaration visée de Monseigneur le Contrôleur général, comme celle que nous avons trouvée dans l'inventaire du paquet apporté par le *Bourbon* sous le No. 11, dont aucune de vos lettres ne fait mention, il aurait été très nécessaire qu'elle fût revêtue de cette formalité, parceque cela regarde ordinairement les officiers du roi dont la Compagnie vous réitére la défense absolue qu'elle vous a cy-devant faite de permettre sans son ordre formel l'embarquement d'aucun ballot, coffre et caisses, de quelque nom qu'on puisse se servir pour les adresser, quand bien même ce seraient des porcelaines armoiriées et si quelque officier, major ou autre, quelqu'il soit, voulait charger des marchandises sous ce pretexte, l'intention

vous vous servez, et qui font peu d'attention aux ordres qui ne sont émanés que de vous; ce serait dans ce cas que le visa de Monseigneur le Contrôleur général serait utile, et non pas lorsque les défenses ne concernent que vos employés. de la Compagnie est que vous les fassiez remettre dans vos magasins avec la facture de ces marchandises, dont vous enverrez la copie à la Compagnie qui vous donnera en retour les ordres convenables.

Cela vous aurait évité la peine d'écrire le présent article auquel nous nous conformerons. Le cas échéaut le refus que nous ferons tombera sur vous; messieurs les directenrs auront soin de s'en disculper, si cela regarde une puissance qui prenne l'affaire à cœur.

Vous en recevrez encore cette année par vos quatre vaisseaux une plus grande quantité que vous ne souhaitez parceque le marché était fait, nous nous conformerons pour la suite à ce que vous nous ordonnez. Nous ne vous enverrons que 200 milliers de bruts, point en larmes, ni de raffinés, nous avons écrit à Bengale en conséquence. De quoy voulez vous lester vos vaisseaux ? les cauris ne sont pas suffisants, le bois rouge occupe trop de place. La Compagnie est satisfaite des envois de salpêtre que vous luy avez faits par les cinq vaisseaux expédiés en octobre et janvier derniers, mais elle vous prévient que dans la suite il suffira de luy en envoyer annuellement 200 milliers, parceque messieurs les fermiers à qui seuls elle peut les vendre, trouvent trop forte la quantité que la Compagnie leur en a livrée l'année passée ainsy que celle cy, ils ne peuvent l'employer, étant obligés de recevor le salpêtre que les salpêtriers de France leur fournissent pour les

entretenir. Vous observerez aussi de ne plus envoyer de

salpêtre raffiné, et encore moins en larmes parceque ces messieurs n'y mettent pas à beaucoup près la différence du prix d'achat, et qu'ils sont contents des salpêtres bruts, tels que ceux que vous avez envoyés cette année, vous ferez passer ce même ordre à Bengale, afin qu'on s'y conforme.

Vous aurez attention d'examiner avec soin le prix auquel vous établissez le salpêtre de Mazulipatam, et le prix auquel revient celuy de Bengale, s'il n'y a qu'une 1/2 roupie de différence sur le *man* de 75 livres, vous en enverrez indistinctement de l'un et de l'autre brut de la quantité demandée, mais si celuy de Mazulipatam est plus cher d'une 1/2 roupie le *man* n'envoyez que de celuy de Bengale ou de Pondichéry, au cas que vous puissiez avoir celuy cy au même prix ou à la même différence; bien entendu que s'il est à meilleur marché, vous le chargerez de préférence.

Nous nous y conformerons après le départ de vos vaisseaux. Nous ferons annuellement un recensement des effets en magasin pour en faire la vente au plus offrant et dernier enchérisseur de ceux qui ne pourraient se garder sans risque de dépérir.

La Compagnie approuve que vous ayez fait vendre à l'encan les draps qui vous restaient en magasin et qui dépérissaient, vous en userez de même à l'avenir sans attendre qu'ils se gâtent, ainsy que pour toutes les autres marchandises que la Compagnie vous envoye, et qui peuvent être sujets au coulage et aux avaries, et vous les vendrez à l'encan au plus offrant et dernier enchérisseur, sans les garder d'une année à l'autre, comme vous avez fait jusqu'à présent.

Vous pouvez envoyer jusqu'à 80 balles y compris 20

A l'égard des draps, la Compagnie vous en enverra

pièces de jaune ou citron, elles se vendront, quelques marchands en ont demandé.

toutes les années 20 à 30 balles seulement qui seront assorties, chacune de quatre pièces rouges et d'une pièce vert-clair ou vert de pistache, il vous sera facile d'en déboucher une aussy petite quantité tant à Pondichéry qu'à Bengale.

Le peu d'argent qui nous restait ne nous permettant pas de faire un contrat plus considérable, vos vaisseaux n'ont pu être chargés que des effets que nous avions. Nous sommes attentifs en visitant de ne recevoir que les marchandises qui peuvent entrer en sorte, nous rebutons les autres. Nous en prendrons cependant quelques balles de 4ème sorte, conformément à ce que vous avez prescrit par les instructions de M. Lenoir. Pour en avoir de bonne qualité et renvoyer vos vaisseaux bien chargés, il faut avoir des fonds pour les faire fabriquer dans les saisons convenables, et donner le temps aux tisserands; la grande précipitation est cause de ce que nous avons une si grande quantité de rebuts, et de ce que vos

Il est bien fâcheux que vous n'ayez fait avec vos marchands qu'un contrat de 60.000 pagodes, si vous eussiez été en état de le faire plus considérable, les vaisseaux seraient revenus mieux chargés. Mais la Compagnie voit avec peine que les rebuts que vous aviez en magasin montaient à 19.000 pagodes, vous faites bien d'être fermes à la réception de la marchandise, car sans cela les marchands vous fourniraient encore de la marchandise plus inférieure. Il faut cependant prendre un party, c'est d'en recevoir une certaine partie en quatrième sorte, c'est-à-dire en salampouris et guinées seulement, et non des autres sortes de marchandises, conformément aux instructions que la Compagnie a données à

vaisseaux ne soient pas si bien chargés qu'ils pourraient l'être; vous pouvez en juger par le *Bourbon* arrivé le 2 octobre. Est-il possible de faire faire des marchandises pour partie de son chargement dans une pareille saison pour le faire partir trois mois après son arrivée ?

M. Lenoir, lors de son départ. Au surplus la Compagnie vous excite toujours à être sévères dans les visites, et à ne vous relâcher pour cette 4eme sorte que lorsque vous prévoierez ne pouvoir faire mieux, étant très important que la Compagnie soutienne en France la qualité de ses marchandises, mais en même temps très

utile à son commerce que les vaisseaux reviennent bien chargés.

Il n'est pas difficile de connaître les raisons qui font que les marchands fournissent des marchandises inférieures dans lesquelles il y a beaucoup de rebuts. Ils sont extrèmement pressés pour les fournitures, ils sont forcés de se servir de tous les tisserands qui veulent travailler. Si nous avions des fonds d'avance, ils auraient le temps de prendre les meilleurs tisserands, et feraient assortir le fil et travailleraient dans la saison convenable. Vous auriez de bonnes marchandises, les marchands y trouveraient leur compte, nous aurions

La Compagnie conçoit encore moins que vous les raisons que peuvent avoir vos marchands de vous fournir tant de marchandises de rebuts, puisque vous dites que vous en diminuez si fort les prix, qu'ils devraient être eux-mêmes rebutés de vous les fournir. Elle ne sait qu'un remède, c'est d'employer tous les moyens possibles pour engager des marchands de Madras puissants et accrédités, de venir s'établir à Pondichéry, et de traiter avec eux. La Compagnie vous laisse les maitres de faire pour eux ce que vous croi-

moins de peine et d'embarras aux visites. Le manque de fonds nous force à faire précipitamment et en peu de jours pendant la mauvaise saison ce que les autres nations font dans le cours de l'année. Ce sont ces mêmes raisons qui empêcheront de nouveaux marchands de venir s'établir pour travailler pour la Compagnie; les malabars ont des coutumes pour le commerce comme pour toute autre chose dont ils ne s'écartent point.

rez qui pourra les y engager, pourvu que ce ne soit pas une augmentation de prix sur les marchandises qu'ils fourniraient, il ne convient pas plus d'augmenter ces prix que de laisser altérer la qualité de là marchandise.

Nous vous avons informé par un des articles de notre lettre du 25 janvier 1728, que le procès du nommé Carter avait été jugé, et que le sieur Vincens avait été déchargé par délibération du 31 may 1727 des 200 marcs de piastres volés.

La Compagnie ne doute pas qu'au retour du vaisseau de la Chine vous n'ayez été informés s'il y a eu erreur de 100 marcs de piastres sur la cargaison de ce vaisseau, et que vous n'ayiez jugé l'affaire du nommé Carter, métis anglais; par ce que vous que marquez, tous les indices sont contre luy. La Compagnie n'a rien à vous prescrire à ce sujet, vous avez ses lois auxquelles vous devez vous conformer. Si effectivement ce soldat est convaincu d'avoir volé 200 marcs de matières, le sieur Vincens doit en être déchargé, attendu qu'il ne peut pas être garant d'un vol fait dans les magasins qui sont dans le fort; si, au contraire, par l'évènement du procès, le soldat ne se trouve pas coupable, c'est au sieur Vincens à tenir compte des dits 200 marcs, puisque pour lors ce sera une erreur de sa part.

Les précautions que vous avez prises ont été inutiles, le vin que nous avons reçu en bouteilles par le *Mars* et le *Mercure* ne valait rien, partie était aigre, et l'autre passée; il s'en est trouvé quelques bouteilles potables, mais il y en avait beaucoup de liées, par conséquent troubles. Vous le verrez par la vente qui a été faite à Bengale de celuy que nous y avons envoyé. Nous en avons fait consommer par les équipages de vos vaisseaux et par l'hôpital une partie de celuy qui a été débarqué icy. Il est fâcheux que les français ne puissent

La Compagnie a pris toutes les précautions possibles pour que le vin qu'elle envoie cette année en bouteilles, vous parvienne bien conditionné, elle a ordonné que ce vin fut bien collé avant d'être tiré, que les bouteilles fussent bien rincées et qu'ensuite lorsqu'elles auront été remplies, elles soient bien bouchées d'un bouchon neuf lié avec du fil d'archal et trempé ensuite dans du brai, si toutes ces mesures ne réussissent pas, il ne faudra plus penser à envoyer aux Indes du vin en bouteilles.

recevoir de bon vin aux Indes, pendant que les étrangers en ont qui est bon, clair et bien bouché, ils le tirent cependant de France, l'ancienne Compagnie en envoyait qui était excellent et bien conditionné.

Nous vous envoyons du camphre que nous avons reçu d'Achem, et de l'alun qui vient de Chine ou du Tonkin, il n'en vient point d'ailleurs. Celuy qui a été apporté de Chine par le vaisseau le *St. Pierre* au mois de décembre 1727 coûtait à Canton 1 taêl 3

La Compagnie étant bien aise d'avoir des montres de camphre et d'alun, ne manquez pas de luy en envoyer une caisse de ces deux espèces, et d'y joindre une facture bien détaillée afin qu'elle puisse connaitre au juste à combien luy reviendront ces drogues, et sur

mas le picul ; le camphre d'Achem se vend ordinairement pour le porter en Chine où il est préparé; il en vient de très bon de Bornéo et des îles adjacentes.

quel pied elle pourrait les établir.

Lorsque nous ferons le commerce de Chine, nous pourrons avoir de l'alun la quantité que vous demanderez. A l'égard du camphre, nous en ferons acheter à Achem, nous ne saurions vous dire la quantité ni le prix qu'il pourra coûter. Celuy que nous vous envoyons a été reçu en payement de marchandises, notre intention n'était pas d'en faire acheter faute d'en savoir l'usage.

Faites en sorte aussy de luy dire en réponse la quantité que vous en pourriez envoyer annuellement, et si la traite en serait facile.

Nous vous en remercions.

Toutes les traites que vous avez faites sur la Compagnie, et dont vous luy donnez avis par vos lettres des 8 octobre 1726 et 21 janvier dernier ont été ou seront acquittées.

Nous avons vu les cauris que vous avez renvoyés, il est vrai qu'ils sont mauvais. Nous les avons fait passer à Bengale, le Conseil nous a écrit qu'il ne vous en enverrait plus qu'ils ne fussent de bonne qualité, la rareté a été cause qu'il s'en est trouvé de si mauvais.

La Compagnie doit vous porter ses plaintes sur les cauris que vous luy avez envoyés par le vaisseau la *Vierge de Grâce*, ce sont des cauris pour la plupart très gros, sans émail, et qui paraissent des rebuts. Elle vous en renvoie des échantillons, afin que vous puissiez en juger par vous-mêmes, et pour que vous recommandiez à Messieurs de

Bengale d'être plus attentifs à l'avenir dans le choix de cette marchandise, car, quoique la Compagnie en demande un certain nombre chaque année, il vaut encore mieux ne luy en point envoyer que d'en charger dont le débit ne peut se faire.

COMMERCE D'INDE EN INDE.

Nous vous avons informés par notre lettre du 25 janvier 1728 que le commerce de Manille avait continué d'être mauvais, que le sieur Beru y était mort, que le vaisseau était revenu avec fort peu de fonds, ayant encore laissé des marchandises invendues entre les mains du sieur Bouttier qui avait obtenu permission d'y rester, et qui s'est noyé depuis. Par conséquent ce dernier armement a eu un si mauvais succès qu'il n'a plus été possible de continuer ce commerce. Nous vous informons par notre lettre générale des mesures que nous avons prises pour réclamer les effets qui étaient entre les mains du sieur Bouttier, qui ont été saisis et mis en dépôt après sa mort.

La Compagnie voit avec bien de la peine le mauvais succès du dernier voyage à Manille par les circonstances du Galion qui avait eu permission d'Europe de charger telle quantité de soieries qu'il a voulu, ce qui a fait absolument tomber à Manille le commerce de la côte. Le sieur Beru a bien fait en ce cas d'y laisser ses marchandises entre les mains d'un marchand français, puisqu'il n'a pu avoir la liberté d'y laisser quelqu'un pour en prendre soin. La Compagnie approuve le party qu'il a pris depuis de faire passer le sieur Bouttier à Batavia, pour se rendre de là à Manille au mois de may suivant.

Dans ces circonstances vous avez bien fait de faire un nouvel armement; peut-être ce voyage sera-t-il meilleur,

18

et réparera-t-il la perte du premier, et en ce cas, ceux que vous avez eu tant de peine à déterminer à y prendre intérêt par les pertes qu'ils ont essuyées, trouveront à se récupérer.

Le bénéfice des voyages ne peut être considérable que lorsque les cargaisons composent un gros capital. Nous n'avons dans la colonie aucun marchand assez riche pour faire un envoy de 90.000 à 100.000 pagodes sur chaque vaisseau en se joignant à la Compagnie. De gros fonds supportent facilement les frais qui sont grands, autrement les dépenses consomment la plus grande partie des profits. Le commerce demande de la constance et une continuation annuelle, il faut pour cela avoir des fonds, et malheureusement nous en sommes toujours dépourvus.

La Compagnie approuve que vous ayiez continué d'envoyer un vaisseau en Chine. Quoique les bénéfices qui en résultent pour elle ne soient pas bien considérables par rapport aux gros fonds dont elle est intéressée, elle sent la nécessité de soutenir ce commerce, et son intention est que vous y envoyiez tous les ans régulièrement un vaisseau sans que celuy ou ceux qu'elle pourra y faire passer d'Europe puissent vous en détourner. Elle y envoie cette année le *Jason*, elle espère en expédier un autre l'année prochaine, mais ce ne sera que dans le cas que ses comptoirs des Indes seront suffisamment munis de fonds, car ces comptoirs feront toujours son principal objet, et pour cette raison il convient que vous suiviez ce commerce, afin de pouvoir charger des marchandises de la Chine sur les vaisseaux que vous expédierez pour France.

Si dans la suite vous nous   La Compagnie vous dira

procurez les moyens de faire ce commerce, nous nous conformerons à ce que vous nous prescrivez.

Il ne faut désormais envoyer que des cabarets, tables et tableaux carrés et ovales, vernis de Nankin et jamais de vernis de Canton.

Vous verrez par l'expédition que le vaisseau le *St. Pierre* a faite dans son voyage de Chine, que les vaisseaux pourraient en être de retour au commencement de janvier. Si nous étions certains de pouvoir armer tous les ans un vaisseau pour ce voyage, et en état de le faire partir assez à temps, il ne sera pas impossible de vous satisfaire.

Pour faire partir un vaisseau au commencement de may pour Chine, il faut avoir de l'argent pour faire l'armement et la cargaison. Ordinairement nous sommes dans ce temps sans fonds, obligés de chercher des expédients pour payer la garnison. Le premier de vos vaisseaux n'arrive au plus tôt qu'en juin, il faut envoyer en diligence à

à ce sujet que vous avez envoyé par le *Jason* une trop grande quantité de vernis, et même ce vernis n'était point du tout beau.

Dans la supposition que la Compagnie n'envoie pas de vaisseau directement de France à la Chine, elle soit en même temps dans la nécessité d'en charger des marchandises sur ses vaisseaux de retour des Indes pour un assortiment plus parfait, n'y aurait-il pas moyen de faire arriver à Pondichéry dans les premiers jours de janvier le vaisseau qui doit y revenir de Chine? La Compagnie pense que la chose ne sera pas impossible si vous faisiez partir ce vaisseau dès le commencement de may, et que vous marquassiez au sieur Tribert de l'expédier à la fin d'octobre, ou au plus tard, au commencement de novembre. Ce vaisseau en ce cas pourrait arriver à la côte en janvier, et vous pourrez par

Bengale une partie des fonds, il en faut une autre pour commencer le contrat pour avoir des marchandises de cette côte, de façon qu'en 4 jours les fonds apportés par le premier vaisseau sont consommés. Avec quoy faire un armement pour Chine? Vous vous donnez bien de la peine pour nous indiquer des projets, mais vous ne faites pas ce qui est nécessaire pour nous procurer les moyens de les exécuter. Ayez agréable de nous remettre des fonds suffisants dans les temps convenables, et nous vous donnerons des preuves convaincantes que nous ne manquons ni d'attention, ni d'intelligence pour vous bien servir.

conséquent en charger la cargaison sur les vaisseaux que vous auriez prêts à faire leur retour en France. Examinez si cette idée est praticable et, si elle est susceptible d'exécution, ne manquez pas de vous y conformer.

Nous sommes bien aises que vous soyez satisfaits de ce que M. Tribert a fait dans cette occasion.

La Compagnie a été informée l'année dernière par le vaisseau, le *St. Louis*, du sort de la *Minerve*, elle a approuvé ce qu'a fait à ce sujet le sieur Tribert, et effectivement on ne pouvait en agir avec plus de prudence.

Il est fâcheux pour le sieur du Fougeray et ses officiers qu'ils se soient si fort écartés de leurs devoirs, et aient mérité un jugement si rigoureux. Leur malheur servira d'exemple aux autres officiers qui pourront peut-être dans la suite se

Elle vous a marqué par les vaisseaux qu'elle a expédiés l'année dernière, que le sieur du Fougeray Garnier, capitaine du *St. Louis*, avait été arrêté par ordre du roi, et que son procès s'instruisait. Cette affaire est finie, et par le jugement

contenir dans les bornes qui leur seront prescrites.

rendu à Rennes le 4 avril dernier par M. l'intendant de Bretagne, à la tête du présidial, le dit sieur du Fougeray et ses officiers ont été condamnés à perdre leurs appointements, à une amende de 3000 livres et à la confiscation des marchandises qu'ils avaient frauduleusement chargées. La Compagnie en poursuit actuellement la revendication en Angleterre et en Hollande où elles ont été portées, et elle en attend la délivrance. Sa Majesté n'ayant pas cru le sieur du Fougeray suffisamment puni, n'a pas voulu lui accorder sa liberté; il est encore dans les prisons de Rennes. La Compagnie a lieu d'espérer que de tels châtiments contiendront à l'avenir les officiers qui servent sur ses vaisseaux, ils sont assez bien traités par elle pour la devoir servir fidèlement.

Nous l'avions appris par des voyes particulières. Nous appréhendions que cela ne causât quelques altérations entre les Hollandais et nous, c'est la raison qui nous avait engagés à vous en donner avis.

Au reste il n'est point vrai que le dit de Fougeray ait rencontré des navires hollandais dans le détroit de la Sonde, qu'il en ait abordé un et qu'il lui ait fait donner par la force ce dont il avait besoin. Le dit sieur du Fougeray a trouvé pour de l'argent tout ce qu'il a voulu dans ses relâches à Batavia et au Cap de Bonne Esperance.

Par l'évènement, nous avons bien fait de ne le pas exposer à faire le voyage de France. Il a été condamné à Bengale. Nous vous expliquerons par notre let-

Elle voit que vous vous étiez proposé de renvoyer en France cette année le vaisseau la *Minerve*; ce qui luy eut bien fait du plaisir, mais que les officiers qui avaient

tre générale les raisons qui nous ont obligés à l'y envoyer.

luy faire entreprendre le voyage d'Europe et que vous aviez pris le party de l'envoyer à Mahé, ce qu'elle approuve.

Il est triste pour ceux qui ont signé cette délibération que vous la désapprouvez. Il n'avaient d'autres intentions que d'engager les officiers à travailler avec application, à mettre ce vaisseau en état d'entreprendre une longûe traversée afin de vous le renvoyer. Il n'y a eu que le seul capitaine à qui on ait fait cette augmentation. Il n'a pas même été payé ici, on lui donna à son retour de Merguy, avant son départ, un décompte pour être payé en France. Les sieurs Duguermao et Frémery se sont embarqués sur *l'Argonaute*; le premier est mort à l'Isle Bourbon. Le sieur Monhuchon est passé sur la *Danaé*. Si l'évènement avait répondu au dessein que nous avions de changer ce vaisseau et de le renvoyor en Europe, cette bagatelle n'au-

mené ce vaisseau à Merguy pour le radouber n'ayant pas réussy à trouver la voye d'eau vous n'aviez pas osé

Il n'en est pas de même de la délibération que vous avez prise le 15 mai 1726 de traitter les officiers de la *Minerve* comme ceux des vaisseaux d'Europe et de les faire payer sur le même pied. Elle ne peut concevoir quel a été le motif qui vous a portés à prendre une telle délibération et elle est bien résolue de ne le point admettre puisque du moins vous l'avez pris sans son bon plaisir. Ces officiers étaient sur le vaisseau le *St. Louis* destiné au commerce d'Inde en Inde. Le changement du vaisseau n'a pas dû changer leur sort; encore si vous aviez délibéré que leurs appointements seraient à courir sur le pied de ceux d'Europe du jour que le vaisseau aurait fait voile de Pondichéry pour France, la Compagnie y eut peut-

rait pas dû nous priver de l'honneur du projet.

tout y entendre. C'est pourquoi, elle vous ordonne de répéter sur tous les officiers du vaisseau de la *Minerve* sans exception, et de leur faire restituer au cas qu'ils aient reçu quelques sommes, la différence des appointements que vous leur avez réglés sur le pied des officiers des vaisseaux d'Europe, d'avec ceux qu'ils devaient naturellement avoir sur le *St. Louis* comme officiers entretenus aux Indes.

L'envoi que nous avons fait de ce vaisseau n'a pas eu un succès heureux. Nous vous avons informés par notre lettre du 21 janvier 1727 qu'il ne pouvait se radouber, et des ordres que nous avions donnés au Sr. de la Rivière de le ramener ici ou d'aller à Bengale; par celle du 25 janvier 1728 nous vous avons marqué qu'il avait été vendu; les sieurs Dubois et la Rivière sont revenus.

Vous avez vu par notre lettre du 8 octobre 1727 et par le compte du radoub qui a été fait au vaisseau le *Pondichéry*, qui vous a été envoyé, alors que ces voyages sont très utiles lorsqu'-on veut radouber ou cons-

être aquiescé. Mais de la manière dont vous l'avez fait, elle ne veut point du

Vous avez bien fait d'envoyer au Pégou la frégate la *Reine*. Le compte que vous rémettez à la Compagnie du voyage que le *Pondichéry* y a fait, lui fait connaitre de quelle utilité, peut être ce commerce dans la suite, par la quantité de bois qu'on y peut charger; elle serait cependant bien aise que vous lui remissiez une relation exacte de la manière dont la frégate la *Reine* y a été reçue en dernier lieu, du commerce qui s'y peut faire, quelle qualité et quantité de marchandises on y peut porter annuellement, du prix coûtant des marchandises qu'on en tire; en un mot, mettez s'il vous plait, la Compagnie en état

truire un vaisseau. Vous verrez par les comptes et factures qui sont joints à notre lettre générale ce qu'a produit la vente du vaisseau la *Reine* et les effets que nous avons envoyés au Pégou. Les rubis et les saphirs viennent de ce pays; pour en faire commerce il faut être connaisseur, résider dans le pays ou y séjourner quelque temps, sans quoi l'on court risque d'être la dupe de ce commerce qui ne convient point à la Compagnie. Nous ferons acheter quelques rubis et saphirs que nous vous enverrons; les présents que nous y avons envoyés par le vaisseau la *Reyne* ont été bien reçus. Le roi a promis d'accorder un terrain, ce qui serait très nécessaire pour le radoub des vaisseaux et pour faciliter notre commerce. Vous serez informés par notre lettre générale à laquelle nous nous référons que nous y avons envoyé, les vaisseaux le *St. Pierre* et la *Marie Gertrude.*

de connaître par elle même la nature de ce commerce, ainsi que tous les autres que vous pouvez entrependre. Comme elle est informée qu'il y a des mines de rubis et saphirs au Pégou, elle vous recommande de lui en envoyer quelques uns en France, du moins autant que cela vous sera possible.

Elle apprend avec bien du chagrin par votre lettre du 21 janvier dernier les mauvaises nouvelles que vous avez reçues de cette frégate, qui lors qu'on l'a voulu radouber, s'est trouvée pourrie et hors d'état de pouvoir supporter du bois neuf, de manière qu'il en aurait coûté beaucoup plus pour la radouber que pour construire à neuf un bâtiment de même grandeur. Elle voit que sur cette relation qui vous est parvenue par le Bot le *Courrier* de *Syriam*, vous avez consulté le sr. Du Portail Collet qui avait visité ce bâtiment à l'Ile Bourbon, lors de sa confiscation, lequel vous a assuré qu'il croyait ce bâtiment en état de vous apporter les bois et autres denrées que vous avez demandés, et qu'en conséquence vous avez décidé de donner ordre au sr. de la Rivière qui commande cette frégate de la ramener à la côte ou à défaut de passer à Bengale. Cette délibération est conforme aux intérêts de la Compagnie; mais n'est-ce pas un peu trop risquer que de décider de l'état de ce bâtiment sur le simple sentiment du sieur Portail Collet contre le rapport de ceux qui l'ont visité en lieu convenable pour le radouber. Elle se flatte cependant que ce bâtiment aura pu gagner l'un ou l'autre endroit suivant vos ordres.

Elle approuve l'état des présents que vous avez chargés sur la frégate la *Reine* pour faire au roi de Pégou et à ses ministres. Elle souhaite qu'ils aient été assez bien reçus pour avoir procuré toute la faveur possible au commerce de ce bâtiment.

Ce sont les guerres qui ont été cause du dérangement de ce commerce ; l'espérance de la paix nous l'a fait continuer. Nous vous avons informés par notre lettre du 8 octobre 1726 que nous avions destiné le vaisseau la *Marie Gertrude* pour ce voyage, par celle du 21 janvier 1727 qu'il devait partir de Bengale en février, et par celle du 25 janvier 1728 qu'il était de retour, que le sieur Collena resté de l'année précédente avec le sieur de St. Paul étaient revenus et avaient

Il est triste que le voyage du *St. Joseph* à Bassora ait été mauvais l'année dernière non seulement par la perte qu'il apporte aux intéressés dans son armement, mais encore par rapport au dégoût que ces intéressés peuvent prendre des voyages d'Inde en Inde. C'est pourquoi vous devez faire de très sérieuses réflexions, car quoique la Compagnie sache bien qu'on peut faire quelquefois des voyages peu heureux dans un commerce qui est avantageux ordinairement, son

rapporté le produit des deux cargaisons, qu'ils étaient passés à Bengale sur le vaisseau le *St. Joseph* pour aller rendre compte au Conseil qui est chargé de ces armements dont ils doivent nous envoyer les comptes pour vous les remettre, et que nous avions destiné ce vaisseau pour Perse par les raisons qui y sont expliquées et l'accident qui lui était arrivé en rade de Balassor faute d'y avoir trouvé les pilotes. Ce vaisseau est parti pour Perse au mois de janvier 1728 ; les sieurs Regnault et Bunel y ont été embarqués pour marchander.

intention n'est pas cependant que ses fonds servent à remplir un armement pour un voyage pour lequel personne ne veut plus charger, car dans ce cas il vaut beaucoup mieux l'abandonner, à moins que vous ne trouviez à ramener les esprits des intéressés et à les déterminer à faire un nouvel armement. Au surplus le sieur Collena, marchand du vaisseau le *St. Joseph*, a bien fait de rester à Bassora avec la cargaison du vaisseau ; il faut espérer que son séjour le mettra en état d'y débiter ses marchandises.

La vente des marchandises n'ayant pas encore été favorable par la grande quantité qui en a été portée par cinq vaisseaux anglais partis de Bengale dans le même temps, a obligé ces deux employés d'y rester, ainsi que ceux des anglais, dans l'espérance d'y vendre plus avantageusement. Notre vaisseau est revenu ; nous l'avons fait passer à Bengale en conséquence de la délibération du dix neuf Septembre dernier, dans le dessein de continuer ce voyage par les raisons expliquées dans la dite délibération. Ce commerce ne peut être utile qu'en le continuant annuellement. Vous voyez que les anglais ne l'abandonnent point. Leur constance fait qu'ils ont toujonrs du fret dans la certitude que les marchands particuliers ont de trouver tous les ans chez eux des vaisseaux pour y embarquer leurs marchandises.

Nous sommes bien aises que vous approuviez les traites faites sur nous par le sieur La Feuillée et la conduite qu'il a tenue à cet égard. Nous n'en avons pas moins eu d'embarras pour les acquitter et à chercher des moyens pour remplacer les fonds que ces traites auxquelles nous ne nous attendions pas ont consommé. Il est facile de prévenir le défaut de vente des marchandises que l'on envoie à Moka ; mais il ne l'est pas de suppléer au défaut par de l'argent comptant puisque nous en sommes toujours dépourvus ; cela n'a cependant pas empêché que vous n'ayez reçu la quantité de café que vous avez demandée.

La Compagnie qui vous a fait part du parti qu'elle a pris de ne plus envoyer directement à Moka et de faire ce commerce par Pondichéry, ne peut désapprouver les traites que le sieur La Feuillée a faites sur vous pour la valeur du café qu'il vous a envoyé par la *Marie Gertrude* et que la Compagnie a reçu par le *Jason*. Les raisons qu'il vous en donne par sa lettre du 14 juin 1726 dont vous remettez copie à la Compagnie vous auraient paru aussi bonnes qu'à elle, si vous eussiez été en état d'acquiter sur le champ les traites qu'il a faites sur vous. C'est un malheur que vous n'ayiez pu le faire. Mais ce n'est pas la faute du sieur La Feuillée dont la Compagnie ne peut qu'approuver la conduite. Eussiez-vous voulu que cet employé n'étant point prévenu de la disette de fonds où vous vous trouviez, vous renvoyât moitié moins de café ou que pour vous remettre la charge de la *Marie Gertrude* complète, il eut vendu les marchandises à un prix très bas et à perte ; il n'avait pourtant, si vous condamnez sa conduite, que l'un de ces deux partis à prendre et qui n'eussent convenu ni l'un ni l'autre aux intérêts de la Compagnie. C'était donc à vous à prévoir sa situation et à prévenir le défaut de vente des marchandises que vous aviez chargéets sur la *Marie Gertrude* et qui devaient faire son chargement au retour. Quand la Compagnie a pris le parti de faire ce commerce par Pondichéry, c'a été seulement dans le but de vous remettre de plus gros fonds qu'elle n'eut fait si elle eut envoyé directement à Moka; elle a ainsi pu épargner une partie des fonds en argent en vous mettant à portée d'y substituer des marchandises. Mais en même temps elle vous a recomandé de lui envoyer annuellement une quantité de quatre à cinq cent milliers de café, que si les marchandises de la *Marie Gertrude* n'ont pu être vendues avantageusement à l'arrivée de ce vaisseau, elles l'auront été depuis son depart, et ce sera une augmentation de fonds qui y aura trouvé le *St. Joseph* que vous y avez envoyé cette année.

Elle a été la première à condamner le sieur La Feuillée lorsque vous avez eu ci-devant de justes sujets de plaintes contre lui, et qu'il ne vous envoyait pas le compte de ce qu'il avait vendu ; ce qui vous mettait hors d'état de le rendre aux intéressés et d'où il ne resultait qu'un très mauvais effet. Mais dans le cas dont il s'agit elle ne peut que louer la conduite qu'il a tenue.

Il est heureux pour nous que vous approuviez l'emprunt fait en une lettre de change de 15.000 piastres et l'ordre que nous avons donné au sieur La Feuillée de tirer sur nous. Le succès en a été avantageux, vous ayant procuré la quantité de café que vous souhaitez, qui ont été embarqués sur le *Lys*, conformément à ce que nous vous en avons écrit. Au surplus, la Compagnie approuve les arrangements que vous marquez par votre lettre dn 21 janvier dernier avoir pris pour mettre le sieur de La Feuillée en état de vous renvoyer du café dans la quantité demandée, par le vaisseau le *St. Joseph*. Elle approuve aussi l'emprunt de 15,000 piastres en une lettre de change que vous lui avez

par notre lettre du 25 janvier 1727, par laquelle nous vous informions que le sieur de La Feuillée a remis vos affaires au sieur Burat, et que les sieurs Ingrand, Miran et Courbezatre y étaient restés.

remise. Elle estime qu'avec le fonds de la cargaison du vaisseau, cette lettre de change, l'ordre que vous lui avez donné de tirer 15 à 20,000 mille piastres sur vous, joint au produit des marchandises de la *Marie Gertrude* le sieur La Feuillée aura été en état de traiter quatre à 500 milliers de café, surtout si cette marchandise a baissé aussi considérablement qu'il le marque, puisque de 200 et 210 piastres le *bohar*, elle est revenue à 115 piastres, et que selon toute apparence, elle aura encore diminué, les Holandais n'en tirant pas aujourd'hui plus de 500 à 600 milliers, au lieu de 15 à 1,800 qu'ils rapportaient ci-devant.

Elle approuve aussi le choix que vous avez fait du sieur Burat, ci-devant premier lieutenant de *l'Argonaute*, pour l'envoyer subrécargue sur le *St. Joseph* à Moka avec ordre de faire compter le sieur La Feuillée de sa gestion depuis le départ du vaisseau *Royal Philippe*, et le faire rester chef de ce comptoir, au cas que le dit sieur La Feuillée ne voulut pas accepter les nouvelles conditions que la Compagnie fait aux employés de ce comptoir.

Il est bien aussi que le sieur Ingrand y reste comme second, et que vous y ayiez fait passer le sieur Miran comme troisième, aux appointements de 500 livres. La Compagnie a lieu d'attendre que ces employés lui donneront satisfaction, leur connaissant beaucoup de capacités et de zèle pour son service.

Vous aurez vu par le compte que nous vous avons envoyé, que le commerce du brigantin le *Triton*

La Compagnie vous a écrit suffisamment l'année dernière au sujet du commerce d'Achem, elle s'y ré-

à Achem n'a pas eu un succès si favorable que nous espérions, par les raisons que nous vous écrivions par notre lettre du 25 janvier 1728, qui vous explique les motifs qui nous ont engagés d'y envoyer le *Jupiter* et le brigantin le *Diligent*, dont vous trouverez le compte joint à notre lettre générale, par laquelle nous vous informons des mesures que nous avons prises pour continuer ce commerce d'ici et de Bengale.

Vous verrez par un des précédents articles auxquels nous vous référons, que ce vaisseau est de retour, et que nous y avons envoyé l'année dernière le *St. Joseph* qui doit partir à la fin de ce mois pour y retourner. Nous écrirons à vos employés qui y sont restés d'acheter 1.000 livres de rhubarbe et d'observer ce que vous marquez pour qu'elle soit bonne et puisse se conserver. Nous chargerons aussi le chirurgien du vaisseau d'en pren-

fère; elle souhaite que le commerce en soit avantageux, et que le brigantin le *Triton* que vous y avez envoyé y ait fait une bonne traite; elle a lieu de s'en flatter non seulement par les faveurs que le roi d'Achem a faites au premier petit bâtiment que le comptoir de Bengale y a envoyé et dont il y a lieu d'attendre la continuation, mais encore par la circonstance de la relâche à la côte du vaisseau danois et des deux bâtiments maures qui n'ont pu gagner Achem.

L'arrangement que vous avez pris pour le voyage que vous faites faire en Perse au vaisseau la *Marie Gertrude* qui doit être expédié de Bengale directement, parait bon et bien concerté, mais la Compagnie ne laisse pas de craindre que ce vaisseau ne fasse un voyage peu heureux vu les troubles qui continuent toujours en Perse, et qui dérangent considerablement le commerce. Il est vrai que ce vaisseau a une ressource, et que s'il ne

dre soin et de l'examiner avant de l'acheter. peut traiter au Banderabassy, il poura passer à Bassora, mais n'y a t-il pas lieu d'appréhender qu'il ne fasse un aussi mauvais voyage que le précédent. Au cas que ce voyage ait réussi et que vous vous déterminiez à renvoyer un autre vaisseau en Perse, ne manquez pas d'ordonner au subrécargue d'acheter pour le compte de la Compagnie, si cela se peut, 1000 livres de rhubarbe, en observant de la faire mettre en caisse après qu'il l'aura fait sécher parfaitement. Il faut qu'il ait attention que la meilleure rhubarbe doit être de couleur rose pâle marbré, c'est un essai que la Compagnie veut faire. Celle qu'on lui a envovée de Chine était toute pourrie, et elle croit qu'il est presque impossible de la tirer meilleure par mer. Celle qui se tire par la Perse, venant par terre, est sèche et peut en ce cas se charger par mer et arriver bien conditionnée. Avez s'il vous plait attention, lorsque vous l'enverrez à la Compagnie, de la faire mettre en un lieu sur le vaisseau où elle ne puisse contracter aucune humidité.

Toutes ces différentes entreprises seraient bonnes pour la Compagnie et utiles à la colonie si nous étions en état de les continuer régulièrement tous les ans. Cela ne se peut faire qu'avec des fonds, et nous en sommes toujours dépourvus. Il est difficile de savoir au juste lequel de ces commerces est le moins douteux. Ce n'est que l'évènement qui en décide. Toutes ces entreprises différentes sont bonnes en elles mêmes, mais ne serait-il pas plus convenable de ne vous adonner pour le commerce d'Inde en Inde qu'à celui dont l'événement vous doit paraitre moins douteux, et qui en même temps est le plus nécessaire à la Compagnie et à la colonie comme celui de Moka, la Chine, Manille et Achem S'il réussit d'ailleurs, la

par des circonstances qu'on ne peut prévoir. Il arrive que l'année que nous cessons d'envoyer dans un endroit est précisément celle que le commerce y est avantageux. Manille en est un exemple, vous le connaitrez par ce que nous avons l'honneur de vous en dire par un des articles de notre lettre générale. Depuis deux ans, vous voyez qu'il n'y a eu que le voyage de Perse qui vous ait employé des fonds, Manille a été abandonné, Achem n'a employé que environ cinq mille pagodes qui sont rentrées dans le cours de six à huit mois avec bénéfice. Moka n'en a pas employé davantage, et vous a procuré les moyens d'avoir des cafés qui n'ont été payés de vos fonds qu'après être arrivés ici. Le fonds qui a été employé à envoyer le *St. Pierre* en Chine a servi par la prompte expédition de ce vaisseau à la cargaison du *Solide*, qui s'en est retourné en France dans la mousson

Compagnie doit vous dire que ses fonds que vous repandez dans ces différents objets font nécessairement tort à son commerce d'Europe, par ce que cette dispersion vous met hors d'état d'avoir des marchandises suffisamment pour charger les vaisseaux que vous renvoyez en France. La Compagnie n'entend pas pour cela vous ordonner de cesser pour son compte le commerce d'Inde en Inde. Elle sait que si elle n'y était pas intéressée, ou du moins qu'elle ne le parût pas, les armements que vous feriez pour ce commerce n'auraient point de faveur, que même ils ne se pourraient pas exécuter. Mais son intention est de vous exciter à ménager la distribution de ses fonds dans ces différents armements, de manière que son commerce d'Europe n'en souffre aucune altération, et que vous le regardiez comme l'objet le premier et le plus important.

ordinaire. Quoi qu'arrivé fort tard, cela n'a pas retardé

son départ d'une heure, par conséquent vous voyez que vos fonds destinés pour le commerce d'Europe n'ont point été dispersés dans celui d'Inde en Inde qui ne se peut faire avec moins de fonds que nous l'avons fait, ou bien il faut l'abandonner totalement. Ce sont ces incertitudes continuelles qui dégoûtent et qui font que nous ne saurions prendre les mesures nécessaires dans les temps convenables, et qui seront cause que nous aurons de la peine à bien réussir.

Nous joindrons à notre lettre générale les factures des marchandises que nous chargerons sur les vaisseaux que nous expédierons, avec le compte de la mise hors et au retour. Nous vous enverrons les factures des différents effets qu'ils auront rapportés avec le détail de la vente qui aura été faite. Vous verrez ce qui aura été vendu plus ou moins avantageusement, et connaitrez l'intérieur du commerce, supposé que vous vous donniez la peine d'examiner tous ces papiers.

Il lui parait nécessaire d'être informée à fond et en détail du commerce qui se fait d'Inde en Inde ; les comptes de mise hors et de retour que vous lui remettez ne suffisent pas pour l'en instruire. C'est pourquoi son intention est que vous lui envoyiez les factures de chargement de chaque vaisseau que vous expédiez pour le commerce d'Inde en Inde ; que ces factures portent les différentes natures de marchandises et leur prix. Vous enverrez aussi les factures des marchandises de retour ;

cela avec les comptes que vous aviez coutume de lui adresser la mettra en état de connaitre l'intérieur de ce commerce ; à quoi elle n'a pu parvenir jusqu'à présent.

COLONIES.

Les inquiétudes que nous   La Compagnie voit avec

cause le Nabab de temps en temps sont grandes, il est difficile de résister à l'avidité des maures. C'est encore moins lui qui nous tourmente que les officiers qui l'approchent, qui le font agir, ou qui se servent de son autorité pour tirer de l'argent. Vous le verrez par ce que nous vous en avons écrit le 25 janvier 1728, et par ce que nous vous marqons, par notre lettre générale, avoir fait pour le Divan au mois de février dernier. Depuis ce temps il nous a laissés en repos. Si nous n'avions que la guerre à craindre, nous ne laisserions pas de faire bonne contenance quoique nous soyons faibles, mais l'interruption du commerce est à craindre, il faut l'éviter, parceque le gouvernement peut le causer lorsqu'il lui plaira, sans frais ni aucun risque de sa part, c'est ce qui nous oblige ainsi que les autres nations d'Europe à agir avec beaucoup de précaution, et à faire de temps en temps quelques petits présents.

peine les inquiétudes que vous cause le Nabab par rapport à l'enceinte de Pondichéry qu'il regarde comme de nouvelles fortifications. Vous avez bien fait de répondre avec fermeté aux lettres qu'il vous a écrites à ce sujet, et quoique vous ne soyez point en état de soutenir une guerre à laquelle cependant il n'y a pas d'apparence, il faut toujours faire bonne contenance. La Compagnie approuve le parti que ses lettres vous ont fait prendre, de vous contenter d'élever quant à présent les murs de l'enceinte portée à 650 toises ou environ jusqu'à la hauteur de 9 pieds et de travailler à la finir dans cette élévation seulement ; si une fois vous êtes entièrement fermés, toutes les idées du Nabab s'évanouiront et vous aurez pour lors le temps de parfectionner les ouvrages en leur donnant la hauteur conforme au plan et aux devis que vous en avez ci-devant envoyés à la Compagnie. C'est pourquoi son intention est que

Nous sommes bien aises que vous ayez approuvé celui que nous avons fait au Nabab.

vous fassiez travailler sans discontinuation à fermer absolument Pondichéry et que vous abandonniez pour cet effet tous autres ouvrages. Elle ne voit rien de plus nécessaire quant à présent et elle vous autorise à y employer les fonds convenables sauf à l'en faire rembourser par une continuation de la taxe que les habitants se sont imposés, du moins jusqu'à la concurrence de la somme qu'elle vous a marquée y devoir employer pour son compte.

Elle approuve aussi le présent que vous avez envoyé au Nabab et elle apprend avec plaisir qu'il vous a procuré la possession tranquille que vous demandiez pour les aldées dont la Compagnie jouit. Mais cependant cette tranquillité n'a pas été longue puisque vous lui marquez que le 3 janvier dernier, vous avez reçu des lettres du Nabab et de son Divan, dans lesquelles ils vous parlent encore de l'enceinte avec menace d'envoyer des troupes pour s'opposer à cet ouvrage qu'ils traitent toujours de forteresse. La conjecture est très délicate, car il ne convient point du tout d'accoutumer les maures à de telles menaces pour être obligés de leur donner de l'argent; d'un autre côté la Compagnie sent bien que vous n'êtes pas en état de prendre un ton aussi affirmatif qu'il conviendrait en cette occasion. Aussi elle craint fort que la situation où vous vous êtes trouvés lorsque vous avez reçu ces lettres, ne vous ait forcés de vous en tirer par de l'argent, ce qui serait d'autant plus triste que les maures pourraient revenir de temps en temqs vous faire de pareils compliments. Vous êtes sur les lieux, vous connaissez le génie de ces gens là, la Compagnie est persuadée que vous aurez agi avec toute la prudence que les circonstances auront pu vous permettre.

Nous ne doutions pas que vous n'approuvassiez que nous cessassions les sollicitations auprès du Nabab pour l'obtention de la permission que nous avions demandée de faire fabriquer des roupies. Nous n'en avons point écrit au sieur Martin, cela aurait été inutile, il est mort au mois d'août dernier. La réflexion que vous faites, Messieurs, est très juste, qu'une permission obtenue du Mogol ne suffit pas, il faut encore celle du gouverneur ou du Nabab pour en jouir, et par conséquent une nouvelle dépense. Si nous trouvons occasion de demander cette permission, nous examinerons les inconvénients qui pourraient en arriver avec le bénéfice qui en doit résulter.

L'étui de chirurgien pour le sieur Martin n'est point venu par vos vaisseaux, aucune des factures ni les connaissements n'en font mention. Le compte de Biby Madeleine, femme du dit sieur Martin, commencé le 12 Mars 1708 par

Vous avez bien fait de cesser toutes sollicitations auprès du Nabab au sujet de la permission de faire fabriquer des roupies et d'attendre un changement pour remettre cette affaire sur le tapis, à moins que par le crédit du sieur Martin vous ne puissiez en obtenir le firman directement du Mogol. La Compagnie fait cependant une réflexion sur ce que vous lui marquez á ce sujet, que si vous obteniez cette permission du Mogol vous la regarderiez comme assurée. Cette réflexion est qu'en ce cas il faudrait avoir aussi la permission du Nabab pour le jouissance tranquille du firman, et qu'alors il pourrait toujours vous inquiéter et exiger de temps en temps de l'argent, ce qui rendrait cette permission peu avantageuse à la Compagnie. C'est à vous à balancer tous les inconvénients qui en peuvent arriver avec le bénéfice qui en doit résulter. La Compagnie vous envoie cette année un étui de chirurgie garni d'argent dont

2.000 rs. qu'elle a payées comptant, est dans les livres de Surate cotés RR, il est soldé le 31 Octobre 1717 au livre coté DD, par le comptoir de Bengale qui devait payer alors le solde montant à 5.196 rs. 6. Vous voyez que ceux qui étaient chargés de chercher ce compte sur les copies des livres que vous avez n'ont pas été exacts à la recherche. Vous pouvez voir ce qui est dû à présent à cette femme, en ajoutant les intérèts sur le pied qu'il vous plaira. Nous n'avons point de nouvelles que cette dette ait été payée à Bengale, quoique nous ayons écrit d'y satisfaire par les raisons que nous avons expliquées et qui ne subsistent plus par la mort du sieur Martin.

vous ferez présent de sa part au dit sieur Martin, et le porterez autant que vous pourrez à vous favoriser pour obtenir la permission de fabriquer des roupies, au cas que vous la jugiez convenable. La Compagnie approuve que dans la vue d'engager le dit sieur Martin à vous servir, vous ayiez donné ordre au comptoir de Chandernagor de rembourser au dit sieur Martin une somme dont Biby Madeleine, son épouse, se trouve créancière sur les livres de Suratte. Mais vous auriez bien dû marquer à la Compagnie à combien monte cette créance, et sur lequel des livres du comptoir de Suratte le compte de cette femme est porté, apparamment que ce compte n'a point été ouvert sous le nom de Biby Madeleine, puisqu'il ne s'est point trouvé sur les livres de ce comptoir dont la Compagnie a des copies sur lesquelles elle l'a fait chercher.

Nous la lui avons rendue.

Vous pouvez rendre au sieur Delarche la soumission qu'il a ci devant faite à votre greffe pour les 300 pagodes que vous lui avez payées, le sieur Denion en ayant tenu compte à la Compagnie.

Le Sr. la Butte n'a occupé cet emploi que peu de temps. Le sieur Durosconet auquel vous l'aviez destiné y a été installé aussitot que sa santé lui a permis d'en prendre possession. Il a été révoqué par délibération du 3 septembre dernier. Le sieur Cerée le remplace en attendant l'occasion de le faire naviguer ; il se trouvera toujours ici des sujets pour remplir cet emploi.

Il est bien que vous employiez en qualité de lieutenant de port le sieur de la Butte puisque celui qui était pourvu de cet emploi est hors d'état de le remplir. Si cependant cet homme n'est pas rétabli, et que vous prévoyez que sa santé ne lui permette pas de rendre aucun service à l'avenir, vous le ferez repasser en France, et établirez à sa place le dit sieur la Butte ou tel autre que vous jugerez capable de se bien acquitter de cet emploi.

Il est certain que vingt quatre heures de relâche ne suffisent pas. Le traité que vous avez fait pour obliger les capitaines à faire leurs tables est très convenable aux intérêts de la Compagnie et au repos de ses employés. Nous aurons soin de fournir des vivres pour sept mois aux vaisseaux qui en manqueront en partant d'ici. A l'égard des rafraichissements pour les malades, il serait inutile de leur en donner au delà de ce qui est nécessaire pour aller aux Isles où ils en deman-

La Compagnie n'a pas compté que vingt quatre heures de relâche à l'Isle Bourbon qu'elle permettait aux capitaines de ses vaisseaux, fussent suffisantes en les assujetissant à prendre du Conseil supérieur de cette Isle un certificat du jour de leur arrivée et de celui de leur départ. Mais elle a crû par là leur faire sentir qu'elle voulait qu'ils n'y restassent que le moins qu'ils pourraient et qu'ils n'eussent pas le temps d'y prendre beaucoup de rafraichissements. Quant à ceux que

deront toujours la quantité qu'il en faut pour aller jusqu'en France. Nous croyons même qu'on devrait leur accorder sans avoir égard à ce qui aurait pu leur avoir été fourni ici. La traversée de l'isle de France ou de Bourbon à Lorient est longue, il peut y avoir des malades qui faute de peu de rafraichissement périraient; c'est un petit objet pour la Compagnie lorsque les capitaines ont de l'économie. Nous envoyons régulièrement à Lorient les états de ce que nous fournissons aux vaisseaux, nous enverrons à l'Ile Bourbon ceux des rafraichissements qu'ils auront eus ici.

vous leur fournissez abondamment et qui ne les empêchent pas cependant d'en prendre encore à l'Isle de Bourbon, la Compagnie pense y avoir remédié par le traité qu'elle a fait avec les capitaines, qui sont obligés de faire la dépense de leur table pour vingt cinq sols par jour que la Compagnie leur fait payer par chaque personne de table comme elle vous l'a marqué l'année dernière. Ainsi nous n'aurez à fournir aux vaisseaux que vous renverrez en Europe que ce qui sera nécessaire pour leur équipage et pour les mettre hors de tout sujet de plainte vrai ou apparent. L'intention de la Compagnie est que le Conseil se fasse représenter par les capitaines et écrivains de chaque vaisseau, certifié d'eux avant leur depart, un état des vivres qu'ils auront, et que vous en fournissiez seulement aux équipages pour sept mois de traversée y compris ce qu'ils en auront suivant les dits états desquels vous enverrez copie à la Compagnie, ainsi que des vivres que vous aurez fournis. La Compagnie espère par cette disposition ôter absolument tout prétexte de relâche, et même éviter que les capitaines sous ombre des besoins de leurs équipages ne s'en fournissent encore abondamment à l'Isle de Bourbon. Vous aurez attention de remettre au Conseil de cette

Isle les états de ce que vous aurez fourni à chaque vaisseau qui y passera, afin que le Conseil instruit puisse refuser aux capitaines ce qu'ils demanderaient mal à propos.

Nous en avons demandé, il n'en manquera point à l'Ile Bourbon, nous y en ferons passer avec des sacs et de la ficelle ce que l'on nous en demande.

y faire passer la quantité de ra avoir besoin.

Vous serez informés par ce que nous vous avons écrit le 25 janvier 1728 des dépenses que nous avons faites à son sujet depuis, et par notre lettre générale, que nous avons été obligés de les continuer.

Il est vrai que depuis longemps les remèdes que vous avez envoyés se sont trouvés mauvais, et la plus grande partie hors d'état de servir, cela vous a constitués dans une dépense considérable. Depuis quatre ans que nous avons acheté chez les Réverends Pères Jésuites ceux dont nous avons eu besoin, les

Ayez encore grande attention que le comptoir de Chandernagor vous fournisse les *gonis* nécessaires pour les cafés de l'Ile de Bourbon, et entendez vous avec ce dernier comptoir pour *gonis* dont il vous marquera avoir besoin.

La Compagnie approuve ce que vous avez fait en faveur du fils du roi d'Anjouan dans les deux différents voyages qu'il a faits à Pondichéry.

La Compagnie a bien du regret de tout l'argent qu'elle a dépensé pour vous faire passer des médicaments, puisqu'elle voit que vous n'avez pas lieu d'en être contents suivant le procès verbal qve vous lui en remettez.

Elle a prié M. de Chirac, premier médecin de Monseigneur le Duc d'Orléans,

procés-verbaux qui se dressent de l'état où se trouvent les remèdes, se font avec précaution en présence de l'un de nous. Les chirurgiens n'ont pas d'intérêt particulier que ces remèdes soient jugés mauvais puisqu'ils n'en fournissent point, au contraire s'ils étaient susceptibles d'intérêt, il leur conviendrait mieux qu'ils fussent effectivement bons. Il ne faut pas être fort habile pour connaitre lorsqu'ils sont mal conditionnés et en partie mauvais. La caisse de médicaments que les chirurgiens de l'Ile Bourbon ont renvoyée, ce n'est pas tant par mauvaise qualité des remèdes, qu'il y en avait de quelques-uns une trop grande quantité, qu'en les gardant ils se seraient gâtés et tombés en pure perte à la Compagnie. Si vous voulez vous donner la peine d'examiner les quantités et la qualité des remèdes que les chirurgiens d'ici de vouloir bien examiner vos demandes et régler ce qu'il jugera à propos de vous envoyer, ainsi que la caisse d'instruments de chirurgie que vous demandez. Elle donnera de si bons ordres sur la qualité des remèdes que vous recevrez à l'avenir, qu'elle se flatte que vous n'aurez plus lieu de vous en plaindre. Au surplus prenez garde que les ehirurgiens que vous emploierez et qui dressent de pareils procès-verbaux, n'aient quelque intérêt ou ne soient assez ignorants pour trouver les médicaments mauvais.

Les chirurgiens de l'Ile Bourbon viennent de renvoyer une caisse de médicaments qu'ils ont condamnés et qui se sont trouvés en bon état suivant le procés-verbal qui en a été dressé à Lorient par des gens capables et non suspects.

et de l'Ile Bourbon ont demandés, et ceux qui ont été envoyés par le *Jason* et *l'Argonaute*, vous verrez que cela est pitoyable, et que ces chirurgiens ont raison. D'une drogue dont ils demandaient 5 ou 6 livres, on en a envoyé 40 ou 50, d'autres qu'ils ont demandés et qui sont fort nécessaires, il ne s'en est point trouvé. Les états de ce qui a été reçu vous ont été envoyés, si vous aviez pris la peine de les examiner, sans être médecin, chimiste, apothicaire ni chirurgien, vous auriez facilement vu que vous avez été trompés sur le prix, la qualité et la quantité. Comment faut-il faire pour vous faire ouvrir les yeux sur pareille matière ? nous faisons de notre part tout ce que le zèle peut nous suggérer.

Nous ne l'avons fait que dans l'espérance que vous l'approuverez. Ils ont eu, outre le malheur de la famine, une petite guerre que les gens du pays leur ont faite, qui leur a donné de la peine et causé de l'inquiétude. En étant informé seulement par les bruits publics, M. Lenoir écrivit à M. Astrop, gouvernevr, et lui fit offre de soldats et d'armes. N'en ayant pas eu besoin, il le remercia. Nous continuons à leur rendre service et à entretenir une bonne intelligence autant qu'il sera possible avec toutes les nations.

La Compagnie approuve les secours de riz que vous avez fournis aux Danois, et elle vous recommande de ne pas manquer de leur rendre tous les services qui dépendront de vous lorsque les occasions s'en présenteront. Il convient à ses intérêts d'entretenir l'union et la bonne intelligence avec les nations d'Europe avec lesquelles le roi est en paix.

Nous svons envoyé jusqu'à la fin de septembre dernier les extraits des inventaires des officiers, matelots et soldats décédés dans la colonie avec le montant

La Compagnie se trouve accablée de gens qui demandent les inventaires et les comptes de ceux qui sont décédés dans la colonie ou dans les autres comp-

de ce qui a été remis à la caisse. Nous avons écrit à Mahé et à Bengale d'en faire de même. Nous aurons attention de continuer à vous les envoyer, de sorte que vous serez en état de satisfaire ceux qui auront quelque chose à demander sur cette matière.

toirs de l'Inde, et elle n'est pas en état de leur donner satisfaction, n'ayant pas les pièces nécessaires. Ainsi, ayez attention de lui envoyer régulièrement les décomptes et les inventaires en forme et légalisés par vous de tous ceux qui décèdent sous le pavillon, et qui n'ont pas d'héritiers sur les lieux, ou qui n'ont pas fait de testament, ou nommé d'exécuteur testamentaire. Vous observerez qu'il faut que ces décomptes fassent mention des sommes qui sont entrées dans la caisse de Pondichéry et dont elle doit tenir compte.

Nous avons envoyé à Mr. De Fayet ces papiers avec les extraits des inventaires de ceux qui décèdent dans la Colonie que vous nous demandez par le précédent article.

Ne manquez pas d'adresser régulièrement à celui qui commandera pour la Compagnie au port de Lorient le double des papiers qui concernent l'armement, ravitaillement et équipage des vaisseaux, pour qu'on y puisse faire compter, à l'arrivée, les capitaines et écrivains, ce qui sans ces pièces est long à se faire parcequ'il faut que la Compagnie ait reçu vos paquets et qu'elle ait envoyé à Lorient des copies de ces pièces.

Vous nous faites plaisir de nous faire part de ce qui s'est passé entre les puissances de l'Europe. Nous vous supplions, Messieurs,

Vous avez été informés ci devant des traités d'Hanovre et de Vienne dans lesquels étaient entrées les puissances de l'Europe; la

de nous dire dans la suite les progrès du Congrès. Nous nous conformerons aux ordres que vous nous avez précédemment donnés au sujet de la Compagnie d'Ostende jusqu'à ce qu'il vous plaise d'en ordonner autrement.

France, l'Angleterre, la Hollande, le Danemark et la Suéde étaient liées ensemble d'une part, et de l'autre, le roi d'Espagne. l'Empereur, la Czarine et quelques princes d'Allemagne. Il semblait pour ainsi dire impossible que la guerre ne s'allumât entre ces Princes.

Il y avait eu même déja des actes d'hostilité commencés par le siège que les troupes du roi d'Espagne avaient mis devant Gibraltar. Mais la sagesse du Gouvernement de France a paré à toute rupture, et il a été signé, en conséquence des négociations que le roi a fait faire, des articles préliminaires par lesquels il est porté en substance qu'il sera assemblé un congrés à Aix la Chappelle et depuis transféré à Cambrai, dans lequel se décideront tous les points qui sont en contestation, que les affaires demeureront sur le pied des traités faits avant 1725, qu'il y aura une trêve pendant le terme de sept années, temps qu'on a estimé convenable pour tout décider, que l'octroi de la Compagnie d'Ostende sera suspendu pendant ce temps, mais que les vaisseaux que cette Compagnie a fait partir pour les Indes et la Chine pourront faire leur retour en Europe sans qu'il y soit apporté aucun empêchement et que à cet effet l'Empereur s'oblige de donner les noms de ces vaisseaux aux puissances contractantes.

Ces noms n'ont pas encore été donnés, ainsi la Compagnie ne peut vous les remettre. Quant à présent tout ce qu'elle doit vous marquer à ce sujet, c'est que ce qui a été réglé pour la Compagnie d'Ostende ne change en rien la disposition des ordres qu'elle vous a ci-devant donnés au sujet des Ostendois et de leurs vaisseaux qu'elle entend devoir être exécutés en tout leur contenu. Vous ferez part de ceci aux comptoirs qui vous sont subordondés.

Il est vrai que les interprètes, gens du pays, sont timides et n'osent dire aux grands ce que nous sonhaiterions. Nous n'en saurions même avoir de capables ni qui sachent bien écrire le persan. Cela nous cause de grands embarras dans les moindres affaires, faute de pouvoir écrire ni parler pour nous faire entendre. Il serait à désirer que les enfants des français s'appliquassent à apprendre à écrire le persan et à parler maure. La jeunesse ne veut point se donner de peine, et nous n'avons personne capable d'enseigner. Il y a longtemps que nous savons que cela est nécessaire, nous avons envoyé le sieur Duvelaër le jeune à Mazulipatam dans la vue de lui faire

La Compagnie considérant que les interprètes dont vous vous servez sont naturels du pays et n'osent pas souvent par leur timidité parler aux grands auxquels vous les envoyer du ton et dans les termes qui conviendraient, elle estime que vous devez choisir quelques jeunes enfants nés français pour les faire instruire dans les langues qui sont usitées dans le pays où les comptoirs sont établis, afin que par la suite ces jeunes gens puissent vous servir d'interprètes. La Compagnie vous laisse les maitres de leur régler des appointements. Cette dépense parait très nécessaire et vous devez donner les mêmes ordres à Chandernagor et à Mahé.

apprendre à parler maure et à écrire le persan. Il a de la facilité pour les langues et de la bonne volonté; sa santé trop délicate ne lui a pas permis de continuer. Nous avons écrit à Bengale de donner un maitre au sr. Grangemont fils, qui avait déjà quelques principes de la langue maure. La difficulté de prononcer, parcequ'il parle gras fait qu'il n'y a point d'apparence qu'il puisse l'apprendre.

Pour donner de l'émulation et engager ces deux jeunes gens à s'appliquer, nous avions promis 1.000 livres de gratification à qui se rendrait le plus capable dans l'espace d'un certain temps. Nous avons actuellement un des fils de feu M. Verduc, commis à 600 liv, qui travaille au bureau des livres, nous lui avons donné depuis un an un écrivain persan pour lui apprendre, il travaille, mais il sera difficile qu'il puisse réussir faute de santé, il est d'un tempérament délicat, la grande application lui est contraire.

EMPLOYÉS.

Lorque nous avons délivré du vin en bouteilles à vos employés, elles sont restées pour leur compte, aucun n'a eu l'idée de les rendre vides pour s'en faire rembourser. Nous avons soin de faire rentrer en magasin autant qu'il est possible celles du vin qui est consommé à l'hôpital et sur vos vaisseaux, elles se vendent ou se consomment pour votre service.

La Compagnie veut bien approuver l'arrangement que vous avez pris au sujet du vin en bouteilles qu'elle accorde à ses employés, dont vous avez réglé le prix à 30 pagodes la barrique en 240 bouteilles, dans la quantité qu'elle a réglée pour chacun d'eux suivant son grade. Mais elle vous prévient que son intention n'est pas que vous permettiez que pareille chose arrive comme à l'Ile Bourbon où quelques employés se sont fait donner crédit des bouteilles vides qu'ils ont remises au magasin.

Elle est si peu satisfaite de cette conduite qu'elle ordonnera par ses premières lettres au Conseil de forcer les comptes de ceux qui ont fait cette manœuvre, et de les rendre débiteurs du prix de ces bouteilles en les obligeant de les reprendre.

Elle nous fait justice de croire que ce ne sont que les bonnes qualités que nous avons reconnues dans les sieurs d'Angest, Duplessis, Aumont et David venus de Surate qui nous ont déterminés à leur donner de l'emploi. Nous n'avons pas crû désobéir aux ordres que vous nous donnez de les révoquer parcequ'ils étaient des subalternes qui n'ont eu nulle part à la mauvaise conduite que vous imputez au Conseil de Surate. Nous avons crû vous faire service de les conserver et vous éviter la dépense de les renvoyer en France, et celle de faire venir d'autres sujets qui auraient peut-être moins valu qu'eux. Le premier, ayant demandé son congé, est passé en France sur la *Danaë,* nous aurions

La Compagnie veut bien croire que les bonnes qualités que vous avez reconnues dans les employés qui ont passé du comptoir de Surate et que vous avez employés à Pondichéry ou ailleurs, ont été les seuls motifs qui vous ont portés à une désobéissance aussi formelle à ses ordres. Elle veut bien par ces seules considérations consentir qu'ils restent employés, mais ce n'est qu'à une seule condition, qu'ils restitueront ce qu'ils ont indûment reçu à Surate conformément à l'état que la Compagnie vous a envoyé, il y a trois ans. S'ils n'y satisfont pas, la Compagnie vous ordonne absolument de les congédier, et faites attention qu'elle veut être obéie.

révoqué les trois autres au reçu de la présente, et leur aurions fait payer ce que vous prétendez qu'ils ont indûment reçu, afin de vous faire connaitre que nous savons obéir, si M. Lenoir ne s'y était opposé ; il s'est chargé de l'évènement et de vous rendre compte des raisons qui l'ont déterminé à prendre ce party.

Nous n'avions pas donné d'emploi au sieur Pilavoine, c'est encore M. Lenoir qui lui en a accordé au mois de janvier 1727. Nous ne croyons pas qu'il fasse rien restituer de ce que ces employés ont reçu, cela leur a été donné comme gratification par leurs supérieurs.

C'est apparemment celui à qui vous avez communiqué votre lettre à Paris avant de nous l'envoyer, qui a divulgué votre secret. Nous n'avions alors aucune correspondance à Surate et nous avons gardé le secret sur cette affaire, ainsi que sur toutes les autres. Nous ne pouvons voir sans étonnement toutes les faiblesses qu'on nous impute.

La Compagnie ne peut s'empêcher de vous reprocher, au sujet de Surate, le peu de secret que vous avez gardé dans les ordres qu'elle donnait pour ce comptoir. Elle écrivit en 1724 une lettre particulière concernant Surate qu'elle adressait à Mrs. de Beauvollier, Delorme et de Bellegarde, le deuxième n'était plus à Pondichéry, et vous n'avez pas jugé à propos d'admettre l'autre. M. Beauvollier crût devoir communiquer pour lors la teneur de cette lettre, sur laquelle vous avez gardé si peu de silence qu'elle a été publique, non seulement à Pondichéry mais même à Surate. Elle contenait des projets d'arrangements assez intéressants et pour une affaire des plus importantes que la Compagnie puisse jamais avoir dans l'Inde pour mériter un secret profond. Ayez s'il vous plait grande attention à ne plus tomber dans une pareille faute; car autrement vous forceriez la Compagnie à y mettre ordre.

Le souvenir des soins que nous avions pris pour mériter en honnêtes gens la protection de la Compagnie nous a causé cette surprise, et toute considération faite. nous nous regar-

Votre surprise à la réception de l'état des employés que la Compagnie vous a remis en blanc n'aurait dû pas être si grande que vous la faites, si vous eussiez considéré que la Compa-

dons encore actuellement comme d'innocentes victimes de la précipitation de la Compagnie à condamner ses employés. S'il nous était permis de disputer quelque chose à M. Lenoir, son activité et sa vigilance n'effaceraient point en nous le mérite de ses qualités pour ce qui concernerait votre service. Le commerce d'Inde en Inde que nous avons continué et augmenté et les belles cargaisons que nous vous avons envoyées, prouvent que nous étions assez animés de ce zèle que vous nous recommandez pour vous exciter à nous regarder d'un œil plus indulgent.

gnie ne veut avoir à son service que des gens capables de remplir exactement les fonctions de leurs emplois. C'est pour les connaitre plus sûrement qu'elle a laissé M. Lenoir maitre absolu de les placer selon leur mérite particulier. Soyez actifs, vigilants, vraiment portés pour les intérêts de la Compagnie, vous serez sûrs que M. Lenoir vous conservera. Mais surtout devenez plus économes que par le passé, et songez que vous ne devrez les postes que vous occuperez qu'à votre bonne conduite seule et à la relation avantageuse que fera de vous M. Lenoir. La Compagnie vous exhorte de concourir de

tout votre pouvoir aux vues qu'il a pour faire fleurir le commerce et aux ordres dont il est porteur.

TROUPES ET ARTILLERIE.

Par notre lettre générale du 30 septembre dernier nous vous avons accusé la réception de 156 soldats débarqués de ces deux vaisseaux. Nous en avons envoyé quarante à Bengale avec le sr. Le Vassor de

La Compagnie vous fait passer cette année par ses vaisseaux le *Mars* et le *Mercure* cent cinquante soldats de recrue que vous distribuerez ainsi que vous le jugerez convenable. Elle donne ordre aux capitaines de

Grand Maison, enseigne. Nous envoyons à l'Ile Maurice ceux venus par ces deux vaisseaux qui sont mariés. Conformément à ce que M. de Fayet en écrit à M. Lenoir, la Compagnie d'infanterie que nous avions demandée à l'Ile Bourbon n'a point été envoyée. Les vaisseaux la *Sirène* et *l'Alcyon* arrivés le 25 septembre dernier, nous ont apporté 39 soldats qui viennent des Iles de France et Bourbon. Trente soldats suffiront par an pour recruter les compagnies, si vous donnez des ordres d'envoyer des gens en état de servir.

ses vaisseaux d'en laisser à Mahé le nombre que le Conseil de ce lieu lui demandera conformément aux ordres que vous ou M. Lenoir y avez dû envoyer. Ce secours joint à la compagnie d'infanterie que vous avez tirée de l'Ile de Bourbon et aux cent soldats qui ont passé l'année dernière sur les vaisseaux le *Jupiter* et le *Lys*, doit rendre toutes vos compagnies complètes. Ainsi la Compagnie compte que désormais trente soldats qu'elle vous enverra par an suffiront pour les recruter.

Nous en avons reçu plusieurs qui ont des infirmités qui les en rendent incapables.

Nous vous le remettons ci-joint sans être apostillé. Nous n'avons donné de commission à aucun depuis l'arrivée de M. Lenoir. C'est lui qui a nommé ceux qui sont entrés à votre service ou les a augmentés en grade. Vous pouvez sans qu'il soit nécessaire d'envoyer d'état, voir par le journal de caisse le nombre

Ne manquez pas de remettre à la Compagnie l'état général de tous les officiers qui la servent dans ses comptoirs des Indes, avec la date des commissions que vous leur avez données afin qu'elle demande des brevets et commissions du Roi, et qu'ils prennent leur rang du jour que vous les avez installés dans

et la qualité des officiers qui sont à votre service. Leurs noms y sont écrits tous les mois pour le payement de leurs appointements. Il en est de même de tous vos autres employés. Par ce même journal vous verrez le changement qui se fait dans le cours de l'année.

Nous avons reçu par les vaisseaux le *Mercure* et le *Bourbon* un nommé Boivin canonnier, à 600Lvs. par an et six adjudants, un à 400Lvs. un à 370Lvs. deux à 360Lvs. et deux à 350Lvs. Cela cause de la jalousie à ceux qui sont anciens à votre service. Nous n'avons point vu de maitre d'artillerie. Nous ne croyons pas que le nommé Boivin soit destiné à cet emploi, puisque ce n'est qu'un canonnier ordinaire qui ne sait pas même écrire. Nous verrons à le placer à Mahé ou à l'Ile de France, n'en ayant pas besoin ici à présent. Il serait nécessaire que vous fissiez la dépense d'un officier d'artillerie entendu

leurs fonctions. Vous aurez soin que cet état soit apostillé des bonnes et mauvaises qualités de chacun.

La Compagnie a donné ordre à Lorient d'engager un Maitre d'artillerie et six bons aides canonniers, et elle a recommandé surtout à M. le chevalier de Fayet d'avoir plus d'attention à leurs capacités qu'on en a eu par le passé. Elle luì a fait part de ce que vous marquez à ce sujet. Ainsi elle espère que vous en serez satisfaits. Elle sent tout le tort que cela lui fait de vous envoyer des gens dont vous ne pouvez tirer aucun service. Mais elle ne peut aussi que recommander de l'attention dans le choix de ces sujets, et c'est à quoi elle est sûre qu'on aura égard.

dans le détail d'une place, qui put mettre les choses en règle. C'est un métier dont bien des gens se mêlent et que peu entendent bien.

Nous ne conserverons que le nombre de canonniers et d'adjudants porté par votre état, nous emploierons les autres à différents usages suivant leurs capacités, ou les engagerons à passer à l'Ile de France.

Lorsque vous aurez reçu ces nouveaux aide-canonniers, vous renverrez les anciens que vous dites être ou vitriers ou d'une autre profession aussi peu convenable. Mais la Compagnie serait bien aise que vous fissiez tous vos efforts pour engager ces hommes à venir s'établir à l'Ile de France, en leur faisant connaitre les conditions que la Compagnie accorde à ceux qui y veulent former des habitations, et dont elle vous fait part dans l'article des Iles de Bourbon et de France.

Nous en avons reçu 46 savoir : 25 par le *Mercure* 15 par le *Mars* et 6 par le *Bourbon.*

Vous recevrez cette année 50 pièces de canons de 18 livres de balles, cette quantité doit vous suffire avec ceux que vous avez de différents calibres pour munir tant Pondichéry que Mahé.

Nous en avons reçu 25853 des différents calibres portés sur les factures et connaissements.

Vous recevrez en outre les boulets du calibre de 18, ainsi que de différents calibres que vous avez demandés.

Nous les avons reçus avec le mémoire ; en les faisant éprouver il s'en est crevé un que nous vous renvoyons, afin que vous voyez que la matière n'en est pas bonne.

Elle vous envoie des mortiers d'une nouvelle façon qu'elle croit vous devoir être très utiles, avec les outils nécessaires aux mortiers, vous avez ci-joint un mémoire instructif pour s'en servir.

Nous n'en avons reçu que 30.000, savoir: 12.000 par le *Mercure*, 13.000 par le *Mars* et 5.000 par le *Bourbon*. La poudre fine n'est point bonne, elle vaut moins que celle à canon que nous avons reçue précédemment ; la quantité de 100 milliers n'est point trop considérable pour munir les forts de Mahé et celui-ci.

Nous avons reçu 1.400 fusils avec les autres munitions, conformément aux factures et connaissements.

Nous les avons reçus et fait éprouver, un canon de fer de 4 livres de balles porte plus loin.

Ce n'est pas la raison du libertinage qui nous a fait renvoyer ces trois soldats, il y en avait deux qui avaient des infirmités incurables qui les avaient mis hors d'état de servir suivant le

Elle vous envoie 50 milliers de poudre de guerre et 1000 livres de poudre fine. Mais ayez soin de mettre à l'avenir les sortes et quantités en toutes lignes d'écriture et non pas en chiffres. La Compagnie a crû que les 100 milliers de poudre que vous demandez par votre état, etaient une erreur de chiffres cette quantité étant bien considérable.

Vous recevrez aussi les fusils que vous avez demandés, ainsi que toutes les autres munitions contenues dans vos états pour Pondichéry.

Les canons de 6 livres de balles de l'invention du sieur Thomas, ont été chargés l'année dernière sur le *Jupiter*.

Vous renvoyez par *l'Argonaute* trois soldats parceque vous dites qu'ils sont libertins; la Compagnie ne trouve pas que ce soit une raison pour les congédier, vous avez les peines de la

rapport des chirurgiens, le troisième était mangé d'écrouelles. Ils ont été payés ici jusqu'au jour qu'ils ont été embarqués; il en a été fait mention dans l'ordre donné au capitaine par M. Lenoir pour les embarquer, l'écrivain doit l'avoir fait sur son registre. Nous avons soin d'envoyer à Lorient les pièces nécessaires pour qu'il n'y ait aucune difficulté à l'arrivée des soldats, matelots, ou autres passagers qui vont en France.

discipline militaire à employer, il faut vous en servir et ménager mieux les allées et les retours des soldats qui ne peuvent causer que beaucoup de dépenses à la Compagnie. D'ailleurs où pensez-vous trouver des soldats qui ne soient pas libertins, ils le sont tous d'inclination, et ce n'est que la crainte des châtiments qui les retient.

Vous avez oublié de remettre à la Compagnie les décomptes de ces trois soldats, et par ce défaut de pièces elle n'a sû de quelle façon elle devait les traiter, il a fallu les en croire sur la bonne foi pour ce qui pouvait leur être dû. Soyez, s'il vous plait, plus attentifs à remettre tous les papiers qui peuvent être nécessaires en France.

BATIMENTS ET FORTIFICATIONS.

Nous continuons l'enceinte de la ville, nous l'avons fort peu avancée cette année; faute d'argent, nous n'avons pu y faire travailler qu'après l'arrivée de France du premier vaisseau.

Il est bien que vous n'ayez pas songé à faire travailler au fort, et que vous ayez donné toute votre attention à la construction des murs de la ville, ce à quoi la Compagnie vous exhorte d'employer tous vos soins.

Elles sont finies, et le pont de la porte royale rétabli.

Il était convenable de faire finir la construction des casernes, et aussi de faire rétablir le pont de la porte royale. Le parti que vous avez pris d'y employer du bois rouge vous assurera de la solidité de l'ouvrage.

Ces voûtes sont finies, la presse y est mise en place, nous nous en servons pour les balles des qualités que vous expliquez. Nous savons que les autres sont des marchandises trop fines et qu'elles ne pourraient supporter la presse.

Il sera bien que vous fassiez travailler aux voûtes que vous faites faire sur le rempart du bastion de Bretagne, et qui sont nécessaires pour y placer la presse à presser les balles. La Compagnie vous dira à cet égard qu'il n'y a que les balles de guinées, salampouris et mouchoirs qui doivent être pressées, les autres marchandises ne devant pas absulument l'être, crainte de les endommager.

Nous nous conformerons à ce que vous nous prescrivez à ce sujet.

A l'égard des bâtiments à faire au gouvernement, il faut les remettre après que l'enceinte sera entièrement finie, et jusqu'à ce temps qu'il y ait des logements construits dans le fort. La Compagnie consent que vous fassiez payer à chaque employé par mois pour son logement, ce que vous avez réglé par votre délibération du 21 octobre 1726.

Il serait nécessaire de le rétablir, nous n'y ferons cependant travailler qu'après que l'enceinte sera

Si vous jugez absolument nécessaire pour la commodité publique de faire rétablir le pont que vous aviez

finie à la même hauteur qu'elle est commencée.

fait faire hors de la porte Valdaour, et qui est tombé, la Compagnie vous laisse les maitres de le faire pourvu que ce travail ne puisse interrompre celui de l'enceinte.

M. Deidier est arrivé le 19 mai dernier, nous l'avons prié de visiter le terrain des Révérends Pères Jésuites, il en a fait son rapport au Conseil, qui en conséquence a permis aux Révérends Pères de bâtir leur église, par délibération du 28 du même mois conformément à l'avis du sieur Deidier.

Vous avez bien fait de prier les Révérends Pères Jesuites de suspendre le dessein qu'ils avaient de faire bâtir une église d'une grandeur considérable jusqu'à ce que M. Deidier consulté, vous eût envoyé sa réponse. Comme vous l'avez reçue et qu'il vous marque qu'il faut voir le terrain avant de donner la décision, la Compagnie compte que ces Révérends Pères auront attendu la présence du sieur Deidier. Prévenez les toujours d'une manière honnête et polie qu'il ne faut pas que l'édifice qu'ils veulent faire construire puisse nuire à la défense de la citadelle et de la ville, non plus à la décoration de celle-ci.

Cela était très nécessaire pour la décoration de la ville et pour débarrasser la forteresse qui était environnée de paillottes jusque sur les glacis.

La Compagnie approuve la délibération que vous avez prise le 15 Novembre 1726 au sujet des cases et du cimetière qu'il faut nécessairement transporter ailleurs pour conserver les alignements convenables à la beauté de la ville, soit pour percer des rues, soit pour en continuer d'autres dans leur étendue suivant l'ancien plan.

MAZULIPATAM

Nous sommes bien aises que vous ayez reçu ces marchandises. Nous souhaitons que vous les ayez trouvées telles que vous les désiriez. Nous n'avons point fait faire de guinée ni salampouris cette année faute d'argent.

La Compagnie a reçu les marchandises de ce comptoir que vous avez chargées sur ses vaisseaux suivant les factures. Elle vous remettra au mois de Novembre prochain les observations qui auront été faites sur leurs qualités.

Elle approuve que vous ayiez supprimé la dépense de la table qui s'y faisait pour son compte et que vous ayiez réglé à 300 lvs. de subsistance à chacun des employés. Cet arrangement lui convient mieux de toutes façons.

Nous avons fait suspendre le bâtiment commencé par le sr. Courton faute d'argent. Il est nécessaire de le faire achever. Mais nous ne sommes point encore en situation de faire travailler par les mêmes raisons qui nous l'ont fait suspendre.

Vous avez bien fait de faire suspendre le bâtiment que le feu sr. Courton avait fait commencer à la loge jusqu'à ce que vous en ayez reçu le devis et que vous ayez jugé de la nécessité de cet ouvrage et de ce qu'il doit coûter.

N'ayant point d'argent pour y faire du commerce, nous avons pris le prétexte des troubles que nous causaient les Radjas pour en retirer les employés qui ont laissé la maison à la garde des pions qui y sont restés.

La Compagnie voit que les troubles que les Radjas voisins de Yanaon causent aux employés de ce comptoir vous ont obligés de rappeler ceux-ci. Il faut cependant espérer que cette démarche fera faire des ré-

Nous espérons y renvoyer dans le mois prochain. Les Radjas nous promettent un meilleur traitement que par le passé.

flexions aux Radjas et les engagera à tenir une conduite plus modeste, s'ils ne veulent se voir privés des avantages que l'établissement de ce comptoir répand dans leurs terres.

MAHÉ

Nous sommes bien aises que vous ayez reçu toutes ces pièces, que vous soyez satisfaits du traité de paix avec Bayanor, et que vous en approuviez la ratification avec les observations faites sur quelques articles. Vous verrez par les copies des pièces qui vous ont été envoyées par M. Tremisot et que vous avez dû recevoir par le vaisseau le *Lys* que les observations faites sur ce traité ont été inutiles, ayant été obligé de le ratifier simplement. Ainsi que nous vous l'avons écrit par notre lettre du 25 janvier 1728, nous convenons que les articles secrets sont trop favorables pour Bayanor. Il n'a pas été à notre pouvoir d'y rien changer. Nous étions faibles en troupes,

La Compagnie a reçu toutes les pièces que vous lui remettez concernant Mahé. Elle a lu avec beaucoup de satisfaction le traité de paix, qui a été signé le quatorze novembre 1726 avec Bayanor ; et elle approuve la ratification que vous en avez faite avec les observations qui sont en marge de quelques articles. Ces observations sont justes et étaient en même temps nécessaires pour éviter toutes discussions avec les nations d'Europe qui sont établies sur la côte. Si ces nations eussent agi avec autant de circonspection et de mesure, la Compagnie n'eut pas eu de guerre à soutenir, ou si elle en eut eu, elle n'aurait pas été si longue ni d'une aussi gran-

dépourvus d'argent et de munitions. Dans ce triste état la paix était nécessaire. Rien ne peut répondre de la mauvaise foi de Bayanor ni de ceux qui lui succéderont. Pour s'en garantir, il faut être attentif à ses démarches et à celles de ses voisins, avoir une bonne garnison de 250 hommes, des munitons de bouche et de guerre, et être en état de donner du secours à la moindre apparence de trouble afin d'assurer la possession et la conservation de l'établissement. Nous y ferons tout le commerce qui conviendra à vos intérêts, pour vous indemniser d'une partie des grandes dépenses faites et de celles à faire pour l'achever et l'entretenir, aussitôt que vous nous en aurez procuré les moyens par les fonds qu'il vous plaira nous remettre et que nous économiserons avec beaucoup d'attention. Nous n'avons point reçu la lettre particulière que vous nous promettez, par la quelle nous devions apprendre vos intentions au

de dépense. Elle ne peut s'empêcher cependant de vous dire que les articles secrets ont été passés un peu vite ; car on ne s'est pas contenté de rendre a Bayanor ce qu'on pouvait avoir pris sur lui et de lui remettre 70.000 fanons que le comptoir de Mahé lui avait avancés, mais on s'oblige encore de lui payer une somme de 150.000 fanons pour l'indemniser des pertes et dommages qu'il a essuyés par une guerre que son infidélité vous a forcés de lui faire. Il est vrai, direz vous, que vous acquérez par ce traité la possession de ce que vous souhaitez. Mais qui vous répondra que le prince que vous récompensez encore de sa mauvaise foi par les trois articles secrets, tiendra mieux sa parole, que par le passé, d'autant plus qu'ayant tiré un avantage par le traité qui a succédé à la guerre, il espérera en la recommençant, obtenir encore des conditions plus avantageuses. Quoi qu'il en soit il est plus expédient

sujet de cet établissement. Cela nous jette dans un embarras qui nous cause de l'inquiétude parce que nous ne saurions penser que ce soit un oubli de votre part, l'affaire étant de grande conséquence pour la Compagnie.

pour les intérêts du commerce de la Compagnie d'avoir fait la paix. C'est à vous maintenant à lui en faire ressentir toute l'utilité en faisant le commerce des poivres que Bayanor est obligé de vous livrer et en économisant autant que vous pourrez les dépenses

qui vous restent à faire pour perfectionner cet établissement. La Compagnie vous écrira par les premiers vaisseaux une lettre particulière à ce sujet par laquelle vous saurez quelles sont ses intentions.

Nous pensons que cette protestation n'a été fondée que sur ce qui a été écrit par quelques personnes aussi mal informées que mal intentionnées, que le manque de fonds où nous étions alors procédait de la faute de M. Lenoir, qui en avait refusé de considérables que vous aviez voulu charger sur les vaisseaux le *Jason* et *l'Argonaute* et qu'il vous avait persuadés qu'ils étaient inutiles.

La Compagnie trouve aussi extraordinaire que vous la protestation qu'a faite le conseil de guerre de Mahé au sujet de cet établissement. Ceux qui le composent ont apparemment craint que s'ils étaient malheureusement contraints de l'abandonner, la Compagnie n'eut à leur imputer cet évènement et c'est la seule chose qui puisse lui justifier cette protestation. Si ce malheur arrivait par faute des fonds, la Compagnie ne pourrait s'en prendre ni à eux ni à vous.

M. M. Deidier et La Farelle sont de retour par les

Elle estime cependant que tant que M. Deidier y

vaisseaux la *Marie Gertrude* et la *Minerve*, arrivés en cette rade le 19 et le 20 mai dernier. Vous serez informés par un des articles de notre lettre générale des officiers et soldats qui composent la garnison. Nous vous avons donné avis par notre lettre du 25 janvier 1728 du Conseil de justice que nous y avons établi ; à l'égard de celui de guerre, il y sera composé et tenu conformément à l'ordonnance du Roi du 26 janvier 1727 que vous nous avez remis et que nous y avons envoyé.

restéra, il convient de laisser subsister le conseil de guerre tel qu'il est établi, mais sitôt que la présence de M. Deidier n'y sera plus nécessaire, il faut que vous le fassiez repasser à Pondiehéry, que vous rappeliez le sieur de La Farelle major, et que vous laissiez une garnison suffisante commandée par de La Farelle, capitaine, sous les ordres du sieur Tremisot, afin que les choses rentrent dans l'ordre naturel et qui convient au commerce de la Compagnie, au moyen de quoi et lorsqu'il sera nécessaire de tenir un conseil de guerre,

il sera composé et tenu conformément à l'ordre du Roi qui vous a été remis l'année passée à ce sujet.

Nous avons envoyé au Vice-Roi de Goa par le vaisseau le *Pondichéry* parti le 23 octobre dernier les munitions de guerre qu'il avait prêtées, la lettre que vous lui écrivez et les présents que vous lui faites.

Vous recevrez cette année les munitions de guerre que messieurs de Mahé ont demandées tant pour les besoins du fort que pour restituer aux Portugais ce qu'ils vous ont prêté. La Compagnie a crû devoir en marquer sa reconnaissance

plus particulièrement au Vice-Roi de Goa en lui faisant un présent qu'elle vous adresse, et qui consiste en une tabatière d'or garnie d'écaille et enrichie de quelques diamants, d'une pendule et d'une glace conformément à la facture qui vous sera adressée. Vous aurez soin de faire passer ces présents au Vice-Roi et de l'accompagner de la lettre que la Compagnie lui écrit et qu'elle vous remet ce jour.

Nous lui avons écrit le soin que vous avez pris pour faire passer ses lettres à leurs adresses.

Les lettres que ce Vice Roi vous a adressées pour être envoyées en Europe ont été remises à M. le comte de Maurepas, qui a bien voulu se charger de les faire passer à leurs adresses.

L'arrêt a été envoyé par le vaisseau la *Vierge de Grâce* pour être remis en France par M. Pardaillan, capitaine. Il est facile de voir par la lecture du dit arrêt et du reçu de M. Pardaillan dont copie est ci-jointe et que nous avons envoyée à M. de la Franquerie, alors directeur à Lorient, que le nommé Chevalier qui s'est sauvé, est condamné aux galères, et le nommé Loyal, envoyé par le dit vaisseau, au bannissement. Nous aurons soin à ce que vous nous marquez au sujet du bannissement; nous nous conformerons aux ordonnances de la guerre, nous ne les avons

Il est bien que vous ayez fait faire le procès à deux soldats mutins qui vous ont été renvoyés de Mahé, dont vous marquez avoir condamné l'un aux galères et l'autre au bannissement. Vous ajoutez que l'un des deux s'est sauvé, et que vous faites embarquer l'autre sur la *Vierge de Grâce*. La Compagnie trouve plusieurs choses à redire dans ce fait; la première est que vous ne faites point connaitre lequel de ces deux hommes s'est sauvé, et si celui que vous renvoyez en France est condamné aux galères ou simplement au bannissement; deuxièment, vous ne remettez point à la

point dans nos bureaux, un des employés de plume et d'épée les a, nous nous en servirons. Il serait nécessaire que vous eussiez la bonté de les envoyer avec plusieurs autres livres de judicature que nous avons demandés plusieurs fois; si nous les avions, nous y aurions recours.

Compagnie des copies en forme du jugement que vous avez rendu contre eux, sans laquelle ce jugement ne peut avoir son exécution en ce pays; c'est pourquoi la Compagnie vous recommande de ne point manquer de lui remettre cette copie et de faire la même chose à l'avenir dans les affaires de cette nature. Enfin, la Compagnie ne conçoit pas quel est votre motif lorsque vous prononcez la peine de bannissement, souvent ce n'est pas une punition pour ceux que vous y condamnez, et la Compagnie estime que lorsqu'il n'y a pas matière à une comdamnation plus sévère, il convient mieux de prononcer des peines militaires qu'un bannissement. D'ailleurs vous avez les ordonnances de la guerre auxquelles vous devez vous conformer.

Si vous voulez bien prendre la peine de vous faire représenter nos lettres, Messieurs, celles de Mrs. les Commissaires, des sieurs Mollandin et Trémisot, et le mémoire de M. Périer, vous concevrez notre embarras dans une affaire de la conséquence de Mahé. Si nous avions négligé les instances et les avis de ces employés et de cet officier, et que nous n'eussions

La Compagnie ne peut absolument point approuver votre délibération du 16 mai 1726 par laquelle vous accordez deux mille pagodes de gratification a M. le Chevalier de Pardaillan. Elle vous avait ci-devant marqué assez positivement ses intentions au sujet des gratifications que vous aviez accordées pour ne devoir pas naturellement craindre que vous contre-

point entrepris de reprendre cet établissement par la force, sur la lecture de ces lettres et de ce mémoire vous vous seriez imaginé cette expédition bien plus praticable qu'elle ne l'a été par l'évènement, et vous nous auriez reproché avec apparence de justice que notre indolence vous avait laissé perdre un établissement que vous nous ordonniez avec tant de précision de vous conserver. Cette idée d'une réussite facile nous aurait perdus sans ressource. Il fallait prendre un parti qui convint à l'honneur de la nation et à vos intentions. Nous offrimes la conduite de cette affaire à M. Pèrier, qui après avoir avancé qu'il s'en chargerait volontiers, s'en défendit quelques jours après. Nous crûmes le ramener en lui promettant ces deux mille pagodes s'il réussissait. M. de Pardaillan se présenta de bonne grâce. Nous ne pensâmes pas devoir lui refuser à son retour ce que nous avions offert à l'autre.

vinssiez encore à ses ordres. Mais puisqu'il n'y a pas moyen de vous obliger de vous y conformer par les voies qu'elle y a employées jusqu'ici, elle vous avertit que si désormais vous vous obstinez à accorder aucune gratification de quelque nature et sous quelque prétexte que ce soit, elle fera forcer les comptes de ceux qui en auront signé la délibération, pour leur faire rembourser les sommes qui auront été payées. En conséquence, et pour que son intention à ce sujet demeure connu à l'avenir, elle vous ordonne de faire enregistrer cet article au greffe du Conseil. Cette conduite est d'autant plus extraordinaire que M. Lenoir, quoique muni des pouvoirs de la Compagnie, n'avait pas voulu prendre sur lui d'accorder les gratifications qui lui ont été demandées aux Iles de Bourbon et de France et en avait renvoyé les demandes à la Compagnie.

L'exemple du refus de M. Lenoir au sujet des gratifica-

tions qu'on lui demanda aux Iles ne fait pas contre nous,
rien ne le pressait, il est même dangereux d'acquiescer aux
importunes. Au reste, M. de Beauvollier a été à portée
de vous rendre compte à Paris des motifs de cette délibération. Il était alors notre chef ; il était trop sage et d'une
conscience trop délicate pour disposer follement d'une
somme si considérable sans une vraie nécessité; et puisque vous n'approuviez pas cette gratification et que vous
ne nous jugiez pas en droit de l'accorder, vous pouviez
vous en rembourser en retenant cette somme sur ce que
vous deviez à M. de Pardaillan. Il suffit maintenant que
nous soyons instruits de vos intentions pour nous y con-
fermer. Nous n'en accorderons aucune dans la suite de
quelque nature qu'elle puisse être.

Vous l'avez approuvée par un des articles de votre lettre du 28 décembre 1726 reçue par le vaisseau le *Lys*. Vous dites même que si cette veuve se remarie, elle passera sur la tête de ses deux enfants par égale por- tion. Apparemment que vous l'avez oublié ou que vous avez changé d'avis; nous en sommes bien mor- tifiés. Nous nous confor- merons par la suite à ce que vous prescrivez par le présent article.

La Compagnie désap- prouve également la pension que vous avez accordée à la dame veuve Changeac dont le mari a été tué à Mahé. Il était juste de la secourir : mais vous deviez vous contenter de lui don- ner une subsistance pour elle et pour ses enfants et laisser à la Compagnie le soin de faire ce qu'elle juge- rait à propos. Si pareille circonstance arrive, vous devez simplement régler une subsistance et renvoyer à la Compagnie à décider sur ce qu'il conviendra de faire.

Dans le nombre des officiers, soldats et canonniers qui seront blessés à votre service, il pourra s'en trouver dans des situations par rapport à l'âge ou à leur famille, hors d'état de passer à l'Ile de France ni de profiter des prétendus avantages que la Compagnie y fait à tous les colons. Nous ne voyons point que vous nous ayez fait part de l'arrangement qui doit assurer le payement des pensions. Aucune de vos lettres n'en fait mention ; vous ne dites rien non plus pour les veuves et enfants des gens qui peuvent être tués ou mourir à votre service.

Quant au traitement à faire aux officiers, soldats et canonniers blessés à Mahé ou qui pourraient l'être par la suite, la Compagnie veut bien leur accorder des pensions à condition qu'ils passeront à l'Ile de France pour y former des habitations et participer aux avantages que la Compagnie y fait à tous les colons. Pour ce qui concerne les pensions, la Compagnie travaille à un arrangement qui en assurera le payement certain. Elle vous en fera part par le vaisseau qu'elle compte faire partir en novembre prochain.

CHANDERNAGOR.

Nous n'en avons aussi qu'une à vous représenter qui est de nous envoyer des fonds suffisants ; alors nous en remettrons à Bengale autant qu'il en sera nécessaire. Nous connaissons l'importance que ce comptoir en soit fourni.

La Compagnie n'a qu'une unique chose à vous recommander au sujet de ce comptoir, qui est de lui remettre à l'avance les fonds nécessaires pour faire travailler aux marchandises dans les quantités et qualités qu'elle les y a demandées. Vous savez que lorsque les fonds parviennent tard à ce comptoir, les employés sont dans

la nécessité de prendre sans choix tout ce qui se présente
ce qui cause un tort infini à la Compagnie dans les ventes
qu'elle en fait en France. Voilà à quoi vous devez apporter toute votre attention, le commerce de Bengale étant
d'une aussi grande importance à la Compagnie.

Nous en userons de mê-
me pour ceux qui tombe-
ront dans le cas.

Vous avez bien fait de
faire repasser en France le
nommé Chanla que le comp-
toir de Chandernagor vous
a renvoyé pour son ivrognerie perpétuelle.

ILES DE BOURBON ET DE FRANCE.

Nous voyons parfaite-
ment le dessein et les vues
que vous avez pour l'éta-
blissement de ces îles, de
notre part nous y contri-
buerons en tout ce que
nous pourrons.

Nous vous avons écrit
par notre lettre du 25 janvier 1728, et par plusieurs
articles de nos réponses en
apostille, les motifs qui
nous ont empêchés d'exé-
cuter vos ordres et d'y envoyer un vaisseau de Ben-
gale. Nous sommes persua-
dés que vous serez péné-
trés de nos raisons et que
vous n'attribuerez point à
de la désobéissance ce retardement, puisqu'il ne pro-

Vous êtes informés du
dessein que la Compagnie
a de pousser les établissements des Iles de Bourbon
et de France. Elle vous a
marqué l'année dernière de
faire partir de Bengale au
mois de décembre de cha-
que année un navire pour y
porter les marchandises,
munitions de bouche et
autres choses dont ces îles
peuvent avoir besoin, elle
vous réitère encore la même chose, et vous recom-
mande d'apporter de votre
coté tout ce qui dépendra
de vous pour concourir à
leur parfait établissement.
Le compte que lui en a rendu M. Lenoir et la situation

cède que d'impuissance. Nous savons depuis longtemps que l'Ile de France est bonne, qu'elle peut vous être très utile par la suite. Nous pensons qu'avant d'y faire passer une si grande quantité de personnes, il aurait été convenable d'y faire passer des esclaves pour défricher quelques terres qui eussent été en état de produire une partie des choses nécessaires à la subsistance de tant de monde. Il aurait encore été nécessaire d'y avoir une quantité d'esclaves pour fournir à tous ces nouveaux venus, qui auront bien de la peine à apprendre la manière de défricher les habitations et faire travailler les esclaves. Nous pensons qu'une partie de ces personnes nouvellement arrivés, mourront à la peine, c'est un métier qui ne s'apprend qu'avec beaucoup de temps et de soins.

où il les a trouvées lorsqu'il est allé en dernier lieu aux Indes, et dont sans doute il vous aura informés, ont déterminé la Compagnie à faire les dépenses nécessaires pour mettre l'Ile de France en valeur. Pour cet effet elle y fait passer cette année des ouvriers de toutes les professions qu'elle a crû utiles ; elle y envoie plusieurs familles qui ont demandé à s'y établir, elle y joint douze jeunes filles qu'elle donnera ordre de marier à des soldats et des ouvriers, et pour mettre tous ces gens en état de travailler, elle donne ordre qu'on leur avance des esclaves, des outils pour la terre, des semences et graines et des vivres pendant un an ou deux, qu'ils s'obligeront de restituer en nature et du crû de leurs terres.

Elle a renoncé à toute redevance à l'Ile de France ainsi qu'à celle de Bourbon sur les terres qui sont ou seront concédées, à l'exception seulement de quatre onces de café ou d'autres denrées de cette espèce qui lui seront payées par chaque arpent de terre. Elle y fait passer en outre une quantité considérable de marchandises de France qui lui ont été demandées. Toutes ces dispositions vous temoignent assez avec quelle ardeur la Compagnfe souhaite la perfection de ces établissements, elle vous exhorte d'entrer dans ses vues.

Rien ne convient mieux pour exciter les hommes à travailler que d'y envoyer de l'argent pour empêcher qu'il n'en sorte. Il faut fournir vos magasins des effets de France et de l'Inde convenables à l'usage des habitants, autrement l'argent que vous y enverrez sortira toujours, c'est ainsi, vous devez faire attention.

Nous avons envoyé par le *Mars* 2.000 pagodes en fanons, les vaisseaux qui vont partir y porteront 4000 pour achever les 6.000 que vous ordonnez d'y envoyer.

Comme l'argent est un des plus puissants moyens sur les esprits des hommes pour les exciter au travail, la Compagnie s'est déterminée à en faire passer aux dites îles, mais elle est bien aise en même temps que celui qu'elle y enverra y circule et n'en sorte pas comme celui qu'elle y a remis ci-devant. Elle a approuvé la proposition que lui a faite M. Lenoir d'introduire dans ces îles les pagodes d'or et les fanons d'argent ; pour cet effet son intention est que vous y envoyez toutes les années 6.000 pagodes en or et 5.000 en fanons, elle estime ces fonds suffisants quant à présent, et elle les augmentera dans la suite s'il est nécessaire. Vous établirez les pagodes sur le pied de 105 sols la pièce, et les fanons à raison de 4 sols 6 deniers aussi la pièce à raison de 24 fanons pour une pagode. Il est vrai que la pagode sortira à 108 sols en fanons, mais cette légère différence a été une fraction qui se trouverait nécessairement dans chaque fanon.

Nous les y avons envoyés, nous continuerons à y en

Ne manquez pas aussi d'y faire passer les vestes,

envoyer pour l'usage des habitants et des soldats.

culottes, chemisettes, etc. pour les soldats, puisque la Compagnie ne leur en envoie pas d'Europe, se contentant d'y remettre les juste-au corps et les chapeaux.

Cela étaif inutile puisque l'on n'a pas envoyé ceux que nous avions demandés.

La Compagnie fait passer cette année à l'Ile de Bourbon 150 soldats pour rétablir la compagnie d'infanterie que vous avez tirée du quartier St. Paul.

SURATE.

En conséquence Mr. Grangemont est venu avec les livres. Nous vous avons donné avis de son arrivée par notre lettre du 25 janvier 1728 et du triste état où lui et Madame son épouse étaient. Nous vous supplions très humblement d'y avoir égard en leur ordonnant une pension qui puisse les faire vivre. Il ne peut nous donner aucun éclaircissement que ceux que nous prendrons par les livres. Mr. Lenoir a conféré avec lui pendant un long-

La Compagnie approuve ce que vous avez écrit aux sieurs Grangemont et Flacourt et les ordres que vous avez donnés au premier d'accompagner les lettres et papiers, qui concernent les créanciers de Surate, pour vous donner tous les éclaircissements qu'il pourra lorsque vous itravaillerez à cette affaire sur laquelle la Compagnie n'a rien à vous dire puisque vous connaissez quelle en est l'importance.

temps à plusieurs reprises. Il n'en a rien tiré qui fut utile à vos affaires. Il n'est pas même en état de travailler à cause de ses infirmités. Nous faisons actuellement travailler au dépouillement des livres pour faire les comptes de chacun des créanciers, dans la forme prescrite par M.

Dodun, alors contrôleur général. Ce sera un travail long, pénible et inutile. Pour terminer cette affaire il faudrait comme nous vous l'avons écrit par notre lettre du vingt cinq janvier 1728, avoir de l'argent comptant à offrir aux créanciers, autrement ils n'entendront aucune proposition.

Nous vous avons donné avis par notre lettre du 25 janvier 1728 que le sieur Flacourt n'avait pu aller demeurer au jardin, qu'il avait loué une petite maison dans la ville. Nous vous informons par un des articles de notre lettre générale de ce que nous avons reçu par le *bot* que nous lui avions demandé et qu'il a envoyé. Les sieurs Flacourt et Martin demandent avec instance que nous leur permettions de délivrer des passeports aux vaisseaux particuliers, sans quoi il ne leur sera pas possible d'y rester par les embarras et les peines qu'on leur cause. Nous leur en enverrons d'ici que le sieur Flacourt remplira et délivrera aux propriétaires des vaisseaux qui sont ordinairement maîtres. Nous croyons que cela ne fera qu'un bon

Vous avez bien fait de marquer au dit sieur Flacourt de quitter la maison qu'il louait pour le compte de la Compagnie et d'aller demeurer au jardin. Cela évite là dépense d'un loyer et conserve à la Compagnie la propriété de son jardin. Elle approuve aussi la défense que vous avez faite au dit sieur de Flacourt d'arborer le pavillon français dans aucun endroit, ni de délivrer passeport ou commission à aucun vaisseau étranger. Il est bien que vous ayiez accordé l'un et l'autre au sieur Ragousse, français. En cette qualité, vous ne pouviez les lui refuser. Mais le pavillon ne doit point absolument être accordé lorsque le vaisseau qui le porte n'est pas en état de le défendre, autrement c'est le compromettre.

effet. Les Portugais y en envoient qu'ils font délivrer par un homme du pays; à l'égard du pavillon, il ne sera accordé qu'aux personnes qui seront en état de le défendre.

LIVRES.

Ceux soldés le 30 juin 1727 vous ont été envoyés.

Vous recevrez ceux soldés le 30 juin 1728 par les vaisseaux qui vont partir. Il n'y est plus fait mention de pagodes de Paliacatte.

La Compagnie a reçu les livres du comptoir soldés au 30 juin 1726 conformément à l'inventaire que vous lui en remettez.

Il sera bien qu'à l'avenir vous n'y employiez plus les pagodes de Paliacate qui n'étant qu'une monnaie imaginaire causent beaucoup d'embarras et ôtent la netteté des livres.

Elle vous remettra par les autres vaisseaux ses observations au sujet des livres et sa réponse au memoire du sieur de la Morandière, qui sert de réplique à celui de la Compagnie précédemment envoyé.

AFFAIRES GÉNÉRALES.

Nous les avons reçus et nous nous y sommes conformés.

Vous avez ci joint la copie des ordres et instructions que la Compagnie a donnés au sieur Jonchée, capitaine du vaisseau le *Mars*. Vous tiendrez la main à leur exécution.

Nous avons reçu les quantités portées par les facture et connaissement de chaque vaisseau.

La Compagnie a laissé en blanc la quantité de matières d'argent qu'elle compte vous faire passer cette année par les raisons qu'elle marque à M. Lenoir. Quant à la cargaison du vaisseau le *Mars*, MM. Forlie et Cazaubon de Cadix auront soin de vous remettre un connaissement des matières qu'ils chargeront et de vous écrire sur les circonstances qui empêchent la Compagnie de vous écrire positivement.

Il est arrivé ici le seize juin dernier.

Nous avons compté sur cette quantité ; nous n'en avons cependant reçu que quatre vingt neuf mille quatre cent quatre vingt douze marcs dont vous verrez l'emploi par notre lettre générale. Nous resterons, après le départ des vaisseaux, à l'ordinaire sans argent.

Le vaisseau le *Mercure* partira directement de Lorient pour se rendre dans les Indes. Il prendra son chargement en France.

Ce que la Compagnie peut vous marquer de plus certain par rapport aux fonds que vous recevrez par les envois, cette année, c'est que vous pouvez compter sur cent mille marcs au moins en matières d'argent en quelque lieu qu'elles soient chargées.

Nous sommes etc. signé: Lenoir, Delorme, Legou, Vincent, Dirois et Dulaurens.

Nous sommes, etc. signé: Les directeurs de la compagnie des Indes: Fromaget Le Cordier, P. Saintard, l'abbé Raguet, Desprémenil, de la Gombaude, Demeuves fils, L'huillier.

25

Au Fort Louis, le 30 Janvier 1729.

MESSIEURS LES DIRECTEURS GÉNÉRAUX

de la Compagnie des Indes.

Par le vaisseau le *Mercure* et le duplicata par le vaisseau le *Bourbon*.

Messieurs.

Le vaisseau le *Mars* commandé par M. Jonché est parti de cette rade, le premier octobre dernier, chargé de café, de marchandises de cette côte et de quelques balles de Surate, suivant la facture montant à 77.599 Pag. Nous y avons embarqué une boite à votre adresse contenant différentes expéditions et la lettre que nous avons eu l'honneur de vous écrire le vingt huit septembre dont le duplicata est ci-joint, par laquelle nous vous avons accusé la réception de vos dépêches et donné avis de l'arrivée de vos vaisseaux, nous nous y référons.

Nous avons envoyé, par notre lettre du 30 septembre à M. de Fayet, copie du reçu de 178 P. 6 f 32 c que nous avons fait payer à M. Jonchée, capitaine du vaisseau le *Mars*, afin qu'il en fasse compter.

Nous répondons en apostilles à votre lettre du 25 septembre et par la présente à celles des 10 décembre 1727 et 7 janvier 1728; à la première étaient joints les mémoires d'observations que vous avez faites sur les marchandises. Nous avons envoyé celui qui concerne Bengale; nous nous conformerons autant qu'il sera possible à celui pour celles de cette côte.

Nous avons fait faire ici copie des livres de Bengale cotés K. K. que vous demandez; ils seront joints aux expéditions du vaisseau le *Mercure*.

Par la dernière, nous avons reçu les états de relevés d'erreurs que vous avez trouvées dans les livres de ce comptoir cotés C. D. et dans ceux de Bengale sous la même cote.   Vous avez ci joint les réponses à celles qui concernent ce comptoir signées par le sr. de la Morandière. Nous avons envoyé celui qui regarde les livres de Bengale au Conseil du dit lieu.

Le vaisseau le *Bourbon* est arrivé le 2 octobre dernier. Il est parti le 13 pour Merguy, en conséquence de la délibération du 11 du même mois; il est de retour du trois de ce mois.

M. Couzier, médecin botaniste, est arrivé sur le vaisseau le *Bourbon*. Nous lui avons fait payer dés le mois de Novembre quatre cent piastres pour une année de sa pension, à commencer du premier février 1728, conformément à vos ordres et qui n'écherra qu'au premier février prochain. Il nous a dit avoir été payé de la première année par les 1.000 liv. d'avance que vous lui avez fait compter en France et par une procuration qu'il a envoyée à M. Jussieux pour recevoir les 1.000 liv. restantes. Il nous a représenté que sa pension payée aux Indes sur le pied de cinq livres la piastre n'était pas suffisante pour le faire vivre, qu'il serait hors d'état de faire les dépenses nécessaires pour exécuter sa mission. Nous pensons que ses représentations sont justes. Mais nous ne pouvons faire autre chose que ce que vous nous prescrivez. Vous y aurez, Messieurs, tel égard qu'il vous plaira. Nous n'y changerons rien jusqu'à ide nouveaux ordres. Ci-joint est un placet qu'il vous présente à ce sujet.

COMMERCE D'EUROPE

Avant l'arrivée du vaisseau le *Mercure*, nous étions en traité avec les marchands pour les engager à nous fournir cent mille pagodes de marchandises de cette côte des qualités portées par vos mémoires. Nous fimes le contrat en conséquence de la délibération du dix juin. Les marchands ont travaillé avec beaucoup de soins et de peines. Il s'est trouvé des obstacles qui ont apporté du retardement qui leur a causé de grand embarras et à nous de l'inquiétude. Les cotons ont été par toute l'Inde très rares et fort chers. La sécheresse a été si grande que les étangs et les puits se sont taris, de sorte que nous avons été avec des toiles écrues sans les pouvoir faire blanchir. Les marchands qui s'étaient engagés à fournir quatre cents balles au premier octobre n'en ont donné que le quart faute d'eau pour blanchir. La rareté des cotons a été cause qu'ils ont eu beaucoup de peine à exécuter le contrat. Les marchandises sont bonnes dans leur qualité et ils ont eu moins de rebuts que les années précédentes. Ils ont donné dans cette occasion des marques de zèle et de bonne volonté. Ils n'ont épargné ni soins ni peines pour surmonter les obstacles, cela est extraordinaire pour des Indiens. Les *menats* ou blanchisseurs ont des peines infinies à tirer de l'eau des puits pour blanchir. Ils ont demandé une augmentation pour le blanchissage ; à la difficulté de l'eau ils ont ajouté la cherté du riz, qu'ils travailleraient beaucoup sans avoir de quoi vivre. Nous n'avons pas voulu leur accorder une augmentation de paye à cause des conséquences. Nous leur avons promis une gratification en riz ; comme il leur était difficile d'en avoir au bazard, nous leur en avons fait fournir pour leur subsistance à compte de ce qui leur serait dû. Après le départ des vaisseaux nous réglerons leur compte et leur accorderons par gratification environ 300 P. Cela diminuera le débit de leur compte, car nous voyons qu'ils auront plus dépensé que gagné. Par conséquent ils seront redevables, cela n'a pu se faire autrement.

Nous vous avons informés, par un des articles des réponses en apostilles à votre lettre du 25 septembre 1727, que nous avons vendu le corail que nous avions reçu par le *Mars*, et les quatre caisses qui étaient restées. Nous sommes persuadés que vous serez satisfaits du prix. Nous vous supplions de faire attention par la suite à ce que nous vous représentons pour la qualité.

Vous verrez par nos délibérations des 26 janvier et 6 juillet derniers que nous devions 20.457 Pagodes, savoir 5.000 que nous avions empruntées et 15.457 à divers marchands pour plusieurs marchandises que nous avons achetées et que nous avons payées.

En conséquence de la délibération du vingt juin dernier, nous avons acheté pour 36.759 pagodes 6 fanons de poivre et cardamon qui ont été payés comptant. Vous recevrez le poivre par les vaisseaux le *Mercure* et le *Bourbon* ; le cardamon a été envoyé au Bengale.

Nous avons acquité pour 81.364 piastres de lettres de change tirées par le comptoir de Moka pour les cafés que nous avons chargés sur le *Mars* et 2.747 pagodes 8 fanons pour quarante huit bards cent quatre vingt quatre livres de café achetés ici par délibération du 14 septembre dernier qui ont servi à augmenter la cargaison de ce vaisseau. Vous voyez par le détail que nous vous faisons par les différents articles de la présente, la distribution des fonds que nous avons reçus l'année dernière par vos vaisseaux.

Vous trouverez ci joint le mémoire des différentes marchandises d'Europe dont nous avons besoin. Nous vous supplions d'ordonner quelles nous soient envoyées.

Nous vous avons marqué par un des articles des réponses en apostilles à votre lettre du 25 septembre 1727 que les vins en bouteilles apportés par les vaisseaux le *Mercure* et le *Mars* étaient mauvais; ceux venus sur la *Syréne* et le *Bourbon* en barriques sont bons à quelques barriques près qui se sont trouvées aigres et d'autres vides suivant le procès verbal qui en a été fait le 2 octobre dernier dont ci joint est copie. Messieurs de Bengale ont été plus malheureux que nous, dans les vingt bariques que nous leur avons envoyées qui se sont trouvées presque toutes aigres: nous en avons vendu fort peu parceque le *Bourbon* est arrivé tard et que les étrangers en étaient pourvus qu'ils ont fait venir d'Europe.

Vous verrez messieurs par les délibérations des vingt quatre juin et 2 juillet le prix que nous avons vendu l'argent venu par le vaisseau le *Mercure*. Il n'en est pas de même de celui venu par le *Bourbon* dont nous en avons vendu le 20 octobre pour 10.000 marcs à 7 P. 2 f. payables 5.000 à 15 jours de terme. Nous avons apporté tous nos soins pour soutenir le même prix. Il n'a pas été possible, nous avons été forcés, par la nécessité d'avoir des pagodes, d'en vendre pour dix mille pagodes à 7 P. 48 caches la *serre*, pour 3000 pagodes à 7 P. 1 f. et pour 3000 P. à 7 P. 1 f 32 caches. En conséquence de la déliberation du 20 novembre dernier et par la délibération du quatre décembre dernier, il en a été vendu pour 10000 p. à 7 Rs. 21f. et 20,000 à 7 rs. 2 f. $\frac{1}{2}$ Nous venons de vendre le reste à 7 R. C. 4 f. la *serre*.

Nous avons reçu par le vaisseau le *Mercure* le mémoire des observations que vous faites des marchandises qui vous ont été envoyées par les vaisseaux *l'Hercule*, la *Vierge de grâce*, le *Triton*, *l'Argonaute*, et la *Danaé*. Quant à se conformer à ce que vous désirez sur les qualités et quantités des marchandises, nous vous dirons toujours que cela est très difficile. Il faudrait avoir de l'argent pour faire fabriquer à loisir ces sortes de marchandises dans les temps convenables, autrement nous serons continuellement dans les mêmes embarras. Nous donnerons cependant toute notre attention pour que vous puissiez avoir les cargaisons dans les assortiments que vous prescrivez pour les qualités et quantités; si cela ne réussit pas il n'y aura point de notre faute.

Vous recevrez par les vaisseaux qui vont partir des doréas de la côte tels que vous les demandez par votre dernier mémoire. Nous aurons attention d'examiner si les cravates sont des longueurs et largeurs données.

Nous ne vous enverrons point de salampouris ni guinées bleus puisque vous n'en souhaitez pas. Comment charger vos vaisseaux si vous retranchez une partie considérable des grosses marchandises ; il faudrait avoir des fonds immenses pour en faire fabriquer de fines.

Nous n'avons pu faire fabriquer de mouchoirs de Trinquebar, il n'y a pas eu assez de temps. Vous les aurez par les premiers vaisseaux. A l'égard de ceux de Paliacatte dont vous dites que vous n'avez pas reçu une pièce, cela est vrai. Nous vous dirons même que jamais il n'en a été envoyé dans les cargaisons une seule pièce, parceque c'est une qualité de mouchoirs très fins qui sont fort chers. Nous en avons demandé environ 64 *courges* de differentes sortes, conformes aux cinq pièces de montres que vous trouverez ci joint, celle où le prix est marqué sur chacune d'elles ne contiennent que les mouchoirs. Les Hollandais en font faire beaucoup. Mais ils ne sont que des 7/12 à 9/16 et ceux que nous vous envoyons pour montre ont 2/3. Nous croyons que la qualité plaira. Mais le prix en dégoutera, on ne peut cependant les avoir â meilleur marché.

Nous convenons qu'après le départ du vaisseau *l'Hercule*, il nous restait 72.000 livres de poivres en magasin et qu'il en aurait pu porter 200.000 au lieu de 102.000 livres que nous y avons chargé. Mais il aurait porté quelqu'autre chose de moins. Vous vous récriez sur la grande quantité de bois rouge, faites attention, s'il vous plait, qu'il en faut pour lester vos vaisseaux, ou il faut y mettre des pierres ; le poivre ne leste point, mais il encombre. A l'égard des vaisseaux la *Vierge de grâce*, le *Triton* et la *Danaé*, ils en auraient pu porter une plus grande quantité. Nous y avons chargé tout celui qui restait dans les magasins. Si nous avions eu de l'argent, nous en aurions acheté pour embarquer sur ces vaisseaux et sur l'*Argonaute* qui n'en avait pas un grain.

Nous ne saurions charger vos vaisseaux que des effets que nous avons proportionnellement aux fonds qu'il vous plait de nous envoyer. Vous nous demandez, par votre mémoire du 10 décembre 1727, quelques balles de marchandises de coton blanches de nouvelle fabrique comme Tanjaour, Cavripatnam ou autres lieux. Il n'y a point dans ces pays de marchandises de nouvelle fabrique. Quelle nouveauté voulez vous que l'on invente à des toiles blanches unies ? Si c'étaient des toiles rayées de differentes couleurs, l'on pourait inventer quelque chose de nouveau ; si cependant il vient quelque chose à notre connaissance qui mérite de vous être envoyé, nous vous en ferons part.

Vous vous plaignez, par la lettre que vous avez écrite de Nantes le 5 octobre 1727 à M. Lenoir, que vous avez demandé nombre de fois à Pondichéry par vos mémoires d'assortiments, des mouchoirs incarnats et blancs, et vous ajoutez qu'apparemment on n'a pas compris ce que vous demandiez, puisque depuis six ans il n'en a pas été envoyé une seule balle. Nous avons examiné tous les mémoires d'assortiments ou de remarques sur les cargaisons que vous nous avez envoyés depuis 1720 au nombre de huit, le premier daté de Paris du 9 novembre 1719, le 2e du 22 février 1722, le 3e du 22 janvier 1724, le 4e du 30 septembre de la même année, les 5e et 6e du 10 décembre 1725, le 7e daté à Nantes du ? janvier 1727 et le 8e à Paris du 10 décembre suivant. Il n'y a que les deux derniers qui en fassent mention, à moins que vous n'ayez entendu parler de ces qualités de mouchoirs par celui du 30 septembre 1724, lorsque vous en demandiez de melangés dans les rayures d'un bleu tendre et une autre grande raie, qui forme le carré, ce que nous ne pensons pas ; par ceux incarnats et blancs, vous avez entendu les mouchoirs appelés dans les Indes sasergantis et qui sont connus des marchands, des anciens et nouveaux employés. Vous n'en aviez pas demandé avant 1727, et si vous voulez vous donner la peine de vous faire représenter les réponses que nous avons faites à votre mémoire du 2 janvier 1727, vous verrez que nous en avions acheté ici 6 balles de 9.116, et que nous en avons aussi reçu de Mazulipatam, qui ont été embarqués sur les vaisseaux le *Lys* et le *Jupiter*. Nous en avons actuellement quelques balles dans les magasins que vous recevrez par les vaisseaux qui vont partir. Nous en avons demandé à Mazulipatam au mois de noyembre dernier, que nous ne pourrons avoir qu'au mois d'octobre prochain.

Nous avons demandé les tarlatanes conformément à l'échantillon que vous avez envoyé. Mais les marchands n'ont pu nous les fournir, vous les recevrez l'année prochaine ; lorsqu'il vous plaira de nous envoyer des échantillons, qu'ils soient au moins assez grands pour pouvoir en connaitre la qualité et en donner un morceau aux marchands et garder l'autre.

COMMERCE D'INDE EN INDE.

Nous vous avons informés par notre lettre du 25 janvier 1728 du mauvais commerce de Manille, de la mort des sieurs Bern et Bouttier, de l'impossibilité où nous étions de continuer le commerce, et que Mr. Lenoir et le sieur Elias y avaient envoyé le brigantin *l'Indien* pour leur compte particulier, sur lequel personne de la colonie n'avait voulu s'intéresser ni charger à fret; ce brigantin a eu des contrariétés dans son voyage. Le capitaine a été obligé de laisser vingt balles de marchandises à Malacque, étant trop embarrassé, il a mouillé au mois d'octobre sous l'île de Marivel près de Manille. Il y a reçu un coup de vent qui l'a pensé faire périr sous ses ancres et qui lui a

causé des avaries. A son arrivée à Manille, le capitaine a été
obligé de payer des droits aussi considérables que ceux
que nous avons payés pour le *Soucourama*, qui était trois
fois plus grand. L'argent était alors abondant à Manille
par l'arrivée d'un vaisseau de Capoulco, richement chargé
de piastres. Les marchandises s'y sont vendues très avantageusement en peu de temps. Le brigantin étant prêt à
partir pour s'en revenir, le nommé Chemin, un des pilotes,
maltraita à bord si cruellement à plusieurs reprises un
créole de Manille qui le servait, qu'il le tua, après quoi
il se sauva dans une église où il est resté. Le brigantin
fut aussitôt arrêté. Le capitaine se donna beaucoup de
soins et de peines pour justifier que lui, ni personne du
brigantin n'avait de part à ce malheur, que ce pilote qui
était pour lors seul à bord. Au moyen d'environ 400
piastres qui ont été dépensées et des sollicitations des R.
R. P. P. Jésuites, après deux mois de retardement le dit
brigantin a été relaché avec les effets. Il est heureusement
arrivé ici le 13 mars dernier, ayant rapporté un profit
honnête à ses armateurs, malgré les avaries et les grosses
dépenses qu'ils ont été obligés de faire. Nous aurions
armé un vaisseau pour ce voyage, si nous avions eu des
fonds pour en faire les dépenses et acheter des marchandises. Ç'aurait été une bonne occasion de nous indemniser
des précédents armements qui n'ont pas eu un bon succès.
Il y avait apparence que le commerce y serait bon,
surtout pour ceux qui pourraient y arriver les premiers.
La triste situation où nous étions alors, dépourvus d'argent et de ressources, ne nous a pas permis de profiter
d'une occasion qui paraissait si avantageuse. Les Anglais
ont armé un grand vaisseau chargé d'environ 1.500 balles
qu'ils y ont envoyées. Le sieur Dutertre qui faisait
ordinairement son commerce à Madras, où il avait un
vaisseau chargé de riz et de bois du Pegou, qu'il a fait
venir ici après que nous en avons acheté la cargaison, a

armé ce vaisseau qu'il a nommé le *St. Christophe.* Il est
parti d'ici pour Manille au mois de mai dernier, chargé
d'environ 400 balles de marchandises à fret de différents
particuliers. Nons nous sommes servis de cette occasion
pour faire passer le sr. Duvelaër à Manille y réclamer les
effets restés à la mort du sieur Bouttier, appartenant tant
à la Compagnie qu'aux particuliers, suivant l'état et les
pièces justificatives que nous lui en avons remises. Ci
joint, vous trouverez les instructions que nous avons données au sieur Duvelaër et l'état des effets à réclamer.
Conformément à la délibération du 4 mai dernier, sa
mission finie à Manille, il doit passer en Chine. Nous
souhaitons que le succés soit heureux et que vous approuviez les mesures que nous avons prises à cet egard. Vous
ne sauriez comprendre, Messieurs, l'affliction que nous
avions de n'avoir pas été en état de continuer ce commerce dans un temps où il y avait apparence d'un heureux
succés. Il en est de même des autres voyages de l'Inde,
il faut les continuer annuellement avec constance et avoir
des fonds pour être en état de faire faire les marchandises
dans les temps convenables pour profiter des occasions
favorables, autrement nous nous donnerons toujours
beaucoup de peines et de soins sans certitude de réussir.

Vous verrez par notre déliberation du 15 juin, les motifs qui nous ont empêchés d'envoyer un vaisseau en Chine
l'année dernière. Nous n'avons pu par conséquent y envoyer directement les draps bleus que vous aviez destinés
pour l'habillement des troupes, et qui n'y ont pu servir
par les raisons portées par délibération du premier mars.
Nous les avons fait charger sur le brigantin le *Dauphin*
pour les porter à Madras, en conséquence de la délibération du 2 juillet dernier, et les embarquer sur le vaisseau
anglais qui devait partir pour Chine, afin de les faire remettre à M. Tribert. Le vaisseau anglais n'ayant pu les
prendre, ils ont été chargés sur un vaisseau portugais qui

était alors en rade de Madras et qui est parti dans le même temps que celui des Anglais.

M. Tribert ayant demandé le sr. Duvelaër ou quelqu'autre personne pour être garde magasin et l'aider à travailler aux cargaison des vaisseaux de la Compagnie, M. Lenoir
lui a envoyé le sieur Duvelaër et lui a donné une commission pour remplir l'emploi de garde magasin de Canton,
sous les ordres du dit sieur Tribert, aux appointements
portés par vos états. Nous espérons qu'il y sera arrivé
assez à temps pour travailler à la cargaison du vaisseau le
Jazon que vous y avez expédié directement de France.

Nous avons envoyé à M. Tribert le 2 juillet dernier la
lettre que vous nous avez adressée pour lui par le vaisseau le *Lys*. Nous lui avons écrit sur la rhubarbe, conformément à ce que vous nous prescriviez par la vôtre du
28 décembre 1726.

Nous vous avons marqué par notre lettre du 25 janvier
1728 ce que nous avions fait pour le commerce d'Achem,
que le vaisseau *le Jupiter* en était de retour et que nous
attendions le brigantin le *Diligent*.

Il est arrivé le 24 avril dernier avec quelques marchandises du pays, le roi régnant était dans les mêmes dispositions que nous vous l'avons marqué. Ci joint sont les
factures des marchandises que les vaisseaux le *Jupiter*
et le *Diligent* ont portées à Achem, et de celles qu'ils en
ont rapportées, avec la vente et les comptes, par lesquels
vous verrez que ce commerce pourra être avantageux par
la suite. Dans cette confiance, nous y avons envoyé, en
conséquence de nos délibérations des 28 juin et 5 juillet
dernier, le vaisseau la *Marie Gertrude* et le *Brigantin Diligent,* sur lesquels nous avons embarqué un détachement
de 20 soldats français commandés par le sieur de l'Es-
cadre (?) sous lieutenant, pour sûrete des magasins, parceque le pays est rempli de voleurs, surtout en temps de
guerre, et les sieurs de Bellegarde et Porchei pour mar-

chands. Ces vaisseaux sont chargés de 8.477 pagodes de marchandises de cargaison pour votre compte, suivant les trois factures ci jointes, et de 547 balles à frêt suivant les deux états ci joints.

Nous avions lieu d'espérer un heureux succès de ce voyage, mais les lettres que nous venons de recevoir des sieurs Bellegarde et Porcher par un vaisseau danois d'Europe, nous informent d'un accident que toute l'intelligence humaine ne pouvait prévoir. Ils nous marquent que le feu prit la nuit du 4 novembre dernier à une maison voisine du magasin de la Compagnie qu'ils ne purent arrêter. Les maisons de ce pays n'étant construites que par apentis et petits logements de bambous, nattes et *olles* de jonc, il n'y eut de préservé que partie des effets et marchandises qui étaient renfermés dans l'enceinte bâtie en briques. Cet accident fait plus de tort à ses employés et à la Colonie qu'à la Compagnie qui n'avait que pour 8.477 pagodes de marchandises dont il a été sauvé la meilleure partie, suivant l'inventaire qui nous en a été envoyé, d'autant plus que nous présumons qu'il y avait de ces marchandises vendues avant ce malheur. La continuation de la guerre entre le vieux et le nouveau roi est encore un contre temps qui nuit extrêmement aux avantages qu'on doit espérer du commerce de ce pays. Il n'y a que la constance qui puisse dédommager de ces pertes. Nous avons écrit à Bengale de nous intéresser dans l'armement du brigantin *l'Indien* que nous avons appris être arrivé à Achem le 15 novembre dernier. Votre intérêt est de 24.731Rs-14-24. Nous avez ci-joint la facture de son chargement et le compte de sa mise hors montant à 51.803Rs. 3-11.

Nous avons accordé la permission au sieur Fournier d'y aller sur un brigantin armé par des particuliers d'ici et de Chandernagor, pour retirer les effets qu'il y a laissés de son dernier voyage qu'il a fait de Bengale en conséquence de la permission qui lui en fut accordée à Bengale à la fin de 1725.

Un vaisseau anglais venant d'Europe ayant manqué Ceylan a relaché à Achem où il a vendu de la poudre à canon et quelques autres bagatelles d'Europe, il a eu tous les rafraîchissements nécessaires sans difficulté. Il est venu à Madras, a passé à Bengale où il a porté cette nouvelle : nous avons appris que le Gouverneur de Golgota avait mis deux brigantins en armement pour les faire partir dans ce mois ; s'ils y arrivent, cela achèvera de perdre le commerce.

Vous verrez par un des articles des réponses que nous faisons à votre lettre du 25 septembre 1727, le mauvais succès du navire la *Reine* que nous avions envoyé au Pégou. Ci joint sont les comptes que le sieur Dubois a rendus à son retour de la vente des marchandises que nous y avions envoyées, et le produit de la vente du vaisseau et d'une partie de ses agrès. Le sieur de la Rivière le jeune, capitaine de ce vaisseau, après qu'il eut été vendu, s'intéressa dans un petit brigantin qu'il fit radouber au Pégou, sur lequel il est revenu passager à Madras où il a envoyé ce brigantin portant pavillon, et commandé par un français. A son arrivée au dit lieu à la fin de janvier 1728, il écrivit à M. Lenoir, lui offrit de lui vendre sa cargaison qui était en la plus grande partie de riz, au prix qu'il valait à Madras, et le brigantin pour 1.800 pag. qu'il l'estimait, lequel cependant n'a été vendu qu'environ 1.000. M. Lenoir ne fit point de réponse à la lettre, il dit seulement à la personne qui était chargée de la demande que le sieur de la Rivière étant au service de la Compagnie, revenant sur ce même brigantin portant pavillon français, devait venir mouiller ici et non à Madras ; puisqu'il savait que le riz était nécessaire à la colonie. Le sieur de la Rivière a fait vendre à Madras son brigantin et sa cargaison. Il s'est rendu ici, nous lui avons fait payer ses appointements jusqu'au jour de son arrivée à Madras, et M. Lenoir l'interdit dès lors du service, sans appointements. ni subsistance. Il sera rétabli en conséquence de la délibération du 15 juin dernir sur le premier vaisseau de Pégou. Nous y avons envoyé à la fin de Mars dernier le vaisseau le *St. Pierre* pour y en faire construire un neuf sur le même gabarit pour les raisons portées par notre délibération du 25 mars 1728. Ci joint la facture des marchandises qui y ont été chargées, montant à 5.741 Pag. 5.-20. Outre ces marchandises il y a encore été embarqué 100 marcs de piastres. Il vous sera facile de comprendre par la lecture de la délibération du 25 mars dernier, la triste situation où nous étions alors par les expédients que nous avons été obligés de prendre pour l'expédier. Nous venons de recevoir par les vaisseaux la *Syrène* et le *Mercure*, qui sont arrivés de Bengale le 13 du présent mois, des lettres du sieur Dubois, du 10 septembre dernier, qui nous informe qu'on n'a pas condamné le vaisseau le *St. Pierre* parce qu'il s'est trouvé très bon, et qu'on juge qu'il n'y reste point de carias, et qu'il compte avec le radoub qu'il lui fait donner, le mettre en état de rendre autant de services à la Compagnie qu'un vaisseau neuf, et qu'il espère nous l'expédier vers le milieu de décembre avec une cargaison de riz, bois et huile. Ce vaisseau doit toucher à Achem suivant les ordres que nous avons donnés que le premier en état de revenir y toucherait ; ainsi nous l'attendons de jour à autre. Le sieur Dubois nous donne aussi avis qu'il a fait marché d'un vaisseau neuf pour 2.500 Pag. sur lequel il s'embarquera en mars prochain pour son retour ici. Il se plaint du gouvernement du Syriam qui n'a point voulu lui remettre le terrain et *bancasal* que le roi du Pégou a accordés à la Compagnie. Il a écrit à Ava et a été obligé d'augmenter le présent que nous y envoyions, il n'a point encore eu de réponse.

Le vaisseau la *Marie Gertrude* étant vieux et fort mauvais, nous nous en sommes servi, faute d'autre, pour porter des marchandises à Achem, et de là le faire passer au Pégou pour y étre radoubé ou construit à neuf pour les raisons portées par nos délibérations des 5 et 15 juillet dernier. Ci joint est la facture des marchandises destinées pour le Pégou que nous y avons fait charger avec 100 Marcs d'argent. Nous avons écrit au sieur Bellegarde de donner au sieur de la Riviére partant d'Achem pour le Pégou deux *catis* d'or ou la valeur, ce qui a été exécuté, afin d'augmenter ses fonds, au sieur Dubois de tirer jusqu'à 2.000 pagodes sur nous au cas qu'il trouvât à les employer en quelques marchandises convenables. Nous lui avons recommandé de nous envoyer le plus de riz qu'il sera possible, en ayant extrêmement besoin pour la colonie. Il nous écrit que toutes les choses nécessaires pour le radoub de la *Marie Gertrude* sont prêtes, s'il en est jugé capable; ce vaisseau ne lui était point encore parvenu.

Nous vous avons écrit par notre lettre du 25 janvier 1728 que nous avions vendu le vaisseau le *Pondichéry* à des particuliers, pour faire un armement de Moka dans lequel vous étiez intéressés de 7.000 Pag. Ce vaisseau est revenu le 2 août dernier, chargé de 1.800 balles de café pour le fret desquelles nous avons payé aux armaeurs 1.294 Pag. Comme nous avions écrit au sieur Burat de nous en envoyer la plus grande quantité qu'il pourrait, croyant que le *Pondichéry* ne suffirait pas pour en porter autant qu'il prévoyait en avoir, il a pris la précaution d'en charger 500 balles à fret sur un vaisseau anglais qui les a débarquées ici au mois de juillet dernier, à une piastre de fret par balle que le sieur Burat a payé à Moka, au moyen de quoi nous avons reçu environ 550.000 livres de café qui ont été chargés sur le vaisseau le *Mars* avec environ 24.000 livres que nous avons achetés en consé-

séquence de la délibération du 14 septembre. Nous avons
acquitté pour 81.364 piastres de lettres de change que le
sieur Burat a tirées sur nous tant pour le compte des
armateurs que pour celui des particuliers, qui avaient
chargé à fret sur ce vaisseau et ci-devant sur le *St.
Joseph.* Les marchandises de Bengale n'ont pas eu
une vente favorable l'année dernière à Moka ; celles de la
côte y ont été mieux vendues et avec plus de profit. Il est
resté quelques marchandises invendues; l'armement a
donné 15 % de profit. Vous avez reçu 8.050 pagodes 3 fs.
16 cs. pour votre intérêt de 7.000 Pag. La guerre continue dans le pays, qui dérange beaucoup le commerce
joint à ce que le Gouverneur fait journellement des
avanies aux marchands et inquiète beaucoup les Européens
auxquels il demande journellement de l'argent à emprunter. Malgré les résistances qu'on lui fait, on ne saurait se
dispenser de lui en donner. Les Anglais ont relevé leur
comptoir. Le directeur pour la Compagnie de Hollande
qui était parti de Batavia au mois de décembre 1727 pour
aller resider à Moka, s'en est revenu sur notre vaisseau le
Pondichéry, et est retourné à Batavia pour représenter
qu'ils ne peuvent plus résister aux injustices qu'on leur
fait et obtenir la permission de relever leur comptoir.
Le sieur Burat nous demande aussi la permission de relever le votre. Il nous a envoyé des procès-verbaux des
insultes et des menaces qui lui ont été faites et de l'argent
qu'il a été forcé de prêter par ordre du gouverneur. Malgré tous ces troubles, les armateurs du vaisseau le *Pondichéry* voyant que les marchandises de cette côte ont été bien
vendues, se sont déterminés d'y renvoyer le vaisseau,
suivant la permission que nous leur en avons acccordée,
en conséquence de la délibération du 5 octobre dernier,
par laquelle vous verrez les conditions que nous avons
faites avec eux pour rapporter 400.000 livres de café en
payant 2 % de fret seulement au lieu de trois que nous
27

avons payés l'année dernière pour porter un détachement de 60 soldats que nous avons cru nécessaires d'y envoyer afin d'être en état de relever le comptoir, et de vous faire payer environ 13.000 piastres qui vous sont dûs, suivant l'ordre que nous en avons donné au sieur Burat conformément à la délibération par laquelle les motifs, qui nous ont déterminés à prendre ce parti, sont expliqués. Vous êtes intéressés dans cet armement de 938 Pag. seulement et de 1765 Pag. pour marchandises que nous y avons chargées à fret pour votre compte, suivant la facture ci jointe. Nous vous envoyons le compte de la mise hors de ce vaisseau avec la facture des marchandises chargées pour le compte des armateurs, qui ne monte qu'à 12.513 Pag. et 3.750 qui doivent être employées en poivre cardamom ou riz à la côte Malabar, et l'état de celles à fret consistant environ à 487 balles pour divers particuliers. Au retour nous vous enverrons le compte avec l'état de la vente par détail afin que vous voyez, comme vous le désirez, en quoi consiste ce commerce. Le vaisseau est parti de Portonovo le 23 octobre dernier. Vous serez surpris de ce que les armateurs n'y ont chargé que pour 12.513 Pag. de marchandises pour leur compte. Vous le serez peut être encore d'avantage en vous assurant qu'il n'a pas été possible d'en avoir une plus grande quantité, et si elles sont plus chères que l'année passée et de moindre qualité, c'est la rareté des cotons et la cherté d'une graine qui se mêle avec l'indigo pour teindre en bleu qui en sont cause. Cette graine a été si recherchée que ce qui coûtait ordinatrement 25 à 30 Pag. en a coûté jusqu'à six et sept cents ; cela est extraordinaire. Les armateurs ont été obligés de diminuer de 7 à 8.000 Pag. les fonds qu'ils s'étaieni proposés de remettre dans cet armement faute de trouver des marchandises. Vous devez cependant penser qu'ils se sont servis de toute leur intelligence et industrie pour éviter de laisser partir leur vaisseau sans être totalement chargé[1]; les fréteurs ont été dans le même cas. Ils auraient chargé davantage s'ils avaient pu avoir des toiles, et si cet armement avait été fatt pour votre compte, vous attribueriez à négligence de notre part ou à faute d'intelligence ce manque de marchandises, vous nous reprocheriez que nous faisons les frais d'un armement sans faire une cargaison suffisante pour les supporter. Dans celui-ci, ce sont des personnes qui travaillent pour eux et pour nous qu'y sommes intéressés, l'intérêt particulier ne les a pas fait opérer mieux que nous le faisons ordinairement pour votre compte. Nous avons envoyé quatre barriques de vin aux employés de ce comptoir pour être reparties entre eux sur le même pied que nous l'avons accordé à ceux de Mahé.

Vous serez informés, Messieurs, par les réponses que nous faisons à votre lettre du 25 septembre 1727 que les marchandises portées l'année dernière par le vaisseau le *St. Joseph* en Perse y sont restées invendues, qu'il est revenu sans aucun fonds le 18 septembre dernier. Vous verrez par la délibération du 19 du même mois les motifs qui nous ont déterminés à continuer ce commerce et à envoyer ce vaisseau à Bengale, pour revenir prendre les marchandises, que nous lui avons fait préparer en conséquence de la délibération. Il est de retour de Bengale le 14 de ce mois avec 152 balles à fret. Nous espérons d'en avoir quelques unes ici. Vous avez ci-joint la facture de son chargement tant en marchandises de Bengale que de cette côte, nous le ferons partir incessamment après que nour aurons expédié ceux de France,

MAHÉ

Nous vous avons écrit par notre lettre du 25 janvier 1728 que M. Delorme était allé à Mahé, il en est revenu par le vaisseau la *Minerve* arrivé le 19 mai dernier.

Pendant son séjour il a pris connaissance de vos affaires autant qu'il lui a été possible et nous en a rendu compte. Il a pratiqué avec M. Deidier les anglais qui résident à Tellichéry, ils ont fait un traité le 20 mars 1728, suivant les pouvoirs que nous leur avions donnés, conformément à ce que nous vous avons écrit par notre lettre du 25 janvier 1728 et les anglais en conséquence du pouvoir qu'ils ont eus du Conseil supérieur de Bombay, qui a ratifié ce traité dont copie est ci-jointe, au moyen duquel l'établissement de Mahé sera en sûreté et le commerce s'y fera plus tranquillement et plus avantageusement pour les deux Compagnies. Caguinaire reste en paix et ami commun des deux nations, c'est une affaire qui nous parait très-importante. M. Delorme nous a assuré que M. Deidier y a beaucoup contribué et qu'il en avait conçu le projet avant que M. Phipps, Gouverneur de Bombay, en eut écrit à M. Lenoir.

Les Hollandais nous ont rendu les 26 *candis* de poivre qu'ils avaient fait prendre. Notre *manchoue* sur laquelle il était embarqué n'était munie que d'un vieux passeport de deux an et demi de date, au nom d'un homme qui ne la commandait plus. Les passeports ne servent ordinairement qu'un an. Lorsqu'on change celui qui commande, l'on doit changer aussi de passeport. Cela n'avait point été observé; c'est ce qui a donné occasion aux Hollandais de l'arrêter. M. Delorme a fait la revue des troupes. Il a réduit la garnison à 265 hommes y compris les officiers, suivant l'état ci joint. Il est impossible de la diminuer davantage jusqu'à ce que les fortifications soient achevées. Vous verrez par les plans et le mémoire que M. Deidier nous a remis, dont nous vous envoyons copie, ce qui reste pour achever les ouvrages. Notre intention était de faire continuer jusqu'à leur perfection par le sieur Lambert conformément au plan et devis que M. Deidier en avait faits, mais M. Lenoir s'y est opposé, prévoyant le peu de fonds qui nous resterait après le départ de vos vaisseaux, qu'il était triste d'être toujours obligé de chercher les moyens d'emprunter pour faire les dépenses journalières, et par ce que M. Deidier nous a dit que le sieur Lambert n'était pas au fait de ces sortes d'ouvrages, sur les difficultés qu'il a faites par un mémoire dont copie est ci-jointe. Nous pensons cependant que ces difficultés auraient été faciles à lever en donnant ordre de suivre le plan de M. Deidier. A l'égard de l'argent, il est vrai que nous en serons mal pourvus après le départ des vaisseaux, mais nous croyons que 7 ou 8.000 Pagodes que nous aurions pû faire employer à la continuation des fortifications n'auraient pas empêché le cours des affaires de commerce, quand il aurait été même question de les emprunter. Nous sommes cependant convenus, par délibération du 13 octobre dernier, de suspendre tous les trrvaux. Nous avons écrit, en çonséquence, à Mahé de congédier tous les ouvriers, de laisser les batiments et fortifications en l'état qu'ils se trouveraient au reçu de notre lettre. Nous appréhendons que cette suspension ne fasse mal penser à Bayanor qui pourrait peut être nous susciter quelques nouvelles chicanes. Ce retardement vous sera plus ruineux que profitable, parceque tant que les fortifications ne seront pas achevées vous n'en pouvez diminuer la garnison et que les ouvrages commencés dépériront faute d'être achevés. Ainsi que le sieur Lambert nous l'observe par un second mémoire qu'il a présenté au Conseil de Mahé le 10 décembre dernier et dont nous vous envoyons copie, nous avons écrit de passer a votre compte les dépenses de la table que M. Delorme a tenue pendant son séjour à Mahé et Calicut, en conséquence de l'ordre qu'il en avait de M. Lenoir. Il ne lui a été passé aucune autre chose pour le voyage.

Les sieurs de Gassonville, capitaine, de Palmarouse et

Preselin lieutenant, sont revenus avec les troupes qui ont été renvoyées de Mahé. Le premier est resté depuis son arrivée interdit jusqu'au 2 Septembre dernier, il a été rétabli par délibération du dit jour. Le sieur de Palmarouse s'est embarqué sur le vaisseau le *Mars* pour passer en France, en conséquence de la permission qu'il a demandée par la requête dont copie est ci-jointe ; et le sieur Preselin étant hors d'état de servir, a été remercié. Nous lui faisons payer trois Pagodes par mois pour sa subsistance jusqu'à cequ'il vous plaise d'en ordonner autrement ; il est hors d'état de passer en France.

Nous ne vous avons point informés de l'indemnité que nous avons accordée aux officiers qui ont perdu leurs effets par l'incendie qui arriva à Mahé, où ces officiers travaillèrent avec beaucoup de zéle, pour empêcher le cours de feu qui aurait fait périr l'établissement. Nous étant alors référé aux copies des lettres que M. Trémisot vous envoyait, le sieur de Gassonville, qui avait perdu ses effets comme les autres officiers, ne fut point compris dans l'état d'indemnité pour les raisons portées dans la délibération du 25 Mai dernier, par laquelle vous verrez que nous lui avons fait payer 220 Pag. pour l'indemniser comme les autres de la perte qu'il avait faite lors de l'incendie. M. Deidier a perdu comme les autres officiers ses hardes et différents effets. Il n'a demandé aucune indemnité. Nous ne lui avons rien offert, sachant que c'est la perte de ses papiers qui lui est sensible, ce que nous ne pouvons réparer, quelque somme d'argent que nous lui eussions offerte, cela ne l'aurait pu indemniser.

Nous avons accordé gratuitement aux employés de plume et d'épée de Mahé, la moitié de la quantité de vin que vous leur accordiez en payant 20 Pag. par barrique comme ont fait les employés d'ici.

Les vaisseaux la *Minerve* et la *Marie Gertrude* sont arrivés les 19 et 20 Mai. Ils ont apporté 1.577 *bars* de

poivre et 12 *bars* 190 liv. de cardamom pour le compte
des particuliers, dans lesquels vous étiez intéressés de 1.000
Pagodes. Nous avons acheté ces poivres et cardamom en
conséquence de la délibération du 20 juin dernier. Vous
recevrez par les vaisseaux qui vont partir la quantité de
ces poivres qu'ils pourront charger. Il vous coûte 22 P. $\frac{1}{2}$
le *bar* après vous avoir payé 3% de droits d'entrée. Nous
l'aurions pu vendre depuis 24 jusqu'à 25 Pag. si nous
l'avions exposé en vente. Comme nous n'avons point de
vaisseau que nous puissions envoyer à Mahé cette année
pour y porter les fonds tant pour l'entretien du comptoir
que pour y acheter des poivres et les rapporter, nous avons
chargé 1.000 piastres sur le vaisseau le *Pondichéry* pour
remettre à M. Trémisot, qui serviront avec les fonds qui
lui restaient à faire des avances. Nous lui envoyons par le
vaisseau le *St. Joseph* 2.000 piastres et 6.000 Pagodes d'or.
Nous comptons que vous aurez ordonné au capitaine du
premier vaisseau qui sera parti de France de toucher
à Mahé pour y prendre les poivres que nous y faisons
acheter et qui seront prêts à s'embarquer au mois d'avril
prochain. S'il en était autrement vous n'aurez point de
poivres pour vos vaisseaux. Ce ne sera point notre faute
puisque vous êtes convenus de cet arrangement avec
M. Lenoir avant son départ. Cependant comme il pourrait
arriver quelque retardement au vaisseau de France qui
l'empêcherait de passer à Mahé, nous chercherons à y
suppléer par d'autres moyens, s'il est possible. Voilà toutes
les précautions que nous pouvons prendre ; si cela ne
réussit pas, nous ne pensons pas que vous ayiez aucun
reproche à nous faire à cet égard.

Nous avons chargé les munitions de guerre, le présent
que vous envoyez au vice roi de Goa, avec la lettre que
vous lui avez écrite, sur le vaisseau le *Pondichéry* qui touchera à Goa, suivant la convention que nous avons faite
avec les armateurs. Nous y avons aussi chargé cinquante

caisses de vin pour le comptoir de Mahé. Vous aurez, s'il nous est possible, ci joint l'état des effets que nous nous proposons d'y envoyer par le vaisseau le *St. Joseph.* Dans le nombre des munitions que le vice roi de Goa avait prêtées, il y avait un mortier de fonte qui a été crevé. N'en ayant point du même poids, nous lui en avons envoyé deux de ceux du *St. Thomas,* qui feront à peu près le même poids, ils sont du même calibre que celui qu'il nous avait donné. Les bombes sont même chose.

M. Trémisot nous marque par sa lettre du 23 août dernier que Bayanor l'a fait un de ses *régidors* ou conseillers : ce qu'il a accepté avec cérémonie, il nous en parait fort content. Nous pensons qu'il n'aurait pas dû accepter cette dignité, ni faire une semblable démarche avant de nous en donner avis. Nous lui aurions dit de s'en dispenser parcéque nous croyons que ce prince qui est aussi fourbe qu'il a d'esprit, n'a fait cela que pour mieux endormir sa confiance, tromper sa vigilance au moindre jour qu'il en aura. M. Trémisot dira pour raison que M. Adam était bien *régidor* du Samorin. La différence est grande ; dix princes comme Bayanor joints ensemble, n'approcheraient pas de la grandeur et de la puissance du Samorin. M. Adam était parfaitement informé de ce qui se passait dans le pays, sachant la langue que M. Trémisot ne sait point. Nous pensons encore que si Bayanor qui est fier, turbulent et hautain, a la guerre contre quelqu'un de ses voisins, cela pourrait nous engager à y avoir part, le chef de Mahé étant un de ses conseillers. Ce sont là les raisons qui nous auraient engagés à empêcher M. Trémisot d'accepter cet emploi, si nous en avions été informés plus tôt.

SURATE.

Nous vous avons donné avis par notre lettre du 25 janvier 1728 de l'arrivée de M. de Grangemont et de son

triste état. Nous vous le représentons encore par un des
articles des réponses que nous faisons à votre lettre du
25 septembre 1727. Nous vous supplions d'y faire attention et d'y avoir égard. Nous vous envoyons copie
des livres de Surate cotés B. C. commencés le premier
novembre 1721 et finis le 31 octobre 1723. Depuis ce
temps les livres ont cessé ; M. Grangemont a seulement
continué ceux de caisse jusqu'au 28 février 1727, et
celui des dépenses générales jusqu'au 31 janvier 1726,
que nous vous envoyons afin que vous voyiez entièrement ce qui s'est passé pendant sa régie.

M. Flacourt nous a envoyé le bot *Dauphin* que nous
lui avions demandé, qui arriva ici au mois de mai dernier avec 28 balles de marchandises, des armes, quelques
coffres, armoires et autres meubles, suivant l'état dont le
garde magasin est chargé. Les marchandises ont été embarquées sur le vaisseau le *Mars*. Nous avons acheté de
M. Martin six balles de cambaye, en conséquence de la
délibération du 16 juillet dernier, montant à 2.206 Rs. auxquelles il a été ajouté 10 % de bénéfice. Elles ont été
chargées sur le même vaisseau. Vous verrez, Messieurs,
si ces marchandises conviennent. Le sieur Martin offre
d'en faire de même si vous en souhaitez.

Vos affaires concernant les créanciers sont toujours
au même état. Narrendas, un de vos anciens courtiers,
par les mains de qui toutes les affaires ont passé, est venu
ici accompagné de deux créanciers. Ils ont conféré
plusieurs fois avec M. Lenoir qui leur a fait faire divers
comptes qu'ils ont demandés. La façon de compter les
a effrayés. Il s'est trouvé par le résultat de ces comptes
que les créances sont beaucoup diminuées. Ils ont dit
qu'il serait difficile et même impossible de faire entendre
aux créanciers cette manière de compter, qu'il conviendrait mieux de faire une proposition générale pour tous
les créanciers que d'entrer dans de si longues discussions,

M. Lenoir leur a dit que ceux des créanciers qui voudraient compter ou traiter en particulier, ou quelques uns d'eux ensemble, eussent à envoyer des pouvoirs avec les contrats, qu'il s'accommoderait avec eux, mais qu'il ne pouvait rien faire sans voir les titres. Comme le courtier et ses deux créanciers n'étaient chargés d'aucun pouvoir ni de contrat, ils s'en sont retourné par terre au mois d'août dernier. M. Lenoir leur a fait payer 51 pagodes à compte de ce qui pourra leur être dû pour les aider à faire les dépenses de leur voyage. Toutes ces conversations n'aboutiront jamais à rien. Il faudrait avoir, comme nous le marquons par un des articles des réponses à votre lettre du 25 septembre 1727, de l'argent comptant pour offrir ce que vous croirez être en état de payer. La façon dont nous faisons faire les comptes, quoique très sévère, ne diminue pas tant la totalité de vos dettes que vous vous l'étes imaginé. Nous joindrons à la présente 96 de ces comptes afin que vous voyez si nous avons bien entendu l'intention de Monseigneur le Controleur général et la vôtre. Vous observerez que ces comptes sont composés de deux colonnes, la première, des capitaux reçus en caisses, et la seconde, des intérêts qui sont dûs. Tous les payements que vous avez faits sont imputés sur le capital, et nous laissons toujours les intérêts en arrière jusqu'à la fin du compte, de façon que ces créanciers consomment leurs capitaux ; cela est très contraire aux régles ordinaires, lorsqu'un créancier reçoit un compte, il l'impute sur les intérêts échus ; et lorsqu'il y a de l'excédent, il l'impute sur le capital. Ces comptes se font tout différemment. Rien de ce qui a été payé n'a été imputé sur les intérêts ; tout l'a été sur les principaux. Pour faire accepter de pareils comptes il faut avoir à faire à des créanciers dociles ou intimidés par la crainte de tout perdre. Nous venons de terminer celui de la succession de feu M. Pilavoine dont le solde monte à 54.647 Rs. 18 f.

que nous avons payées comptant, en conséquence de la
délibération du 3 de ce mois. M. Lenoir a fait faire ce
compte de deux différentes manières, ils sont ci joints.

MAZULIPATAM.

Nous vous avons écrit par notre lettre du 25 janvier
1728 que le vaisseau le *Solide* avait été à Mazulipatam
pour y prendre les marchandises que nous comptions qui
y étaient. Nous avons reçu ces toiles par le bot que le
sieur Lefaucheur a expédié, qui est arrivé à la fin d'octobre, et quelques mouchoirs qui étaient encore chez les
marchands, lorsque le vaisseau le *Solide* y avait touché,
lequel n'en avait rien rapporté. Nous y avons envoyé le
bot le *Dauphin*, en conséquence de la délibération du 24
Mai dernier, qui en a rapporté les mouchoirs qui y étaient,
que nous faisons embarquer sur l'un de vos vaisseaux qui
sont en rade. Le sieur Fouquet qui avait quitté Yanaon,
en conséquence de ce qui lui avait été écrit, est venu ici
sur le bot avec le nommé Gourichetty qui vous doit environ 1.300 Pgs qui tomberont en pure perte. Comme nous
vous l'avons marqué par notre lettre du 25 janvier 1728,
nous l'avons gardé en prison jusqu'à présent. Il n'a aucun
bien, ni n'est en état d'en acquérir. Nous le mettrons en
liberté sans espérance de pouvoir tirer de lui aucune sureté pour ce qu'il vous doit, qui est totalement perdu. Nous
avons écrit au sieur Lefaucheur au mois de novembre
dernier en lui remettant 3.861 pagodes en lettres de change, pour payer ses dépenses et commencer à faire fabriquer des mouchoirs de nouveaux desseins avec la quantité
de ceux incarnats et blancs que vous demandez et que
nous nommons *sassergantis*. Nous nous proposons de lui
envoyer dans le mois prochain environ 4.000 pagodes
pour continuer la fabrique de ces mouchoirs. Aussitôt que
le premier vaisseau que nous attendons de France sera

arrivé, nous y enverrons d'autres fonds pour recommander celle des toiles à Yanaon, où nous enverrons le nombre d'employés qui sera nécessaire. Timeraja a écrit au sieur Lefaucheur qu'il aurait plus d'égards pour eux que par le passé, qu'il ne les obligerait plus à lui prêter de l'argent de force, que les emprunts qui ont été faits ci devant l'avaient été sans son aveu, et qu'ils pourraient faire le commerce en liberté. Il a joint à sa lettre un firman par lequel il fait quantité de belles promesses. Nous n'avons rien fait faire à la loge de Mazulipatam par les raisons portées par un des articles de nos réponses à votre lettre du 25 septembre 1727. Nous la ferons rétablir aussitôt que nous serons en état d'en faire la dépense qui pourra monter à environ 600 Pgs., y ayant des bois et quelqu'autres materiaux prêts à employer.

TROUPES ET ARTILLERIES.

Nous vous avons écrit par notre lettre du 25 janvier 1728 le défaut des draps bleus que vous nous avez envoyés. Nous étions convenus par délibération du 19 novembre 1727 d'en faire habiller vos troupes. Il n'a pas été possible de l'exécuter. Nous avons fait faire des habits de *guingan* pour les raisons portées par la délibération du 1er mars dernier. Les draps bleus ont été envoyés en Chine. Nous espérons que vous approuverez le parti que nous avons pris à cet égard. Nous vous avons répondu en apostille à ce que vous nous écrivez par votre lettre du 25 septembre 1727 concernant les troupes et l'artillerie. Nous nous y référons et vous supplions d'y faire attention.

Le sieur Desiles, ci devant lieutenant à l'île Bourbon, qui a quitté avec permission de M. Dioré, est venu ici sur le brigantin anglais l'*Amitié* qui a été confisqué. N'ayant pas d'officiers suffisamment, M. Lenoir l'a fait recevoir lieutenant au mois de novembre dernier. Le sieur Blon-

quier, ci devant enseigne, qui a été cassé à Bengale pour
désobéissance par ordre de M. Beauvollier, et auquel il
a fait depuis donner une paie de cadet, s'est présenté au
mois de septembre 1726 à M. Lenoir pour le prier de le
rétablir officier. Il le renvoya à M. de Beauvollier qui
n'en fit rien. Depuis ce temps il a continué de vivre avec
sa femme de la paye de cadet. Il a demandé à passer en
France, nous lui avons accordé à la ration ordinaire parce qu'il est à charge à la colonie et à sa femme, qu'il est
ivrogne et a la cervelle dérangée. Il compte que vous lui
accorderez une place d'officier. Nous vous prions de
n'en rien faire. C'est un mauvais sujet dont sa femme
s'estime heureux d'être débarrassée, après qu'il lui a
mangé une partie du peu de biens qu'elle avait. Vous
trouverez peut être extraordinaire qu'il soit porteur d'un
certificat de M. Beauvollier, qui le lui a apparemment
accordé par compassion ; ce certificat n'a paru que depuis son départ.

EMPLOYES.

M. Lenoir vous a envoyé au mois de janvier 1728 un
état des employés des différents comptoirs. Ils sont au
même état, à la réserve du sieur Dachery venu par le
Solide de l'île Bourbon. Il a passé au mois de janvier
1728 à Mahé pour y tenir les livres en place du sieur
Brière, qui a demandé son congé et qui s'est embarqué
sur le vaisseau le *Mars*.

Le sieur Desplats venu par la *Syreune*, est commis au
greffe à 600 Lvs d'appointements du 1er octobre dernier.

Quelques jours après l'arrivée du sieur Cabeuil auquel vous avez accordé passage sans en faire mention
dans aucune de vos lettres, ni dans celles que vous avez
écrites à M. Lenoir, nous lui avons fait payer 6 pagodes
par mois, par forme de subsistance, et l'avons occupé à

travailler dans les bureaux. Il paraît avoir de la bonne volonté et de l'entendement. Nous lui donnerons de l'emploi dans quelqu'un des comptoirs. Lorsque vous accorderez le passage à quelques personnes, ayez agréable de nous informer de votre intention à leur égard. Vos comptoirs ne manquent point de subalternes, le nombre porté par le dernier état que vous avez envoyé, est excédé.

Nous vous avons écrit au mois de janvier 1728 que M. Lenoir changerait à l'arrivée des vaisseaux la distribution du vin, et qu'il en ferait délivrer une moindre quantité gratuitement, que celle que vous avez accordée, en payant 20 Pag. par barriques ; en conséquence il a fait délivrer gratuitement à chacun des employés de plume et d'épée la moitié de ce que vous leur aviez accordé, à la réserve de ceux auxquels vous n'accordiez qu'une demi barrique qu'il leur a fait délivrer. Ces derniers trouvent un petit avantage à ce changement. A son égard, il s'en est tenu à la quantité que vous lui avez accordée, qu'il a payée comptant à 20 pagodes la barrique.

Nous vous représentons que vous n'avez pas compris dans l'état de distribution, le capitaine, le lieutenant de port, ni les chirurgiens qui méritaient bien avoir part à la gratification que vous accordez aux autres employés. Nous n'avons pas osé rien faire à cet égard sans des ordres de votre part. Nous vous supplions d'y faire attention et de nous dire si vous souhaitez leur en accorder. Tous ceux qui ont pris du vin en bouteilles les ont payés. Personne n'a eu l'idée de les rendre au magasin.

Nous vous répondons en apostille à ce que vous nous écriviez par votre lettre du 25 septembre 1727 au sujet des employés. Nous vous y marquons qu'il nous a été envoyé un canonnier et 6 aides canonniers, nous nous y référons. Il nous a encore été envoyé quatre ouvriers à 700 Liv. par an d'appointements chacun ; savoir : un menuisier, un charpentier de maison, un serrurier et un taillandier. Cela augmente la dépense de 2.800 Liv. de plus que vous ne l'aviez fixée par votre dernier état. Apparemment que vous voulez bien faire cette augmentation à l'égard du charpentier, il aurait été nécessaire qu'il eut entendu un peu des constructions des navires plutot que des maisons. Nous l'aurions envoyé à Bengale où il n'y en a point. Nous l'envoyons à l'île de France. Celui qui est ici depuis 6 ou 7 ans à votre service est un bon charpentier qui entend la construction et toutes sortes d'ouvrages qu'on puisse lui demander. Il est menuisier fort sage ; c'est lui qui conduit tous les autres ouvriers. Il n'a cependant que 650 Liv. d'appointements ; celui que vous nous avez envoyé n'a jamais travaillé qu'à la charpente des maisons et est à 700 Liv. d'appointements. Cela cause de la jalousie à celui que nous avons ici depuis longtemps. Il demande une augmentation d'appointements qu'il mérite bien ; s'il avait été en notre pouvoir, nous lui aurions accordé 800 Liv. Il en mérite même d'avantage par les soins et les peines qu'il se donne pour la conduite de tous les ouvrages que nous sommes obligés de faire. Vous aurez agréable de nous dire ce que vous souhaitez faire à cet egard.

COLONIE.

Nons vous avons écrit par notre lettre du 25 janvier 1728 les menaces que le Nabab nous faisait, que le Divan nous avait écrit et que ses gens qui étaient ici attendaient notre réponse. Nous l'avons faite le 4 fevrier en lui envoyant un présent de la valeur de 364 pagodes en différents effets que vous verrez expliqués sur le journal de commerce. Il a reçu ce présent, à l'ordinaire avec de grandes démonstrations d'amitié. Il nous en a remercié et nous a écrit qu'il serait toujours disposé à nous rendre service.

La grande sécheresse qui continue depuis deux ans que

la pluie manque cause une disette de grains dans l'étendue de cette cote, qui ruiné les fermiers des terres et fait un mal considérable à tous les habitants des colonies. Les fermiers se sont épuisés à faire des puits et à chercher toutes sortes de moyens pour avoir de l'argent afin d'arroser les terres qui ne produisent qu'autant qu'elles sont humectées. Le chef de Villenour ayant cru remédier à la disette d'eau et en ramasser une quantité assez grande pour arroser les terres qui le sont ordinairement par le Grand Etang, qui est situé près de Villenour, a fait avertir tous ceux qui jouissent des aldées qui sont arrosées par cet etang, pour qu'ils eussent à contribuer à la dépense qui était nécessaire pour faire jeter l'eau de la rivière qui passe à Villenour dans l'étang par un canal qu'il s'était proposé de faire faire et qui était commencé. Les aldées de Pondichéry et d'Oulgaret tirant de cet etang l'eau nécessaire pour les arroser, le chef de Villenour nous avait fait avertir de contribuer à cette dépense qu'il estimait monter à environ 1000 ou 1100 pagodes. Pour notre part nous croyons pas son projet possible à éxecuter. Nous avons refusé d'y contribuer. Il en a porté ses plaintes au Nabab qui nous a écrit de contribuer. Nous avons fait examiner par le R.P. Louis le canal commencé. Nous nous y sommes transportés, nous avons vu que la rivière était beaucoup plus basse que l'étang, que l'exécution du projet n'était point impossible, mais que la dépense serait plus considérable que l'avantage qui pourrait en résulter. Nous avons écrit au Nabab en lui représentant les raisons que nous avions de refuser. Il ne nous a rien dit. Depuis l'entreprise a cessé, après avoir dejà causé de la dépense à laquelle nous n'avons pas contribué.

Le fermier de vos terres du bail fini au 30 juin dernier nous a représenté que le manque de pluies lui avait causé une grande perte, que les terres n'avaient presqne point été cultivées faute de pluie, entres autres celles d'Ariancoupam oú il n'y a point d'étang, que divers particuliers qui avaient ci devant des maisons ou cases dans l'enceinte de la ville en sont sortis, et auxquels nous avons fait donner des terrains dans l'aldée de Pondichéry, pour y rebâtir leurs maisons ; et les trois avenues d'arbres qui ont été plantées lui causaient encore une perte par ce que ces terres n'ont pu être ensemencées pendant son bail. Par ces considérations il demandait une indemnité de 300 pagodes et 60 pagodes pour la rivière qu'il n'a point fait pêcher ni affermer, le Conseil ayant permis à tous les habitants d'y pêcher. Après avoir examiné ses représentations, nous lui avons accordé par délibération du 12 novembre dernier 100 pagodes d'indemnité pour tous ces terrains qu'il n'a pu faire ensemencer et 60 pagodes pour n'avoir point affermé la rivière pendant le cours de son bail, suivant l'ordre qui lui en a été donné, lesquelles 160 pagodes lui ont été diminuées sur le prix de son bail. L'adjudication des fermes des aldées a été faite après trois criées au plus offrant et dernier enchérisseur, pour cinq ans au lieu de trois, les fermiers ayant représenté que trois ans n'étaient pas un terme suffisant pour indemniser d'une mauvaise année. Elles ont été adjugées, savoir : celle de Pondichéry à 535 pagodes ; Ariancoupam à 415 pagodes. Mourougapac à 520 et Oulgaret à 1050 pagodes. Vous verrez que ces fermes toutes ensembles ont diminué d'environ 300 pagodes du prix des précédents baux, les conditions sont les mêmes. Nous nous estimons heureux qu'elles aient été poussées à une somme si considérable. La sécheresse qui règne depuis plus de deux ans cause une perte considérable aux fermiers qui vendent cependant les grains fort cher mais qui en ont fort peu recueilli.

La ferme de tabac et bétel a été adjugée pour trois ans à commencer du premier octobre dernier. La disette de grains cause aussi une perte considérable à ce fermier. Les pauvres gens n'ayant pas de quoi avoir du riz, ni d'autres grains, n'achètent que fort peu de bétel et tabac, de sorte qu'elle n'aurait pas été poussée à 4.500 pagodes, si nous n'avions pris le parti d'avoir un émissaire pour la pousser, dans la résolution où nous étions de la faire régir pour votre compte plutôt que de l'adjuger à vil prix ; elle l'a été à 4.995 pagodes aux mêmes clauses et conditions du précédent bail. Si la famine continue, les fermiers se tireront mal d'affaire.

La misère qui est grande depuis deux ans a causé de la cherté des grains, a occasionné quantité de plaintes et de difficultés pour percevoir la taxe imposée sur les habitants, pour contribuer à la dépense des murs pour faire l'enceinte de la ville, de sorte que nous nous sommes déterminés à la supprimer par délibération du 27 juillet, et la ferme du change par celle du 2 septembre suivant, et d'établir 1 p. % de droits d'entrée et 1/3 % de sortie de plus qui seront suffisants pour vous indemniser du produit de la taxe et de la ferme du change, dont le recouvrement sera plus facile, puisque les droits ne se payent que par les personnes qui font commerce et qui sont probablement le plus à leur aise. Les motifs de ce changement sont expliqués par les délibérations ci dessus datées.

Dans l'espérance que nous avons que vous nous mettrez en état de continuer annuellement le commerce d'Inde en Inde pour lequel nous tirons des marchandises de Portonovo où nous sommes obligés d'envoyer des employés pour les visiter et les faire emballer, ayant appris qu'il y avait une maison bien bâtie à la mode du pays à vendre, nous l'avons en conséquence de la délibération du 17 juillet, fait acheter pour 700 Pag. par le sieur Elias qui en a passé acte à votre nom. Nous espérons que vous approuverez cette acquisition par les motifs portés par la délibération.

Nous vous avons écrit par notre lettre du 25 janvier 1728 que nous avions fait embarquer le fils du roi d'Anjouan sur le *Solide*, en conséquence de la délibération du 13 du même mois, pour passer à l'Ile de France, dans l'espérance qu'il pourrait s'embarquer sur l'un des deux vaisseaux que nous croyons qui partiraient de cette île ou de celle de Bourbon pour aller faire la traite à Madagascar, et le porteraient chez lui ou à Engazy qui en est proche. N'ayant point de bâtiment à ces îles en état de faire la traite, ce prince est revenu ici sur le vaisseau le *Bourbon*. Nous l'avons fait embarquer sur le *Pondichéry* pour passer à Goa. Nous avons écrit au vice roi pour le prier de lui accorder passage sur les vaisseaux Portugais jusqu'à Mozambique, d'où il pourra s'embarquer sur les bateaux du pays pour aller à Anjouan. Pendant son séjour à l'Ile de France, il a fait une dépense qui nous a paru bien considérable dont l'état est ci joint, ainsi que de celle qu'il a faite à l'Ile de Bourbon. Nous sommes bien fachés de vous avoir constitués dans une si grande dépense. Si nous avions prévu qu'il n'y eut pas de vaisseaux aux îles en état de faire la traite à Madagascar, nous aurions cherché d'autres moyens pour le faire passer dans son pays.

Nous vous avons informés, Messieurs, par notre lettre du 25 janvier 1728 que la disette de grains était grande à cette côte par le manque de pluies, que nous n'avions point de provisions et que nous n'étions pas en état d'en faire faute d'argent. Depuis ce temps, la sécheresse a continué ; la disette a augmenté, de sorte que les peuples sont réduits à une grande extrêmité. Pour engager les marchands de grains à en apporter ici, et les indemniser des frais qu'ils sont obligés de faire pour aller, fort loin, dans les terres où ils ont beaucoup de peine à en trouver, nous avons, en conséquence de la délibération du 12 novembre dernier, suspendu la perception des droits d'entrée sur tous les grains qui servent à la nourriture des hommes et des bestiaux. Lorsque les pluies seront abondantes et que la récolte sera favorable, nous les rétablirons conformément à l'usage ordinaire. Nous faisons tenir les comptes de ce qui entre journellement afin de vous informer de ce que la suspension de ces droits vous aura coûté. Nous sommes affligés de voir une si grande misère à laquelle il est difficile d'apporter remède, parce que toute la côte est dans le même embarras. Nous avons écrit à Bengale, au Pégou, à Merguy et à Mazulipatam pour en tirer le plus de riz qu'il sera possible. Il nous en est déja venu plusieurs embarcations de Bimlipatam, Ganjam et Mazulipatam. Nous espérons qu'il nous en viendra encore. M. Le Faucheur nous a envoyé le bot qu'il avait chargé de blé et de riz, et a engagé plusieurs marchands qui font ce commerce de nous envoyer ici leur embarcations.

Le défaut de pluies nous a encore constitués dans une autre dépense que celles dont nous vous parlons dans l'article du commerce d'Europe pour les blanchisseurs. Nous avons été obligés de faire creuser et nettoyer plusieurs fois les étangs et les puits, d'en faire même de nouveaux, cela vous a causé des dépenses extraordinaires mais indispensables. Malgré ces dépenses et les soins que nous avons pris, il y a eu beaucoup de difficultés pour faire blanchir les toiles jusqu'au 13 du mois passé qu'il fit un coup de vent que l'on sentit à peine ici, mais qui fut très considérable à Trinquebar et plus au sud.

Le nommé Marchety, un des associés de la compagnie du feu Narsou qui a fourni pendant plusieurs années les marchandises pour les cargaisons d'Europe et qui a mal fait ses affaires, a vendu à un seigneur maure pour 250 pagodes deux jardins, l'un dans l'enceinte de la ville, et l'autre à Oulgaret, dont il était propriétaire. Le voisinage d'un seigneur maure ne convenant point surtout dans une des aldées dont la Compagnie jouit, dans la crainte qu'il ne se l'appropriât par la suite et qu'il ne nous cause quelques troubles, nous a déterminés d'empêcher que ce seigneur n'en prit possession. Nous avons sous le nom du fils de Narsou fait offrir de rembourser ce seigneur des 250 pagodes qu'il a payées pour l'acquisition de ces deux jardins, disant que Marchety ne pouvait pas les vendre puisqu'il n'avoit point d'autres effets ici qui pussent servir d'hypothèques pour ce qu'il avait à régler. Ce seigneur en a parlé au Nabab qui nous en écrit deux fois; par la dernière lettre, il dit positivement de faire mettre ce seigneur en possession des jardins. Nous lui avons représenté que nous étions obligés de soutenir les droits de nos marchands, que Marchety avait vendu frauduleusement ces deux jardins au préjudice de ses véritables créanciers. Nos raisons ne seraient pas valables en justice ; mais comme la force chez les maures est admise préférablement à la raison, ce seigneur s'est contenté, après quelques difficultés, de recevoir son remboursement de 250 pagodes que nous lui avons fait payer. Nous garderons ces deux jardins pour votre compte en conséquence de la délibération du 9 août dernier. Nous les revendrons lorsque l'occasion s'en présentera à quelqu'un des marchands de la colonie.

Nous avons répondu par apostille à tout ce que vous nous demandez par votre lettre du 25 septembre 1727 concernant la colonie. Nous nous y référons.

BATIMENTS ET FORTIFICATIONS.

M. Deidier est de retour de Mahé du 20 mai dernier. Il a été présent aux travaux qui se sont faits pour la continuation des murs de l'enceinte de la ville, à la construction des corps de garde, de la poudrière et du bastion du bord de la mer au nord de la forteresse jusqu'au 21 septembre dernier qu'il s'est embarqué sur le vaisseau le *St. Joseph* pour passer à Bengale. Le bastion étant fondé fort près de la mer qui a mangé en peu de temps beau-

coup de terrains, et qui avait dégravoyé les fondements
du bastion qu'elle aurait détruit dans les grands vents lorsqu'elle est agitée, M. Deidier a remédié à cet accident
en faisant faire à 12 pieds de distance devant le bastion
un pilotis de bois rouge qui est incorruptible, et un mur
de palplanches piquées en terre et clouées au pilotis qui
empêche l'impétuosité de la mer et en brise les lames,
au moyen de quoi le bastion est en sûreté. Ce pilotis est
fait et environ la moitié du mur de palplanches, le reste
n'ayant pu être achevé, faute de bois ; il coûte jusqu'à
présent tant en bois, fer, que main d'œuvre 1.935 Pag.
18 f. 29.

Il a été fait pour achever l'enceinte de la ville du côté
du nord jusqu'au bord de la mer, 172 toises courantes
de mur qui contiennent, savoir un corps de garde pour
les soldats français, une chambre pour un officier, une
poudrière, le tout voûté, un corps de garde pour les
soldats topas, couvert en apentis, un bastion qui flanque
l'angle que l'enceinte forme sur le bord de la mer pour,
dans la suite, fermer la ville. De ce côté, ce bastion a une
rampe pour monter dessus, et sous cette rampe l'on a
pratiqué trois petits souterrains. On a fait un petit morceau de mur pour marquer le retour de l'enceinte, le long
du bord de la mer ; tous ces ouvrages contiennent les
172 toises courantes du mur ci dessus ; ce qui est mur
de la ville, a 2 toises 2 pieds 6 pouces de hauteur. Le
bastion et son parapet a de hauteur 3 toises 3 pieds
8 pouces. Le corps de garde des Français, compris son
parapet, a trois toises deux pieds de hauteur ; le corps de
garde des topas a une toise trois pieds de hauteur. L'on
a encore fait 60 toises courantes de mur de 8 pieds de
haut pour continuer l'enceinte depuis le fort Sans Peur, en
allant du côté du sud. Tous ces ouvrages ont coûté environ 4.400 pagodes qui ont été payées par 976 pagodes
reçues de M. Dupleix chargé ci devant de cette dépense,

pour le solde de son compte, et de 852 pagodes de la taxe des habitants malabars jusqu'au 1er août dernier ; le surplus a été fourni de votre caisse.

Ce sont là tous les ouvrages qui ont été faits cette année pour la continuation de l'enceinte de la ville. Nous n'avons fait commencer qu'au mois de juin, après l'arrivée du 1er vaisseau, faute d'argent pour faire la dépense.

Nous avons fait faire une halle voutée dans le fort pour visiter les marchandises, qui est presque finie. Elle a 72 pieds de long sur 23 de large et 16 de haut sous clef, elle sera commode, très utile et en état de servir au mois de mai prochain. Elle a coûté jusqu'à présent 1.000 Pag.

Nous avons encore fait faire un bâtiment couvert de tuiles sur le bord de la mer, vis à vis de la forteresse, pour mettre à couvert les employés qui sont présents aux embarquements et débarquements, et qui servira à serrer les marchandises lorsqu'il fera de la pluie, il était très nécessaire. Le même terrain était couvert de feuilles de cocotiers et servait à mettre les employés à l'abri du soleil. Mais ils n'y pouvaient rester pendant la pluie, n'y laisser aucune marchandise. Nous sommes persuadés que vous approuverez la construction de ce bâtiment qui contient 36 toises 4 pieds 2 pouces courantes de mur sur 10 pieds de haut, et qui n'a couté que 255 pagodes 15-32.

Nous avons en conséquence de la délibération du 30 juin dernier, et conformément à l'avis de M. Deidier, placé le magasin des matières d'argent dans un retranchement fait dans le magasin neuf à droite en entrant par la porte royale, et pratiqué une chambre à côté pour l'officier de garde. L'ancien magasin qui servait aux matières d'argent a été coupé en quatre par des murs pour faire des prisons qui servent actuellement. Nous étions convenus de faire deux vérangues à droite et à gauche de la porte pour mettre la garde plus au large ; celle à gauche est faite, qui suffit. Nous ne ferons point faire, celle à droite. Vous verrez par la même délibération le terrain qui a été destiné pour faire les magasins pour conserver les provisions de riz.

Nous avons fait bâtir une nouvelle chaudrie, en conséquence de la déliberation du 5 novembre dernier. Elle est presque finie et coûte jusqu'à présent 652 Pag. 3-24.

CHANDERNAGOR.

Nous vous avons écrit par notre lettre du 25 janvier 1728 que nous attendions des nouvelles de ce qui aurait été fait à l'aldée de Casimbazard avant de prendre aucun parti, que nous pensions qu'il n'y en avait point d'autre que celui de la laisser régir par un homme du pays, d'y entretenir un écrivain et deux pions, ainsi que cela se pratiquait en 1719. Nous avons écrit en conséquence de retirer l'employé français qui y était. Le Conseil nous a écrit en réponse, par sa lettre du 15 avril dernier, que nous n'étions pas instruits de l'état actuel de Cassimbazard, des ouvrages qu'ils y avaient fait commencer, ni des inconvénients qui en résulteraient s'ils en retiraient le sieur Malescot qui y résidait, et s'ils abandonnaient l'aldée à la régie d'un homme du pays. Comme nous leur marquions qu'ils avaient suspendu l'ordre que nous leur avions donné par les raisons portées par leur délibération du 20 mars dernier, les ayant trouvées bonnes nous leur avons écrit de s'y conformer. Nous avons prié M. Deidier d'examiner la loge et le dommage que le Gange peut y causer. Il nous a promis d'en dire son avis au Conseil de Chandernagor et de nous en faire part à son retour. Ce Conseil par ses lettres du 27 décembre dernier, nous rend compte de l'insulte qui vous a été faite à Cassimbazard par les maures et nous demande des ordres positifs sur cette affaire qu'il convient lui même être des plus délicates. La conséquence dont il est que la Compagnie se soutienne avec honneur dans les Indes, nous fait prendre le parti de tirer quelque raison de cet affront, du mieux que nous le pourrons en renvoyant à Cassimbazard le sieur Malescot et interdisant de votre service pour quelque temps le sieur l'Empereur dont nous désavouerons l'écrit infamant qu'il a eu la faiblesse de passer. Nous donnerons ordre en même temps à Chandernagor d'arrêter les embarcations maures, qui passeront devant la loge dont nous fortifierons la garnison de quarante soldats que nous y ferons passer, par le premier vaisseau que nous y expédierons. Nous pensons bien que ce parti peut tirer à quelques inconvénients, mais quels qu'ils soient, ils ne nous seront jamais si préjudiciables que le mépris que vous attirerait dans l'Inde l'impunité d'un tel attentat. Quoique la voix publique nous fasse soupçonner avec chagrin que vous n'approuvez pas tout à fait la vigueur que nous avons employée dans l'exécution de quelques uns de vos ordres, et qu'on ait traité de chimériques nos idées sur l'honneur de la nation et de la Compagnie, nous agirons toujours pour votre service avec le même zèle, et malgré la timidité que nous inspire un tel bruit, nous continuerons de faire tout ce qui dépendra de nous pour le maintien de votre honneur et de vos intérêts.

M. Deidier que nous avons prié de voir ce qu'on peut faire à la loge de Cassimbazard pour empêcher à la fin quelle ne soit emportée par le Gange, nous assure qu'une dépense de 5 à 6.000 Rs la mettrait en état de résister pour toujours à la force de l'eau qui emporte peu à peu le terrain sur lequel elle est située, en faisant un pilotis dans l'endroit de la rivière qui bat avec le plus de violence, et un mur à chaux et à ciment en dedans de ce pilotis. De la façon dont M. Deidier nous l'a expliqué, cela ne parait pas difficile à faire ; cependant nous n'avons aucune personne à votre service, en état de le faire exécuter.

Nous avons envoyé à Chandernagor, ainsi que nous l'avons marqué, la chaloupe le *Yanaon* pour servir dans le Gange, elle y est arrivée. Nous y avons aussi envoyé le bot le *Dauphin*, venu de *Surate* au mois de mai dernier, chargé d'environ 35 tonneaux de bois rouge pour servir de leste et de grenier au vaisseau la *Syrène*, qui est resté si peu de temps en rade que nous n'avons pu lui donner à son départ. Ce bot doit rester pour servir aux pilotes à entrer et sortir les vaisseaux du Gange. Nous vous avons informés par notre lettre du 28 septembre dernier que nous y avions envoyé les vaisseaux le *Mercure* et la *Syrène* avec l'argent et les autres effets que nous y avons embarqués, nous nous y référons. Ces vaisseaux sont de retour du 13 de ce mois et le *St. Joseph* du 15, avec toutes les provisions que nous avions demandées pour ce fort.

Le vaisseau la *Minerve* arriva ici, venant de Mahé, le 19 mai, en mauvais état, faisant beaucoup d'eau et étant nécessaire de l'envoyer dans un endroit où l'on put en faire une visite exacte pour savoir s'il convient d'y faire un radoub ou de l'abandonner. Nous étions dans la résolution de l'envoyer au Pégou pour y faire ce radoub s'il avait été possible ou en construire un neuf de la même grandeur. Ce vaisseau n'ayant pas été jugé capable d'entreprendre ce voyage suivant le procès-verbal fait en rade par les officiers, maitres et charpentiers que nous avions pour lors, il fut arrêté pour les raisons expliquées par la délibération du 15 juin dernier, à laquelle nous nous référons, de l'envoyer à Bengale avec le *Mercure*. Ils sont arrivés devant la loge après avoir couru risque de se perdre sur les bancs de l'entrée du Gange, faute d'avoir eu connaissance de la Pointe des Palmiers et d'un de nos bots qui était en rade de Balassor pour les attendre. Ce sont deux pilotes anglais qu'ils ont heureusement rencontrés, qui les ont entrés et tirés du péril évident où ils étaient et auxquels on a payé à chacun 800 Rs. La *Minerve* étant devant la loge, la visite en fut faite le 11 août ; le procès-verbal fut dressé par les officiers du vaisseau le *Mercure*, et tous ceux qui étaient pour lors à Chandernagor capables d'en juger ; en conséquence, le Conseil condamna le vaisseau a être dépecé par délibération du 12 du dit mois. Nous croyons que ce parti est bien plus avantageux que de l'avoir fait radouber, ce n'aurait jamais été qu'un vieux vaisseau qui aurait constitué dans des dépenses plus considérables que le service qu'on aurait pu en tirer. Nous n'avons pas mal fait de ne le point exposer à le renvoyer en France ; il aurait couru de grands risques, peut être, avarié la cargaison et constitué dans de grandes dépenses, qui auraient été faites dans les relâches que l'indigence et le mauvais état du vaisseau auraient forcé de faire.

Ayant demandé à Bengale quantité de provisions dont nous avions un extrême besoin, le conseil nous a envoyé le bot l'*Orient*, arrivé en cette rade le 25 octobre dernier chargé de 900 *mans* de blé, de quelques jarres d'huile et de beurre et d'un peu de cire en bougie. Ce bot n'a pu retourner à Bengale à cause des vents contraires et que la saison était trop avancée. Nous l'avons envoyé à Anderampatam au sud de Trinquebar pour y passer l'hiver.

Vous verrez, Messieurs, par la délibération du Conseil de Chandernagor du 25 novembre 1728 les chagrins et les inquiétudes que lui cause le nommé Coja Saffard, exécuteur testamentaire du défunt Domingue de Rozaire, conjointement avec le sieur Legou, cet Arménien se servant du crédit qu'il a auprès du gouverneur maure, et étant porteur de pièces qui lui ont été laissées mal à propos en 1722, lorsqu'il lui fut fait, en conséquence de l'arrêt du Conseil, dont copie est au pied de la délibération, un remboursement de diverses dépenses qu'il avait faites au *dorbar*. Cette affaire n'est que trop en état de continuer à faire de la peine au Conseil de Chandernagor, qui nous prie de vous en écrire et de vous demander des quittances et certificats en bonne forme des héritiers et légataires de

Domingue de Rozaire, des payments que vous leur ferez suivant la teneur de son testament dont nous vous envoyons copie. La Compagnie doit à la succession de cet homme 9.305 Rs. 2-5. ainsi qu'il appert par les livres de ce comptoir cotés E, fos. 75 et 77. Nous vous prions, Messieurs, de nous dire de quelle façon vous voulez terminer cette affaire, et de nous envoyer les papiers que le Conseil de Chandernagor nous demande en cas que vous jugiez à propos de payer, conformément au testament, ce qui revient au St. Sépulchre de Jérusalem et aux héritiers de Domingue de Rozaire. Le sieur Dumont qui a passé en France et qui était à Chandernagor en 1722, vous informera de quelle façon cette affaire s'est passée.

Vous écrivez au Conseil de Chandernagor, Messieurs, par votre lettre du 25 septembre 1727 qu'il n'a pas été en état en 1726 de satisfaire à vos demandes, par ce que nous y avons envoyé trop peu de fonds, soit par le manque d'économie que nous avons apporté dans la distribution, soit par la guerre de Mahé qui en a consommé une très grande partie. Nous vous avions cependant informés par nos précédentes lettres des fonds que nous y avions fait passer. Permettez-nous de vous rappeler encore la distribution de ces fonds dans les trois années de M. de Beauvollier. Vous nous avez fait passer 244.997 marcs de matières d'argent dont 87.324 ont été envoyés à Bengale avec plus de 100.000 Rs. de différentes marchandises de l'Inde. Le restant se montant à 157.673 marcs a été distribué à Pondichéry, Mazulipatam, Moka, Chine, Mahé, Manille et aux îles de Bourbon et de France, conformément à vos ordres et suivant qu'il est expliqué par les livres que nous vous avons envoyés et que vous avez reçus.

ILES DE FRANCE ET BOURBON.

Nous vous avons répondu par apostille à tout ce que

vous nous marquez par votre lettre du 25 septembre 1727 au sujet de ces îles, nous vous y référons. Nous vous avons informés par notre lettre du 28 septembre dernier que le vaisseau *l'Alcyon* nous avait été envoyé ici comme indigent, n'ayant pu aller à l'Ile de France. Il est arrivé le 25 septembre. Nous avons fait examiner ce qui convenait d'en faire. Nous sommes convenus, par délibération du 26 du même mois, de l'envoyer à Merguy pour le faire radouber et le charger de riz pour revenir ici dans ce mois. Nous lui avons fourni les choses nécessaires à cet effet avec 2.000 piastres. il est parti le 1er octobre dernier. Nous avons donné ordre au sieur de la Garde, capitaine du vaisseau le *Bourbon*, qui est allé au même endroit, d'assister de tout ce qu'il pourrait le capitaine de *l'Alcyon* pour accélérer son radoub et le mettre en état de revenir. Il vous paraitra peut être extraordinaire que les officiers et l'équipage de ce vaisseau ayant refusé d'aller de l'Ile de Bourbon à celle de France, disant que le vaisseau n'était pas en état d'en faire le voyage, qu'il soit venu ici où il n'a sejourné que cinq jours et que les officiers et l'équipage soient partis sur ce même vaisseau pour aller à Merguy sans aucune répugnance. Le vaisseau le *Bourbon* est revenu de Merguy, le 3 du présent mois, qui n'a pu aider au radoub de *l'Alcyon* comme nous l'espérions, parce que ce dernier a mis soixante deux jours dans cette petite traversée. Les officiers nous ont envoyé le procès-verbal de l'état où il était et de ce qu'il y avait à faire : suivant le rapport que nous en a fait M. de la Garde, nous attendons ce batiment en bon état et bien radoubé vers la fin du mois prochain. A son retour nous verrons la destination que nous en ferons faire, qui sera embarrassante faute d'argent. Nous sommes chagrinés du peu de riz que le *Bourbon* nous a apporté de Merguy : s'il avait pu en acheter une partie plus considérable, cela nous aurait facilité les moyens de soulager cette colonie qui souffre ainsi

que les iles. Ce vaisseau nous a rapporté environ 80 pièces de bois de celles que nous y avions fait acheter.

M. Dumas a passé de l'Ile Bourbon ici. Il est arrivé le
2 octobre dernier sur le vaisseau le *Bourbon*. Il nous a
donné le 8 du même mois le mémoire dont copie est ci-
jointe, avec les réponses que nous y avions faites en
marge. Nous nous flattons que vous nous rendrez assez
de justice pour croire qu'il n'était pas nécessaire qu'il prit
la peine de nous exciter par un tel mémoire à envoyer aux
iles ce que nous savons qui y est nécessaire, et que les ordres que vous nous avez donnés étaient plus que suffisants
pour nous y déterminer, si nous avions eu assez de fonds
pour remplir ce que vous désirez à cet égard. Il doit s'embarquer sur le même vaisseau pour s'en retourner. Nous
avons écrit à Bengale d'y faire acheter des esclaves. Nous
en avons reçu treize que le Conseil nous a envoyés. Nous
les faisons passer aux îles par le vaisseau ; nous en avons
fait acheter une centaine à cette côté tant garçons que
filles depuis l'âge de huit jusqu'à dix huit ans. Nous les
ferons embarquer sur le vaisseau *la Syrène* pour rester
à l'île de France. Nous nous proposons de faire partir ce
vaisseau, en conséquence de notre délibération du 17 de
ce mois, le 8 du mois prochain pour l'île de France chargé de blé, des farines, beurre, huiles et autres provisions
avec les hardes et marchandises que nous y avons destinées dont nous n'en savons pas encore au juste le montant,
avec 150.000 livres de riz. La famine, qui est à cette côte
depuis sept à huit mois, nous a procuré le moyen d'acheter des esclaves et d'engager 95 tant maçons, charpentiers
et autres ouvriers que nous enverrons à l'île de France.
Nous payons à chacun de ces ouvriers trois pagodes par
mois et leur nourriture qui sera fournie en riz, maïs ou
autres grains. Vous avez ci joint un état de ces ouvriers.
Le vaisseau la *Syrène* restera à l'île Bourbon à la disposition du Conseil pour faire deux traites à Madagascar,

conformément à la délibération. C'est tout ce que nous avons pu faire de mieux pour procurer les secours nécessaires à ces îles, dans la situation où nous sommes.

Nous envoyons à l'île Bourbon par le vaisseau le *Bourbon* quatre caisses de poivre et une de cardamom.

Plusieurs particuliers se proposant de former des habitations aux îles de France et Bourbon, sachant l'impossibilité où vous êtes actuellement de leur fournir la quantité d'esclaves dont ils ont besoin, nous ont demandé la permission d'en envoyer d'ici. Nous leur avons permis d'en embarquer sur vos vaisseaux le nombres de 173, suivant l'état ci-joint et aux conditions y portées. Nous espérons Messieurs, que vous ne nous désapprouverez pas, n'ayant d'autres vues que celle de mettre ces particuliers en état de faire défricher et cultiver les terres, afin que ces îles puissent incessamment fournir les vivres nécessaires aux personnes qui les habiteront. Outre les esclaves compris dans l'état ci-joint, M. le Gouverneur en a fait embarquer sur le vaisseau le *Mars* vingt sept pour son habitation de l'île de France.

AFFAIRES GÉNÉRALES.

Nous avons fait payer à M. l'Ollière, procureur des héritiers du feu sieur François Robert Pelletier dit Cuperly, dont vous avez l'inventaire dans le paquet de Chandernagor sur le *Mercure*, 247 Rs. 9 as pour remboursement de pareille somme remise à votre caisse de Chandernagor le 30 novembre dernier, provenant de la succession du dit feu sieur Cuperly.

Le sieur la Garde, capitaine du *Bourbon*, nous ayant marqué avoir besoin de quelque argent pour son retour en France, lui avons fait payer 100 pagodes d'une part et 300 piastres d'une autre, sur ses reçus dont nous envoyons copies à M. de Fayet à Lorient pour qu'il lui fasse compter de ces sommes.

Le besoin que nous avons de petites ancres et des autres effets que nous vous avons demandés par notre mémoire du 22 janvier 1728 pour le magasin de marine, nous fait prendre la liberté de vous envoyer ci-joint un extrait de ce mémoire et vous prier, si vous ne nous avez pas envoyé les effets qu'il contient par les vaisseaux que nous attendons cette année, d'ordonner qu'ils nous soient envoyés par ceux qui les suivront.

Nous vous avons demandé, l'année dernière, différents remèdes et plusieurs instruments pour une apothicairerie. Il est absolument nécessaire, Messieurs, que vous envoyez ici un apothicaire pour composer les remèdes pour les différents comptoirs de l'Inde et pour fournir aux chirurgiens de vos vaisseaux ceux dont ils ont besoin pour leur retour en France. Nous sommes forcés d'en acheter chez les étrangers et chez les R. R. P. P. Jésuites, qui coûtent fort cher. Deux chirurgiens, qui sont ordinairement à votre service dans cette colonie, ne sont pas suffisants pour faire la composition des remèdes. Ce n'est pas même leur métier. Ayant une personne au fait, elle trouvera ici quantité de drogues pour composer les remèdes et qui coûteront peu alors. Vous ne serez pas obligés d'en envoyer une si grande quantité de France et les malades seront mieux traités. Il serait encore très nécessaire d'avoir un bon coutelier pour raccommoder et entretenir les instruments des chirurgiens des différents comptoirs et des vaisseaux. Nous nous sommes servis jusqu'à présent du père Loupia, jésuite, pour raccommoder les différents outils, mais il est très âgé, il peut manquer au premier jour et a d'autres occupations, de façon que vos chirurgiens ont des instruments dont ils ne peuvent se servir faute de les pouvoir faire raccommoder.

Nous avons tiré sur vous, Messieurs, une lettre de de change de 1.000 pagodes d'or où la valeur en monnaie courante à un mois de vue, à l'ordre de M. Deidier, en conséquence de la délibération du 21 de ce mois. Nous vous prions d'y faire honneur.

Nous vous avons marqué par un des articles de la présente, au chapitre du commerce de l'Inde, que nous avions envoyé le sieur Duvelaër aux Manilles pour y réclamer les effets qui avaient été mis en séquestre, à la mort du sieur Bouttier. Nous venons de recevoir une lettre du dit sieur Duvelaër datée de Manilles, le 1er octobre dernier, qui nous marque avoir eu main levée des effets séquestrés, qui se montent à environ 37.000 piastres. Il reste encore en discussion 3.000 piastres en or qu'il espère retirer et doit passer incessamment en Chine, pour y convertir cet argent en or conformément à ses instructions. Nous avons appris qu'il était parti le 5 octobre sur un vaisseau portugais pour se rendre à Macao d'où il passera à Canton. Lorsque nous aurons reçu ses comptes, nous vous informerons plus amplement du succès de cette affaire.

Nous vous envoyons, ci-joint plusieurs lettres pour Madrid et Cadix qui nous ont été envoyées par le Gouverneur des Manilles, qui nous prie de les faire passer à leur adresse. Nous vous prions d'en faire prendre soin. Nous lui écrirons au mois de mai prochain que nous les avons sadressées.

Vous avez, ci jointe, la facture des marchandises de pacotilles chargées par le sieur Vincens, procureur du sieur de la Rivière l'ainé, sur le vaisseau le *Bourbon*, suivant permission que vous lui en avez accordée ; cette facture monte à 514 P. 21 f.

On a oublié de joindre aux cornalines qui vous ont été envoyées par le vaisseau le *Mars* trente chapelets de cornaline blanche, ronde, qui étaient restés dans le vaisseau qui les a apportés de Surate. Nous les avons fait venir de Bengale, où ce vaisseau est allé. Vous les trouverez dans la boite de nos dépêches par le *Mercure*.

31

Nous vous envoyons cinq états, le 1er des soldats français et topas qui composent la garnison de ce fort ; le 2ème
des soldats français qui sont morts depuis le 1er janvier
1727 ; le 3ème de ceux qui ont déserté depuis le dit temps;
le 4ème des officiers et soldats morts à Mahé, depuis le 3
décembre 1727, et le 5ème de ceux qui ont déserté. Nous
avons marqué par un des articles précédents en quoi
consistait la garnison de Mahé.

Nous n'avons pas pu avoir jusqu'à présent les inventaires de ces soldats, non plus que de ceux qui sont morts
et ont déserté à Chandernagor. Nous les demandons encore et les enverrons aussitôt que nous les aurons reçus.

Le sieur Martin venu aux Indes par le vaisseau les *Deux
Couronnes* en 1719, frère de feu M. Martin, chirurgien du
Mogol, s'est embarqué à Bengale sur le vaisseau le *Mercure.*
Messieurs du Conseil de Chandernagor lui ont permis
d'embarquer une balle de marchandises, en considération
des services que son frère vous a rendus. Ils vous marquent dans leur lettre que c'est sous le bon plaisir de M.
Lenoir, il n'y a eu aucune part, n'ayant point écrit à ce sujet. Si M. Martin nous avait demandé cette permission, nous
ne la lui aurions cependant pas refusée. Cette balle est
embarquée sur le même vaisseau. Nous sommes persuadés
que vous ne ferez pas de difficulté de la lui faire rendre.

Le sieur Dupault, écrivain du vaisseau la *Syrène,* ayant
fait une balle de marchandises pour sa pacotille permise à
Bengale qu'il a embarquée sur le dit vaisseau, attendu le
changement qui a été fait de sa destination, a demandé
qu'il lui fut permis d'embarquer la dite balle sur le *Bourbon,* ce que nous lui avons accordé.

M. Alvarez, marchand, joaillier a chargé à fret sur le
vaisseau le *Bourbon* un bizail de pierreries marqué L. A.
No. 7 dont vous avez ci joint la facture, montant à 150
Pagodes, à l'adresse de M. Chèvre à Paris. Vous aurez
agréable de la lui remettre avec la lettre à son adresse.

Nous avons fait payer à M. Massiac, capitaine du vaisseau la *Syrène*, 300 Pagodes, attendu le changement de destination de son vaisseau qui l'oblige à faire un plus long séjour dans l'Inde. Il doit en compter à son arrivée en France à M. de Fayet auquel nous envoyons copie de reçu de cette somme que nous a donné M. Massiac.

Vous nous avez demandé par votre mémoire du 10 décembre 1725 quelques pièces de bazin blanc rayé de blanc dont la rayure soit marquée par un fil plus clair, chaque raie d'une distance du travers du dit et quelques pièces à œil de perdrix. Nous vous en envoyons une balle pour échantillon de deux sortes de rayures et à œil de perdrix, vous nous direz s'ils conviennent, nous en ferons faire dans la suite. Mais la fabrication en est fort longue, y ayant peu d'ouvriers qui fabriquent de ces sortes de toiles.

Ci-jointe est une facture de deux caisses de souliers et de pantoufles venues de Bengale qui étaient destinées pour les îles de France et Bourbon, et qui par erreur ont été transportées du vaisseau la *Syréne* sur le *Bourbon* avec les caisses de livres qui se sont trouvées par la vérification dans le fond du vaisseau. Il n'a pas été possible de les en tirer. Vous aurez agréable de les faire mettre à part et de les renvoyer aux îles, en ayant chargé l'île de Bourbon.

Dans l'intention où nous étions de vous renvoyer vos quatre vaisseaux nous avions demandé quelques balles de guinées, sorte hollandaise, dont vous en trouverez 20 balles dans la facture du *Bourbon* : savoir 16 de blanches et 4 d'écrues. Vous nous direz s'il. vous plait, en réponse, si ces marchandises conviennent. Nous pensons que les toiles écrues seraient propres pour faire teindre en différentes couleurs pour servir de doublures et pour toilette, à envelopper les draps qui s'envoient dans le Levant. Ci-joint sont quatre factures des marchandises qui composent le chargement des vaisseaux le *Mercure* et le *Bourbon* savoirt

Le vaisseau (marchandises de Bengale Rs. 282.625-3-13
le *Mercure* (Do.   de Pondichéry Ps. 28.745-23-58

Le vaisseau (marchandises de Bengale Rs. 242.584-15-21
le *Bourbon* (Do.   de Pondichéry Ps.   93.888-8-36

Il nous reste en magasin environ 200 balles et 300
milliers de poivre. Vos deux vaisseaux sont bien chargés;
nous y aurions cependant pu mettre une plus grande quantité de balles, mais nous avons crû devoir préférer le poivre
afin de vous composer un assortiment. Notre intention
était même de vous envoyer la totalité du poivre, mais il
ne nous a pas été possible. Vous voyez par l'évènement
que nous avons bien fait de changer notre premier projet
et de retourner le vaisseau la *Syréne* pour porter des secours aux îles.

Nous avons l'honneur d'être etc.

Signé : Lenoir, Delorme, Legou, Vincens, Dirois et Dulaurens

INVENTAIRE des pièces qui ont accompagné cette lettre:
Vaisseaux : le *Mercure*, le *Bourbon*.

No. 1   Duplicata de la lettre du Conseil supérieur du
              28 septembre 1728.
No. 2   Duplicata de la facture du chargement du vais-
              seau le *Mars*.
No. 3   Duplicata d'un procès-verbal en date du 27
              janvier 1728 au sujet de deux balles laissées
              par le sieur de la Franquerie.
No. 4   Duplicata de la requête du sieur Palmarouse
              du 4 septembre 1728.
No. 5-1. Réponse du 20 janvier 1729 par apostille à la
              lettre de la Compaguie du 25 septembre
              1727.
No. 6-2. Lettre générale à la Compagnie du 30 janvier
              1729.

No. 20   Lettre de Mahé fermée, à l'adresse de Mrs. les Directeurs généraux, reçue à Pondichéry le 2 de ce mois.

No. 21   Une do. à cachet volant à la même adresse, reçue le d. jour à Pondichéry.

No. 22-14. Etat des officiers de la Compagnie servant dans ses comptoirs des Indes au 1er janvier 1729.

No. 23-15. Procès-verbal au sujet des vins de Bordeaux du vaisseau le *Bourbon* du 15 octobre 1728.

No. 24-16. Etat des marchandises et autres effets reçus de Surate en 1728.

No. 25-17. Mémoire de M. Dumas du 8 oct. 1728, apostillé les 4 et 6 décembre suivant.

No. 26   Un paquet en toile cirée contenant cinq pièces de mouchoirs de Paliacatte pour montre.

No. 27-18. Copie du testament de Domingue de Rozaire.

No. 28-19. Placet du s. Couzier à la Compagnie.

No. 29-20. Copie de l'arrêt du Conseil supérieur en date du 5 juillet 1726 rendu contre les nommés Chevalier et Loyal.

No. 30-21. Reçu de M. Pardaillan, en date du 2 octobre 1726, de la personne du nommé Loyal, prisonnier.

No. 31-22. Etat de ce qui a été fourni à l'île de France au prince d'Anjouan.

No. 32-23. Id. de ce qui lui a été fourni à celle de Bourbon.

No. 33-24. Bilan ou balance des fonds reçus d'envoi de la Compagnie depuis 1723 jusqu'en 1726.

No. 34-25. Compte courant des matières d'argent vendues à Madras par le s. Dupleix, en date du 25 janvier 1724.

No. 35-26. Un cahier de divers états ayant rapport au dit compte courant.

No. 50-41. Etat des marchandises chargées à fret pour le dit voyage sur ces deux navires.

No. 51-42. Facture des marchandises envoyées au Pégou sur le *St. Pierre* en 1728.

No. 52-43. Facture de celles envoyées au dit lieu sur la *Marie Gertrude* en 1728.

No. 53-44. Facture des marchandises de la cargaison du brigantin l'*Indien* au voyage d'Achem en 1728 et 1729.

No. 54-45. Compte de mise hors du dit brigantin montant à 51.803 Rs. 3-11.

No. 55 Facture des marchandises chargées pour le compte de la Compagnie sur le vaisseau le *Pondichéry* pour Moka en octobre 1728.

No. 56 Facture de celles chargées sur le dit vaisseau, compte des armateurs.

No. 57 Etat général des marchandises chargées à fret sur le dit vaisseau.

No. 58 Compte de mise hors du dit navire montant à 22.638 Ps. 23 f.

No. 59-46. Dépêches du conseil de Chandernagor à l'adresse de la Compagnie reçues de ce comptoir en *janvier* 1729.

No. 60-47. Facture des marchandises tant de Bengale que de Pondichéry chargées pour le compte de la Compagnie sur le *St. Joseph* pour Perse.

No. 61-48. Etat des ouvriers malabars qui doivent être envoyés auv iles de France et Bourbon sur le vaisseau la *Syréne*.

No. 62-49. Extrait du mémoire des effets demandés à la Compagnie en janvier 1728 contenant ceux absolument nécessaires pour le magasin de marine.

No. 50. Facture de la pacotille permise par la Compagnie au sieur La Rivière Penifort, l'ainé, embarqué sur le *Bourbon*.

No. 63. Un paquet de cornalines blanches rondes.

No. 64. Un paquet contenant 96 comptes de divers créanciers de Surate.

No. 65. Compte de la Compagnie avec la succession du feu M. le chevalier Pilavoine suivant lequel elle a été payée.

No. 66. Autre compte dans une autre forme de la dite succession.

No. 67-51. Etat des soldats français et topas composant la garnison de Pondichéry.

No. 68-52. Etat des soldats français morts depuis le 1er janvier 1727.

No. 69-53. Etat de ceux désertés depuis le dit temps.

No. 70-54. Etat des officiers et soldats morts à Mahé depuis le 3 décembre 1725.

No. 71-55. Etat de ceux désertés depuis le dit temps.

No. 72. Cinq lettres dont trois pour Madrid, une pour Cadix et une autre pour Obedo (?) envoyées par M. le Gouverneur des Manilles.

No.   56. Deux lettres pour Madrid envoyées par M. le Gouverneur des Manilles.

No. 73-57. Etat des esclaves appartenant à divers particuliers à envoyer aux îles Bourbon et de France par les vaisseaux le *Mercure*, le *Bourbon* et la *Syrène*.

No. 74. Un paquet remis par les R. R. Pères Jésuites à l'adresse de M. l'abbé Raguet.

No.   58. Deux lettres pour Londres.

No.   59. Une ditto pour Cadix.

No.   60. Un bizail de pierreries marqué L. A. No. 1 à l'adresse de M. Chèvre à Paris.

No.   61. Facture du dit bizail.

No.   62. Une lettre du dit sieur pour M. Chèvre,

No. 75-63. Un paquet de lettres à l'adresse de M. M.
les Directeurs remis par M. Lenoir.

No. 76. Lettre id. à M. Morin.

No. 77. Une lettre id à M. de St. Catherine,

No. 64. Un paquet en toile cirée contenant une bouteille de baume pour M. de St. Catherine.

No. 78-65. Facture des marchandises de la côte chargées sur les vaisseaux le *Mercure* et le *Bourbon*.

No. 79-66. Facture de celles de Bengale chargées sur le dit vaisseau.

No. 67. Duplicata de la facture des marchandises de Bengale chargées sur le vaisseau le *Mercure*.

No. 68. Duplicata de la facture des marchandises de Pondichéry chargées sur le dit vaisseau.

No. 80. Duplicata de la facture des marchandises de Bengale chargées sur le vaisseau le *Bourbon*.

No. 81. Duplicata de la facture des marchandises de Pondichéry chargées sur le dit vaisseau.

No. 69. Facture des deux balles de souliers et pantoufles.

No. 82, Duplicata de l'inventaire des dépêches du vaisseau le *Bourbon*.

No. 70. Duplicata de l'inventaire des dépêches du vaisseau le *Mercure*.

No. 83-71. Inventaires des dépêches des vaisseaux le *Mercure* et le *Bourbon*.

No. 84-72. Lettre de M. le Gouverneur à la Compagnie.

Au Fort Louis, à Pondichéry, le 30 janvier 1729.

MR. DE FAYET.

Par le vaisseau le *Mercure* et le duplicata par le vaisseau le *Bourbon*.

Nous avons eu l'honneur de vous écrire, Monsieur, par le vaisseau le *Mars* parti de cette rade pour France le 1er octobre dernier, la lettre dont vous avez ci joint le duplicata, et celui de l'état général par extrait des inventaires et ventes des décédés arrêté au 30 septembre 1728. Depuis ce temps il n'est mort que le nommé Louis Dandry dit Daudrié, natif de Malarié en Anjou, soldat de cette garnison, qui n'a laissé que quinze fanons qui ont servi à payer partie de ce qu'il devait à Joyaux, cordonnier à Lorient.

Nous vous avons accusé, par notre dernière, réception de votre lettre à M. le Gouverneur du 10 février 1728 qui nous a été remise par M. Massiac, capitaine du vaisseau la *Syrène*. A cette lettre était joint un mémoire du bureau des armements de Lorient, par lequel on nous demande les décomptes ou la note des payements faits à quelques officiers et matelots de l'équipage de la *Minerve*. Nous vous renvoyons ci joint, Monsieur, ce mémoire répondu à mi marge.

Le vaisseau le *Bourbon* a mouillé en cette rade le 2 octobre dernier. M. Lenoir nous a remis votre lettre du 4 février 1728 et toutes les pièces qui y étaient jointes. Nous nous sommes conformés au contenu de cette lettre sur tous les points dont elle traite.

Le mémoire des sommes dues par une partie des soldats venus sur le *Mercure* au nommé Joyaux, cordonnier à Lorient, nous est parvenu trop tard pour pouvoir être remis à Bengale où partie de ces soldats ont été envoyés. Vous avez ci joint un état émargé des dits soldats au sujet des quels nous écrirons à Chandernagor le mois prochain pour leur faire la retenue de ce qu'ils doivent. Ceux restés ici ont payé 4 P. 12 fs. remis à la caisse de la Compagnie le 12 de ce mois, suivant qu'il appert par l'état ci-joint.

Vous avez ci inclus, Monsieur. le reçu de la caisse des livres de ce comptoir soldés au 30 juin dernier, embarqués sur le vaisseau le *Mercure*, et le reçu de la boite de nos dépêches à l'adresse de la Compagnie signé de M. M. Baudron et La Garde Jozier, Capitaines des vaisseaux le *Mercure* et le *Bourbon*.

Vous avez encore ci joint le connaissement général des marchandises de la cargaison des vaisseaux le *Mercure* et *Bourbon* et l'état des passagers embarqués pour France sur les dits navires.

Nous vous remettons l'état de la dépense faite par le vaisseau le *Bourbon* à Merguy sur lequel vous ferez rendre compte au capitaine et écrivain de ce vaisseau des vivres y contenus.

Vous recevrez par chacun des deux vaisseaux le *Mercure* et le *Bourbon* deux balles de toiles pour faire des pavillons marquées P. A. No. 1 C. Elles sont comprises dans les factures générales de ces deux vaisseaux envoyées directement à la Compagnie.

Nous avons demandé à Chandernagor et Mahé les inventaires des décès sans les avoir reçus jusqu'à présent. Nous y écrivons encore et nous les enverrons au mois d'octobre prochain.

Nous avons fait payer à M. de La Garde Jozier, capitaine du *Bourbon*, 100 pagodes d'une part et 300 piastres d'une autre à compte de la subsistance des personnes qu'il passe d'ici en France, vous lui ferez compter de ces deux sommes. Vous avez ci joint copies des reçus qu'il nous en a donnés.

Il a été embarqué par ordre de M, le Gouverneur sur

le vaisseau le *Mercure* 5 hommes nommés Francois Dugué, Thomas Caillet, Jean Gaillard, Etienne du Doq et Mathurin Guillot, lesquels doivent vous être remis par le capitaine qui en est chargé par les ordres qu'il a reçus dont il a signé les ampliations dont vous avez ci joint copies collationnées par le secrétaire du Conseil.

Les duplicata de la lettre du 1er octobre dernier et de l'état des décédés sont sur le vaisseau le *Mercure*.

Les nommés Claude Brunet et Bourguignon, habitants de Pondichéry, avaient envoyé par le vaisseau le *Jupiter* en janvier 1728, pour les nommés Claude Joseph Brunet et Martin Bourguignon, leurs enfants, quelques hardes qui doivent vous avoir été remises. Comme ces enfants sont revenus, nous vous prions d'avoir la charité de faire vendre ces hardes et de nous marquer leur produit que nous rembourserons ici à leurs parents.

Vous avez ci-joint une copie collationnée du reçu de 300 pagodes payés à M. Massiac, capitaine du vaisseau la *Syréne*, dont il vous doit compter à son arrivée en France. Vous avez encore ci inclus l'état des malades des vaisseaux le *Mercure* et *Bourbon*, nouris à l'hôpital, et l'état de la dépense faite par ce vaisseau dans ses relâches à Pondichéry.

Nous avons fait livrer des magasins de la Compagnie à M. de La Garde une barrique de vin rouge suivant son reçu ci-joint, attendu qu'il a plusieurs passagers pour France.

Vous avez ci joint l'état des effets fournis des dits magasins aux vaisseaux le *Mercure* et le *Bourbon* signé par ampliation du sieur Vincens.

Nous sommes très parfaitement Monsieur vos très etc.

Signé : Lenoir, Delorme, Legou, Vincens, Dirois et Dulaurens.

Au Fort Louis, à Pondichéry, le 15 février 1729.

MESSIEURS LES DIRECTEURS GÉNÉRAUX
de la Compagnie des Indes

par Madras sur deux différents vaisseaux anglais.

Les vaisseaux le *Mercure* et le *Bourbon* ont mis à la voile le 31 du mois passé pour se rendre en France conformément à vos ordres.

Le vaisseau le *St. Joseph* est parti de Portonovo pour Perse le 5 de ce mois, chargé de **220** balles à fret et de **28.063** P. **22-31** de marchandises de cargaison tant de Bengale que de Portonovo et d'ici, suivant la facture que nous vous remettons.

Nous avons envoyé à Mahé par ce vaisseau et par un petit brigantin appartenant à des particuliers, parti le 12 de ce mois, les marchandises et effets contenus dans les états ci-joints avec **20.000** piastres et **6.000** pagodes comptant.

Le vaisseau la *Syréne* part aujourdhui pour les îles de France et Bourbon, en conséquence de la délibération du 17 janvier dernier, chargé des marchandises et provisions que nous avons pu y envoyer, eu égard à la grandeur du vaisseau aux ouvriers et esclaves que nous y avons embarqués pour votre compte au nombre de 192 personnes. Nous vous envoyons les factures de ces marchandises.

Nous avons l'honneur etc. etc.

Signé: Lenoir, Delorme, Legou, Vincens, Dirois et Dulaurens.

PIÉCES QUI ONT ACCOMPAGNÉ CETTE LETTRE

Facture des marchandises envoyée en Perse sur le *St. Joseph.*

Facture de celles envoyées à l'île Bourbon sur le vaisseau la *Syréne*.

Id. de celles envoyées à l'île de France sur le dit vaisseau.

Facture des matières d'or et d'argent envoyées sur le dit vaisseau à l'île Bourbon.

Id. à l'île de France.

Facture des effets envoyés à Mahé sur le *St. Joseph*.

Id. sur le brigantin le *St. Ignace*.

Au Fort Louis, à Pondichéry, le 15 février 1729.

M. BEDFORD, marchand à Londres.

Nous vous envoyons, Monsieur, un paquet à l'adresse de Messieurs les Directeurs de la Compagnie de France que nous vous prions de leur faire passer.

Nous sommes trés parfaitement etc. etc.

Les Gouverneur et Conseillers du Conseil supérieur de Pondichéry.

Au Fort Louis à Pondichéry, le 30 septembre 1729.

MESSIEURS LES DIRECTEURS GÉNÉRAUX
de la Compagnie des Indes.

Par le vaisseau le *Royal Philippe*.

Messieurs.

Nous avons reçu la lettre que vous nous avez fait l'honneur de nous écrire le 30 septembre 1728, continuée le 6 octobre suivant, avec toutes les pièces qui y étaient jointes, suivant l'inventaire par le vaisseau la *Danaë*, commandé par le sieur Dufay, qui mouilla en cette rade le 2 juillet dernier, et par le vaisseau le *Royal Philippe*, commandé par le sieur Baudran de la Mettrie, qui arriva le 16 août. Nous avons reçu le duplicata de ces dépêches conformément à l'inventaire du paquet.

Nous avons aussi reçu la lettre de M. M. Godeheu et d'Hardancourt, datée à Nantes le 19 octobre dernier, avec les mémoires d'observations sur les marchandises de Bengale et d'ici qui y étaient joints. Nous avons envoyé à M. M. du Conseil de Chandernagor celui de ces deux mémoires qui les concerne.

M. M. Fortie et Cazanbon de Cadix nous ont remis par ces deux vaisseaux 63.999 Marcs 7 onces de matières d'argent poids de Cadix, suivant leurs factures et lettres d'avis de ces fonds. Nous en avons fait passer à Chandernagor par deux différents vaisseaux, en conséquence de nos délibérations des 6 juillet et 17 août, la quantité de 28.092 marcs poids de France.

Nous avons aussi reçu par ces deux vaisseaux les effets et marchandises de l'envoi de M. de Fayet, conformément aux factures et connaissements. Nous avons envoyé une partie des draps et du corail à Chandernagor.

Nous avons envoyé le vaisseau la *Danaë* à Achem, en conséquence de la délibération du 17 août, il a fait voile de Portonovo pour s'y rendre le 5 de ce mois, chargé de 10.000 pagodes de marchandises pour votre compte que les employés que nous y avons envoyés ont ordre de rapporter, s'ils ne trouvent pas à s'en défaire, nous nous proposant alors de les envoyer à Moka ou en Perse, et de 144 balles à fret pour le compte des particuliers. Il en doit faire son retour à la fin du mois de décembre prochain ou mois de janvier. Nous aurons l'honneur de vous informer du succès qu'a eu le voyage à Achem des vaisseaux le *Diligent* et l'*Indien*. M. de Bellegarde y est mort le 27 janvier dernier.

Nous vous expédions, Messieurs, le vaisseau le *Royal*

Philippe, dont le chargement est composé des cafés que nous avons reçus de Moka par le vaisseau le *Pondichéry* et des marchandises de cette côte montant à 81.157 P. 5-48, suivant la facture ci-jointe ; il doit toucher aux îles Bourbon et de France où il remettra le riz et les autres effets qu'il a pu prendre ici.

Nous avons écrit à M. M. du Conseil de Chandernagor de nous expédier en août un petit brigantin d'environ 100 tonneaux, chargé de riz, blé et autres provisions de bouche, et d'un assortiment de marchandises propres pour les îles où nous nous proposons de l'envoyer de concert avec le vaisseau le *Royal Philippe*, s'il nous parvient assez à temps pour cela ou immédiatement après qu'il sera arrivé du Gange ; le capitaine de ce brigantin restera aux ordres du Conseil de l'île Bourbon pour la communication des îles, il sera pourvu des choses nécessaires à cet effet.

Nous avons envoyé l'*Alcyon* à Bengale au mois de juillet dernier. Il en doit faire son retour en janvier prochain. Nous nous proposons de l'envoyer alors aux îles chargé de vivres et des marchandises qui nous sont demandées, à moins que le vaisseau le *Duc de Chartres* ne nous parvint pas, auquel cas nous expédierons l'*Alcyon* avec la *Danaë* en janvier prochain pour France, et pourvoierons aux besoins des îles par un autre bâtiment. Outre ces secours, nous y enverrons par les vaisseaux qui y doivent toucher en faisant leur retour en Europe, le plus qu'il nous sera possible d'effets en nous attachant principalement à ce qui est provision de bouche.

Nous avons tiré sur vous, Messieurs, une lettre de change de 15 marcs de piastres, payables à vue à l'ordre de Mesdemoiselles Burat, sœurs du chef du comptoir de Moka. Nous vous supplions d'y faire honneur.

Les Ostendois ont envoyé cette année dans le Gange un vaisseau armé de 36 pièces de canon et de 300 hommes d'équipage. Nous vous informerons au mois de janvier prochain de quelle façon il y aura été regardé des nations d'Europe. Nous avons recommandé là M. M. du Conseil de Chandernagor de se conformer aux ordres que vous nous avez ci devant donnés, au sujet des vaisseaux de cette Compagnie.

Nous aurons l'honneur de répondre au mois de janvier prochain à vos dépêches et de vous informer exactement de la suite de vos affaires des Indes, depuis le départ des vaisseaux le *Mercure* et le *Bourbon*.

Par notre mémoire du 10 janvier 1729, nous vous avons demandé 250 milliers de fer assortis, les 2/3 plats. Vous pouvez en envoyer jusqu'à 300 milliers chaque année, les 2/3 plats, mais it ne faut pas que les barres soient doublées, n'ayant pas le même débit que celles qui sont dans toute leur longueur. Joignez aux autres effets contenus dans ce mémoire 100 quarts d'eau de vie par an. Ils se consommeront ici ou à Bengale et 40 balles de draps assortis de la même manière que celles qui s'envoient dans le Levant, pour envoyer à Moka où l'on nous a assuré que le débit en sera avantageux.

Nous vous remettons ci-inclus la réponse du vice-roi de Goa à la lettre que vous lui avez écrite en 1728 en lui envoyant un présent dont il vous fait sans doute des remerciments.

Il s'est trouvé, dans un de vos vaisseaux de l'Inde, une petite boite de racines à l'adresse de M. de Jussieux que nous avons gardée à la douane jusqu'à présent. Nous ne savons d'où elle vient. Nous l'avons mise sur le vaisseau *Royal Philippe*, à votre adresse et en avons fait charger le connaissement. Nous vous prions de la faire remettre à M. de Jussieux.

Vous avez ci-joint les factures des effets que nous envoyons aux iles de France et de Bourbon par le *Royal Philippe*.

Du 7 octobre 1729.

Nous venons de recevoir par un petit brigantin des lettres du Conseil de Chandernagor du 14 août qui marquent l'arrivée dans le Gange d'un vaisseau ostendois pourvu d'une commission du roi de Pologne dont il porte le pavillon. Les officiers de ce bâtiment ont dit qu'ils avaient vu le *Duc de Chartres* à Cadix en avril, et qu'il en devait partir le 15 pour les Indes.

Le petit brigantin l'*Indien* a du être expédié à la fin d'août. Nous l'attendons tous les jours et l'expédierons pour les îles peu de temps après le départ du *Royal Philippe* qui doit mettre a la voile incessamment.

Nous avons appris par des voies indirectes que Mr de la Blanchetière, directeur à Chandernagor, était décédé le 27 août dernier, et qu'il y avait dans le Gange deux vaisseaux sous pavillon du roi de Pologne au lieu d'un que nous marquons ci-dessus, et que ces deux vaisseaux sont bien armés et équipés.

Vous trouverez ci-joint un paquet marqué L. A. No. 1 à l'adresse de Madame Alvarez que son époux a envoyé de Madras à M. le Gouverneur pour charger à fret sur le premier de vos vaisseaux qui partirait pour France. Il ne lui a cependant point écrit ce que ce paquet contenait. Avant de le faire rendre, vous le ferez estimer si vous le jugez à propos pour vous faire payer du fret.

Le sieur Denis, sous marchand, qui a été renvoyé de Bengale ici au mois d'octobre de l'année dernière comme un mauvais sujet, et qui y avait contracté pour environ 1200 Rs. de dettes sur lesquelles il en a payé ici environ 400 qui lui ont été retenues sur les appointements, l'ayant voulu assujetir à travailler quoi qu'il en soit fort peu capable, a mieux aimé demander à repasser en France que de se rendre assidu. Nous lui avons accordé son passage sur le vaisseau le *Royal Philippe*.

Nous avons l'honneur d'être etc.

Signé : Lenoir, Delorme, Legou, Dupleix, Vincent, Dirois et Ditlaurens.

INVENTAIRE des pièces qui ont accompagné cette lettre :

No. 1.   Lettre du Conseil à Messieurs les directeurs du 30 septembre 1729.

No. 2.   Facture du chargement du vaisseau le *Royal Philippe*, trois pièces.

No. 3.   Facture des marchandises de pacotilles permises aux officiers du vaisseau le *Royal Philippe*.

No. 4.   Une lettre du vice-roi de Goa à l'adresse de M. M. les directeurs généraux.

No. 5.   Etat des passagers renvoyés en France sur le *Royal Philippe* à la table.

No. 6.   Un pareil état des passagers embarqués sur le dit vaisseau à la ration ordinaire.

No. 7.   Un paquet reçu de Manille à l'adresse du R. P. Jean Francisco de Castaveda de la Compagnie de Jésus, procureur général des provinces des Indes à Madrid.

No. 8.   Deux lettres particulières pour Madrid.

No. 9.   Une dito pour Ténériffe.

No. 10.   Une lettre de M. Dupleix à la Compagnie.

No. 11.   Une du dit sieur à l'adresse de M. Dupleix, directeur de la Compagnie.

No. 12.   Copie de la facture des marchandises envoyées à l'île Bourbon sur le vaisseau le *Royal Philippe*.

No. 13.   Copie de celle des marchandises envoyées sur le dit vaisseau à l'île de France.

No. 14.   Un petit paquet marqué L. A. No. 1. à l'adresse de Madame Alvarez.

No. 15.   Un paquet de Mr. le Gouverneur à l'adresse de M. M. les directeurs généraux.

Au Fort Louis à Pondichéry, le 30 septembre 1729.

M. DE FAYET, CAPITAINE DE VAISSEAU, GENTILHOMME

de la chambre du roi d'Espagne, commandant à Lorient.

Par le vaisseau le *Royal Philippe.*

Nous avons reçu, Monsieur, par les vaisseaux la *Danaé* et le *Royal Philippe,* arrivés en cette rade les 2 juillet et 16 août, les lettres que vous nous avez fait l'honneur de nous écrire les 10, 20 et 21 novembre 1728 avec toutes les pièces qui y étaient jointes.

Les effets et marchandises que vous avez fait charger pour le compte de la Compagnie sur ces deux vaisseaux, nous ont été remis conformément aux factures et connaissements joints à vos dépêches.

M. M. Fortie et Cazaubon de Cadix nous ont remis 50 bottes de vin de Xérez par la *Danaé,* et nous ont écrit par le *Royal Philippe,* que ce bâtiment n'avait pu charger celui qui lui était destiné. Ainsi, si le *Duc de Chartres* nous parvient sans en avoir sa provision, nous nous trouverons embarrassés à lui fournir en vin blanc la quantité qui lui sera nécessaire pour son retour en France, et nous serons obligés de lui en donner du Bordeaux, de celui même de sa cargaison.

Nous avons fait remettre aux sieurs Dupleix et Desplat les matières d'argent qui avaient été chargées à fret pour leur compte et risque par connaissement sur les vaisseaux la *Danaé* et le *Royal Philippe.*

Nous avons fait remettre aux parents des nommés Claude et J. Brunet frères et Martin Amelin dit Bourguignon, les 30 écus de 6 livres que vous nous avez remis par la *Danaé* provenant de la vente des hardes de ces jeunes gens que vous avez eu la bonté de faire à Lorient. Ils ont l'honneur de vous en remercier.

Les capitaines de ces deux navires nous ont aussi remis les paquets et lettres dont vous nous avez envoyé les notes. Nous leur en avons donné des reçus ainsi que des lettres particulières que nous avons fait remettre à leurs adresses.

Les 22 marcs de piastres de la pacotille permise du sieur Chevalier Robuste, second enseigne de la *Danaë*, nous ont été remis. Nous en avons fait l'emploi, suivant les ordres de la Compagnie, de concert avec le dit sieur Robuste.

Des 20 soldats que vous aviez fait embarquer sur la *Danaë*, il ne nous a été remis que 19, un étant mort dans la traversée. Nous avons eu soin, en leur payant ce qui leur était dû, de déduire les 600 livres qu'ils avaient reçues d'avance à Lorient.

Nous vous remettons ci joint, Monsieur, le connaissement des marchandises qui composent la cargaison du *Royal Philippe* par lequel vous recevrez cette lettre et le reçu de la boite de nos dépêches pour la Compagnie que nous vous prions de lui envoyer à Paris.

Le vaisseau le *Royal Philippe* s'est trouvé avoir deux sortes de biscuits de retour entièrement gâtées. Nous lui avons remplacé du blé de provisions que nous avions en magasin. Ayez agréable, Monsieur, d'avoir attention que tous les vaisseaux qui viennent aux Indes soient bien conditionnés, afin de ne pas tomber dans de pareils inconvénients qui nous causent beaucoup d'embarras et un grand dommage à la Compagnie.

Nous vous envoyons ci joint un état des passagers embarqués sur le vaisseau le *Royal Philippe* pour France à la ration ordinaire, dans le nombre desquels il y a huit soldats qui sont infirmes. Les uns tombent du haut mal, d'autres ont des maladies qui les mettent hors d'état de servir. Ayez agréable de ne les point renvoyer dans aucune colonie parcequ'ils y sont à charge et presque toujours à l'hôpital ; à l'égard des autres passagers les raisons pour lesquelles ils sont renvoyés sont marquées au dit état.

Nous avons l'honneur etc.

Signé : Lenoir, Delorme, Legou, Dupleix, Vincent, Dirois et Dulaurens.

PIÈCES QUI ONT ACCOMPAGNÉ CETTE LETTRE.

Le connaissement général des marchandises de la cargaison du *Royal Philippe*.

Reçu de la boite des dépêches du conseil supérieur à l'adresse de Messieurs les directeurs généraux.

Etat des passagers à la table.

Etat de ceux à la ration ordinaire.

Etat des malades du vaisseau le *Royal Philippe* nourris à l'hopital de cette ville.

Etat de la dépense du vaisseau le *Royal Philippe* Six lettres particulières.

RÉPONSE DU CONSEIL SUPÉRIEUR A LA LETTRE CI A COTÉ par les vaisseaux la *Danaë* et l'*Alcyon*. Pondichéry, 20 janvier 1730

Nous avons appris avec plaisir, Messieurs, l'arrivée en France des vaisseaux. Nous appréhendions qu'il ne fut arrivé quelque retardement aux trois derniers, étant partis tard de l'Ile Bourbon. Nous souhaitons que la vente des marchan-

LETTRE DE LA COMPAGNIE AU CONSEIL SUPÉRIEUR DE PONDICHÉRY reçue par le vaisseau la *Danaë*. Paris, 30 septembre 1728.

La Compagnie a reçu, Messieurs, vos lettres et expéditions avec leur duplicata en date des 8 octobre 1727 et 28 janvier de cette année, le tout conformément aux inventaires qui y étaient joints, par les vaisseaux le *Lys*, le *Jupiter*, la

dises qui se devait faire le 30 septembre 1728 ait été favorable.

Badine et le *Solide*, le premier arrivé le 20 avril dernier, et les autres le 10 août suivant. La vente de leurs chargements a du s'ouvrir ce jour à Nantes

COMMERCE D'EUROPE.

Ces deux vaisseaux sont arrivées les 2 juillet et 16 août, nous avons reçu vos expéditions couformément aux inventaires, l'argent et les autres effets contenus dans les factures et les connaissements. Les remèdes se se sont trouvés bons et bien conditionnés.

Vous recevrez les présentes expéditions par la *Danaë* qui doit toucher à Cadix pour y prendre les matières d'argent de son chargement et continuer sa route pour le canal de Mozambique pour aller en droiture à Pondichéry. Ce vaisseau du port de 560 tonneaux, commandé par le sieur du Fay, part en compagnie du *Royal Philippe*, capitaine le sieur Baudran de la Métrie. Le dernier, aussi destiné pour Pondichéry, a ordre d'aller de concert avec la *Danaë* jusqu'au Cap de Bonne Espérance, et de s'en séparer alors pour se rendre aux Iles de Bourbon et de France y remettre les effets et passagers destinés pour les dites iles, et ensuite passer à Pondichéry.

Ces deux vaisseaux vous portent 60.000 marcs de matières d'argent et tous les effets, marchandises et munitions que vous avez demandés par vos derniers états qui ont été exécutés en entier, à la réserve de ce qui concerne les articles de pharmacie sur lesquels la Compagnie a crû devoir consulter M. de Chirac, et s'en rapporter à son avis tant sur la qualité des remèdes que sur leur quantité.

Nous l'attendons inces-

La Compagnie se pro-

samment ayant appris de Bengale que les officiers du dernier des deux vaisseaux qui sont entrés dans le Gange sous pavillon de Pologne, ont dit avoir laissé à Cadix le *Duc de Chartres*, qui en devait partir le 15 avril pour les Indes. S'il arrive assez à temps pour vous le renvoyer dans la saison, nous ne le garderons point.

pose de faire partir en janvier prochain le vaisseau le *Duc de Chartres* qui chargera les effets destinés tant pour Pondichéry que pour les Iles de France et de Bourbon, que les deux autres n'auraient pu enlever, avec une cargaison en matières d'argent proportionnée non seulement à ce qu'un vaisseau d'un tel port peut charger, mais encore

pour vous mettre en état de travailler à l'avance, de sorte que la Compagnie se portera plutot à ne le point faire partir qu'à vous l'envoyer sans un fonds considérable.

Nous ne doutons point que ce vaisseau ne soit bien arrivé en Chine d'où il aura été expédié dans la saison convenable pour faire son retour en France. Le sieur Duvelaër nous a écrit que dans l'espérance de recevoir un vaisseau de France ou de Pondichéry, il avait engagé un marchand à faire préparer des soies à l'avance.

Elle se propose encore de faire partir en novembre prochain le vaisseau *l'Argonaute* pour la Chine avec 16 à 17.000 marcs qu'elle estime suffisants pour charger entièrement ce vaisseau de marchandises dont le débit et la consommation sont certains en France, comme la soie et le thé.

La Compagnie a raison de se plaindre de la grande quantité de pacotilles qui se sont trouvées à l'arrivée de ces vaisseaux, il n'est pas

Les vaisseaux le *Solide* la *Badine*, le *Jupiter* étaient bien chargés. Elle n'a rien à vous dire à cet égard, mais elle ne peut s'empêcher de

possible d'en empêcher l'embarquement ; pendant le séjour que ces vaisseaux font dans le Gange et dans cette rade, les officiers peuvent y faire embarquer tout ce qu'ils souhaitent sans que nous en ayons connaissance, pouvant se servir des chelingues qui sont sur les terres des maures, et des chaloupes et des canots de vos vaisseaux. Vous nous feriez plaisir de nous expliquer et de nous dire qui sont ceux de vos employés que vous pensez qui se sont chargés de faire faire ces pacotilles, afin qu'ils se justifient, et que ceux qui n'y ont nulle part n'aient pas de chagrin d'être injustement confondus dans des soupçons qui sont peut-être très mal fondés. Nous avons l'honneur de vous assurer qu'il y a des préposés jour et nuit sur le bord de la mer pour empêcher d'embarquer, nous ne saurions y donner plus d'attention. Les punitions sévères qui se font en France à ceux des officiers qui se trouvent dans ce cas, feront peut-être que les se plaindre de vous au sujet de la quantité de pacotilles dont ces vaisseaux étaient remplis, et qui ont été saisies à leur arrivée. S'il est vrai, comme vous le dites, qu'il n'est pas possible d'y remédier lors de leur chargement dans l'Inde, il n'est pas vraisemblable qu'une quantité aussi considérable de marchandises se charge sous vos yeux sans que vous en ayiez connaissance. Vous gardez cependant un profond silence sur cet article ; soyez, s'il vous plaît, à l'avenir un peu plus attentifs sur des objets qui intéressent autant la Compaguie ; elle ne feindra pas même de vous dire qu'elle est informée que quelques uns de ses principaux employés se sont chargés eux-mêmes du soin de faire faire ces pacotilles, et ont facilité en même temps les moyens de les embarquer, ce qui la porte à vous déclarer que si elle en a une connaissance certaine, elle les révoquera et les privera pour toujours de son service. On procède actuellement à Lorient par des commis-

autres se contiendront avec plus d'exactitude dans les bornes qui leur sont prescrites, nous croyons que c'est le seul moyen d'empêcher l'embarquement de ces pacotilles.

saires du Conseil pour découvrir les propriétaires de ces marchandises, et si les auteurs en sont une fois découverts, soyez certains qu'ils seront rigoureusemeut punis.

Nous faisons tout ce que nous pouvons pour que les vaisseaux soient bien chargés, nous observons d'avertir les capitaines du poids, du volume et de la quantité des balles qui doivent composer les cargaisons des vaisseaux, avant qu'ils commencent à les charger, pour qu'ils fassent bien l'arrimage. Nous ne leur envoyons

La Compagnie vous recommande toujours de bien charger ses vaisseaux, et de vous conformer du moins autant qu'il vous sera possible aux mémoires d'observations et demandes que M. M. Godeheu et d'Hardancourt, directeurs députés pour la vente à Nantes, doivent vous adresser.

les marchandises que lorsqu'ils les demandent, afin de ne les point embarrasser ; si, après cela, ils ne sont pas bien chargés, l'on ne doit pas nous en attribuer la faute.

Nous nous conformons autant que le temps et les fonds nous le permettent, pour faire les assortiments des marchandises portées dans les mémoires qui nous sont envoyés par M. M. Godeheu et d'Hardancourt. Nous faisons de notre mieux pour que les vaisseaux soient bien chargés, nous nous

Il n'y a point de contradiction entre les ordres que la Compagnie vous a donnés par sa lettre du 28 décembre 1726 et le mémoire de M. M. d'Hardancourt et Godeheu. Ces messieurs vous prescrivent les qualités et quantités des marchandises que vous devez envoyer, ils ajoutent même au pied

donnons volontiers la peine de réfléchir et faisons grande attention à ce que vous nous prescrivez, afin que vous soyez satisfaits du progrés de nos refléxions dans l'exècution de vos ordres.

de ce mémoire qu'ils vous laissent les maitres en vous réglant par proportion aux fonds et au temps. Dans ce même esprit, la Compagnie vous marque de ne pas vous attacher scrupuleusement à la qualité des marchandises portées dans ses états, mais de charger le plus que vous pourrez ; tout cela se concilie parfaitement bien, éloigné de se contredire. L'intention de la Compagnie est que vous chargiez les marchandises dans les qualités et quantités prescrites par les mémoires de M. M. D'Hardancourt et Godeheu, autant que les fonds et le temps vous le permettront, mais au cas où l'un des deux vous manque, elle vous recommande alors de vous attacher seulement à renvoyer ses vaisseaux bien chargés ; si vous eussiez voulu vous donner la peine de réfléchir, vous n'eussiez trouvé aucune contradiction.

Nous nous y sommes conformés, vous n'avez pas eu de toiles bleues l'année dernière, nous ne vous en enverrons plus que vous l'ordonniez. Nous avons pris des guinées et salampouris de 18 et 24 *conjons* en quatrième sorte, les balles sont marquées comme il est prescrit par les mémoires d'observations.

Quelque usage qui s'observe dans un contrat que vous faites pour recevoir pour 100.000 pagodes de marchandises, de prendre au moins 150 balles de guinées et salampouris de 18 et 24 *conjons* en bleu, cet usage peut s'accorder avec les ordres de la Compagnie portés par la même lettre, puisque elle vous a permis de prendre une quatrième sorte de gui

nèes et de salampouris. Il vous est facile en exécutant votre contrat, de recevoir en blanc ces toiles pour quatrième sorte sans qu'elles soient teintes en bleu; cela est égal pour le marchand de qui la marchandise est également reçue, mais il n'est plus question aujourd'hui de toiles bleues, la Compagnie en ayant encore en magasin plus de 25.000 pièces dont elle ne peut se défaire, elle vous recommande de ne plus lui en envoyer absolument, du moins jusqu'à nouvel ordre.

Les 19 caises de fusils boucaniers reçus par le *Lys* étaient marquées GDI porté sur la facture, 18 caisses contenant 16 fusils chacune, et une 12 fusils. Nous n'avons pû vous expliquer mieux que nous l'avons fait qu'il se trouvait 14 fusils de moins dans les 19 caisses, puisque par l'article de notre réponse nous disons qu'il ne s'est trouvé que 12 caisses contenant 16 fusils chacune, cinq contenant 14 et deux autres aussi 12 chacune, qui ne font ensemble que 286 fusils au lieu de 300. Il est vrai que nous avons omis de vous envoyer le procès verbal qui en a été fait le 12 décembre 1727, dont copie est ci-jointe ; si vous aviez pris la peine de vous faire représenter la facture, vous auriez vu que nous ne pouvions vous dire autrechose.

Vous dites qu'il s'est trouvé 14 fusils boucaniers de manque dans les 19 caisses qui vous ont été portées par le *Lys*, vous auriez bien dû marquer en même temps le numéro de la caisse, afin de mettre la Compagnie en état de s'en faire faire raison, et c'est l'attention qu'elle vous recommande à l'avenir, que lorsqu'il y aura quelque caisse ou balle dans laquelle il se trouvera quelque chose de manque, de lui marquer le numéro de cette caisse ou balle avec la quantité et la qualité de la chose qui manque, qui doivent être constatées par un procès verbal dont vous enverrez copie à la Compagnie.

Lorsque les vins de Bor-

Elle est bien fâchée des

deaux sont de bonne qualité, que les barriques sont bien reliées, ils se conservent parfaitement bien ; nous en avons fait tirer en bouteilles après l'avoir fait éclaircir, qui s'est conservé longtemps. Nous en avons vendu à l'encan le 12 fevrier 1729, 14 barriques de la cargaison du *Bourbon* qui n'était pas de bonne qualité, et qui n'ont produit que 126 Pag. 18 Fs suivant le procès verbal de vente.

plaintes que vous portez au sujet des vins de Bordeaux, tant en barriques qu'en bouteilles. On ne peut donner des ordres plus sévères que ceux qu'elle a donnés tant pour le choix des vins que pour l'attention à les tirer en bouteilles ; mais comme il pourrait bien se faire que ses vaisseaux partant ordinairement en octobre, novembre et décembre de chaque année, et ne pouvant alors charger que du vin vieux, ce vin ne se conserve pas et ne résiste point aux chaleurs, elle s'est déterminée à ordonner à Cadix l'achat du vin de Xérès pour donner aux premiers vaisseaux, et elle donnera cette année du vin nouveau de Bordeaux au *Duc de Chatres*, qui ne partira qu'en janvier, après quoi si ce vin n'arrive pas bien conditionné, il faudra se déterminer à n'envoyer désormais aux Indes que des vins de Xérès et de Canarie.

Il serait nécessaire d'écrire qu'ils en envoient plus de la première sorte si cela est possible. Nous vous marquons par notre lettre générale les raisons qui nous obligent à en garder en magasin la plus grande partie et la disposition que nous avons faite de quelques caisses.

La Compagnie écrira en Barbarie au sujet de la mauvaise qualité du corail que vous avez reçu par le *Lys*, et recommandera aux employés des comptoirs qu'elle a à cette côte d'être plus attentifs à l'avenir à ne recevoir et ne former les caisses que de bon corail, loyal et marchand.

Nous nous déférons le plus tôt qu'il sera possible de toutes les marchandises dont la garde est dangereuse pour les avaries, afin d'en éviter le dépérissement.

La Compagnie approuve la délibération que vous avez prise le 3 mars 1727 pour vendre les draps qui sont en magasin, dont les couleurs ne sont pas de défaite à la côte, et qui d'ailleurs commençaient à s'avarier. Elle vous recommande d'avoir attention de ne pas attendre à l'avenir que les marchandises se gâtent en magasin pour vous en défaire mais au contraire de vendre, s'il se peut, à l'arrivée des vaisseaux, celles dont la garde est dangereuse pour les avaries, et qui ne font que se perdre en magasin.

Nous l'exécutons ; il a été saisi les 9 mai et 30 juillet dernier pour 44 Pag. 23 piastres de marchandises suivant les procès-verbaux, qui ont été réparties conformément au réglement.

Elle approuve aussi le réglement que vous avez fait pour la distribution du provenu des saisies qui se pourront faire à Pondichéry, dont vous accordez le 1/3 au profit des soldats, pions et brahmes du bord de la mer, et les deux autres tiers à la construction des murs de la ville.

Il ne nous parait par aucune de vos lettres que vous ayez demandé les doubles de ces registres ; nous les avons demandés aux R. PP. Capucins pour en faire faire les copies collationnées que nous déposerons au greffe, à commencer depuis janvier 1720. Depuis le mois

La Compagnie a lieu de se plaindre du peu de soin que vous avez de lui remettre, ainsi qu'elle vous l'a demandé plusieurs fois, les doubles, en forme et légalisés du Conseil, des registres de baptèmes, de mariages et de décès de ses différents comptoirs ; ils lui sont

d'août dernier nous leur avons remis des registres en blanc, côtés et paraphés conformément à l'ordonnance. Ils en remettront à la fin de l'année un de chacun au greffe, nous vous enverrons par la suite copie de tous ces livres. En attendant les états que nous avons envoyés des décédés, et ceux que vous trouverez ci-joint, peuvent vous servir à ordonner les certificats dont les héritiers ont besoin, et à leur payer ce qui est entré en caisse des effets des français décédés, soit qu'ils aient testé ou non. Ces états sont justes.

Nous vous en avons envoyé au mois de janvier 1729, vous trouverez ci-joint ceux de cette garnison et de celle de Mahé, nous attendons ceux que nous avons demandés à Bengale, nous les joindrons à notre lettre générale.

d'autant plus nécessaires que plusieurs familles ont besoin de certificats qu'elle ne peut leur délivrer par le manque des titres en forme. Ayez donc attention à les envoyer régulièrement tous les ans, ainsi que tous les papiers et comptes qui concernent les successions des gens morts aux Indes sans y laisser d'héritiers ni avoir fait de testament. Ayez soin aussi de faire passer ces mêmes ordres aux comptoirs qui vous sont subordonnés, afin qu'ils s'y conforment et les exécutent.

Vous avez eu aussi peu d'attention pour remettre à à la Compagnie les états de revue de toutes les troupes entretenues aux Indes, nom par nom, ceux des baptêmes avec les surnoms et le lieu de leur naissance. Tous les jours chacun vient demander des nouvelles de

son fils, de son frère, et la Compagnie a le désagrément de ne pouvoir donner satisfaction sur cet article. Vous devez croire même que cela dégoute bien des gens de s'engager à la Compagnie, parcequ'ils voient qu'on ne peut avoir aucune nouvelle de ceux qui passent aux Indes. La Compagnie vous recommande de ne pas manquer de lui envoyer aussi, régulièrement tous les ans, ces états de revue.

Nous ne nous sommes servis de cet expédient que par nécessité, nous y avons observé toute l'économie qu'il a été possible.

L'expédient que vous avez trouvé pour procurer un chargement de poivre aux vaisseaux arrivés en dernier lieu, est fort approuvé de la Compagnie, quoique le poivre soit très cher, mais elle vous rend justice. Elle sait qu'il y a des circonstances qui sont au dessus de toute la prudence humaine, elle ne peut s'empêcher cependant de vous recommander l'attention et le soin pour économiser autant qu'il se pourra.

Lorsque nous avons envoyé des eaux-de-vie aux iles de France et de Bourbon, nous en avions une quantité qui aurait dépéri en les gardant. Il est nécessaire d'en envoyer la quantité que nous en demandons par nos états, elle se consommera ici et à Bengale.

Puisque la consommation des eaux-de-vie n'est pas considérable à Pondichéry ou à Bengale, la Compagnie ne vous en envoie pas cette année. Il est bien que vous ayiez fait passer à l'île Bourbon une grande partie de cette eau-de-vie, elle s'y consommera bien.

Nous aurons soin de faire débiter son compte de ce que vous nous direz avoir payé.

La Compagnie fera payer exactement la pension du fils du défunt sieur Viera, ci-devant sous marchand à Chandernagor, conformément à ce que le sieur Dumont jugera à propos, et elle aura soin de vous donner avis des paiements qu'elle aura faits en conséquence, afin d'en débiter le compte de l'argent de la succession du dit Viera, placé à intérêts par le Conseil de Chandernagor.

Nous défendrons aux officiers d'embarquer du café sous aucun prétexte ; pour les en empêcher plus sûrement, nous en avons acheté le 13 août 1729, 27 à 28.000 livres en conséquence de la délibération du même jour.

La Compagnie jouissant du privilège exclusif de l'introduction du café en France, au moyen duquel ceux qui en veulent faire entrer sont obligés de prendre ses passeports et de payer 20 sols par livre, il ne convient point que les officiers de ses vaisseaux en apportent en pacotilles. Ainsi, elle vous défend d'en admettre une seule balle, et vous enjoint de leur déclarer que si contre cette défense ils en chargent, elle le leur fera confisquer à leur retour.

Nous nous y conformerons.

Quoique vous eussiez pû décider et rejeter la demande que vous a faite le sieur de Chevery, premier lieutenant sur la *Badine*, de jouir des appointements du sieur de la Bourdonnais, capitaine en second du dit vaisseau, que vous en avez tiré pour l'envoyer et l'employer ailleurs, la Compagnie vous loue cependant d'avoir renvoyé devant elle cette demande, et elle vous exhorte d'en user de même à l'avenir.

Nous vous supplions de continuer de nous envoyer les gazettes, le premier vaisseau qui partira peut nous apporter celles jusqu'au mois de septembre, et le dernier, celles jusqu'à la fin

Quand il y a des nouvelles en Europe, la Compagnie ne manque pas de vous en faire part. Elle vous a mandé l'année dernière qu'il y avait eu des préliminaires signés, au moyen desquels l'octroi

de l'année.   que l'Empereur avait accordé à sa Compagnie d'Ostende, était suspendu pour 7 ans, pendant lesquels cette Compagnie ne pouvait faire le commerce des Indes, mais elle avait cependant la faculté de recevoir les vaisseaux qu'elle avait expédiés auparavant. En conséquence de ces préliminaires, le congrés s'est ouvert dans la ville de Soissons, où tous les ministres des puissances se trouvent assemblés. Le secret impénétrable qui se garde sur les affaires qui s'y traitent, ne permet pas à la Compagnie de vous en rien écrire. L'ouverture du congrés a donné occasion à la flotte anglaise de se retirer de devant Carthagène de l'Amérique, et en même temps le Roi d'Espagne a ordonné le retour des galions qui avaient été bloqués dans le port de cette ville par les Anglais ; on attend ces galions à Cadix à la fin de l'année ou au commencement de la prochaine. La Reine est accouchée d'une princesse le 28 juillet dernier, toute la famille royale est en parfaite santé.

COMMERCE D'INDE EN INDE

Vous verrez, messieurs, par les différents armements qui ont été faits depuis trois ans, que le peu de fonds qui a été employé pour votre compte, n'a point altéré votre commerce d'Europe. Il est vrai que l'armement de Perse que nous avons crû devoir continuer, vous a occupé des fonds plus considérables que tous les autres armements. Pour nous con-

La Compagnie vous répétera à ce sujet ce qu'elle vous a ci devant marqué que son objet capital était d'avoir de bonnes et belles marchandises et en quantité pour le chargement de ses vaisseaux d'Europe, qu'ensuite il était nécessaire d'avoir des fonds et de les employer à ordonner des marchandises à l'avance et qu'enfin son intention était de ne songer au

former à vos ordres, nous sommes déterminés à l'abandonner, quoique nous soyons persuadés qu'il aurait été très utile à la Compagnie et à ses colonies.

commerce d'Inde en Inde que quand ces objets seraient totalement remplis. C'est dans cette vue qu'elle vous avait marqué de n'employer pour son compte dans ce commerce qu'une somme de 10.000 pagodes à répartir annuellement sur les vaisseaux qui font ce commerce, à l'exception de celui de la Chine pour lequel elle sait qu'il faut des fonds très considérables ; elle vous réitère la même chose aujourd'hui. Elle sent aussi bien que vous tout l'avantage qui résulte de ce commerce pour la colonie, même pour elle, par rapport à la consommation qu'il occasionne, et aux droits d'entrée et de sortie qu'il augmente. Mais aussi, si vous considérez la différence de mettre 25.000 pagodes dans les différents commerces d'Inde en Inde, ou de les employer en marchandises propres pour l'Europe, vous serez obligés de convenir qu'il n'y a pas de proportion, et que ce dernier lui est infiniment plus avantageux. La Compagnie n'entend pas pour cela renoncer à prendre intérêt dans les différents armements qui se font pour les Echelles des Indes, mais elle veut simplement vous faire connaitre quelles mesures prudentes vous devez apporter pour l'y faire entrer.

La conduite que le sieur Burate a tenue à Mok a nous a paru bonne, nous ne doutons pas que vous en soyez satisfaits.

Elle approuve le choix que vous avez fait du sieur Burat pour chef du comptoir de Moka à la place du sieur de la Feuillée, puisque ce dernier s'est démis de son emploi. Elle espère qu'elle aura lieu de se louer de la conduite que tiendra le dit sieur Burat.

Les chaloupes sont très

La Compagnie a exami-

nécessaires pour l'embarquement des cafés, nous avons donné ordre de les garder.

né le mémoire que ce dernier a donné au dit sieur de la Feuillée pour y répondre, et les réponses en marge du sieur de la Feuillée. Celui-ci y rend raison des motifs qui l'ont engagé à faire construire à Surate deux doubles chaloupes. Ces motifs ont paru plausibles à la Compagnie, mais comme elle ne peut juger par elle-même de leur utilité, elle vous renvoie cet article à examiner, et au cas où vous jugiez à propos de les garder, vous en donnerez l'ordre en conséquence, si au contraire, vous ne croyiez pas la dépense d'entretenir ces chaloupes convenable aux intérêts de la Compagnie, vous pouvez ordonner de les vendre ou de vous les faire passer, si vous le croyez plus à propos.

L'erreur des 81 piastres 68 cabirs est relevée par le payement que le sieur de la Feuillée en a fait dès l'année 1728 ; il a aussi payé ce qu'il devait pour le solde de ses comptes. Il nous a demandé avec empressement une décharge que nous avions crû inutile; nous la lui envoyons, ci-joint en est copie, par laquelle nous vous avons réservé le droit de répéter sur lui la différence des appointements qu'il a passés à 3 liv. 10 s. la piastre, au lieu de 5 liv. 10 s. Nous lui avons écrit que vous pré-

Il est encore question dans ce mémoire et dans les réponses d'une somme de 81 piastres 68 cabirs pour différence sur une lettre de change de 6.303 piastres 48 cabirs, tirée par le dit sieur de la Feuillée, pour laquelle vous marquez par votre lettre du 19 janvier 1727 avoir payé 6.385 piastres 36 cabirs. Le sieur de la Feuillée dit que ce peut-être une erreur de copiste, parcequ'il est certain que suivant le solde des différents comptes pour lesquels cette somme est tirée, il n'est question que de 6.300 pias-

tendiez lui faire restituer cette différence, nous vous informerons de la réponse qu'il nous fera. Nous ne doutons point qu'il vous écrive ses raisons pour sa décharge, et nous pensons que si vous ne vous êtes pas expliqué dans la lettre par laquelle vous lui avez envoyé l'état de dépenses du 10 octobre 1724, sa cause sera bonne, c'est ce que nous ne saurions savoir, n'ayant point copie de cette lettre.

tres 47 cabirs. C'est à vous à décider cette question qui est cependant bien peu considérable. Il n'en est pas de même de l'article 3 de ce mémoire où il s'agit du paiement des appointements faits aux employés de ce comptoir sur le pied de 3 liv. 10 s. la piastre, ce qui est contraire aux dispositions de la Compagnie, son intention ayant été que tant que les employés ont été nourris à ses dépens dans ce comptoir, ils n'ont pu ni dû prétendre à leurs appointements que sur le pied de 110 sols la piastre, jusqu'au jour que l'ordre porté par la lettre de la Compagnie du 10 décembre 1725 a pû être connu à Moka, auquel jour la Compagnie en considération du retranchement qu'elle faisait de la table, a réglé les appointements payables en piastres à 3 liv. 10 s. Au surplus il convient de rayer de la dépense tout ce qui est contenu dans l'article 4 du dit mémoire.

Nous vous avons rendu compte de cet armement par notre lettre du 30 janvier 1729, nous espérons que vous en serez satisfaits, et nous vous avons informés du nouvel armement dans lequel vous étiez intéressés de 1.938 piastres et

Elle approuve votre délibération du 31 mai 1727 concernant la vente du vaisseau le *Pondichéry* à des marchands qui se proposent de l'armer pour Bengale et Moka. Elle approuve aussi l'intérêt de 6,000 pagodes que vous y avez

de 1.765 pagodes pour marchandises chargées à fret. Par notre lettre générale nous vous rendrons compte de ce dernier armement qui a donné 38 % net de profit. Nous avons la même attention sur toutes vos affaires que nous l'avons eue sur cet armement. Ce n'est pas notre faute si les évènements ne répondent pas à nos bonnes intentions nous agissons avec autant de soin qu'il est psssible pour la conservation de vos intérêts.

pris pour elle, à condition que les armateurs seront tenus de rapporter à Pondichéry les cafés de la Compagnie en payant par elle 3% de fret. Cet expédient doit vous soulager beaucoup, puisqu'il vous épargne les frais entiers de cet armement qui sans cela vous eussiez été obligés de faire pour vous fournir de café. Voila l'attention qu'elle vous demande dans le commerce d'Iude en Inde, et elle sera toujours très sattsfaite de votre conduite lorsque vous agirez avec autant de soin pour ses intérêts.

Vous recevrez annuellement les 400 milliers de café.

Vous continuerez d'envoyer annuellement à la Compagnie les 400 milliers de café qu'elle vous a demandés pour être chargés sur un des vaisseaux que vous expédierez en octobre de chaque année.

Cès employés sont très entendus pour ce commerce, et font zéle pour votre service.

La Compagnie approuve l'état de dépenses du comptoir de Moka, et le choix que vous avez fait des employés pour y gérer ses affaires.

Le Commerce de Jedda

Elle pense comme vous

a été mauvais l'année dernière, il ne convient pas à présent, il faut s'en tenir à Moka si le nouveau gouvernement exécute ses promesses. Nous n'avons jamais sû qu'il se tirât aucun café de Jedda, on l'y porte de Moka. Nous n'avons pas non plus pensé à y faire d'établissement, la chose n'étant pas praticable, mais seulement d'y envoyer des vaisseaux y faire commerce.

Il n'est pas possible que le vaisseau armé par des particuliers pour Moka puisse aller à son retour porter le café à l'ile Bourbon, d'où il ne pourrait revenir ici qu'en décembre ou janvier. Venant de Moka en droiture, il peut arriver ici du 13 juillet au 15 aout, les armateurs ont leurs fonds assez à temps pour avoir des marchandises pour faire partir leur vaisseau le 10 octobre, ou s'il convient à leurs intérêts, par la circonstance des temps, de ne le faire partir que dans les premiers jours de janvier. Ils profitent du temps en en-

qu'il ne convient pas de songer à faire le commerce de café par Jedda. Ce qui vient d'arriver aux Anglais doit vous faire connaitre les risques qu'il y aurait à courir ; d'ailleurs il paraît que le commerce se fait assez tranquillement à Moka, le café n'y manque pas, pour quoi songeriez-vous à de nouveaux établissements qui emportent toujours avec eux de nouvelles dépenses !

Comme la Compagnie prévoit etre obligée dans peu de temps d'envoyer un navire en droiture à l'ile Bourbon pour y charger les cafés du cru de cette ile, elle pense que vous pourriez ordonner au vaisseau que vous envoyez à Moka chaque année, d'en rapporter le café à l'ile Bourbon directement où il trouverait le vaisseau de France prêt à partir, et sur lequel il verserait le café de Moka. Il parait à la Compagnie que cette idée qu'on lui a donnée, pourrait être convenable en ce qu'il ne faut plus guère de temps

voyant ce vaisseau à Bengale, au Pégou, à Merguy pour en apporter des provisions dont ils ont besoin pour leur équipage, et vendre le surplus pour indemniser partie des dépenses, comme ils ont fait au mois d'août dernier. Le vaisseau le *Pondichéry* ayant besoin d'être caréné à Bengale, ils ont donné ordre de le faire charger de riz et autres provisions qu'ils feront vendre dans la colonie. S'ils le font partir dans les premiers jours de janvier, allant à l'ile Bourbon, cela causerait de plus grands risques, un retardement, et mettrait les intéressés hors d'état de se servir du vaisseau et de leurs fonds pour les voyages suivants, de sorte qu'il faudrait deux vaisseaux et de doubles fonds pour continuer annuellement les voyages de Moka. Si le vaisseau appartenait en entier à la Compagnie, nous ne croyons pas même qu'il convienne à ses intérêts de l'envoyer directement de Moka à l'ile de Bourbon, sans passer ici

au navire de Moka pour se rendre à l'ile Bourbon qu'à Pondichéry, et que par ce moyen outre que le café serait quelque temps moins à la mer elle le recevrait deux mois plus tôt en France. Une chose cependant l'embarrasse, c'est le parti que vous avez pris et qui est convenable à ses intérêts de faire charger à fret son café sur le vaisseau qui part de Pondichéry pour Moka, armé par différents particuliers. Il serait nécessaire, en ce cas, ou d'augmenter le fret, ou d'indemniser l'armement du retard du vaisseau ; peut-être même les armateurs prétendraient-ils des dédommagements ou des intérêts pour le retard de leurs fonds qu'ils ne pourraient toucher qu'au retour du vaisseau. Faites un peu vos réflexions sur sa proposition, et marquez en votre sentiment à la Compagnie. Si votre avis est conforme et qu'elle s'y détermine, elle prendra alors le parti d'expédier un plus grand navire pour l'ile de Bourbon, afin qu'il puisse enlever et

pour y prendre différents effets qui conviendraient pour les iles et que ce vaisseau pourrait porter, n'étant pas chargé de 400 milliers de café.

le café de Moka et celui du crû de l'ile.

Nous observerons la même exactitude dans tout ce qu'elle nous ordonne, si les évenements n'en sont pas toujours si heureux, ce n'est pas faute de soins ni d'attentions de notre part. Il est vrai que feu M. Tribert avait fait toute la diligence qu'on pouvait espérer, il était très expéditif et capable de rendre de bons services à la Compagnie, qui a perdu un bon sujet par sa mort. Nous sommes persuadés qu'elle sera satisfaite du sieur Duvelaër qui est resté en sa place, jusqu'à ce qu'il lui plaise d'en ordonner, nous nous expliquerons à son sujet par notre lettre générale.

La Compagnie ne peut trop lour l'exactitude avec laquelle vous vous êtes conformés à ce qu'elle souhaite au sujet d'un vaisseau à expédier pour la Chine, et dont le retour devait se faire assez à temps pour en pouvoir verser les marchandises sur un des vaisseaux dout le départ était fixé en janvier pour l'Europe. Elle doit aussi la justice à M. Tribert de dire qu'il est entré parfaitement dans ses vues, et qu'on ne peut rien ajouter à la prompte expédition qu'il a faite pour renvoyer le navire le *St. Pierre*.

Les réflexions qu'elle fait sur le commerce de Chine sont très justes, nous n'avons pas eu jusqu'à présent de fonds suffisans pour le faire dans les temps convenables. Nous n'enverrons

La Compagnie vous a fait part l'année dernière qu'elle faisait partir le *Jazon* directement pour la Chinê, elle vous marquait en même temps de continuer à y envoyer tous les ans un navire

plus d'ici de vaisseau pour son compte, si par la suite nous trouvons des particuliers qui soient en état de former des fonds assez considérables pour faire un armement convenable, nous l'entreprendrons, sans quoi nous ne nous y exposerons pas.

de Pondichéry ; elle a fait depuis réflexion que l'envoi que vous y faites d'un vaisseau, diminue vos fonds et vous met hors d'état d'employer en avances des marchandises de la côte et de Bengale, que cette circonstance est directement contraire à ses intentions qui sont de recevoir ses navires des Indes bien chargés, que d'ailleurs les frais de l'armement sont absolument pour son compte, les Indiens donnent peu dans ce commerce, que nonobstant les fonds considérables que vous y versez, ils ne suffisent pas cependant pour fournir les marchandises de la Chine nécessaires à la consommation, et qu'enfin, le batiment que vous expédiez chaque année pour la Chine, partant un peu tard de Pondichéry, est exposé au typhon qui arrive ordinairement aux mois d'août et de septembre, et qu'a essuyé malheureusement le vaisseau le *Pondichéry*, que même il court risque de manquer la mousson qui change à la fin d'août. D'ailleurs les soies, thé et porcelaines courent risque d'essuyer de grosses avaries, non seulement par les bêtes dont les immondices peuvent gâter les balles de soie, mais encore par le déchargement et le rechargement des caisses de thé et des porcelaines qui s'en trouvent endommagées, et sur lesquelles il se trouve à leur arrivée en France une perte considérable. Toutes ces réflexions l'ont déterminée à faire le commerce de la Chine directement de France, et pour cet effet elle fera partir au mois de novembre prochain le vaisseau l'*Argonaute* qu'elle destine pour Canton. Ainsi, il n'est plus nécessaire à l'avenir que vous expédiez un batiment pour nous rapporter les marchandises de la Chine, propres à êlre chargées sur un des vaisseaux destinés pour France, les fonds que vous y emploieriez le seront plus utilement en marchandises de Pondichéry et de Bengale.

M. Tribert a eu une bonne conduite et beaucoup de prudence dans toutes les affaires dont il a été chargé en Chine pour la Compagnie ; les marques de reconnaissance qu'elle devait lui envoyer seront arrivées trop tard.

Si la Compagnie a à se louer de l'expédition que le sieur Tribert a faite de son vaisseau le *St. Pierre*, elle en a encore plus de sujet dans la conduite qu'il a tenue pour sauver l'argent de la cargaison du *Pondichéry*. On ne peut agir avec plus de sagesse et d'intelligence, et la Compagnie lui en marquera sa reconnaissance. Le dit M. Tribert s'en remettait à vous pour informer la Compagnie de l'accident arrivé à ce vaisseau, le récit que vous lui en faites l'a confirmée dans sa première idée qui est de faire le commerce de Chine directement de France, considérant les risques que court un vaisseau qui part trop tard de Pondichéry, et que vous ne sauriez faire partir plus tôt lorsqu'il lui faut des fonds assez considérables, puisqu'il s'agit de fournir les marchandises de ce pays propres pour France, et que les fonds ne vous arrivent qu'en mai au plutôt.

Nous avons reçu l'avis de M. Tribert, par conséquent nous ne pouvions nous tromper.

Elle approuve le présent que vous avez faire au gouverneur de Macao, les services qu'il a rendus à l'occasion du *Pondichéry* méritaient certainement une marque de reconnaissance.

Le sieur Düvelaër recevra votre réponse, il est en état

La compagnie a reçu la lettre de M. Tribert avec son

d'en faire bon usage et d'exécuter les projets de M. Tribert.

Les remarques que vous avez faites sont justes. Ce sont les motifs portés par la délibération du 23 mars 1725 qui nous ont engagés à faire le compte de cette manière, et à reprendre le vaisseau au retour du voyage pour le même prix qu'il avait été mis dans l'armement. Nous savons que c'est contre la règle, ayez agréable d'examiner la délibération à laquelle nous nous référons. Dans les autres armements les vaisseaux se comptent pour la valeur de ce qu'ils sont estimés à leur retour.

mémoire d'observations sur le thé, elle lui répondra directement.

Elle a examiné le compte qui vous lui remettez de l'armement du *St. Joseph* sur lequel vous aviez mis le sieur Dupleix pour subrécargue ; elle remarque que l'évaluation que vous y donnez en taël est trop forte, puisque vous l'évaluez à 23 fanons pour les marchandises que vous aviez reprises pour son compte, dans le temps qu'il faut 6 Ps. 5 f. pour un marc d'argent. Cette évaluation ferait revenir le marc à Pondichéry à 6 Ps. 5½ f, et vous ne la vendiez lors du solde de ce compte que 6P. 26 f. la serre, encore au plus haut prix, ou 5P.

20 f. 51. c. le marc. Il n'est pas étomant que par ce calcul vous fassiez apparaitre du bénéfice, mais en remettant le taël à sa valeur naturelle du temps auquel vous en comptez, il se trouve une perte que la Compagnie supporte seule, puisque les intéréssés ont partagé sur la plus value du taël, indépendamment des 30 % que vous avez donnés d'augmentation aux marchandises. Vous faites plus, vous estimez la navire à son retour autant que vous l'avez fait à son départ, ce qui n'est pas naturel, puisque un vaisseau qui a fait le voyage de Chine doit diminuer nécessairement de prix. La Compagnie veut bien favoriser ceux qui

s'intéressent à elle, mais il ne faut pas qu'il lui en coûte si cher.

Nous sommes bien aises que vous approuviez la destination qui a été faite du *St. Joseph* pour le voyage de Bassora, et de celle des officiers pour le commander. Vous verrez par la délibération du 8 octobre dernier le bénéfice que nous croyons que cet armement pouvait produire par l'estimation que nous avions faite des effets de retour. L'accident arrivé à ce vaisseau allant à Bengale en octobre dernier en diminuera une partie par la perte qu'il a faite de sa mâture et de ses agrès, dont nous vous rendons compte dans notre lettre générale.

La Compagnie approuve les arrangements que vous avez pris par votre délibération du 18 septembre 1727 au sujet du navire que vous destinez pour Bassora. Il est bien que vous ayez laissé au Conseil de Bengale la disposition entière de l'armement du vaisseau, parceque toutes les marchandises qui en doivent le composer, se tirent de Bengale, et que ceux de la côte qui y voudront prendre intérêt le peuvent faire également. Il est très prudent que vous ayiez fait passer les officiers de la *Marie Gertrude* sur le *St. Joseph* que vous destinez pour Bassora, puisqu'ils en ont déjà fait le voyage. Ne manquez pas de remettre à la Compagnie la compte entier de cet armement lorsqu'il sera soldé.

Nous vous avons rendu compte du vaisseau la *Reine* envoyé au Pégou et de la conduite du sieur de La Rivière, par un des articles de nos réponses à votre lettre du 25 septembre 1727, et

La Compagnie ne comprend rien à la conduite que tient le sieur de La Rivière à l'égard du vaisseau la *Reine*. Vous aviez marqué des l'année dernière à la Compagnie que ce bâtiment que

par notre lettre du 30 janvier 1729, à laquelle nous avons joint les comptes qui ont été rendus par le sieur Dubois.

vous aviez envoyé au Pégou pour l'y raccommoder, avait été reconnu hors d'état de servir ; si cela est, pourquoi le sieur de La Rivière n'a t-il pas cherché à le vendre sur le champ, et à quoi tend son long séjour au Pégou ? Elle vous prie de lui marquer les raisons d'une telle conduite, afin qu'elle puisse asseoir son jugement et voir ce qu'elle aura à faire.

Nous avons eu l'honneur de vous dire ci-devant que ce commerce ne convenait à la Compagnie que lorsque elle avait des vaisseaux à faire radouber, à construire et à hiverner. Vous verrez la nature de ce commerce par les factures et comptes qui vous ont été envoyés et par ceux qui seront joints à notre lettre générale.

Ne manquez pas en même temps de lui marquer un peu en détail la nature du commerce qui peut se faire au Pégou, la qualité des marchandises qu'on y porte, celles qu'on en retire, la monnaie du pays et son évaluation par rapport à celle de Pondichéry.

Nous vous avons rendu compte par notre lettre du 30 janvier 1729 du voyage du *Jupiter* et du brigantin le *Diligent*. Nous vous informerons par notre lettre générale du succès des effets portés à Achem par la *Marie Gertrude* à la consignation des sieurs Bellegarde et Porcher, et de l'armement

La Compagnie voit avec plaisir que vous êtes contents des dispositions dans lesquelles le roi d'Achem vous parait être par la faveur qu'il a accordée en exemptant des droits d'entrée 200 balles de marchandises pour une année, et en promettant la même exemption sur 150 balles pour l'année suivante.

du brigantin *l'Indien*, dans lequel vous étiez intéréssés de 24.731 Rs. 14-24. L'épreuve de commerce que y a fait le *Triton* ne devait pas vous exciter à le continuer, mais il faut attendre quel sera l'événement et ce que produiront ces heureuses dispositions. Ne manquez pas de remettre à la Compagnie le compte du *Diligent*, lorsqu'il en sera revenu, et de l'informer exactement de tout ce qui pourra lui donner une connaissance parfaite du commerce d'Achem. Elle sait que ce commerce peut être utile par l'or qu'on en rapporte, mais il faut qu'il soit plus avantageux que celui qu'y a fait le *Triton* pour le continuer. Il est vrai que les circonstances d'une guerre dans laquelle ce bâtiment s'est trouvé, n'ont pas dû contribuer à lui faire faire un voyage heureux ; elle approuve cependant que vous y envoyiez hiverner ses navires d'Europe, puisque c'est la même chose que de les envoyer à Merguy, ils ne peuvent faire qu'un bon effet, et leur présence y protégera le commerce.

Nous avons connaissance que le *Jupiter* a perdu 3 ou 4 matelots pendant son séjour à Achem, il y est mort un sergent du détachement par débauche, avec deux soldats de la fiévre et un des officiers du vaisseau quelques jours après en être sorti, sa maladie a été la suite de sa mauvaise conduite et de ses débauches. Dans toutes les parties de l'Inde il se trouve des années où il y a des fiévres et autres maladies mortelles Vous êtes apparemment instruits d'une maladie que le sieur de la Franquerie a marqué à la Compagnie avoir régné sur le *Jupiter* pendant son séjour à Achem et avoir emporté beaucoup de monde. Faites y, s'il vous plaît, de sérieuses réflexions, car si cette maladie se contracte par l'air ou quelque nourriture du pays, apportez toute votre attention pour y trouver un reméde, parce qu'autrement il vaudrait mieux abandon-

aux gens du pays et aux européens, qui sont causées faute de pluies dans les saisons ordinaires, et par d'autres événements, cela n'empêche que l'on ne continue d'y envoyer annuellement, les Danois vont depuis plus de 40 ans régulièrement tous les ans à Achem, ils y envoient lorsque l'ocasion se présente, hive.ner leurs vaisseaux d'Europe.

Nous avons relevé l'erreur de 210 Pag. 4 f. de différence.

Elle a examiné le compte que vous lui remettez du *Triton*, elle y a remarqué une erreur qui se trouve au crédit sur les 1.136 taëls 12 massias dûs par deux marchands d'Achem, qui devraient faire suivant votre évaluation de 150 taëls pour 1 caty, et le caty à raison de 292 Pgs, la quantité de 2.212 Pag. 20 f. au lieu de 2.002 Pag. 16-33 que vous employez dans le dit compte. Ayez soin de relever cette erreur.

Les joyaux de Gandik étaient confiés pour 601 Ps. qu'il devait payer au départ du vaisseau, les troubles causés par la guerre l'en ont empêché ; le subrécargue lui fit dire que faute par lui de les retirer, il les vendrait à son arrivée à Pondichéry. Les intéressés voulurent effectivement les faire vendre, le Conseil considérant qu'étant le neveu de l'ancien roi, il pourrait

Elle remarque encore que dans la répartition qui a été faite entre les intéressés, vous employez pour comptant dans la somme qui revient à la Compagnie 601 pagodes à quoi sont évalués les joyaux remis en nantissement par Gandik, pour les 308 taëls 12 massias qu'il devait à l'armement ; vous ne deviez pas les employer comme comptant dans la répartition, et

avoir du ressentiment et faire du mal à la Compagnie si l'on avait vendu ses joyaux qu'il n'avait pu retirer dans les occurences de la guerre, et non par mauvaise volonté, résolut, pour conserver son amitié, de les prendre pour votre compte et de les renvoyer à Achem par la premiére occasion. Il y a des circonstances où vos affaires demandent que vous fassiez de petits sacrifices pour vous oncserver l'amitié de ceux qui ont du crédit dans les pays sujets aux révolutions, et où vous faites du commerce, afin de vous procurer des facilités. C'est pour ces considérations que nous avons crû devoir prendre pour votre compte ces joyaux et les renvoyer généreusement, et même avons donné ordre en les renvoyant de ne point faire payer d'intérêts pour le retard. Voilà le fond de l'intention, vous en avez été remboursés lorsque le *Jupiter* y est allé.

encore moins en charger la Compagnie. Cette somme devait rester comme effets à recouvrer, pour lors la valeur en serait rentrée et distribuée au marc la livre aux intéressés. La Compagnie veut bien entrer dans les différents armements, qui se font, pour les accréditer, mais il n'est pas juste qu'elle supporte elle seule le retard de la rentrée dès fonds ou leur perte.

La représentation que nous vous avons faite à cet égard n'était que dans l'idée que nous avions que cela autoriserait par la suite les officiers à se dispenser d'exécuter les ordres du Conseil ; puisque votre intention est qu'ils y soient subordonnés, et que vous

Au surplus' la mission de M. Desboisclairs ne doit point vous inquiéter, il a agi suivant les ordres dont il était porteur. M. Lenoir a exécuté de son côté ceux de la Compagnie, et il a bien fait dans cette occasion de se joindre au premier pour donner les ordres au

donnez les ordres en conséquence, nous nous y conformerons.

Jupiter. Ce qu'a fait le sieur Desboisclairs n'influe en rien sur les autres officiers des vaisseaux de la Compagnie même de ceux du roi qui doivent toujours demeurer subordonnés au Conseil. Telles sont les intentions de la Compagnie qu'elle a attention de faire connaitre par les ordres et instructions qu'elle leur donne, où elle fait la nécessité d'obéir et d'exécuter les ordres du Conseil supérieur, comme s'ils étaient émanés directement d'elle; si ses officiers y contreviennent, vous avez l'autorité de la Compagnie, c'est à vous à l'employer à propos.

Le commerce de Manilles a été trés avantageux pendant 2 années, le brigantin que M. M. Lenoir et Elias y avaient envoyé, y a fait un bon voyage, nous vous en avons informés par notre lettre du 30 janvier 1729, et des mesures que nous avons prises pour y faire passer le sieur Duvelaër pour y réclamer les effets qui avaient été mis en séquestre à la mort du sieur Bouttier, dont il a eu main levée, sauf environ 3.000 piastres, prêts en or, qui sont restées en discussion. Nous vous en enverrons par notre lettre générale le compte du produit de ces effets et de la répartition

La Compagnie voit par ce que vous lui marquez du voyage du vaisseau le *Soucourama* à Manilles, et par le compte que vous lui en remettez, le mauvais succés de ce voyage. Elle sent comme vous tous les désagréments, puisque indépendamment des sommes pour lesquelles elle y était intéressée, qui se trouvent considérablement déminuées par la perte sur les derniers armements, leur peu de réussite dégoûte les particuliers de s'y intéresser. Il est bien que dans des circonstances aussi fâcheuses que celle arrivée aux Manilles, vous n'y ayiez point envoyé, et elle pense

qui en a été faite.

que M. Lenoir et le sieur Elias ont risqué beaucoup en expédiant le *Triton* pour ces îles. Il est bien triste que le sieur Bouttier chargé du recouvrement des effets à Manilles, se soit noyé, et que par sa mort les effets et papiers, qui étaient en sa possession, aient été mis en séquestre entre les gens du pays. La Compagnie s'en rapporte à votre prudence de prendre les mesures les plus justes pour recouvrer les uns et les autres, s'il est possible.

Les sieurs Beru et Bouttier, revenant de Manilles en 1725, firent un traité à Malacca avec les sieurs Kook fréres, négociants au dit lieu, pour leur apporter de cette côte pour environ 4.000 pagodes de marchandises dont ils s'obligérent de donner 25 % de bénéfice du prix de la facture. Les armateurs exécutérent ce traité et firent charger les dites marchandises sur le vaisseau qui fut à Manilles la dite année, elles furent livrées aux dits sieurs Kook qui en firent leur billet aux dits sieurs Beru et Bouttier, payable à leur retour de Manilles. Ils n'acquittérent cependant pas leur billet; se trouvant dérangés dans leurs affaires,

Elle remarque que dans le compte du dit vaisseau le *Soucourama* vous observez qu'il y a 25% de bénéfice sur les marchandises vendues à Malacca en échange d'autres, vous auriez dû observer en même temps que ce *gain* est purement imaginaire, puisque il y a à peu prés autant de perte sur la partie des marchandises prises en échange et vendues à Manilles, les 858 P. des dites marchandises vendues supportant 196 P. de perte, qui font $22\frac{1}{2}$ % ou environ. Ayant lieu de craindre qu'il n'y ait encore plus à perdre sur celles restées à Manilles, ainsi les frais de relâche à Malacca tombent en pure perte sur l'armement. Vous

ils promirent de l'acquitter l'année suivante avec les intérêts. Les sieurs Beru et Bouttier apportérent ce billet à leurs armateurs, et le remportérent avec eux en 1726. Etant à Malacca, et les dits sieurs Kook étant hors d'état de l'acquitter, ils prirent d'eux dans la crainte de tout perdre, une partie de garas en payement, dont la vente ne fut pas avantageuse à Manilles par le dérangement du commerce. Ce n'est pas une raison pour ne plus aller à Malacca, c'est la relâche qui convient le mieux pour prendre de l'eau et du bois, et où on porte ordinairement quelques marchandises à fret pour le compte des particuliers.

devez conclure que cette escale ne convient en aucune façon.

Le commerce y a été si avantageux en 1727 et 1728 qu'il y avait apparence qu'il continuerait. Dans cette confiance nous avons armé le *Soucourama* que nous y avons envoyé en juin dernier, dans lequel vous êtes interessés de 3364 pagodes. Nous joindrons à notre lettre générale l'état de la mise hors de ce vaisseau et celui de son chargement.

Si cependant il y a lieu de rétablir le commerce de Manilles, ainsi que les derniéres nouvelles que vous en avez reçues vous le font espérer, la Compagnie consent que vous fassiez un nouvel armement pour ces iles, à condition cependant que vous ferez en sorte de diminuer son intérêt autant que vous le pourrez, n'étant pas satisfaite de voir répandre en tant d'objets peu importants des fonds qui

pourraient être employés plus utilement

Nous ne faisons d'autre commerce à Merguy pour la Compagnie que d'y envo-

Le Commerce de Merguy ne parait pas plus avantageuse à la Compagnie. Elle

yer ses vaisseaux hiverner. Il est vrai que les piastres s'y vendent à un bas prix qui cause une perte réelle, mais elle est récompensée par les bois et les riz qu'on y achète ordinairement à bon prix, et qui apportent un bénéfice lorsqu'on le vend. Si nous étions assurés d'y envoyer annuellement un vaisseau pour hiverner, nous chercherions les moyens d'éviter d'y porter des piastres, soit en y envoyant quelques autres effets, ou en achetant des ticaulx que vendent les vaisseaux qui viennent de Siam, et qui ont cours à Merguy. Mais l'incertitude nous empêche de profiter d'une partie des avantages qui se trouvent dans un commerce constant et assuré

L'estimation que nous faisons de 40 Liv. par tical nous a paru la plus juste, cependant il peut s'y trouver quelquefois un peu de différence, l'argent étant une marchandise dont le prix n'est point fixe, mais cela ne porte aucun préjudice à la Compagnie. L'or est parfois préférable à l'argent,

voit par le journal coté F. au folio 112, que 300 marks de matières d'argent y ont été vendues 3402 ticaulx 2 mayons, et que vous évaluez le tical à 40 L. Sur ce pied le marc d'argent ne reviendrait qu'à 22 L. 13-8. Vous sentez quelle perte considérable c'est pour la Compagnie. Elle remarque encore que même 13½ piastres Madras, qui sont plus fortes que celles de Pondichéry, ne rendent que 25 ticaulx 2 m. 2 rames, ce qui donnerait au tical une plus forte valeur que celle de 40 Lvs. Eclaircissez un peu la Compagnie d'où viennent ces différentes évaluations de ticaulx, et marquez lui quelle en doit être la véritable. Au surplus elle pense qu'il ne doit point être question pour elle de faire aucun commerce à Merguy, surtout sur le pied ci-dessus, et que vous devez vous contenter d'y envoyer les vaisseaux pour les y faire hiverner et en rapporter seulement les bois nécessaires à Pondichéry.

parfois il ne l'est pas, c'est encore ce qui est cause que l'estimation est différente.

M. Aumont des Missions étrangères qui y réside avait apaisé les propriétaires de ces esclaves sans qu'il vous en ait rien coûté, dés avant que le premier vaisseau que nous y avons envoyé, y fut arrivé.

Le sieur du Guernier aurait mérité d'être puni pour avoir enlevé de force des esclaves à Merguy sous prétexte d'avoir besoin de monde pour le *Minerve* qu'il commandait. Puisqu'ils se trouvait dans cette situation, il devait tâcher de se procurer ce secours par la voie de la douceur et non par celle de la force, qui ne doit jamais être employée en pareil cas qu'après avoir épuisé tous les autres moyens. Il est bien que vous ayez pris les mesures convenables pour adoucir les esprits des gens du pays, afin qu'il n'en arrive aucun accident aux vaisseaux qui vous y enverrez par la suite.

Nous sommes forcés de de nous servir des sujets qui sont dans le pays, nous avons grande attention à les avertir de la façon dont ils se doivent comporter dans les différents endroits où ils sont employés, nous en savons parfaitement les conséquences.

La Compagnie vous dira à ce sujet que vous devez apporter beaucoup d'attention dans le choix des officiers que vous destinez pour commander et servir sur les armements d'Inde en Inde, et que vous devez rechercher autant dans ces sujets le caractère sage et sociable, comme l'habileté et la capacité dans la navigation, les inconvénients qui résultent de la conduite d'un fou ou d'une cervelle mal timbrée, pouvant avoir des suites très préjudiciables au commerce de la Compagnie.

Nous ne manquons point de donner avis au Conseil de Chandernagor de tous les armements que nous faisons, afin d'exciter les employés et les habitants de la colonie à y prendre intérêt, mais il y a peu de personnes en état de le faire.

Il n'y en a pas beaucoup non plus ici qui soient en état de faire d'entreprises, c'est cette raison qui nous oblige de vous intéresser dans chaque armement, jusqu'à ce qu'il se trouve des particuliers qui puissent armer par eux mêmes.

Elle vous recommande d'écrire aux employés et aux marchands établis au comptoir de Chandernagor de s'intéresser dans les armements qui se font pour le commerce d'Inde en Inde, et d'exciter autant qu'il vous sera possible ceux de Pondichéry de faire la même chose.

Nous n'avons point de connaissance que les officiers aient formé de pareilles prétentions ; nous apportons tous nos soins pour faire les armements avec le plus d'économie possible.

La Compagnie vous défend absolument de passer aucune ration pour valets ou passe volant aux officiers qui servent sur les vaisseax destinés au commerce d'Inde en Inde ; elle est informée que ses officiers forment des prétentions à cet égard semblables à celles des officiers du roi. L'intention de la Compagnie est que ce commerce se fasse avec la plus grande économie possible, que vous diminuez même le nombre de ces officiers par chaque vaisseau n'y en mettant que le nombre nécessaire à la navigation. Si les officiers que vous choisirez ne veulent pas se conformer à ces ordres, vous les destituerez et les renverrez en France sans exception de sujets.

Nous ne croyons pas qu'elle soit bien informée à

La Compagnie est informée que la pacotille qui se

cet égard, nous n'avons point dé connaissance que les officiers embarquent aucune marchandise qui excède les permissions qui leur sont accordées. Ils ont la liberté d'embarquer ce qu'ils souhaitent comme les autres marchands, en payant le fret ; notre intérêt particulier nous engage à y avoir grande attention, puisque nous sommes intéressés dans la plus grande partie de ces armements, les fonds que nous y avons employés pour votre compte depuis trois ans sont si peu considérables, qu'ils n'ont pu porter aucun préjudice à votre commerce d'Europe, à l'exception de l'armement de Perse qui n'aurait pu se faire autrement, et que nous avons résolu d'abandonner en conséquence de la délibération du 8 octobre dernier afin de nous conformer à vos ordres, malgré l'assurance que nous avions que ce voyage deviendrait avantagueux par les mesures que nous avions prises de joindre l'année dernière aux marchandises de Ben-

charge sur les vaisseaux qui font le commerce d'Inde en Inde, est si considérable que ce n'est pas une des moindres raisons qui rendent ces voyages si infructueux. C'est à quoi la Compagnie vous ordonne de tenir sévèrement la main, et de confisquer sans distinction toutes les marchandises qui pourront s'y trouver chargées en fraude.

Il résulte de tout ce que la Compagnie vient de vous marquer au sujet du commerce d'Inde en Inde et de l'examen particulier qu'elle a fait des différents comptes d'armements que vous lui remettez, qu'il se trouve une perte réelle dans presque tous les différents commerces. Il ne serait pas juste qu'elle les continuât, surtout dans un temps où ses fonds peuvent être plus utilement employés, ainsi qu'elle vous l'a marqué. C'est pourquoi elle se renferme dans la quantité de 10.000 pagodes dont elle vous permet seulement de l'intéresser dans les différents armements, et elle

gale différentes sortes de celles de cette côte.

vous défend absolument d'y employer plus de fonds.

Elle excepte de cette régle le commerce de Moka, parcequ'il faut qu'elle en retire annuellement les cafés dont elle a besoin. L'avantage qu'elle aurait lieu d'espérer dans le commerce d'Inde en Inde, soit par rapport à la Colonie, soit pour les droits d'entrée et de sortie, ne peut entrer en comparaison non seulement des pertes réelles, mais encore dn défaut de fonds où vous vous trouvez qui vous met hors d'état de la satisfaire entièrement sur son commerce d'Europe qui est, comme elle vous le dit plus haut, son objet essentiel et capital.

COLONIES.

Nous prenons toutes les précautions nécessaires pour mettre les magasins de la Compagnie en sureté, celui des matières d'argent a été changé par délibération du 30 juin 1728.

La Compagnie approuve que vous ayiez par votre délibération du 31 mai 1727 déchargé le sieur Vincens, garde magasin, des 3000 marcs de piastres dont il avait été chargé, puisque par le procés que le Conseil à fait au nommé François Carter, ce dernier a été convaincu d'avoir volé cet argent, et qu'en conséquence du jugement il a été exècuté. Ce vol doit vous engager à faire tout ce qui est nécessaire pour mettre ses magasins en sûreté, et la Compagnie vous le recommande.

Il est à craindre que la cherté des grains ne fasse diminuer ces deux fermes à l'échéance des baux, la misère est si grande qu'elle

Elle approuve aussi la délibération que vous avez prise le 12 novembre 1727, de supprimer la vente qui se faisait au magasin de

cause la perte d'une partie des habitants des colonies. Il n'a pas été possible de les réunir, puisque celle de l'arack des parias était adjugée avant que vous fussiez déterminés d'affermer les autres. A la fin des baux nous ferons tout ce que les circonstances du temps nous permettront d'en faire pour soutenir le prix de ces deux fermes, soit en les réunissant ou en les adjugent séparément.

l'arack de Colombo, Goa et Batavia, et d'en faire une ferme, elle voit que vous l'avez adjugée pour 3 ans sur le pied de 451 pagodes par an, ce qui est plus avantageux pour la Compagnie, puisqu'elle n'en a jamais tant retiré, et que d'ailleurs c'est un détail dont vous avez bien fait de vous débarrasser.

Le parti que vous prenez à cet égard est bon, de réunir à l'expiration des baux les deux fermes de l'*arack* des parias et celui de Colombo, Goa et Batavia.

Elle voit avec plaisir qne le prix annuel de la ferme de l'arack des parias sera augmenté dans le renouvellement du bail que vous en avez fait pour 3 ans ; il aurait été à souhaiter que vous eussiez pu réunir dès ce moment cette ferme à celle de l'arrack de Colombo, vous eussiez été certains qu'elles se fussent soutenues, au lieu que vous craignez qu'à l'expiration de ce bail, cette ferme ne tombe. La Compagnie pense au contraire qu'en prenant le parti de les réunir, elles doivent produire d'avantage, parce que pour lors un fermier ne nuit point à l'autre, ce qui peut arriver aujourd'hui qu'elles sont séparées, chaque fermier devant naturellement penser à faire tout ce qui peut lui apporter du bénéfice, même au détriment de l'autre.

Depuis le mois de février 1728 que nous avons fait un présent au divan, le Nabab

La Compagnie voit avec peine les inquiétudes que vous cause le Nabab au su-

et ses officiers nous ont laissés en repos.

jet de l'enceinte de Pondichéry, elle ne peut que s'en rapporter à votre prudence pour calmer les inquiétudes, et elle approuve les présents que vous vous proposez de faire au Nabab, pour que du moins il vous laisse le temps de fermer entièrement l'ouvrage. Cet ouvrage une fois fini, les inquiétudes de ce Nabab ou de ceux qui lui succéderont, seront moins à craindre, et peut être aussi moins fréquentes.

Nous vous avons informés par notre lettre du 30 janvier 1729 qu'il était revenu des îles par le *Bourbon*, et que nous l'avions envoyé par le *Pondichéry* à Goa pour passer sur les vaisseaux portugais. Le vice-roi a bien voulu le faire embarquer sur un vaisseau qu'il envoyait à la côte d'Arabie, d'où le roi a épousé la sœur de ce prince. Vous en êtes enfin débarrassés. Nous souhaitons qu'il en ait autant de reconnaissance que nous avons eu d'attention pour lui, et que vos vaisseaux trouvent à Anjouan les secours qui leur seront nécessaires.

Elle approuve la pension que vous avez donnée au fils du roi d'Anjouan, et tout ce que vous avez pu faire depuis en sa faveur. Les soins que vous avez eus pour lui devraient lui inspirer de la reconnaissance ; si son peuple en était susceptible et le portait à faire toutes sortes de bons traitements aux vaisseaux français qui pourraient relâcher à l'île d'Anjouan, la Compagnie marquera au Conseil de l'île de Bourbon d'en faire un prince dans son pays, au cas que cela n'ait déja pas été fait.

Il est aisé de comprendre que la permission de fabriquer des roupies n'apporterait pas un si grand profit

La Compagnie ne comprend pas pourquoi vous lui marquez que la permission de fabriquer des rou-

qu'elle le pense, parcequ'il ne se fait que trés peu de commerce particulier dans la colonie; il n'y vient point de vaisseaux étrangers de toutes les parties de l'Inde pour faire du commerce et y acheter des roupies comme dans les autres colonies. S'il y venait des vaisseaux actuellement, et que les capitaines ou marchands eussent besoin de roupies, les changeurs leur en fourniraient, et qu'ils feraient venir d'Arcatte et de Coblon, mais il y a peu d'occasions pour le commerce particulier. Cela ne nous a cependant point fait changer de sentiments sur la nécessité d'obtenir la permission d'en faire fabriquer, elle sera toujours utile à la Compagnie. Mais nous avons eu intention de la prévenir que les profits ne seraient pas si considérables qu'il nous a parû qu'elle s'en flattait, nous ne négligerons rien pour chercher les moyens de l'obtenir. Nous croyons que cela sera difficile, le Nabab ayant accordé à un de ses favoris

pies ne lui rapporterait pas à beaucoup prés un aussi grand profit qu'elle le pense. Cependant l'ancienne Compagnie, ceux qui vous ont précédés et vous-mêmes, avez toujours regardé cette permission comme un grand avantage pour la Compagnie par rapport non seulement au bénéfice qu'elle ferait sur cette fabrication, mais encore pour les matiéres d'argent que vous envoyez à Bengale où il les faut convertir en roupies, et sur lesquelles il y a à perdre par l'agio qui s'y fait. Ce sont là les seuls motifs qui sont venus à la connaissance de la Compagnie. Cette permission dont jouissent d'autres nations l'a encore persuadée qu'il lui convenait de l'obtenir. Pour quelles raisons changez-vous aujourd'hui de sentiments, et faites vous considérer cette permission comme un trés petit objet. Il est nécessaire que vous informiez la Compagnie des raisons que vous avez de penser ainsi, afin que sur une pleine connaissance

qui était ci-devant un de ses esclaves, la permission depuis deux ans de faire à Alamparvé, à 8 à 9 lieues au Nord d'ici, un établissement où il bâtit actuellement une espéce de fort, il a obligé les principaux marchands d'Arcatte d'y bâtir chacun une maison, il y a fait fabriquer des roupies, et les marchandises qui s'y débarquent ne payent aucun droit jusqu'à Arcatte, ce qui est un grand avantage. Nous ne pensons pas que cet établissement subsiste aprés la mort du Nabab qui est trés agé, et qu'il ne gouverne que par les avis de son favori et du Divan. Les Hollandais de Sadras ont été obligés d'y faire par politique une petite maison et d'y mettre leur pavillon, ils n'y font aucun commerce, le lieu ni la situation ne leur convenant point. Le Nabab a fait prier par son trésorier M. le Gouverneur de contribuer à la réussite de ce nouvel établissement, par politique il a promis de faire ce qu'il pourrait, mais lui ni nous, nous ne nous proposons pas d'y contribuer en rien; au contraire si nous pouvions en sous main l'empêcher, nous le ferions.

elle puisse asseoir son jugement, et distinguer son vrai intérêt. En attendant elle laisse à votre prudence de faire à ce sujet ce que vous croirez le plus convenable, persuadée que vous ne vous déterminerez à rien qu'aprés avoir mûrement examiné ce qui sera de son plus grand avantage.

Nous ne faisons ordinairement fabriquer des pagodes qu'à un seul titre. Il est vrai que celles qui vous ont été envoyées par le *Solide*, la *Vierge de grâce* et l'*Amphitrite*, étaient de 8½ toques comme celles de Négapatam. Par délibération du 2

Il est encore nécéssaire que vous informiez la Compagnie si vous faites fabriquer à Pondichéry des pagodes d'or à différents titres parce qu'il se trouve une différence à la monnaye de Paris sur la valeur des pagodes. Vous en envoyâtes

juin 1724 le Conseil l'a diminuée de 1/32, de toque, cela ne devrait pas faire une si grande différence que celle que l'essayeur de la monnaie de Paris y a trouvée. Nonobstant cette diminution de titre, nos pagodes ont toujours eu cours ici, à Madras et dans les terres sur le même pied que ci-devant, cela n'a cependant pas opéré l'avantage que le Conseil en espérait. Les pagodes de Madras sont au titre de 8 toques 9/16, celles de Porto Novo, de St. Thomé, d'Alamparvé, de 8 toques 7/16, celles d'Allenour 8 toques 3/8, même coin qu'à Négapatam, celles de Paliacatte 8 1/2 toques ; elles ont toutes cours sur le même pied dans cette colonie et dans les terres. Il s'en fabrique dans plusieurs autres endroits à un plus bas titre, elles n'ont point cours ici et dans les autres colonies des Européens. Nous vous en envoyons 10 de chacune de celles qui ont cours ici dans le commerce.

en 1721 par le *Solide*, la *Vierge de Grace* et l'*Amphitrite* dont la Compagnie fit pour lors faire l'essai à la monaye où il se trouva que la pagode était au titre de 20$\frac{1}{2}$ caras. Je viens d'y en porter une depuis quelques jours, et l'essayeur l'a fixée par son certificat à 20 caras juste; ce $\frac{1}{2}$ cara de différence en fait une de 40-4d par pagode sur le prix des espéces, ce qui ne laisse pas d'embarrasser la Compagnie qui ne sait sur quel pied rembourser les dites pagodes en France, ne voulant ni faire tort à personne ni en recevair.

Elle vous recommande à cet égard de faire en sorte que toutes les pagodes que vous ferez fabriquer le soient au même titre, et que ce titre demeure fixe et invariable. Si la différence ci-dessus provenait du poids il n'y aurait rien d'extraordinaire qu'il n'arrive souvent dans ce pays ci, mais comme elle est sur le titre, il dépend de votre attention d'y remédier.

La Compagnie serait bien

aise de savoir de quelle façon les Anglais en usent dans la fabrication de leurs pagodes à Madras, elle vous prie de lui donner les éclaircissements que vous pourrez, et de lui envoyer quelques pagodes de Madras, dont elle fera faire l'essai et le dépôt; il sera aussi bon que vous lui marquiez combien il y a de pagodes de Madras au marc.

L'hôpital a un compte sur vos livres, la caisse paye toutes les dépenses, et elle fait recette des retenues qui se font aux soldats pendant qu'ils vivent à l'hôpital, et le produit de la ferme de l'arack ainsi que de tous les autres revenus entre en caisse.

Le revenu du droit de tabellionage est de peu de conséquence, nous vous l'avons écrit par nos lettres des 23 janvier 1723, 15 octobre 1725, et 20 janvier 1728, par un des articles des réponses à votre lettre du 28 décembre 1726. Il appartient aux enfants de Naniapa dont sa Majesté a rétabli la mémoire, par arrêt du 10 septembre 1720 comme avant; les procédures et le jugement rendu contre

Il est bien que vous fassiez faire un compte de toutes les dépenses de l'hôpital qui se payent par la caisse, et qu'au moyen de cet arrangement, le produit de la ferme de l'arack de parias, destiné auparavant au paiement de ces dépenses, entre directement dans la caisse, cela est égal au fond.

Quant à ce qui concerne le droit de tabelionage dont la Compagnie avait souhaité d'être entièrement instruite, et à quoi vous satisfaites, elle pense que, comme ce droit est seigneurial, il ne lui convient de permettre que les particuliers en jouissent dans un lieu où elle est souveraine sous l'autorité du roi. Mais comme aussi l'intention de la Compagnie n'est pas de dépouiller le propriétaire sans

luï ordonnent à la Compagnie de rendre et de restituer à ses enfants les sommes qui sont rentrées dans sa caisse avec les intéréts à 10%, et de plus que les dits enfants seront remis en possession des effets ayant appartenu à leur pere avec estimation des frais. C'est en conséquence de cet arrêt et de la délibération du 23 septembre 1723, que ses enfants ont été remis en possession de ce droit de tabellionage et qu'ils en jouissent actuellement. Si nous leur proposons de le vendre à la Compagnie, nous allons renouveler la malheureuse affaire de feu Naniapa, c'est un feu qui est encore mal éteint, il ne faudrait qu'une étincelle pour le rallumer et embraser toute la colonie. Ses enfants porteraient de nouvelles plaintes qui seraient capables de faire des révolutions dans le cœur et l'esprit des marchands qui causeraient de grands maux à votre colonie, elle n'en a

le rembourser, elle vous recommande de faire compter à ce propriétaire une somme de 400 piastres qui parait avoir été payée pour l'acquisition de ce droit, ainsi que vous l'avez marqué précédemment; s'il est même nécessaire de donner quelque chose au delà des 400 p. la Compagnie vous autorise à le faire pour ôter jusqu'au moindre sujet de plaintes. Vous ferez donc faire la vente de ce droit par le propriétaire au profit de la Compagnie, laquelle vente le Conseil acceptera pour et au nom de la Compagnie, à quoi la présente vous autorise, et vous joindrez la perception de ce droit pour le dehors aux fermes des aldées, et pour l'intérieur de la ville, vous chargerez du soin de le percevoir le prévôt ou les brâmes qui perçoivent aussi des droits à leur profit dans la ville, conformément à ce que porte votre tarif des droits du 12 octobre 1722.

déja que trop souffert. L'objet de ce droit n'est d'aucune conséquence pour vous, laissez ses enfants le posséder, nous aurons soin qu'il ne passe point en d'autres mains, et nous pourrons trouver par la suite un moyen doux et honnête pour vous l'acquérir, en payant ce qu'il a coûté à Naniapa.

La cobe de terre dans les aldées de Pondichèry, d'Ariancoupom et d'Oulgaret est d'environ 30 pieds 8 pouces en carré, dans les autres aldées elle est différente, les unes un peu plus que les autres.

Vous ferez plaisir à la Compagnie de lui marquer de quelle étendue de terre est une cobe par rapport à la mesure de France.

Il ne nous a été possible de savoir autre chose que ce que nous vous en avons écrit, ceux qui ont été blessés sont morts de la suite de leurs blessures. Nous ne manquerons pas de vous écrire toutes les circonstances des événements qui arrivent, il a été fait une autre poudrière dont nous vous informons par notre lettre générale.

Elle aurait été bien aise de savoir par quel accident le feu a pris à la poudrière qui est hors de la ville, elle vous recommande de lui marquer toujours toutes les circonstances des événements qui arrivent; vous aurez soin de faire rétablir cette poudriére.

Nous vous avons donné avis de la mort du sieur Martin. Nous avons reçu la caisse d'instruments, nous la garderons jusqu'à de nouveaux ordres.

La caisse d'instruments de chirurgie que la Compagnie destine en présent à M. Martin, médecin auprés du Mogol, n'a pu être chargée l'année derniére, étant arrivée trop tard à Lorient, mais vous la recevrez cette année par la *Danaé* et vous aurez soin de la faire passer au dit sieur Martin par la

premiére occasion favorable qui se présentera. Cette caisse
est véritablement un présent, la Compagnie souhaite
qu'elle lui puisse procurer par la voie du dit sieur Martin
les avantages que vous croirez qu'il pourra demander convenables au commerce.

TROUPES.

Nous n'avons point eu connaissance de cet état, nous avons donné ordre de retrancher la garnison et les dépenses, les soldats ont été renvoyés ici, nous avons actuellement 4 compagnies; il est revenu peu d'officiers de Mahé, il n'est pas même possible d'y en avoir moins, vous pourrez le voir par l'état qui vous en a été envoyé.

Comme suivant l'état de la dépense de Mahé adressé l'année dernière à M. Lenoir, la Compagnie a retranché une partie de la garnison, elle compte que vous aurez été en état de compléter les trois compagnies d'infanterie de Pondichéry, et de former le quatriéme conformément à ses ordres. Elle ne vous fait passer cette année que vingt soldats de recrues qu'elle estime suffisants.

La réforme faite à Mahé vous tournira le nombre d'officiers nécessaires, ainsi elle ne vous en fera pas passer cette année.

Vous pouvez faire faire l'étoffe de la couleur qu'il vous plaira, pourvu qu'elle soit bien fabriquée et légère. Il n'était pas possible de se servir du drap que vous avez envoyé, étant trop

L'habillement des troupes tel que vous l'avez reçu a été concerté du moins quant à la couleur avec M. Lenoir, le drap se trouve trop pesant et vous le souhaitez rouge, c'est à

fort, gros et trés pesant, faites attention que le pays est extrémement chaud, que les européens ont peine à supporter les habits les plus légers; il est aussi nécessaire d'envoyer des chapeaux bien fabriqués et légers.

quoi la Compagnie fera travailler l'année prochaine, soit pour faire fabriquer du drap rouge plus léger, ou quelque autre étoffe qui puisse cependant être de consistance; elle vous prévient que si le drap ou l'étoffe ne sont pas forts, difficilement l'habit pourra-t-il servir trois ans.

Lorsque vous nous enverrez de quoi habiller les troupes, nous en ferons usage, les habits de guingan dont ils se servent sont de peu de conséquence.

Elle n'enverra pas l'année prochaine de quoi habiller vos troupes, puisque vous avez habillé l'année dernière la garnison de Pondichéry et celle de Bengale, et que vous vous proposez de faire habiller cette année celle de Mahé.

Lorsque nous avons eu l'honneur de vous écrire à ce sujet, nous vous avons simplement expliqué les représentations des officiers, afin que vous fussiez informés qu'ils avaient de l'émulation et envie de mériter d'avancer. Nous ne méritons point le reproche que vous nous faites d'avoir fait des capitaines qui n'étaient qu'enseignes, il y a 6 ans que nous nous sommes conformés à la circonstance

Les officiers des troupes ont d'autant plus tort de se plaindre de l'envoi du sieur Bertrand de la Farelle pour commander une des compagnies d'infanterie à Mahé, qu'ils savent par expérience que la Compagnie n'a jamais fait de passe droits, puisqu'ils sont montés si vite aux emplois qu'ils occupent, mais le motif de la Compagnie en faissant passer le sieur de la Farelle à la tête d'une compagnie

des temps en observant de nous servir des sujets qu'il vous a plû d'envoyer, ce n'est pas notre faute s'ils n'ont pas autant de capacités que vous désirez.

à Mahé, a été la nécessité d'avoir dans cette place un homme qui eut de l'expérience dans les affaires de la guerre, et qui entendit parfaitement la discipline militaire et le service d'une place, en un mot qui eut vu la guerre. Si les officiers entretenus aux Indes voulaient se rendre justice, il y en a peu d'entre eux qui se soit trouvé dans l'occasion, et si la Compagnie de temps en temps ne prenait pas le parti de mêler dans ses troupes des officiers vraiment officiers, elle se trouverait par la suite servie par des officiers qui n'en auraient que le nom et l'habit, vous avez des capitaines qui n'étaient qu'enseignes il y a 6 ans ; quelle expérience peuvent-ils avoir, et ceux qui leur succèdent dans les lieutenances ont aussi peu d'expérience que les capitaines. Aussi sous des officiers expérimentés ils auront le temps de s'instruire et de mériter les compagnies auxquelles par la suite ils seront nommés.

Nous l'avons pensé par l'exemple de ce qui s'est passé du temps de l'ancienne Compagnie, et parceque vous n'aviez dans les commencements donné à vos officiers militaires que des commissions de vous, au surplus nous nous conformerons à ce que vous nous prescrivez.

Si vous croyez qu'il y ait de l'inconvénient à donner des brevets du roi aux officiers, parceque, dites vous, ces brevets les entretiennent dans l'idée d'être officiers du roi et non de la Compagnie, il est très aisé de les faire revenir de leur erreur en les destituant de leur emploi, et c'est ce que la Compagnie vous ordonne de faire sans exception de sujets au cas que quelqu'un sortit des subordinations qu'il vous doit. Mais les brevets du roi sont absolument nécessaires à la discipline militaire, parceque les officiers sont infiniment autorisés et plus respectés de leurs soldats ; d'ailleurs un conseil de guerre, composé d'officiers avec brevets du roi, a bien plus d'autorité pour faire exécuter les ordonnances de la guerre, la Compagnie le pense ainsi et elle continuera à donner les brevets du roi à ses officiers.

Nous ferons exécuter l'ordonnance avec rigueur, nous vous supplions seulement de faire réflexion que dans le nombre des soldats qui sont à votre service il y en a dont le temps de l'engagement que nous supposons être de 6 ans est expiré, quelques uns ont demandé leur congé, s'ils se trouvaient dans le cas de désertion, pourrions-nous en conséquence faire exécuter l'ordonnance avec rigueur? cette réflexion nous a fait peine. Ayez agréable de vous en expliquer, en même temps de nous dire pour quel temps les soldats sont engagés, et de quel jour ils commencent. Dans les signalements que nous avons reçus, les premiers ne font nulle attention du jour de l'engagement ni du temps qu'il doit durer, les

Elle est étonnée de ce que vous lui marquez que l'ordonnance du roi pour punir de mort les déserteurs est plus nécessaire à Mahé qu'à Pondichéry. La Compagnie pense au contraire qu'en ce cas on ne peut user de trop de sévérité, et qu'il est nécessaire de temps en temps de faire des exemples qui loin de causer la perte des hommes, les empêchent au contraire de se perdre, parceque pour un homme à qui vous ferez casser la tête, vous en conserverez trente qui auraient déserté sans cet exemple. Ainsi la Compagnie vous exhorte à faire exécuter avec rigueur cette ordonnance ainsi que toutes les autres de la guerre. Vous seriez portés à penser de même si vous faisiez réflexion que la discipline sévère forme

autres disent le jour des engagements sans marquer le temps qu'ils doivent durer, toutes ces circonstances sont nécessaires à savoir lorsqu'un soldat passe au conseil de guerre pour être puni du crime de désertion.

Il est vrai que nous sommes dans l'usage à cette côte de rendre aux anglais les soldats et les matelots de leur nation déserteurs à condition de grâce, et qu'ils nous rendent de même les français, cela a été établi par feu M. Martin, et observé par tous ceux qui lui ont succédé dans l'idée que cela était convenable aux deux nations ; nous le croyons encore de même, puisque c'est une des conditions du dernier traité fait entre vos employés de Mahé et ceux de la Compagnie d'Angleterre de Tellichéry, que même chose a été faite par un traité fait le 13 juillet 1728 entre le conseil de Chandernagor et le gouverneur anglais de Golgotta. Les circonstances des temps et la situation des colonies ne et entretient le bon soldat, et que par là vous avez des troupes sur lesquelles vous pouvez compter en cas de besoin ; cette sévérité sert encore à former des officiers et à les empêcher de donner de mauvais exemples. La Compagnie sait de quelle façon vous usez avec les déserteurs qui sont arrêtés à Madras, les anglais vous les renvoient, mais qu'ils ont votre parole que vous leur pardonnez, ceux là en sont quitte pour quelques jours de prison ; vous en agissez de même pour les déserteurs anglais qui viennent à Pondichéry, c'est une très mauvaise pratique que celle là, elle vient d'etre reconnue telle par une des puissances de l'Europe qui sont convenues avec la France de se rendre respectivement les déserteurs pour être punis suivant la rigueur des lois de leur pays. La Compagnie pense que vous devriez faire la même convention avec les anglais, non seulement pour la côte, mais encore pour les établissements du

permettent pas toujours d'observer avec riguenr les lois ni les ordonnances, Gange, puisqne vous savez que dans la saison où les Hollandais envoient à Patna, il ne reste souvent pas dix soldats français à la loge de la Compagnie.

Nous avons crû devoir vous informer des ordres que nous avions donnés à l'île Bourbon pour nous envoyer les soldats qui étaient à St. Paul, et du refus que le Conseil en a fait. Nous vous avons expliqué par notre lettre du 25 janvier 1728 les raisons qui nous avaient obligés de les demander et que nous croyons bonnes, nous sommes fâchés qu'elles ne vous paraissent pas de même. Vous prenez un peu trop vivement le refus que le Conseil de l'île Bourbon vous a fait de vous envoyer les soldats que vous lui demandiez, il n'y a en tout que deux compagnies de 50 hommes à l'île Bourbon, encore ne sont elles pas toujours complétes, ces troupes y sont plus nécessaires que vous ne pensez, non seulement parcequ'il convient au bien du service qu'il y ait des troupes réglées, mais encore pour contenir dans le devoir un nombre considérable de noirs qui augmente tous les jours, et contre lesquels la force est nécessaire. D'ailleurs, le Conseil était informé de la paix faite à Mahé, et des recrues que la Compagnie vous envoyait par le *Jupiter* et le *Lys*. Ainsi la Compagnie ne peut blâmer en cette occasion le Conseil de l'île Bourbon et elle est persuadée que si vous aviez voulu y faire un peu de réflexion, vous eussiez reçu les raisons qu'il vous allégue pour s'excuser de n'avoir pas exécuté vos ordres.

Nous y avons encore fait passer ceux qui sont venus depuis avec leurs femmes, Vous avez bien fait d'envoyer à l'île de France les soldats mariés avec leurs

conformément à ce que M. Fayet nous en a écrit.

femmes et leurs enfants qui ont passé par le *Lys* à Pondichéry, ils y seront plus utiles; telle aussi était l'intention de la Compagnie, mais les ordres qu'elle avait donnés n'avaient pas été exécutés.

Il s'y trouve toujours quelques-uns attaqués d'infirmités qui les mettent hors d'état de servir, qui succombent du mal caduc.

Elle se flatte que ceux qu'elle vient de donner le seront mieux pour le choix des 20 hommes de recrues qui seront embarqués sur la *Danaë*.

FORTIFICATIONS ET BÂTIMENTS.

Nous vous rendons compte par notre lettre générale de l'état où est l'enceinte de la ville, nous n'avons pu commencer à y faire travailler l'année dernière plus tôt que le 2 juillet, faute de fonds; nous ferons toute la diligence possible pour l'achever dans le cours de cette année à la même hauteur qu'elle est commencée.

La Compagnie voit avec plaisir que le travail de l'enceinte avance, et que vous l'avez fait continuer depuis le bastion de la nouvelle porte Madras jusque aux fondations du corps de garde qui doit être attenant le bastion qui sera au nord de la mer, et que l'ouvrage fait consiste en 420 toises de mur qui ont coûté 3700 pagodes.

Elle vous exhorte de presser cet ouvrage le plus qu'il vous sera possible, vous sentez aussi bien qu'elle de quelle importance il est qu'il soit fini, quand ce ne serait que pour vous mettre à l'abri des inquiétudes que vous cause le Nabab.

Nous vous avons informés par notre lettre du 30

Elle n'est pas surprise d'apprendre que les habi-

Janvier 1729 que nous avions supprimé cette taxe par délibération du 27 juillet 1728, dont les motifs sont expliqués. Vous verrez par cette délibération que chacun de nous paye à la Compagnie par l'augmentation des droits d'entrée et de sortie beaucoup plus que nous ne faisions lorsque la taxe avait lieu. Nous sommes persuadés qu'après que vous aurez pris la peine d'examiner la délibération, vous l'approuverez; il eut été impossible de percevoir cette taxe si elle eut continué, par le pitoyable état où se trouve la plus grande partie des habitants, à cause de la cherté des grains et autres denrées.

tants nés dans le pays refusent de payer la taxe qu'ils se sont imposé eux mêmes pour subvenir aux frais de cette enceinte, puisqu'ils voient que les employés se sont dispensés de payer leur quote part depuis la fin de février 1728 qu'elle a été supprimée. La Compagnie est fort étonnée que sans avoir daigné la consulter, vous ayez fait casser cette contribution, son intention est qu'elle soit rétablie à la réception de la présente, non seulement pour l'avenir, mais encore pour le passé, c'est à dire que les employés payent à la caisse de Pondichéry à compter du dernier février 1728 le montant de leur contribution. Vous verrez que celle ci ne sera pas plus tôt rétablie que les habitants nés dans le pays paieront leurs taxes sans répugnance.

Nous continuons à faire présent à sa communauté d'un peu de vin et d'eau de vie ; la proposition que nous vous avions faite d'augmenter les honoraires, n'était fondée que sur ce que nous voyons que les

Il sera bien que vous fassiez au Père Louis et à sa communauté quelques petits présents de temps à autre pour entretenir sa bonne volonté et son ardeur pour le service de la Compagnie, mais elle ne veut absolu-

vivres enchérissaient journellement. Vous dites qu'ils
ont 400 liv. chacun, que ce
sont les plus forts que la
Compagnie paye ; apparem-
ment qu'elle a oublié qu'elle a donné ordre au Conseil
de Chandernagor par sa let-

ment point entendre à l'augmentation que vous propo-
sez pour les honoraires des
aumôniers, ces messieurs
ont 400 liv. chacun par an,
ce sont les plus forts que
la Compagnie paye.

tre du 28 décembre 1726 de faire payer 100 liv. par an
aux deux aumôniers ; la colonie ni la garnison n'y sont
cependant pas si nombreuse, il s'en faut au moins
les 3/4, et les vivres y sont ordinairement à plus de moitié meilleur marché, puisque nous les tirons de là pour
notre subsistance.

Nous nous y conforme-
rons exactement.

A l'égard des bâtiments
à faire, la Compagnie s'en
rapporte à ce qu'elle vous

a marqué pour la dépense à y faire et l'économie à y
pratiquer.

Nous vous avons donné
avis par notre lettre du 30
janvier 1729 qu'il s'est embarqué sur le *Mercure* pour
passer en France, et de l'é-
tat où les fortifications et
les bâtiments étaient lors de
son départ.

M. Deidier ayant eu un
nouveau congé de 3 ans,
et sa présence n'ayant plus
été nécessaire à Mahé, sera repassé à Pondichéry où
il aura été en état de tracer
les ouvrages et fortifications
qui restent à faire, et comme la Compagnie a un be-

soin très pressant de cet ingénieur aux îles de France et
de Bourbon, elle compte lui donner ordre par le vaisseau
le *Duc de Chartres* de s'embarquer au mois de janvier
1730 sur un des vaisseaux qui fera son retour en Europe
pour passer aux dites îles y remplir ce que la Compagnie
lui marquera.

Profitez du peu de séjour qui reste à faire à M. Deidier dans les Indes pour qu'il puisse tracer et faire le devis de tous les ouvrages qui restent à faire, le Pére Louis suffira pour les mettre à leur perfection.

Si vous jugez cependant la présence de M. Deidier absolument nécessaire encore pour quelque temps, la Compagnie vous permet de l'engager à demeurer à Pondichéry jusqu'au mois d'octobre 1730.

EMPLOYÉS.

Nous vous avons écrit par notre lettre du 30 janvier 1729 la quantité de vin que M. Lenoir avait fait distribuer à vos employés, dans ce changement il avait plus envisagé vos intérêts que ceux des employés, et cela paraissait de votre part une plus grande générosité qui ne vous aurait certainement point été à charge. Puisque vous ne l'approuvez pas, la distribution du vin se fera de la maniére que vous l'avez ordonnée.

L'intention de la Compagnie est que vous ne changiez rien à ce qu'elle a réglé sur le vin qu'elle vous permet de prendre sur le pied de 20 pagodes la barrique, conformément à l'état, et vous devez être contents qu'elle vous le distribue à 100% au dessous du prix auquel elle le doit naturellement vendre. Ainsi la Compagnie entend que le vin soit toujours distribué au même prix.

Nous n'avons pas crû faire voir un esprit de désobéissance dans l'affaire du sieur de Bellegarde en nous en rapportant à ce que M. Lenoir jugerait à propos, au contraire notre intention

La Compagnie voit avec peine que l'esprit de désobéissance continue toujours à régner parmi vous, la maniére dont vous vous étes conformés à ses ordres dans l'affaire du sieur de Belle-

était de faire voir de la soumission aux ordres de la Compagnie, puisqu'elle l'avait laissé à sa décision.

garde en est une marque bien sensible. M. Lenoir, chargé des ordres de la Compagnie, examine pendant un an entier la conduite de cet employé, au bout duquel temps en étant satisfait, il propose de l'installer au Conseil, conformément aux premiers ordres que vous aviez reçus et que vous n'aviez pas voulu exécuter, et aux derniers qu'il avait de la Compagnie. M. Delorme vous montre l'exemple en déclarant que son avis est d'obéir et d'exécuter à la lettre les ordres de la Compagnie. Pour vous singulariser, ou pour mieux dire, pour continuer dans votre peu de soumission, vous vous contentez de vous en rapporter à ce qu'en jugera M. Lenoir, à la décision duquel la Compagnie a laissé l'affaire du sieur de Bellegarde. Ce n'est pas de cette façon que la Compagnie entend être obéie, elle veut que ses ordres soient ponctuellement exécutés, et ceux qui ne se sentiront pas disposés à s'y conformér, peuvent dés à présant se retirer de son service.

Ils sont arrivés, le premier occupe la place qu'il vous a plû de lui destiner, il travaille avec application et a une bonne conduite, l'autre est occupé à différents ouvrages dans les bureaux, lorsqu'il sera un peu au fait, il sera placé là où ses capacités et ses services le requéreront.

M. Lenoir ayant marqué à la Compagnie que 2 ou 3 bons teneurs de livres seraient utiles tant à Pondichéry qu'ailleurs, elle les a choisis, après les avoir fait travailler et suffisamment examinés, elle en a fait embarquer deux sur la *Danaë*. Le premier est le sieur de Choisy, elle le destine pour travailler à Pondichéry sous le sieur de la Morandière, c'est un bon sujet dont elle espère que vous serez contents. L'autre est le sieur Hausse auquel elle ne détermine point d'emploi, et que vous ferez passer là où vous croirez que ses services et sa profession seront utiles.

Le Conseil a fait à son égard tout ce que ses capacités et sa conduite ont pu mériter.

Elle vous recommande le sieur de la Haye de St. Thibaud, vous ferez pour son avancement ce que ses capacités et ses services pourront mériter.

MAZULIPATAM.

Nous nous conformerons à ce qui est ordonné par les mémoires de M. M. Godeheu et d'Hardancourt.

La Compagnie approuve le commerce que vous faites par ce comptoir, quant aux marchandises que vous en tirez et que vous avez employées à la Compagnie par ses derniers vaisseaux, elle s'en référe à ce que M. M. Godeheu et d'Hardancourt vous en écriront.

Nous n'avons pas encore pú le rétablir à cause des nouveaux troubles qui sont survenus dans tout le pays qui est en guerre.

Elle approuve aussi que vous ayez relevé le comptoir de Yanaon, et que vous le rétablirez que lorsque les Rajas auront fini les vexations qu'ils commettent, et que vous serez sûrs d'y faire le commerce tranquillement.

Nous vous avons écrit par notre lettre du 30 janvier 1729 qu'il n'y avait nulle espérance de tirer aucune chose de la dette de

Il est bien triste pour la Compagnie de perdre 1.300 pagodes que feu sieur Courton avait avancées au nommé Gourichetty, marchand

Gourichetty, et que nous le mettrions hors de prison, nous l'avons cependant gardé prisonnier jusqu'à présent, c'est une dette totalement perdue.

de Yanaon, recommandez au chef du comptoir de Mazulipatam d'employer tous ses soins pour que la Compagnie puisse recouvrer du moins quelque chose de cette dette, qu'il ait surtout attention de ne pas tomber dans le même inconvénent, et que s'il est nécessité de faire des avances, comme la Compagnie pense qu'il le faut faire, qu'il fasse en sorte de ne confier les fonds qu'à des gens solvables, ou du moins de faire des contrats où plusieurs soient engagés solidairement, ce parti assure un peu plus les fonds qu'on est obligé de confier, et si la Compagnie après cela est assez malheureuse pour perdre, elle n'aura du moins rien à reprocher sur les précautions qu'on aura prises pour la mettre à couvert.

Nous n'y penserons point.

Il ne faut absolument pas penser à l'île de Divy, c'était une idée qu'on avait proposée à la Compagnie et qu'elle vous avait communiquée pour en avoir votre sentiment.

CHANDERNAGOR.

Nous y avons remis autant de fonds qu'il a été possible par proportion à ceux que nous avons reçus, nous savons parfaitement les conséquences que ce comptoir en soit pourvu.

La Compagnie n'a autre chose à vous recommander pour ce comptoir que le soin d'y remettre le plus de fonds possible, il est inutile qu'elle répéte ici les raisons qui doivent vous porter à ne pas laisser ce comptoir en pénurie de fonds.

Le parti que nous avons pris à ce sujet n'a pas eu d'exécution, nous vous en avons écrit les raisons par notre lettre du 30 janvier 1729.

Elle approuve le parti que vous avez pris de faire régir l'aldée de Cassimbazard, et de n'y entretenir que quelques gens du pays sur le pied que cela a été réglé en 1729, du moins jusqu'à ce que vous soyez en état d'y faire un commerce assez considérable pour indemniser des dépenses.

Il parait que le nouveau Nabab est aussi favorable aux Ostendais que son prédécesseur, nous vous dirons par notre lettre générale ce que nous en avons appris.

Il serait à souhaiter que le nouveau Nabab qui aura succédé à Jafferkan ne soit pas si favorable aux Ostendais que son prédécesseur. Vous aurez soin de faire part à la Compagnie de ce que les Ostendais feront à présent aux Indes, ne leur étant pas permis d'ici à sept ans d'y envoyer aucun vaisseau.

Le Conseil nous donne avis de ce qui vient à sa connaissance, nous ne voyons aucune liaison de commerce entre les Ostendais et les Danois, les derniers sont à l'ordinaire à Trinquebar où ils font peu de commerce, ils continuent annuellement celui d'Achem.

Recommandez aussi au Conseil de Bengale de vous informer réguliérement du commerce que les Danois pourront faire à l'avenir dans le Gange, il parait que le roi de Danemark a voulu faire de nouveaux mouvements en faveur de sa Compagnie des Indes. Vous ferez part à la Compagnie de ce qui viendra à votre connaissance de ce qui pourrait se passer à Trinquebar, comme aussi si vous ne pourriez pas découvrir quelques liaisons de commerce entre les Danois et les Ostendois soit dans le Gange ou à la côte.

MAHÉ.

Nous ignorons les derniers ordres que vous avez donnés à M. Lenoir, nous avons sur sa représentation fait cesser tous les travaux et diminué les dépenses autant qu'il a été possible, nous vous en avons donné avis par notre lettre du 30 janvier 1729, et de la crainte que nous avions que la cessation des travaux ne vous fut trés préjudiciable par les raisons que nous vous en avons écrit. Nous donnons tous nos soins pour vous procurer le poivre à meilleur prix, nous vous prions de faire attention à la situation oú nous étions lorsque nous avons fait acheter celui que vous avez reçu, et les moyens dont nous avons été obligés de nous servir.

La Compagnie se référe aux derniers ordres qu'elle a donnés à M. Lenoir pour l'entretien et la dépense de cet établissement, elle vous exhorte seulement à employer tous vos soins pour lui procurer le poivre à meilleur marché que celui qu'elle vient de recevoir.

Nous vous avons rendu compte par notre lettre du 30 janvier 1729 de la négociation de M. M. Delorme et Deidier avec les Anglais, et du traité qu'ils ont fait en conséquence, dont copie a été jointe à la lettre, nous espérons que vous en serez satisfaits.

Elle approuve que vous soyez entrés en négociation avec les Anglais au sujet des terres de Coyonnaire, vous avez bien fait d'accepter les conférences que le Gouverneur de Bombay a proposées à ce sujet et de nommer pour y assister deux personnes d'entre les sieurs Delorme, Deidier et Trémisot. La voie de la conciliation est souvent la meilleure, et

peut-être si dans les commencements vous eussiez pris le
même parti avec les Anglais pour l'affaire de Mahé, vous
eussiez pu terminer à l'amiable, et épargner á la Compagnie des sommes considérables qui y ont été dépensées.

Comme l'objet qui inquiéte le plus les Anglais est le
fort que la Compagnie a sur les terres de Coyonnaire,
elle ne doute pas que ceux qui auront été chargés de la
négociation, n'aient apporté bien de prudence et d'adresse
pour le conserver absolument à la Compagnie, car suivant ce qu'elle en peut juger par les plans, il serait impossible dans la suite de garder Mahé, parceque ce fort se
trouverait commandé par l'autre.

Une autre attention que les députés auraient dû avoir,
c'est de ne pas permettre que les Anglais puissent couper
la navigation de la riviére par où les poivres doivent des-
cendre; il vaudrait mieux que les Anglais pussent s'étendre
du côté de la mer, que de leur rien permettre sur la
riviére de Mahé.

Il était nécessaire, les colonies naissantes sont sujettes à des discussions qui ne sauraient se terminer que par des jugements.

La Compagnie approuve l'entretien d'un Conseil provincial à Mahé que le Conseil supérieur a fait en conséquence de l'édit de celui ci à Pondichéry par les lettres patentes du Roi du mois de février 1701. Elle espère que l'établissement de ce Conseil maintiendra la colonie en tranquillité, c'est par les lois autant que par les armes qu'on se fait respecter.

S'URATE.

Nous ne croyons pas que vous deviez relever ce comptoir, il convient d'y laisser

La Compagnie approuve que vous ayiez réduit á 225 Rs. 25 as. par mois les

une personne jusqu'à ce que l'affaire de vos créanciers soit terminée, ou que vous soyez résolus de renoncer au commerce de Surate. En y laissant résider une personne de votre part, elle conserve vos priviléges et votre jardin qui seront nécessaires si vous vous y rétablissez par la suite, et qui vous coûteraient beaucoup d'argent et de soins pour en obtenir d'autres.

dépenses du comptoir de Surate, elle serait assez du sentiment de le relever en entier si elle ne craignait de se priver de la facilité de l'y rétablir dans la suite, lorsqu'elle le jugera à propos. Elle vous prie de lui en marquer votre sentiment exprimant avec soin les raisons pour et contre.

Il est bien que vous ayez donné ordre au sieur de Flacourt de retirer les marchandises que le sieur Grangremont avait engagées à Surate, tant pour les 1.000 Rs. données au Gouverneur pour la permission de la sortie de la ville par lui accordée au dit sieur Grangremont, que pour les dépenses de celui-ci, dont vous avez arrêté l'état.

Nous vous avons écrit par notre lettre du 30 janvier 1729 la destination que nous avions faite du tout.

Vous garderez le bot et les meubles que vous doit faire passer le sieur Flacourt, et vous enverrez à la Compagnie les 28 balles de marchandises qui restent, au cas qu'elles soient de nature à être consommées en Europe.

Nous sommes bien mortifiés que le triste état auquel sont réduits M. et Me. Grangemont ne touche point la Compagnie.

La Compagnie ne peut encore rien vous mander sur le sort du sieur Grangemont, ce sera par le *Duc de Chartres* que vous recevrez des ordres à son sujet, vous auriez encore mieux fait de ne lui rien payer du tout que de le faire sous caution, et son sort quel qu'il puisse être ne touche point du tout la Compagnie.

L'affaire est finie, nous vous en avons donné avis par notre lettre du 30 janvier 1729, en vous envoyant copie des deux comptes qui ont été faits à ce sujet.

La Compagnie voit par votre délibération du 25 octobre 1727 que vous avez jugé à propos d'accorder à la dame veuve Pilavoine une subsistance de 30 pagodes par mois au lieu de 15 qui étaient ci-devant réglés, elle se référe à cet égard à ce qu'elle a écrit à M. Lenoir pour terminer cette affaire le plus tôt qu'il sera possible.

ILES DE BOURBON ET DE FRANCE.

Il est heureux pour le Conseil de cette île que vous approuviez toutes ses opérations, mais nous ne saurions nous empêcher de vous représenter que nous n'avons point tort dans la conduite qui a été tenue ici à l'égard des sieurs Marion et Faillet pendant le séjour qu'ils y ont fait. Aussitôt qu'ils furent débarqués, M. Lenoir les a fait consigner dans le fort où il leur donna à chacun une petite chambre pour loger, quelques jours après ils présentérent une requéte au Conseil pour demander justice.

Le Conseil de l'île de Bourbon n'a point eu tort de vous adresser les sieurs Marion et Faillet pour les garder jusqu'à ce que vous pussiez les faire repasser en France; il n'y a point de prisons sûres dans l'île, le Conseil se fut contenté de les garder aux arrêts. Il aurait eu à craindre que ces deux hommes dont le génie s'était manifesté aussi mauvais, n'eussent séduit quelques soldats pour les mettre en liberté, ce qui eut causé irrévocablement de trés grands desordres. Vous avez eu vous-mémes trés

Ne voulant pas prendre connaissance de leur affaire qui n'était pas de notre compétence, nous leur fîmes dire de demeurer en repos jusqu'à ce qu'ils fussent arrivés en France où ils passeraient sur les premiers vaisseaux qui partiraient; ils sont demeurés en cet état jusqu'au mois de décembre. Etant encore incommodés du scorbut dont ils avaient été malades sur le vaisseau, ils demandèrent la permission de se promener dans la colonie, elle leur fut refusée. Les officiers de la garnison offrirent de leur servir de caution pour les faire sortir quelquefois et les ramener le soir dans le fort; à cette condition la permission leur fut accordée. Ils ne sont donc sortis

grand tort de leur avoir donné la liberté, il fallait à leur débarquement du *Solide* les faire mettre en prison dans le fort et les y garder sûrement jusqu'au moment de les faire embarquer sur deux différents vaisseaux, en les y consignant avec défense de les laisser mettre pied à terre à l'île de Bourbon ou à celle de France, si les vaisseaux sur lesquels ils passaient, devaient y relâcher. Il ne faut pas que la petite discussion que vous avez avec le Conseil de l'île de Bourbon sur le fait de la subordination, vous empêche de vous conformer à ce qu'il souhaite de vous avec justice, et lorsque cela convient au bien du service.

ni l'un ni l'autre que lorsqu'un des officiers s'en était chargé; il ne leur était pas permis de porter d'épée. Voilà toute la rigueur qu'on peut exercer avec des officiers qui n'étaient accusés d'aucun crime, et qui étaient embarqués sur un vaisseau pour être seulement renvoyés en France sans y être constitués prisonniers. A quel titre et sous quel prétexte vouliez-vous que nous fissions emprisonner ces officiers? Ils auraient été en droit d'avoir des dommages et intérêts contre nous, si nous les avions mis en prison sans aucun juste sujet, personne ne nous ayant porté plainte contre eux. Quinze jours avant le départ des vaisseaux M. Masile pria M. Lenoir de permettre au sieur Faillet de sortir sans être obligé d'avoir un officier pour caution de sa personne, il la refusa, enfin il la demanda une seconde fois avec tant d'insistance, et donna sa parole d'honneur *de répondre d'honneur* de cet officier; la permission lui fut accordée, il sortit et profita de ce temps pour passer chez les Anglais. M. Masile en a été trés chagrin, M. Lenoir ni aucun de nous, ne lui en avons fait des reproches, au contraire nous avons contribué autant qu'il nous a été possible à le consoler, étant trés sensible de s'être engagé pour un officier qui l'avait trompé. Le sieur Marion a été embarqué. Si vous voulez bien faire réflexion sur ce qui s'est passé à cet égard, vous verrez que nous n'avons aucun tort dans cette occasion; au surplus, nous nous justifions sur une affaire dont vous nous accusez mal à propos. Toute la conduite qui a été tenue à ce sujet regarde M. Lenoir, qui a fait consigner ces officiers et qui a accordé les permissions.

Le manque de fonds nous a empéchés d'exécuter en entier les ordres de la Compagnie. Nous avons envoyé des marchandises plutôt que des vivres pour dêux raisons: la première, M. Lenoir nous représenta que lorsqu'il a passé à l'ile de Bourbon, elle n'en était point dépourvue, et que les employés et les habitants lui avaient demandé avec grand empressement des marchandises et point de Il est vrai qu'il était nécessaire de faire passer à l'ile de Bourbon les marchandises des Indes que les habitants ont si souvent demandées, mais il était encore plus important d'exécuter en entier les ordres de la Compagnie par l'envoi d'un bâtiment à cette ile, chargé de vivres et des mêmes marchandises que vous y avez adressées, et si les fonds vous manquaient pour cette expédition, il fallait

vivres.

Par la lettre que le Conseil nous a écrite le 24 août 1727, il nous a envoyé un mémoire des marchandises qu'il nous demande, dont copie est ci-jointe, qui se montent à une somme bien plus considérable que les 12.418 pagodes que nous y avons envoyées. Il nous dit par un des articles de la même lettre, dont l'extrait est ci-joint, ce qui suit :

"il ne nous reste plus en "magasin aucun effet ni "marchandises, l'habitant à "qui il est déja dû beau-"coup, ne fournit point son "café. Le *Solide* nous a "apporté 10.000 piastres, "des vivres et boissons pour "l'ile de France et pour ici, "mais aucun effet de com-"merce, ainsi nous espé-"rons que vous voudrez "bien y faire attention, et "nous envoyer de quoi sa-"tisfaire aux besoins les plus "pressants, et faire connai-"tre aux habitants qu'on "ne les laisse pas manquer "de tout, soit de France, "soit des Indes; ils comp-"tent beaucoup sur les pro-

retrancher la moitié des marchandises, et avec les fonds de ce que l'autre moitié a coûté, armer un petit bâtiment avec la cargaison telle que la Compagnie vous l'avait prescrite. Cela était d'autant plus nécessaire que la Compagnie a appris par les lettres du mois de mars dernier qu'elle a reçues de l'ile de Bourbon, qu'on y était fort en peine de l'*Alcyon*, seul bâtiment qui restait au service de l'ile, dont on n'avait aucune nouvelle depuis 8 mois qu'il était parti pour Madagascar y traiter du riz et y faire des salaisons, que s'il était arrivé accident à ce batiment, les deux iles se trouveraient réduites à une très grande extrêmité. Si ce bâtiment a péri ou s'il a été pris, la famine se sera faite dans ces iles, et la Compagnie ne pourra s'en prendre qu'à vous; quand elle l'eut prévu, elle n'eut pu donner des ordres plus prudents et plus à temps. Il ne vous a pas plû de les exécuter ; que voulez vous que la Compagnie fasse de mieux que de

"messes que leur a faites
" M. Lenoir."

Il était donc question
d'envoyer des marchandises
et non pas des vivres. Le
Conseil nous dit que ces
habitants comptent beau-
coup sur les promesses que
leur a faites M. Lenoir,
nous avons crû devoir les
exécuter en envoyant une
partie de marchandises de
préférence à des vivres que
le Conseil disait être pourvu

prévoir et ordonner ? Elle
compte que vous aurez ré-
paré cette faute cette année,
et que vous aurez fait passer
un bâtiment à l'île de Bourbon avec la cargaison telle
qu'elle vous l'avez marquée
par le vaisseau le *Jupiter*, et
que vous continuerez an-
nuellement l'envoi d'un pareil bâtiment, jusqu'à ce
que ces îles puissent se soutenir par elles mêmes.

alors. Nous vous supplions d'examiner à fond la situation dans laquelle nous nous sommes trouvés depuis le
mois d'août 1726 jusqu'à l'arrivée de vos derniers vaisseaux, vous connaitrez facilement que nous avons contribué à secourir les îles de France et de Bourbon autant et
même plus que nous n'aurions dû par les circonstances
des temps. Devons nous être garants des événements?
Est-ce de notre faute si la Compagnie n'est pas en état
d'exécuter ses projets, et si elle ne nous envoie pas les
fonds suffisants pour pourvoir à tout ce qui serait nécessaire ? Elle nous condamne cependant faute d'avoir fait
assez de réflexion sur notre situation ; nous espérons de
sa justice qu'elle changera de sentiments, et qu'elle conviendra que nous ne méritons aucun reproche à cet égard.

Nous n'avons expédié au
mois d'octobre dernier que
un bâtiment d'environ 100
tonneaux qui doit rester à
la disposition de l'ile de
Bourbon, ainsi que vous

Vous aurez attention que
ce bâtiment parte de Ben-
gale en saison d'aller à l'ile
Bourbon, et de revenir pren-
-dre des poivres à Mahé
pour les rapporter à Pondi-

l'ordonnez par votre lettre   chéry.
du 30 septembre 1728 écrite
à M. Lenoir qui nous l'a communiquée. Pour qu'un
batiment que nous enverrions à l'ile de Bourbon passât à
Mahé pour en rapporter des poivres, il faudrait avoir des
fonds d'avance pour les acheter; nous n'avons point encore été en état de faire de pareilles avances.

Si la Compagnie avait pris la peine de lire en entier le treiziéme article de notre réponse à sa lettre du 26 septembre 1726, elle aurait vu que nous ne lui parlons que des jarres de beurre, d'huile, et des 500 sacs de blé qu'il faudrait envoyer de France plutôt que de les tirer de Bengale, et que nous y disons que nous enverrons toutes les autres provisions. Nous avons donc entendu dire que nous enverrons du riz de l'Inde, et non pas qu'il fut besoin d'envoyer de France où nous savons qu'il est infiniment plus cher que dans l'Inde. Nous pensons encore qu'il vous serait plus avantageux d'envoyer de France des farines, du beurre, et même de l'huile que de les tirer de Bengale. Le blé n'est pas de bonne garde,

La Compagnie ne pense point comme vous qu'elle aurait meilleur compte de faire passer de France aux iles de Bourbon et de France les munitions de bouche qui y sont nécessaires, que de les tirer de Bengale, où elle est obligée d'envoyer de l'argent pour les y acheter. Primo à l'égard du blé, sans s'attacher au prix qui est inférieur à Bengale, elle ne peut l'envoyer en grains, il faudrait que ce soit en farine, et par conséquent en quarts, ce qui en augmente le prix. Secondo, à l'égard du riz, la Compagnie peut-elle en envoyer qui ne lui revienne beaucoup plus cher qu'à Bengale où il ne vaut ordinairement que 2 Rs. au plus les 150 livres? Encore faudrait-il le mettre en barrique pour le conserver et peut-être qu'il arriverait ap-

il se gâte et rend peu de farine lorsqu'il est gardé un an; le beurre sera mauvais en arrivant aux îles, celui de France s'y conserverait un an. Nous avons crû devoir vous faire ces représentations, nous nous conformerons cependant à ce que vous nous ordonnez, et vous rendrons compte par notre lettre générale de tout ce que nous aurons fait pour fournir les secours néccéssaires à ces îles.

rés une traversée de quatre mois et demi à cinq mois, hors d'état d'être consommé, les barriques et quarts chargés sur les vaisseaux les empêcheraient d'ailleurs d'emporter tout ce qui est destiné pour les différents comptoirs des Indes, et la Compagnie voit avec peine que souvent sans cette augmentation de cargaison, ses vaisseaux laissent bien des effets dans le port, indépendamment des passagers que la Compagnie y envoie et

enverra chaque année pour peupler l'île de France. Enfin, tout bien considéré, la Compagnie s'en tient à ce qu'elle vous a marqué.

Nous entretenons une bonne correspondance avec le Conseil de l'ile Bourbon; puisque vous êtes satisfaits de ses opérations, nous n'avons aucun sujet de plaintes, nous vous supplions seulement de nous faire la justice de croire que nous contribuons à l'établissement des deux îles autant qu'il nous est possible.

La Compagnie vous recommande essentiellement une étroite correspondance avec le Conseil de l'île de Bourbon, et d'oublier tous les sujets de plaintes que vous croyez avoir contre lui, et de ne songer uniquement qu'à concourir à l'établissement solide des deux îles que la Compagnie a si fort à cœur, et pour lequel elle fait encore de fortes dépenses.

Elle doit en recevoir cette année le chargement en entier du vaisseau la *Syréne*. Nous souhaitons que le batiment qu'elle a envoyé en Guinée y ait pris quantité de noirs, et qu'ils soient bien arrivés aux iles. Nous continuerons d'y envoyer tout ce que le Conseil nous demande pour la consommation des habitants à proportion des fonds que vous nous remettrez.

Elle a reçu cette année 120 milliers de café de l'île de Bourbon, elle a lieu d'en attendre sous peu des cargaisons entières. Elle fait passer à celle de France de nouveaux colons. Elle vient d'expédier en Guinée un batiment pour porter 400 noirs de cette côte à ces iles, elle compte continuer ce commerce pendant quelques années, contribuez donc en tout ce que vous pouvez à faire fleurir ces établisssements, continuez d'y envoyer chaque année les marchandises que le Conseil vous demandera pour la consommation des habitants. Il convient mieux certainement que la Compagnie les y porte que les interlopes, on y a encore saisi un de ceux-ci venu de Madras, peut être qu'à force de voir leurs biens perdus, les interlopes quitteront ce commerce.

Nous avons eu tort de ne vous avoir pas écrit que nous les avions fait embarquer en janvier 1728 sur le *Jupiter*.

Vous marquez à la Compagnie par votre lettre du 8 octobre 1727 que vous n'avez pu faire embarquer sur le *Lys* pour l'ile de Bourbon les cafés qui vous ont été envoyés de Moka, mais que vous le ferez par les vaisseaux qui partiront en janvier suivant, par vos lettres de ce mois vous n'en marquez rien à la Compagnie, elle vous recommande de le faire au cas que vous n'ayiez pu l'exécuter comme vous vous l'etiez proposé.

LIVRES.

Nous avons reçu la note des erreurs, nous l'avons remise au teneur des livres qui les a relevées, ci-joint en est la note.

La Compagnie a reçu les livres de votre comptoir cotés F commencés au premier juillet 1726, et soldés au 30 juin 1727, il s'y est trouvé quelques erreurs dont vous avez ci-joint la note, et que vous aurez soin de faire relever.

Nous avons eu tort de payer une somme de 90 pagodes à l'acquit de la succession du sieur Bain depuis que le compte en a été soldé par la Compagnie. Il est vrai que ce serait l'exposer à des embarras de recourir à des héritiers dont elle pourrait avoir peine à se faire rembourser, et par conséquent lui faire courir des risques. Nous ne ferons aucun paiement après que les comptes des successions auront été soldés par la Compagnie, nous en sentons les conséquences.

Elle remarque que quoique le compte de la succession du sieur Bain fut soldé par la Compagnie, vous n'avez pas laissé de payer une somme de 90 pagodes à différents particuliers, en l'acquittant de la dite succession. La Compagnie vous prévient à cet égard que dés le moment que le compte d'une successsion est une fois soldé par la Compagnie, vous vous ne devez point passer aucune partie au débit du dit compte, parceque lorsque la Compagnie a reçu vos livres soldés, elle paye sur le champ les héritiers ou créanciers des successions. Faites y attention, parceque, autrement vous la jetez dans l'embarras d'avoir recours à des héritiers ou créanciers quelquefois insolvables.

Lorsque le sieur de la Haye fut destitué de son

Elle a remarqué encore que vous la débitez d'une

emploi, en rendant compte il fit pour solde de ce qu'il devait à Arombaté votre écrivain, un billet de 48 P. 10 F. 58 C. Quoiqu'il l'ait remis à M. Dumas pour s'en faire payer, cette somme était toujours restée en souffrance dans les comptes qu'Arombaté a rendus des dépenses qu'il a faites, prétendant que c'était à la Compagnie à lui faire raison de cette somme qui faisait le solde des comptes qu'il aurait eus pour ses affaires avec son garde ma-

somme de 48 P. 10 F. 58 C. pour le montant d'un billet consenti par le sieur de la Haye en faveur du nommé Arombaté, et qui a été remis à M. Dumas. Elle n'a que faire d'entrer dans les affaires des particuliers, et pour cet effet elle n'a pas passé cet article de conformité, aussi son intention est que vous fassiez rembourser la dite somme de 48 P. 10 F. 58 C. par le dit Arombaté, sauf son recours contre qui il appartiendra.

gasin dont elle doit être responsable. Ses raisons furent examinées en Conseil qui décida que vous deviez tenir compte de cette somme à votre écrivain qui n'avait d'affaires avec votre garde magasin que par rapport aux vôtres. Il est vrai qu'il a eu tort de remettre le billet du sieur de la Haye à M. Dumas pour s'en faire payer, puisqu'il en passait le montant en reprise dans les comptes qu'il rendait au caissier. Nous croyons que vous ne devez pas faire de difficultés de passer cette somme, puisqu'elle ne procéde point d'affaires particulières qui concernassent Arombaté.

Il est ordinaire que les blés de Surate et de Goa soient plus chers que ceux de Bengale, ils rendent communément moitié plus de farine qui fait le pain beau-

La Compagnie a besoin d'un éclaircissement au sujet des différents prix auxquels il parait par les livres que vous aurez acheté les blés. Ceux de Surate cou-

coup plus blanc et bien meilleur, la garce des uns et des autres est la même de 600 marcals, nous estimons que 100 mans de Bengale de 75 liv. chacun font une garce qui doit peser 7500 liv.; nous estimons les marcal 12½ liv., il se trouve toujours quelque différence dans la mesure au poids, suivant que le grain est plus ou moins nourri et séché. Il y a eu l'année dernière disette de blé à cette côte, celui de Bengale a été vendu 75 à 80 Pagodes la garce tent 120 Pagodes la garce, ceux de Goa 80 P. aussi la garce, et ceux de Bengale 45 P. la garce. D'où peut provenir une si grande différence de prix, et si c'est différence de mesure, vous deviez en faire mention. Il est nécessaire, ainsi qu'il vous a été mandé plusieurs fois, que la Companie soit exactement instruite des poids et mesures dont on se sert dans les différents pays où elle fait son commerce.

de 600 marcals, celui de Surate 150 jusqu'à 170 P. Voilà la raison d'où provient la grande différence que vous trouvez sur le prix des blés de Surate, de Goa, et ceux de Bengale.

DU 6 OCTOBRE 1728

Nous avons répondu par un des articles précédents au sujet des deux premiers; à l'égard du sieur Barthélemy, nous le placerons là où le service le demandera, il est de bonne conduite et travaille bien; nous lui ferons la retenue des 100 liv qui lui ont été avancées. M. Lenoir ayant mandé à la Compagnie que 2 ou 3 bons teneurs de livres pourraient être utiles dans quelques comptoirs des Indes, elle vous a marqué ci-dessus qu'elle vous faisait passer pour cet effet les sieurs de Choisy et de Hausse, elle en fait encore partir un 3ème qui est le sieur Barthélemy, lequel a été suffisamment examiné. Vous le placerez où vous jugerez que ses services pourront être plus nécessaires, elle vous prévient qu'elle lui a fait avancer une somme de 100 liv. que vous aurez soin de lui retenir sur ses appointement.

Nous sommes très affligés de ce que vous désapprouvez le paiement à M. de Grangremont, nous avons été émus de compassion de sa situation, c'est le motif qui nous a engagés à vous importuner par toutes les représentations que nous vous avons faites à son sujet Nous ne lui fournirons rien puisque vous nous l'ordonnez, étant hors d'état et Madame son épouse, de passer en France à cause de leurs infirmités. Nous leur fournissons à nos dépens 32 pagodes par mois pour les faire subsister et nous éviter le chagrin et la confusion de les voir mendier leur vie.

Elle a aussi décidé en ce qui concerne le sieur de Grangremont, elle désapprouve ce que vous avez fait contre ses ordres en lui faisant payer le solde de ses appointements, elle veut cependant se porter à l'indulgence pour cette fois seulement et vous allouer la somme dont il est question, sans qu'à l'avenir en pareil cas vous puissiez espérer une pareille grâce. Mais la Compagnie se réserve d'exercer si bon lui semble ses droits contre la caution donnée par le dit sieur de Grangremont, et son intention est que vous ne lui permissiez et à sa femme précisément que ce qui leur faut pour repasser en France sur les premiers vaisseaux.

Nous sommes, etc. Signé: Lenoir, Delorme, Legou, Dupleix, Vincens, Dulaurens et Signard.

Nous sommes, etc. Les directeurs de la Compagnie des Indes. signé: Despremenil. Deshayes, Castanier, le Cordier, Dupleix, Morin P. Saintard et Fromaget.

Au Fort Louis, à Pondichéry, le 21 Janvier 1730.

MESSIEURS LES DIRECTEURS GÉNÉRAUX
de la Compagnie des Indes.

Par les vaisseaux la *Danaë* et *l'Alcyon*.

Messieurs,

Nous avons eu l'honneur de vous écrire les 30 septembre et 7 octobre derniers par le *Royal Philippe*, commandé par M. Baudran de la Métrie, qui partit le 7 octobre chargé de bois rouge, salpètre, cauris; de 431.000 livres de café et de 350 balles de différentes marchandises, le tout montant suivant la facture à 81.157. P. 5 F. 48 C. Ci joint est le duplicata de notre lettre avec les réponses et apostilles à la votre du 30 septembre 1728; nous répondons par une lettre particulière à celle de M. M. Godeheu et d'Hardancourt du 19 octobre 1728, nous nous conformerons à ce qu'ils nous prescrivent par les mémoires d'observations qu'ils nous ont remis, celui qui concerne le comptoir de Bengale y a été envoyé, nous en avons gardé ici copie.

COMMERCE D'EUROPE.

Nous vous avons représenté, Messieurs, par notre lettre du 30 janvier 1729 les difficultés que les marchands ont eues en 1728 pour faire fabriquer et blanchir les marchandises qu'ils s'étaient engagés de nous fournir, et que nous accorderions une indemnité de 300 Pagodes aux blanchisseurs en réglant leurs comptes, ne voulant pas augmenter le prix du blanchissage à cause des consé-

quences; nous avons réglé leurs comptes, ils se sont trouvés redevables aux marchands de 563 P. 3 F. 14 C. pour la
fourniture du riz qui leur a été faite de notre ordre, tant
pour leur subsistance pendant le temps qu'ils ont fait le
service, que pour le *cange* des toiles; nous avons, en
conséquence de la délibération du 25 fevrier 1729, payé
cette somme aux marchands à la décharge des blanchisseurs, auxquels nous l'avons accordée pour indemnité
en place des 300 Pagodes que nous avions écrit que nous
leur accorderions, ils ne l'ont pas trouvée suffisante par
proportion à la cherté du riz et à la difficulté d'avoir de
l'eau des puits à cause de la grande sécheresse. Nous
avons eu de la peine à résister à leurs raisons; les marchands de leur part les ont secourus, au moyen de quoi
vous en avez été quittes à meilleur marché que si nous
avions augmenté le prix du blanchissage. Nous ne savons
pas encore de quelle façon nous pourrons nous accommoder pour le blanchissage de l'année dernière; la sécheresse ayant continué, les denrées ont augmenté de prix,
et les difficultés pour avoir de l'eau ont été plus grandes.
Nous avons fait de notre part tout ce qui a été possible
pour leur faciliter les moyens en faisant creuser et nettoyer plusieurs fois les étangs et les puits; nous avons été
forcés de faire un nouvel étang, une chauderie et quelques puits dans un fond près des limites du côté de
l'ancienne porte de Madras qui ont beaucoup servi, l'eau
s'y étant conservée assez bonne. Prévoyant la difficulté
d'avoir des marchandises à cause de la grande cherté des
vivres et des cotons qui ont augmenté de prix jusqu'à 22
et 24 Pagodes le bard, nous avons en conséquence, et pour
les raisons portées par la délibération du 1er mars 1729,
fait un contrat avec la compagnie des anciens marchands
pour nous fournir la quantité d'environ 1.400 balles de
marchandises, qui devaient monter à près de 15.000 Pagodes, des qualités qui nous sont ordonnées par vos

mémoires. Vous verrez par la même délibération que nous avons fait un emprunt de 8.000 Pagodes pour servir à faire partie des avances, les marchands ont fait tout ce qui é'ait nécessaire pour exécuter leurs promesses jusqu'au mois d'octobre qu'ils se sont ralentis, n'ayant pû leur fournir alors la totalité des fonds qu'il aurait été nécessaire, à cause du retardement du *Duc de Chartres* que nous espérions être arrivé, de sorte que les marchands n'ont fourni qu'environ 1160 balles qui serviront avec les autres différents effets qui sont en magasin, et ceux que nous avons reçus de Bengale, à former les cargaisons des vaisseaux que nous nous proposons de vous envoyer. Nous espérons que malgré la difficulté des temps, vous serez satisfaits des marchandises qui sont bonnes dans leurs qualités. Les marchands n'ont cessé de représenter dans tout le cours de l'année qu'ils étaient fort embarrassés par la cherté des vivres, que les tisserands devenaient journellement insolvables et qu'ils étaient exposés à faire des pertes qui seraient considérables à la fin de leurs comptes, joint à la difficulté de trouver des cotons qui se faisaient de jour en jour plus rares; nous les avons consolés autant que possible par l'espoir d'un temps plus heureux dans la suite, et que nous contribuerions dans toutes les occasions à chercher des moyens pour les aider à réparer les pertes que les temps de disette leur avait causées. Nous sommes effectivement portés de bonne volonté à leur faire service lorsque nous en aurons l'occasion, parceque nous sommes convaincus qu'ils ont eu beaucoup de peines et d'inquiétudes pour nous fournir la quantité des marchandises que nous avons reçues d'eux. Vous en trouverez dans le nombre quelques unes qui ne sont pas tout à fait si bien blanchies ni apprêtées que les autres, il faut s'en prendre aux temps fâcheux, les peines ni les soins de tous ceux qui pouvaient contribuer à ce qu'elles fussent mieux blanchies et apprêtées, n'ont point été épar-

gnés. Par ce que nous avons eu l'honneur de vous rapporter, nous croyons devoir vous représenter que nous
trouverons de grandes difficultés lorsqu'il s'agira de faire
un nouveau contrat; nous attendons le mois de mars pour
le proposer afin d'avoir le temps de vous informer quelle
sera l'espérance que l'on aura de la récolte des cotons, si
elle sera favorable ou désavantageuse, et du prix des denrées, afin de nous déterminer en connaissance de cause.
Quelque parti que nous prenions, vous devez être persuadés que nous ménagerons vos intérêts avec plus d'attention
que les nôtres; vous connaitrez par la conduite que nous
tiendrons que nous avons autant de zèle et d'affection
pour votre service que vous le pouvez désirer.

Nous n'avons pû vendre l'année dernière le corail à
cause de la grande famine qui dure depuis 2 ans à cette
côte. La plus grande partie de ceux qui avaient des joyaux ont été forcés de s'en défaire pour vivre, les corailleurs nous en ont offert un prix trop modique; il convient
mieux de le laisser en magasin que de le donner à vil
prix, nous chercherons les moyens d'en procurer la vente
dans le cours de cette année, nous en avons envoyé à
Bengale 20 caisses de la seconde sorte par *l'Alcyon*, qui
ont été vendues à 12 Rs. la *serre.*

Vous verrez, messieurs, par les délibérations des 8 juilet et 5 septembre derniers, les différents prix auxquels
l'argent apporté par la *Danaë* et le *Royal Philippe* a été
vendu, et qui n'ont pas été moins de 7 Pagodes 4 F. la
serre.

Ci-joint est le mémoire des différents effets d'Europe
dont nous avons besoin, ayez agréable d'ordonner qu'ils
soient envoyés.

Nous vous envoyons 8 balles de mouchoirs de Paliacate des qualités et des montres que vous avez reçues
l'année dernière, nous en avons ordonné la même quantité pour le mois d'octobre prochain. Nous croyons que

la qualité de ces mouchoirs plaira, mais que le prix pourra en dégoûter. Nous avons fait faire ceux que vous demandez de Trinquebar, ils sont de bonne qualité ; vous en recevrez aussi de Mazulipatam des sortes ordinaires, des sasergantis et quelques balles de nouvaux dessins assez bigarrés, nous vous souhaitons qu'ils se vendent avantageüsement. Nous avons acheté ici en conséquence de la délibération du 27 juillet dernier pour 940 Pagodes de mouchoirs sasergantis de 9/16 et de 2/3 que vous recevrez avec les autres.

Nous avons fait faire des tarlatanes sur l'échantillon que vous avez envoyé, la qualité en est bonne, le fil fort beau, mais elles sont plus blanches que l'échantillon.

Les soutes du *Royal Philippe* n'étant pas bien conditionnées, le biscuit s'y est gâté, nous avons été obligés d'en fournir d'autre pour le retour; nous étions alors mal en provisions de blé, parceque celui que nous avions demandé à Surate, tant pour votre compte que pour nos provisions, n'est point arrivé, des vaisseaux sur lesquels il a été embarqué, l'un a péri, et les autres ont manqué le voyage; cela à causé une disette dans la colonie, qui a augmenté par la nécessité indispensable où nous étions de fournir le pain nécessaire à l'équipage du *Royal Philippe*. Les officiers nous ont assuré que les soutes ont été faites de bois vert et humide, ce qui a causé la perte du pain. Ayez agréable de donner les ordres nécessaires pour que les vivres de vos équipages puissent se conserver, autrement nous serons obligés de vous constituer dans des dépenses que nous ne pouvons éviter pour remplacer ce qui manque. Dans les instructions que nous avons données à M. Baudran, il est dit, conformément à ce qui est porté dans celles que vous lui avez données, d'aller au port du sud-est de l'île de France, il a fait difficulté de les prendre, il souhaitait que nous l'envoyassions au port du N. O ; nous lui avons dit que nous ne pouvions rien changer à ce que vous ordonniez à cet égard, il a pris ces instructions et nous a assuré qu'il n'irait point au port du S. E, qu'il en serait quitte de faire un procés-verbal, disant qu'il ne voulait pas s'exposer à perdre le vaisseau. Si les capitaines des vaisséaux, qui partiront d'ici au mois d'octobre, font des difficultés d'aller au port du S. E, il ne faut point les y envoyer ; ceux qui partiront au mois de janvier, ne doivent pas y entrer, la saison alors ne leur permet pas de risquer à retarder 10 ou 12 jours de plus sans courir les risques d'avoir du mauvais temps au Cap de Bonne-Espérance, et de se trouver peut-être dans l'impossibilité de le doubler, et par conséquent obligés de retourner hiverner à l'île de France ou de Bourbon, ce qui causerait du retard et beaucoup de dépenses.

Les percales d'environ 2 *cobes* ou 5/16 par chemise que vous demandez, n'ont pu être faites assez tôt de la qualité que nous les avons ordonnées, vous en recevrez deux balles contenant 8 *courges* qui sont passablement bonnes, celles que nous vous enverrons dans la suite seront de meilleure qualité.

COMMERCE D'INDE EN INDE.

Par notre lettre du 30 janvier 1729, nous vous avons informés du retour de Moka du vaisseau le *Pondichéry*, que les armateurs avaient fait un nouvel armement pour le même voyage, et des mesures que nous avions prises pour relever ce comptoir à cause des avanies que le Gouvernement faisait journellement à vos employés, du détachement de 60 soldats que nous avions embarqué, afin d'être en état de vous faire payer ce qui vous était dû par les prêts forcés qu'on avait été obligé de faire. A l'arrivée de ce vaisseau la paix était faite, le gouvernement changé, le commerce y était libre, l'Iman régnant avait promis à M. Burat de le conserver dans ses priviléges s'il voulait rester. La présence du détachement des 60 soldats embarqués a engagé le Gouverneur à laisser à compte de ce qui vous était dû, 4.680 piastres du produit des droits, de promettre que le surplus vous serait remboursé de même, et qu'il ne serait plus demandé dans la suite aucun argent par emprunt ni autrement. Les marchandises s'étant vendues avantageusement, les apparences que le commerce dans la suite deviendrait favorable, et les belles promesses du Gouverneur, déterminèrent M. Burat à assembler les employés et officiers pour délibérer s'il exécuterait les ordres positifs que nous lui avions donnés de relever le comptoir et de se faire payer, dans l'idée où nous étions que la guerre était encore dans le pays, et que les employés étaient toujours exposés, comme il l'avait écrit, à des avanies fâcheuses. Ils délibérèrent qu'i était à propos de laisser subsister le comptoir, la paix étant faite ; en conséquence les employés sont restés à l'ordinaire. Malgré la délibération prise et les raisons que M. Burat nous a écrites, il est resté dans l'inquiétude de savoir si nous ne le désapprouvons pas lde n'avoir point exécuté les ordres que nous lui avions donnés, et il nous a envoyé M. Ingrand pour se justifier et nous expliquer de vive voix les raisons qui l'ont déterminé à rester. Nous trouvons qu'il a agi prudemment, les raisons qu'il donne sont bonnes et convenables à vos intérêts. Le précédent voyage n'avait donné que 15% de profit, les apparences de ce dernier ne promettaient pas un succés favorable, les marchandises étaient chères et difficiles à trouver, l'on comptait que la guerre serait encore à Moká à l'arrivée du vaisseau. Malgré toutes les difficultés apparentes, les armateurs ne se sont point rebutés, ils ont envoyé leur vaisseau au mois d'octobre 1728, comme nous vous l'avons écrit. Vous n'y étiez intéréssés pour lors que de 938 Pagodes et de 1.517 P. 14-21. en marchandises à frèt, savoir 767 p. de guinées qui ont produit

2.488.$ d'Espagne, et de 750 p. en fret qui sont restées invendues ; depuis vous avez été interéssés dans cet armement, en conséquence de la délibération du 21 janvier 1729, de 1.000 Pagodes, l'événement en a été infiniment plus avantageux que nous ne l'espérions. Ci-joint est le compte des marchandises vendues à Moka, et l'état de répartition fait au retour du vaisseau qui est arrivé le 31 juillet, et qui a donné 38% net de profit aux interéssés dans l'armement ; quelques uns des marchands en ont eu davantage, et d'autres moins, suivant les différentes qualités de marchandises qu'ils y ont envoyées.

Nous avons acquitié pour 40.628 piastres des lettres de change que M. Burat a tirées sur nous pour le paiement d'une partie des cafés qu'il nous a envoyés ; les mêmes interéssés ont fait une nouvelle société pour le même voyage ; le vaisseau ayant besoin d'être carenné, il a été envoyé à Bengale, il en est de retour du 23 décembre dernier, et est parti pour Moka le 16 de ce mois, chargé des marchandises suivant la facture que vous trouverez ci-joint avec le compte de la mise hors, dans lequel vous êtes interéssés pour 2.500 Pagodes, en conséquence de la délibération du 15 octobre dernier. Nous n'avons pû nous dispenser d'accorder 3% de fret aux interéssés pour les cafés que nous devons faire venir pour votre compte, au lieu de 2% que nous avons payés le dernier voyage. Ce sont vos employés qui sont chargés de la vente des marchandises de l'armement, auxquels nous payons 4% de commission que nous avons répartie entre eux. M. Burat nous dit qu'il est nécessaire de faire un présent d'environ 8 à 900 piastres au nouvel Imam et à ses officiers, nous lui avons écrit de le faire. M. Ingrand s'est embarqué sur le vaisseau, il restera chef à Moka lorsque M. Burat en sera parti, nous lui avons écrit de revenir par le *Pondichéry* pour passer second au comptoir de Chandernagor en conséquence de la délibération du 27 décembre dernier.

Nous vous avons écrit que nous avions remis au sieur Duvelaër les piéces justificatives pour réclamer les effets séquestrés à Manille à la mort du sieur Boutier, nous vous avons envoyé avec notre lettre du 30 janvier 1729 copie des instructions qui lui ont été données à ce sujet. Aussitôt son arrivée, il a fait les démarches nécessaires pour obtenir main levée des effets séquestrés à environ 3.000 piastres en or qui sont restés. Les Révérends Péres Jésuites auxquels nous avions écrit, ont beaucoup aidé, ils se sont employés auprès des juges, et ont bien voulu se charger de faire continuer les poursuites pour les 3.000 piastres en or restantes jusqu'à définition de procés ; ils nous écrivent qu'il sera difficile d'en avoir main levée à cause de la défense de faire sortir de l'or de Philippines, nous en apprendrons l'évènement à l'arrivée du premier vaisseau que nous attendons en février ou mars prochain.

Le sieur Duvelaër a passé en Chine, y a converti les piastres en or suivant les comptes dont copies sont ci-jointes, nous avons reçu l'or par un vaisseau anglais qui mouilla ici le 26 mars dernier, il a été converti en Pagodes, et la répartition en a été faite suivant l'état dont copie est ci-jointe ; vous verrez par ces comptes et l'état que le sieur Duvelaër vous a envoyé par le *Jason*, qu'il y a pour 4.839 Pagodes 3 F. de cochenille dont les interéssés espèrent que vous leur remettrez le produit en argent par les premiers vaisseaux qui viendront de France à la mousson prochaine.

Nous avons vendu en conséquence de la délibération du 24 Mai 1729 le vaisseau le *St. Pierre*, qui a été radoubé au Pégou à des particuliers, quil'ont armé pour le voyage de Manille ; la mise hors monte, suivant les factures et comptes dont copies sont ci-jointes, à 13.964 Pagodes 8 F. 39 C., vous y êtes interéssés pour 3.364 P. 21 F. 28 C.

Outre la cargaison il a été chargé sur ce vaisseau 423 balles pour Manille à 16% de fret et 53 balles à 7% pour Malacca, le vaisseau se nomme *Soukourama* avec pavillon et un capitaine Malabar, les sieurs de la Rivière le jeune et de Brie sont pilotes, les sieurs Dubois et de la Noë, écrivains ou subrécargues. Le capitaine malabare est chargé de la poursuite du reste des effets séquestrés, c'est à sa requête que les autres poursuites ont été faites. Le vaisseau est parti le 23 juin dernier, nous espérons que le voyage sera avantageux. Les Anglais y ont envoyé le 20 juillet dernier un grand vaisseau chargé d'environ 1.400 balles, tant de cargaison qu'à fret.

Les 20 balles de drap que nous avons envoyées en Chine y ont été vendues par le sieur Duvelaër, elles ont produit net 949 p., il s'en est trouvé plusieurs piquées de vers. Il nous a écrit avoir envoyé aux îles de France et Bourbon deux pieds de rhubarbe avec des graines, nous avons eu avis qu'il en aurait été planté un pied dans chaque île et semé des graines, que le tout y vient bien.

Le vice-roi de Canton qui était si contraire aux Européens est mort, celui qui lui a succédé parait mieux intentionné.

Nous vous avons informés par notre lettre du 30 janvier 1729 que le vaisseau le *St. Pierre* se radoubait au Pégou, que le sieur Dubois y en avait acheté un de 300 tonneaux qu'on construisait pour 2.500 Pagodes, sur lequel il devait s'embarquer pour revenir. Le *St. Pierre* est parti du Pégou le 7 janvier, chargé de riz, de bois et autres effets, il a passé à Achem, est arrivé en cette rade le 22 février dernier. Le vaisseau neuf qui a été nommé le nouveau *St. Pierre* de 300 tonneaux, commandé par le sieur de la Rivière l'ainé, est arrivé ici le 23 avril, chargé à peu prés de mêmes effets que le premier. Le sieur Dubois est revenu sur le dernier, il a chargé le sieur Finiel que nous lui avions envoyé par la *Marie Gertrude* de faire le recouvrement des effets qu'il avait vendus à crédit. Nous vous avons remis les factures des effets envoyés à la consignation du sieur Dubois ; ci-joint sont copies des comptes qu'il a rendus, et de ceux des effets qu'il a rapportés, par lesquels vous verrez ce que les deux vaisseaux ont coûté, et les avantages du commerce du Pégou. Nous avions donné ordre au sieur Dubois d'acheter s'il était possible un vaisseau d'environ 400 tonneaux ; n'en ayant point trouvé, il a fait marché le 4 février 1729 avec le sieur Tornery qui devait en construire un de 88 pieds anglais de quille et de 30 de large pour 4.000 Pagodes, moitié comptant et l'autre payable au mois de décembre qu'il devait livrer le vaisseau. Pour le premier payement il a fourni sur nous une lettre de change, et s'était réservé d'annuler le marché au cas que le Conseil ne l'approuvât pas. Ayant examiné que la Compagnie avait assez de vaisseaux pour le commerce d'Inde en Inde, nous avons annulé le marché pour votre compte, nous sommes joints à quelques particuliers pour former une société pour le prendre pour le nôtre, nous l'avons nommé l'*Union*, le le sieur la Butte est capitaine, s'il est prêt assez à temps, il doit aller aux îles Maldives prendre des cauris que nous vous vendrons si vous en avez besoin. Si ce projet ne peut être exécuté, le vaisseau viendra charger ici du bois et du riz ; nous avons joint à la même société un brigantin qui est parti d'ici en juillet pour porter au Pégou les agrés et apparaux nécessaires pour gréer le vaisseau neuf avec des marchandises pour le payer avec sa cargaison. Le brigantin a passé du Pégou à Bengale où il a pris son chargement de riz qu'il a apporté ici où il est arrivé le 24 du mois passé. Nous vous informerons dans la suite du succés des projets de cette société, quoique vous n'y soyez pas intéréssés.

La difficulté d'avoir des bateaux pour charger les vaisseaux à Siriam dans la saison convenable nous a déterminés d'y envoyer, en conséquence de la délibération du 16 juillet dernier, un charpentier pour y en construire deux et y rester pour travailler aux radoubs de vos vaisseaux lorsqu'ils iront ; le roi a accordé un terrain pour bâtir une maison à Prone, ville située sur le chemin d'Ava, un *bancassal* à Siriam dont personne ne fut en possession, et au cas qu'il n'y en ait point, de choisir un terrain pour y en bâtir un et une maison, il a réduit les droits à 9½%, les autres Européens n'ont pas d'autres priviléges.

La grande quantité de vaisseaux anglais et d'autres nations, qui ont été en 1728 à Achem, ont fait diminuer le prix des marchandises, la guerre entre le roi régnant et l'ancien continuait, et a empêché les marchands de porter leurs marchandises dans les terres et de faire venir celles du crû du pays, de sorte que la commerce y a été dérangé et peu avantageux. Le brigantin le *Diligent* en est de retour en cette rade du 9 mars 1729, il a été vendu par délibération du 15 du dit mois, et l'*Indien* est arrivé le 26 avril dernier. Ci-joint sont copies des comptes que le sieur Porcher a rendus des deux différents armements; pour ceux qui concernent les marchandises de cette côte portées par la *Marie Gertrude* et le *Diligent*, vous y trouverez de la perte causée par l'incendie et par les frais qu'il a occasisonés, ce sont des accidents que l'intelligence humaine ne peut prévoir. Nous vous avons écrit que vos employés et quelques marchands particuliers avaient plus perdu que vous, cela s'est confirmé par les comptes. Depuis l'incendie le chagrin s'est emparé des sieurs de Bellegarde et Porcher, ils ont été malades à l'extrémité, le premier qui avait l'esprit entièrement inquiet dans la crainte qu'on ne lui attribuât quelque faute, a succombé, il est mort à Achem le 27 janvier 1729; le dernier, quoique d'un tempérament faible et délicat, en est revenu. Le brigantin l'*Indien* est parti pour Bengale le 21 mai, y a porté les effets qui ont été reçus à compte des marchandises de sa cargaison, et y a été désarmé; vous verrez par les comptes que les profits seront modiques lorsque le recouvrement de ce qui est dû par les marchands sera fait. Cela nous a déterminés à ne plus faire d'armements de Bengale pour ce pays, jusqu'à ce que le commerce y soit rétabli. Etant cependant nécessaire de faire connaître au roi que nous sommes dans le dessein de continuer annuellement le commerce dans son pays, en conséquence des dilibérations des 11 juillet et 17 août, nous y avons envoyé la *Danaë* chargé de 10.472 Pagodes de marchandises pour votre compte, suivant la facture ci-jointe, et de 144 balles à fret pour celui des particuliers; le vaisseau est de retour du 5 de ce mois, il a rapporté les toiles bleues qui n'ont pu se vendre au comptant. Le pays est ruiné, nous n'avons pas voulu contracter de nouveaux engagements, ni faire de crédit aux gens du pays, dans la crainte d'en être mal payés. Les sieurs Aumont et Desplats ont été payés comptant d'une partie de ce qui nous était dû des marchandises vendues de l'armement du brigantin l'*Indien*, pour le reste le roi leur a fourni un billet à prendre sur un marchand du pays qui est venu l'année dernière à Porto Novo avec un vaisseau pour y faire commerce, nous ferons tout ce qui sera nécessaire pour en faire le recouvrement, au moyen de quoi il ne nous sera plus rien dû par le roi ni par ses sujets. Ci-joint sont les comptes du voyage de l'*Indien* et de la *Danaë*, vous verrez qu'il a été plus avantageux de les envoyer hiverner à Achem plutôt qu'à Merguy, et si le commerce se rétablissait, il conviendrait d'y en envoyer annuellement hiverner. Le roi nous a fait un nouveau traité par lequel il réduit les droits à 5% dont il fait la remise du 1/3, il permet d'embarquer par an 20 chevaux, 10 bars de brai, 10 de ganja, 10 de benjoin et 10 de soufre, sans payer de droits, toutes ces conditions seront avantageuses lorsque le commerce sera rétabli et que le pays sera en paix.

Le vaisseau le *St. Joseph* que nous avions envoyé en janvier 1729 à Bassora en est revenu le 4 octobre dernier avec les fonds du produit des marchandises de son précédent armement; le peu de séjour qu'il a fait à Bassora a été cause que celles de la dernière cargaison n'ont pas été vendues, elles sont restées entre les mains du sieur Bunel. Les marchands de la caravane devaient y arriver peu de temps après le départ du vaisseau; nous avions demandé 1000 livres de rhubarbe, il ne s'en est point trouvé.

Comme vous nous ordonnez positivement par votre lettre du 30 septembre 1728 de n'employer qu'une somme modique dans les armements d'Inde en Inde, et qu'il en faudrait un bien plus considérable pour le seul armement de Perse que celle dont vous nous permettez de vous intéresser dans tous les différents armements qui pourraient se faire ici et à Bengale, nous nous sommes déterminés en conséquence de la délibération du 8 octobre, d'abandonner les voyages de Perse dans la suite, mais comme il était nécessaire de faire rapporter le produit de la dernière cargaison et du fret que le *St. Joseph* y a laissé, nous avons écrit par ce vaisseau, qui partit le 13 octobre dernier, de le charger des marchandises destinées pour France que nous avions demandées avec quelques provisions, de nous l'envoyer ici dans les premiers jours de ce mois, et d'armer le vaisseau le nouveau *St. Pierre* qui est beaucoup plus petit pour l'envoyer directement de Bengale à Bassora, chargé d'environ 30.000 Rs. de riz, sucre, et de quelques autres marchandises, dont le débit soit plus facile, et du fret que l'on avait offert à vos employés de Bengale, de faire passer sur ce vaisseau le sieur de St. Hilaire, capitaine et officier du *St. Joseph* afin que la navigation en fût plus sûre, y ayant fait plusieurs voyages. Nous avions écrit de faire revenir le sieur Bunel, et de

rapporter tous les effets tant à la Compagnie qu'aux particuliers, même les marchandises qui n'auraient pas encore
été vendues, afin de cesser ces voyages pour votre compte
puisque vous n'êtes pas dans l'intention d'y employer les
fonds qui seraient nécessaires pour les rendre utiles.
L'ouragan qui a commencé à Ganjam, près de Balassore,
et qui s'est fait sentir jusqu'à Madras, a dérangé le voyage
du *St. Joseph* qui était alors par les 15½ degrés de latitude,
à 70 lieues environ de terre, et qui a essuyé le mauvais
temps; après avoir fui pendant plus de 15 heures sous sa
misaine, ne pouvant plus la porter par la grande force du
vent qui augmenta, elle fut serrée et la vergue amenée,
le vaisseau resta pendant 25 à 26 heures sans aucune voile;
le 26, vers les 9 heures du soir, les deux mâts de hune
cassèrent, peu après celui de misaine fut emporté, ensuite
le grand mât ayant cassé toutes les chaines du hauban,
sauta de la carlingue, creva un des puits et faillit enfon-
cer un coté du vaisseau. L'orage s'étant apaisé, le sieur
de St. Hilaire, capitaine, a fait de son mieux pour attraper
Balassore; ne pouvant y réussir et ayant perdu la plus
grande partie du riz et de l'eau de l'équipage, il a fait un
procés verbal de l'état du vaisseau En conséquence de
l'avis des officiers et des passagers, est allé relâcher à
Mazulipatam n'ayant pas osé venir ici dans la crainte que le
coup de vent n'y fut pas encore passé. Nous en avons eu
au mois novembre qui ont été assez forts, mais qui n'auraient pu endommager les vaisseaux qui auraient été au
large ; les embarcations qui se sont trouvées en rade de
Madras ont beaucoup souffert, il y en a eu une de perdu.
Le 20 et le 21 décembre il a fait ici un autre coup de vent
trés fort, un vaisseau anglais arrivé du Bengale, étant à Gou-
delour à prendre son chargement pour aller à Moka, a péri
une lieue au nord de Portonovo, il ne s'est sauvé que 6 à
7 hommes de l'équipage. Comme ce vaisseau a échoué
prés de terre, l'on a sauvé une partie des balies de mar-

chandises très endommagées, nous avons fourni les chelingues nécessaires pour transporter les effets sauvés ; le vaisseau est resté enterré dans le sable avec différents effets. Le sucre et le riz ont été totalement perdus. Nous avons écrit à Mazulipatam le 28 novembre pour faire venir le *St. Joseph*, il est arrivé en cette rade le 20 de ce mois.

L'accident arrivé à ce vaisseau a déconcerté nos projets et fait manquer l'armement que nous nous proposions de faire faire à Bengale pour Bassora, en rapporter les effets du produit de l'armement dernier. Pour nous conformer à vos ordres, et n'employer le moins possible de vos fonds dans les armements d'Inde en Inde, étant absolument nécessaire de faire venir les fonds restés à Bassora, nous avons proposé à la société dont nous vous parlons à l'article Pégou, de faire une augmentation de fonds pour armer son brigantin le *St. Ignace*, et l'envoyer à Bassora y porter une cargaison de riz que ce même bâtiment a apportée de Bengale, et quelques marchandises de cette côte qu'elle ferait faire, afin de rapporter par ce moyen les fonds du dernier armement du *St. Joseph*, et ceux des particuliers qui ont chargé à fret, pour n'être point obligés de les faire venir sur des vaisseaux étrangers où nous croyons qu'ils ne seraient pas en aussi grande sûreté que sur un vaisseau de notre nation sur lequel nous avons tous intérêt; les associés ont accepté notre proposition, ils ont fait une augmentation de fonds par acte du 1er décembre dernier, et ordonné aux marchands de cette côte d'armer leur brigantin pour Bassora et Banderabassy. Nous avons en conséquence, par délibération du 28 décembre, écrit an sieur Bunel de s'embarquer sur le *St. Ignace* avec le produit des marchandises qu'il a vendues tant pour votre compte que pour celui des particuliers, et de rapporter toutes celles qui seraient invendues, et de revenir ici; par ce moyen le voyaga de Perse aura cessé pour votre compte, nous le continuerons pour celui des particuliers, si nous en trouvons suffisamment pour nous aider des fonds nécessaires pour faire de pareils voyages, nous vous rendrons compte exactement du succés de cette société comme si vous y étiez intéréssés.

COLONIE.

Nous vous avons imformés par notre lettrre du 30 janvier 1729 de l'état fâcheux où se trouvait la colonie par le manque de pluies qui a causé une grande disette de grains, le mal a encore augmenté depuis et a réduit la plus grande partie des habitants à une situation déplorable, et malgré la disette sur toute la côte, ils n'ont point manqué dans la colonie, mais la grande cherté a empêché la plupart d'en avoir pour leur subsistance, faute de moyens pour les payer ; les gens du pays employés à votre service tombaient d'inanition faute d'aliments, leurs gages n'étant pas à beaucoup près suffisants pour les faire vivre dans un temps si fâcheux ; ne voulant pas augmenter leur gages, nous leurs avons en conséquence de la délibération du 1er mars dernier, fait donner gratuitement 486 marcals de riz par mois qui ont été répartis entre chacun d'eux suivant l'état qui en a été arrêté en Conseil, afin de les faire subsister et de leur procurer les moyens de continuer leurs services. Cela les a préservés d'accidents fâcheux, la dépense n'est pas si considérable qu'aurait été celle d'augmenter leurs gages, ou de s'être trouvé dans la nécessité de prendre le monde à la journée pour suppléer à ceux qui auraient été hors de servir; nous espérons que vous approuverez les motifs de la délibération, et que vous ne regarderez pas cette distribution de riz contraire à vos ordres ni à la déclaration qui nous défend de faire aucune gratification, parceque c'était une nécessité absolue de faire subsister les gens qui vous servaient, sans quoi vos affaires en auraient souffert. Nous nous étions proposés à

cet égard de vous faire une représentation pour vos employés de commerce et d'épée de ce comptoir, seulement
pour vous supplier de leur accorder une gratification ou
augmentation d'appointements à chacun dans son état,
ayant été obligés malgré toute l'économie des dépenses
depuis trois ans d'augmenter leurs appointements par la
grande cherté des vivres, mais M. Lenoir nous a dit qu'il
avait eu l'honneur de vous en écrire en janvier 1729,
nous nous flattons que vous aurez eu la bonté d'y faire
attention. Nous avons eu, grâce à Dieu, des pluies abondantes à la fin de novembre dernier qui ont rempli les
étangs, mis les laboureurs en état de labourer et d'ensemencer les terres, il y a apparence d'une assez bonne récolte qui fera cesser la disette, mais qui n'est pas suffisante
pour donner l'abondance, les grains seront encore chers.
Cependant si les temps sont favorables et que la récolte
soit telle que nous l'espérons, nous rétablirons les droits
d'entrée sur les grains suivant l'usage ordinaire, et nous
cesserons la distribution du riz qui se fait en conséquence
de la délibération du 1er mars 1729. Les pluies ont rafraichi le temps, elles ont causé beaucoup de fièvres, il
est mort quantité de gens du pays qui en ont souffert, et
même d'autres, mais les suites n'ont pas été si fâcheuses
pour les Européens qu'on l'appréhendait. Nous avons répondu par apostilles à tout ce que vous nous demandez
par votre lettre du 30 septembre 1729, nous nous y
référons.

TROUPES.

Vous trouverez ci-joint six états concernant les troupes
entretenues ici et à Mahé, le premier, des soldats existant
dans ce fort au 1er de ce mois par nom et surnom, le 2ème
de ceux qui sont décédés jusqu'au dit jour, le 3ème de ceux
qui sont desertés, le 4ème des soldats existant à Mahé au

1er août 1729, le 5ème de ceux décédés jusqu'au 10 du même mois, le 6ème de ceux désertés jusqu'au 9 du même mois.

Outre ces 6 états vous en aurez ci-joint deux autres, l'un des officiers, employés, matelots, etc. morts depuis le 1er octobre 1728 jusqu'au 31 décembre 1729, dont les fonds ont été remis à la caisse de ce fort, et l'autre de ceux morts à Calicut et Mahé depuis 1720 jusqu'au 30 avril 1729, dont les biens ont été remis à la caisse de Mahé. Nous attendons ceux concernant la garnison de Bengale qui doivent nous être envoyés par le *St. Pierre* qui doit arriver incessamment, vous les aurez à la suite de la présente.

Dans le nombre des sergents et soldats existant ici, il y en a plus de 40 qui ne font presque point de service, les uns sont très âgés, les autres ont des infirmités qui les en empêchent; ils sont presque tous mariés et ont nombre d'enfants, par conséquent ils sont hors d'état de passer en France. Que souhaitez-vous faire pour ces pauvres gens qui n'ont que la paye que vous leur donnez tous les mois pour vivre ? Sitôt qu'il y a un soldat malade ou attaqué d'infirmités à Mahé ou à Bengale, il est envoyé ici, nous avons même attention lorsqu'il est nécessaire de faire des détachements, de faire choisir ceux qui sont le plus en état de servir, de sorte que la garnison d'ici est toujours composée d'une grande partie de malades.

EMPLOYÉS

Vous aurez appris, par le retour du *Jason* que vous aviez envoyé en Chine, que M. Tribert était mort à Canton en octobre 1727, que le sieur Duvelaër y était passé de Manille dans l'intention d'y rester garde magasin, il a travaillé sous M. Tribert à la cargaison du vaisseau, il nous dit vous avoir informés de tout ce qui concernait vos affaires. Nous lui avons écrit d'y rester avec le sieur Duperche, et d'exécuter les ordres que vous aurez donnés à M. Tribert, jusqu'à ce qu'il vous ait plû d'en ordonner, il aura encore travaillé à la cargaison de l'*Argonaute*; nous croyons que vous serez satisfaits de sa conduite, il nous a paru au fait du commerce de Chine et a des capacités. Nous pensons que vous pouvez le laisser chef; si vous continuez d'y envoyer, il vous serait-être difficile d'y placer une autre personne qui fut au fait du pays et qui eût autant de capacités.

Dans un des articles précédents nous vous avons informés de la mort de M. Bellegrade, nous avons accordé à sa veuve et à ses cinq enfants 12 Pagodes par mois de subsistance par délibération du 22 août 1729, jusqu'à ce qu'il vous ait plû d'en ordonner. Nous croyons par la bonne volonté que vous aviez pour le mari qu'il n'est pas nécessaire de vous représenter le triste état de la veuve et des enfants pour vous engager à leur continuer la subsistance, la délibération explique les motifs qui nous ont déterminés à la lui accorder.

Nous vous avons informés par notre lettre du 30 septembre dernier de la mort de M. de la Blanchetière, directeur à Bengale. M. Lenoir a nommé par interim M. Dirois jusqu'à ce qu'il vous ait plû d'en ordonner, vous verrez l'avis de chacun de nous au pied de la nomination du 11 octobre dernier; il est parti le 13 du même mois sur le *St. Joseph* et est revenu ici par l'accident arrivé au vaisseau, il repartira par la première occasion. Vous voyez la mort en peu de temps de trois de vos principaux employés, vous en connaissiez la capacité et le mérite, nous ne doutons pas que vous ne soyez sensibles à leur perte qui nous a très affligés. Nous avons par délibération du 27 décembre dernier rempli les emplois vacants au Conseil de Chandernagor et à celui d'ici.

MAZULIPATAM.

Les Rajahs Soubana et Ramraja, révoltés contre le Nabab ChilquilisKam ont ravagé tout le pays de Yanaon et Dacheron; les maures ont fait de même à Paliacatte, les Hollandais ont abandonné les comptoirs qu'ils y avaient avec l'intention d'y retourner avec des forces pour s'y soutenir au mois de mars prochain; ils ont été insultés et pillés à la loge de Dacheron; si nous avions eu des employés à Yanaon, ils auraient eu sans doute le même sort. Ces deux Rajahs sont allés vers le nord, ils ont menacé d'assiéger Vizagapatam, comptoir anglais. Ces troubles ont empêché quantité d'embarcations d'y charger du riz pour l'apporter à cette côte dans la petite mousson, alors que la famine y régnait. Nous avons écrit au Nabab de Radjamundry et à Timraja, nous leur demandons un *parāvana* pour que nos employés puissent faire le commerce en sûreté à Yanaon, et pour qu'ils fassent donner libre cours aux Pagodes de Pondichéry fabriquées à trois figures du poids et du titre de celles de Madras sur le même pied que ces dernières, nous en avons envoyé 300 pour voir si elles pourront y avoir cours. Ayant été jusqu'à présent dans l'impossibilité de faire du commerce à Yanaon faute d'argent, nous nous sommes dispensés sous prétexte des troubles d'y envoyer des employés jusqu'à ce que nous ayons reçu les réponses à nos lettres et que nous soyons assurés que le pays sera en tranquillité.

Le sieur Le Faucheur a acheté de notre consentement un terrain à Mazulipatam qui coûte 390 Rs, attenant votre loge et qui convenait pour la commodité, et pour empêcher la plus grande proximité des Hollandais qui voulaient l'acquérir; il était nécessaire pour y placer le mât de pavillon qui occupe presque toute la cour de la loge. Nous avons fait revenir le sieur Le Faucheur pour quelques bruits que son épouse avait causés, qui auraient pû

tirer à conséquence. Le sieur Fouquet a été envoyé
comme interim à sa place dès le mois de mars dernier ;
nous lui avons écrit le 19 juillet de refaire le vieux batiment de la loge, l'on y doit travailler incessamment. Il
nous a envoyé par le bot qui arriva ici le 18 octobre 12
balles de mouchoirs, une de bazin et quelques provisions
que nous avions demandées, nous avons renvoyé ce bot
le 20 du même mois, il a eu du mauvais temps ; celui
qui le conduisait, connaissant bien la côte, s'est sauvé à
Divy où il est resté jusqu'en décembre dernier sans aucun
accident, il est retourné à Mazulipatam.

Un vaisseau anglais, venant de Bassora et allant à Bengale, a été battu par la tempête le 26 octobre dernier,
après avoir perdu tous ses mâts il a été jeté sur la pointe
de la rivière d'Ingeram où il a touché, le vent ayant heureusement changé, il s'est tiré un peu au large ; les officiers
ont eu besoin de votre loge de Yanaon pour demeurer
pendant le temps qu'ils ont été à raccommoder le vaisseau, nous la leur avons donnée. Il s'est perdu plusieurs
embarcations à la côte depuis Ganjam jusqu'à Mazulipatam ;
un autre vaisseau anglais venant de Surate et allant à Bengale, a encore perdu tous ses mâts, il est allé relâcher à
Mazulipatam d'où il doit se rendre à Madras pour se
raccommoder. Le bot le *Mazulipatam* arriva le 19 de ce
mois avec 19 balles de mouchoirs et quelques autres
effets que nous avions demandés, le *St. Joseph* nous a
aussi apporté 13 balles de mouchoirs.

CHANDERNAGOR

Vous verrez par la délibération du 26 février dernier
que nous avons donné ordre d'emprunter 200.000 Rs,
pour votre compte afin de mettre les employés en état de
faire un contrat pour avoir les marchandises dans la
saison convenable, en conséquence le Conseil a fait le der-

nier mars un contrat pour 400.000 Rs, de marchandises, et a emprunté 200.000 Rs, pour les avances, dont les interêts ont couru du 15 avril au 1er août qu'ils ont cessé. Nous y avons envoyé en conséquence des délibérations des 6 juillet et 17 août 15.972 marcs d'argent par l'*Alcyon*, 30 balles de drap et 20 caisses de corail, et par le vaisseau le nouveau *St. Pierre*, 12.120 marcs d'argent avec différents autres effets. Le feu a pris le 2 mars à 10 hs. du soir à un grand *bancasal* ou magasin couvert de paille dans le terrain de la corderie où étaient le reste des mâts et autres bois venus de Chasctigan avec 32 affûts de canon faits depuis peu et qui étaient bien goudronnés, ainsi que la plupart des autres bois. Quelque diligence que l'on ait faite pour éteindre le feu, il a été impossible de rien sauver, tout a été consumé, la perte se monte à 12.000 Rs environ, par l'estimation que le Conseil nous dit en avoir faite. Il nous écrit que les mâtures et poulies avec la plus grande partie des agrés et ustensiles de la *Minerve* sont dans des *bancasals* couverts de paille, que pareil accident peut arriver; il demande d'en faire bâtir qui soient couverts d'argamasses ou de tuiles, et qu'il serait nécessaire de bâtir des magasins de marine pour mettre les cordages, voiles et ustensiles des vaisseaux; nous avons écrit le 18 mai qu'il pouvait faire bâtir en briques dans la loge même de grands hangars couverts de tuiles ou d'argamasses pour y mettre à couvert les mâts, vergues et autres bois, et qu'à l'égard des magasins de la marine, nous pensions que les deux qui sont aux côtés de la porte de la loge sur le Gange, étaient suffisants.

Coja Saffart dont nous vous avons parlé le 30 janvier 1729 au sujet des inquiétudes qu'il causait au Conseil pour demander le payement de ce que la Compagnie doit à la succession de Dominique Rosaire dont il était un des exécuteurs testamentaires, est mort en février dernier, nous espérons que les inquiétudes cesseront, étant dit par le testament que l'un des exécuteurs venant à décéder, les effets de la successiou seraient remis au survivant.

Ci-joint est copie du traité que le Gouverneur et les conseiller pour la Compagnie d'Angleterre à Calicuta ont fait le 13 juillet 1728 avec le Conseil de Chandernagor au sujet des déserteurs.

Nous vous avons informés par notre lettre du 30 janvier 1729 des mesures que nous nous proposions de prendre pour avoir raison de l'insulte faite à Cassimbazar au sieur Malescot; nous avons envoyé à Chanderagor par l'*Alcyon* un détachement de 40 soldats français avec le sieur de Ricoux (?) officier, pour renforcer la garnison, et avons écrit le 10 juillet dernier au Conseil d'envoyer un employé avec le sieur Malescot à Cassimbazar, et un détachement de 40 hommes commandés par deux officier pour porter une lettre que nous écrivions au Nabab, le priant de nous faire faire raison de l'insulte que ses gens avaient faite au sieur Malescot dans votre loge. Le Conseil n'a pas exécuté ce que nous lui avions écrit à ce sujet, il s'est contenté d'envoyer à Cassimbazar en août dernier les sieurs de la Croix et Malescot avec un détachement de 13 soldats commandés par un sergent, ils y sont restés jusqu'au 1ᵉʳ octobre sans avoir eu audience avec le Nabab qui promettait de les recevoir dans deux jours. Le Conseil ennuyé de ce retardement les a fait revenir à Chandernagor avec les présents qu'il avait destinés au Nabab; depuis, un seigneur maure auquel il avait écrit pour le prier de présenter vos employés au Nabab, et qui avait promis de le faire, a écrit qu'il avait parlé au Nabab qui donnerait audience si le Conseil voulait y renvoyer une personne, ce seigneur promet de la présenter. Nous examinerons le parti qu'il conviendra de prendre lorsque nous ferons passer le sieur Dirois à Chandernagor, et nous donnerons les ordres en conséquence. Nous pensons qu'il ne convient pas de rester dans l'inaction jusqu'à ce que nous ayons eu une réponse favorable du Nabab.

Suivant le rapport que M. Deidier nous avait fait à son retour qu'une dépense d'environ 5 à 6000 Rs pourrait suffire pour faire un pilotis avec un mur en chaux et ciment derrière, pour empêcher la force de l'eau et la détourner, afin de conserver le reste du terrain de l'enclos de la loge, nous avons écrit le 28 février dernier d'y faire travailler, nous y avons envoyé le sieur Lavabre, un de vos employés, pour y aider à ses travaux. Le Conseil nous a répondu qu'il en coûterait bien davantage, qu'il y avait envoyé, avec le sieur de la Croix, le sieur Lavabre pour examiner pendant son séjour ce qui se pourrait faire.

Le *St. Joseph* n'étant pas allé à Bengale, comme nous le pensions, à cause de l'accident qui lui est arrivé, et l'*Alcyon* et le *St. Pierre* n'étant pas suffisants pour apporter les marchandises que nous avions demandées, le Conseil de Chandernagor a, par délibération du 28 novembre, chargé sur le vaisseau le *Pondichéry* 201 balles de marchandises, montant à 160.142 Rs, et 447 Rs de cordes et de gonis, pour le fret desquelles marchandises nous avons payé 800 Pagodes, par ajustement fait avec les armateurs de ce vaisseau qui ont bien voulu se relâcher du fret ordinaire que l'on paye, parcequ'ils sont habitants de notre colonie, et que nous y sommes tous interéssés.

Les deux vaisseaux, l'un de 40 canons, et l'autre de 24, qui étaient entrés dans le Gange avec pavillon Polonais, y étaient encore au départ de l'*Alcyon* qui est sorti du Gange le 15 décembre dernier, nous nous referons à ce que le Conseil de Chandernagor vous a écrit à ce sujet par sa lettre du 10 décembre ; si nous apprenons quelques particularités de cette affaire, nous vous en informerons à la présente.

MAHÉ

En conséquence de la délibération du 29 février dernier, le *St. Pierre* commandé par le sieur de la Rivière, le
jeune, est parti d'ici le 5 mars pour aller à Mahé, il en
est revenu le 19 mai chargé de 305.754 livres de poivre.

Nous avions écrit en 1728 à M. Trémisot d'acheter
d'Aliraja des *cauris* qu'il tire des Maldives et des Laquedives, il avait traité avec ce seigneur à 4 Rs. Surate la cotte de 12.000 *cauris* qui devaient être pareils à ceux qu'il
nous avait envoyés pour montre, qui étaient bons ; le traité n'a pas eu d'exécution, Aliraja étant mort dans le
voyage qu'il avait entrepris pour aller à la Mecque. Nous
avons écrit de faire un autre traité avec celui qui lui a succédé,
ou avec quelqu'autre ; par sa lettre du 31 décembre reçue
le 17 de ce mois, il nous marque avoir contracté avec la
grand, mère tutrice d'Aliraja pour 500 cottes de *cauris* à
4 Rs. qu'elle doit fournir au mois de février prochain.

Il y a eu un ouragan violent le 20 mai, qui a duré plusieurs jours depuis le cap Comorin jusqu'en rade de Surate, l'on compte 20 batiments, tant grands que petits,
dont partie a péri, et d'autres très endommagés qui ont
manqué leur voyage ; le vaisseau l'*Elisabeth*, commandé
par le sieur Séniquière, armé par M. Martin de Surate,
est du nombre de ceux qui ont péri, il ne s'est sauvé
que 15 hommes de 95 qu'ils étaient, tant de l'équipage
que passagers ; plusieurs arméniens y ont péri avec des
fonds qu'ils avaient embarqués à des gens de leur nation.
Ci-joint est copie de la lettre que M. Lenoir a déposée
au greffe le 30 juin, que le sieur Seniquière, capitaine de
de ce vaisseau, lui a écrite après s'être sauvé à Mahé ;
vous avez perdu sur ce vaisseau pour 760 Rs. de cornalines que M. Martin envoyait pour votre compte à M. Lenoir, qui lui en avait demandé une plus grande quantité
qu'il n'a pu acheter parcequ'elles étaient chères et fort

rares. Plusieurs habitants de cette colonie, ainsi que vous y ont perdu du blé et diverses provisions qui avaient été demandées à Surate.

Les Angarias, qui ont fait la course avec des forces supérieures à celles qu'ils avaient précédemment, ont pris l'année dernière une palle de Bombay armée en guerre et avec un équipage européen. L'ancien Samorin est mort, le second a été reconnu à sa place ; peu de temps après les Anglais et les Hollandais l'ont été visiter ; M. Trémisot nous a écrit par sa dernière lettre qu'il irait aussi le 15 de ce mois.

M. Lambert s'est plaint de ce que nous ne lui faisions pas fournir du vin comme aux autres employés, il nous a écrit plusieurs fois l'année dernière que vous lui en aviez accordé la même quantité qu'à M. Deidier, nous lui avons dit de vous en écrire, que nous n'avions aucun ordre à son sujet, et qu'il n'était point compris dans l'état de distribution que vous aviez fait, que nous ne pouvions lui en accorder qu'après que vous l'auriez ordonné. Depuis ce temps nous nous sommes assurés que nous nous étions trompés, et que par votre lettre du 22 janvier 1725 reçue par la *Badine* en octobre de la même année, vous ordonniez de lui en donner deux barrique ; nous lui en donnerons, aussitôt qu'il en serait arrivé, ce qui devait lui appartenir. La faute sera réparée avant qu'il reçoive réponse à la lettre qu'il vous a écrite à ce sujet.

Nous avions fait cesser tous les travaux à Mahé en conséquence de la délibération du 13 octobre 1728 malgré les représentations qui furent faites alors par M. M. Trémisot et Lambert. Vous trouverez ci-joint l'extrait des deux lettres que ce dernier nous a écrites les 10 août et 9 septembre derniers, avce le profil qu'il a dessiné du dit bastion marqué dessus, qui s'est fendu du haut en bas en plusieurs endroits, ce qui fait craindre son entier bouleversement, il attire à lui jusqu'à la seconde voûte qui sert de poudrière, s'il tombait, il écraserait la loge et les magasins qui se trouvent dessous. Pour éviter son dépérissement et la perte qu'il causerait en tombant, nous avons écrit le 15 novembre de le réparer en se conformant à ce que M. Deidier a marqué à ce sujet par le premier article de son mémoire du 29 avril 1728 qu'il a laissé à Mahé lorsqu'il en est parti pour venir ici, et de ne faire aucun autre batiment ni réparation. Nous n'avons pas crû devoir laisser périr un pareil ouvrage qui vous constituerait dans de grandes dépenses faute de réparation. Il est même à craindre qu'ayant discontinué de travailler aux fortifications avant qu'elles fussent à leur perfection, elles ne dépérissent et ne vous causent des dépenses qu'on aurait évitées, si elles avaient été achevées sans interruption.

Par la délibération du 14 octobre dernier nous avons envoyé pour votre compte 5.262 Pagodes par un brigantion armé par des particulier pour l'entretien du comptoir, il y est arrivé le 27 novembre. En même temps nous avons écrit d'acheter à l'avance pour 18 à 20.000 Pagodes de poivre, dans l'espérance que le vaisseau le *Duc de Chartres* viendrait, et que nous pourrions envoyer dans ce mois les fonds nécessaires pour les payer. Nous avons encore envoyé par le *St. Ignace* 10.000 Pagodes en conséquence de la délibération du 30 de ce mois, ayant été informés l'année dernière que M. le Vice-Roi de Goa avait fait fournir des magasins du roi, savoir 33.225 clous de doublage, de tillac, de pompes et de bordage, 4 barils de goudron et 1200 livres de brai, à M. Baugrand en 1726 lorsqu'il était à Goa, sur ses récépissés, dont nous n'avions pas eu connaissance· Nous avons, en conséquence de la délibération du 14 octobre dernier, fait embarquer pareils effets sur le brigantin la *Marie* pour être remis dans les magasins du roi à Goa pour acquitter les recépissés de M. Baugrand qui nous ont été envoyés,

SURATE.

Nous avions écrit à M. Flacourt de nous envoyer pour votre compte 200 sacs de blé, il en a été embarqué pour 879 Rr. 15 Fs. 6 Cs. sur un vaisseau anglais, nommé le *Boucher* qui a été très endommagé par le coup de vent dont nous vous avons parlé dans l'article précédent, il a été assez heureux de rentrer à Surate, le blé y a été débarqué un peu avarié et vendu au prix coûtant, depuis le départ du vaisseau les grains avaient enchéri. Il avait aussi embarqué sur le vaisseau l'*Elisabeth* copies de ses livres qui ont été perdues avec le vaisseau, nous en avons demandé d'autres.

Mohamet Aly, propriétaire de la loge que vos employés occupaient, à laquelle il a été fait par M. Grangemont des réparations à vos frais pour 10.000 Rs. environ, qui doivent l'être par le propriétaire, a cherché l'occasion de chagriner M. M. Flacourt et Martin par le crédit qu'il a auprès du Gouverneur; nous lui avons fait demander le remboursement des réparations faites à sa maison; le loyer ayant été payé cher, il n'a pas fait attention alors à notre demande, mais depuis que M. Flacourt a délivré quelques uns des passeports qui lui ont été envoyés en conséquence de la délibération du 4 décembre 1728, il est devenu plus docile, nous espérons lui faire rembourser une partie des dépenses qui ont été faites pour les réparations de sa maison. Les autres marchands maures ont beaucoup plus d'égards pour M. M. Flacourt et Martin qu'ils n'en avaient avant la délivrance des passeports, nous continuerons d'en envoyar.

M. Lenoir a fait payer, le 6 août dernier, 1693 Pag 13 Fs. 60 Cs. à M. Dabadie pour solde de ce qui était dû à Apolline Tisserand, son épouse, suivant le compte qui en a été fait conformément à ceux des autres créanciers qui vous ont été envoyés.

Narendas, un de vos courtiers; est revenu une seconde fois ici en novembre dernier avec d'autres créanciers, ils ont apporté pour 427.176 Rs. 22 Fs. de contrats qu'ils ont présentés, l'on est à leur expliquer les comptes, ils disputent les intérêts, il y a apparence qu'ils se réduiront à accepter ce qui sera dû par le solde des comptes; s'ils acceptent, l'embarras sera de trouver de quoi les payer. Le *Duc de Chartres* n'est pas encore arrivé, vous voyez qu'il ne nous reste point d'argent, il est absolument nécessaire que vous destiniez des fonds pour le payement de ces sortes d'affaires, elles ne finiront jamais autrement.

ILES DE FRANCE ET DE BOURBON.

En conséquence de la délibération du 17 janvier 1729, le vaisseau la *Sirène* a été expédié le 14 février, il est arrivé le 24 mars à l'île de France, nous vous avons envoyé le 15 février par voie d'Angleterre la facture des effets qui y ont été chargés. Le Conseil de l'île de Bourbon doit vous informer du succès de l'exécution des projets qui ont été faits pour secourir les îles au moyen de ce vaisseau, qui devait vous être renvoyé dès le mois d'octobre ou novembre dernier chargé de café, nous souhaitons qu'il soit bien arrivé en France et que vous soyez contents de ce qui a été fait à ce sujet.

En exécution de vos ordres nous avons fait acheter le brigantin l'*Indien* à Bengale où il a été chargé de différentes provisions, il est arrivé ici et parti le 17 octobre dernier pour les iles de France et de Bourbon, chargé des effets portés sur les deux factures dont copies sont ci-jointes avec le compte de la mise hors du brigantin qui doit rester aux ordres du Conseil de l'île de Bourbon pour la communication des îles, il est pourvu suffisamment des choses nécessaires pour y naviguer plus d'un an.

Le vaisseau l'*Alcyon* que nous avions envoyé en octo-

bre 1728 à Merguy pour y être radoubé; en est revenu le
5 avril dernier bien radoubé, le compte des dépenses est
ci-joint avec la facture des effets qu'il en a apportés. Vous
voyez par la délibération du 14 de ce mois le parti que
nous avons pris de vous le renvoyer à défaut du *Duc de
Chartres*, nous nous proposons d'envoyer le mois prochain
le vaisseau le nouveau *St. Pierre* que nous attendons de
Bengale pour porter aux iles de France et de Bourbon les
vivres et les marchandises qui sont nécessaires, et que le
Conseil nous demande.

FORTIFICATIONS ET BÂTIMENTS

La halle pour la visite des marchandises a été achevée
au commencement de l'année dernière, nous nous en
servons depuis le mois de mai.

La chauderie, bâtie en conséquenc de la delibération
du 5 novembre 1728, a été finie dans le même temps, elle
est occupée suivant sa destination, la justice s'y rend aux
gens du pays. L'enceinte de la ville a été reprise au mois
de juillet et a été continuée du côte du sud, il a été fait 217
toises de murs à 9 pieds de haut, une porte flanquée de deux
demi bastions suivant l'idée qu'en avait donnée M. Deidier, ces bastions ont 10 toises de face, et $6\frac{1}{2}$ toises de
flanc, sont élevés à la hauteur de 15 pieds sous le cordon,
aussi bien que la courtine de 65 toises de longueur aux
deux côtés de la porte; en dedans ont été bâtis deux
corps de garde, l'un pour les français, et l'autre pour les
topas, deux rampes pour monter aux bastions, sous l'un
desquels est une poudrière, et sous l'autre une cuisine,
une décharge et une prison. Les fondements du mur
ont été continués jusque vis-à-vis le jardin de la Compagnie, et sont au rez de chaussée et contiennent 154 toises
de longueur à l'angle saillant de ce mur; on a fait aussi
des fondements d'un bastion de 10 toises de face et de 5

de flanc, tous ces ouvrages ont coûté 5.773 pagodes. Le bastion du bord de la mer a été rempli de sable, l'on travaille actuellement à piquer les pierres nécessaires aux plates formes, les différents coups de vent que nous avons eu l'année dernière n'ont point endommagé l'estacade, il est cependant nécessaire de la finir entièrement, sans quoi ce bastion ne sera pas en sûreté.

Nous avons commencé sur la fin de l'année dernière la construction de deux corps de logis dans le fort vis-à-vis les deux grands magasins de devant la porte royale, l'un est presque achevé, et l'autre est au rez de chaussée, ils serviront tant pour logement que pour des bureaux.

Nous avons aussi fait faire une nouvelle poudrière plus éloignée de la ville que n'était la première, elle est aussi plus solide étant bâtie en partie en briques, le maitre canonnier Canhan y a fait de notre consentement un moulin tourné par des bœufs qui fait aller cinq pilons, cette machine n'a pas eu tout-à-fait la réussite que nous en attendions, elle va cependant toujours, mais très lentement, on pourra par la suite la corriger et la rendre plus facile et plus legère; la dépense, tant du batiment que du moulin, revient à 1600 Pagodes, non comprisiles six mortiers en fonte. Ce moulin fait 100 livres de poudre par jour, ce qu'autrefois l'on ne pouvait faire qu'avec un grand nombre d'ouvriers, il n'y a que 16 qui y travaillent journellement et 6 bœufs.

AFFAIRES GÉNÉRALES

Il a été apporté par la *Danaé* une boite adressée au nommé Chiquelier, soldat qui a ci-devant déserté de Mahé, contenant quelques effets qui ont été vendus à l'encan et ont produit 7 Pagodes 9 Fanons suivant procès verbal de vente, cette somme a été remise à la caisse le 5 novembre dernier.

Dans la nécessité où nous étions en juillet dernier de nous servir de l'*Alcyon* pour porter des fonds à Bengale, l'équipage de ce vaisseau demanda à repasser en France par le long temps qu'il en était parti; dans l'espérance où nous étions alors de renvoyer en octobre la *Danaé*, en conséquence de la délibération du 6 juillet, nous fîmes passer l'équipage de l'*Alcyon* sur la *Danaé* dont il en fut tiré le même nombre pour servir sur le premier, suivant les états qui en furent arrêtés, et dont nous envoyons copies à M. Fayet.

Le *Duc de Chartres* n'étant pas arrivé, nous avons, en conséquence de la délibération du 14 de ce mois, fait charger l'*Alcyon* pour aller en France de concert avec la *Danaé*, nous avons pris dans la garnison les meilleurs soldats pour suppléer à son équipage qui sera composé de 44 hommes. Lorsque ce vaisseau est parti d'ici pour Merguy, il y avait deux chirurgiens; le sieur Cayrefour qui n'était pas en bonne santé, demanda à rester du consentement de son capitaine, il a servi à l'hôpital en qualité de second chirurgien jusqu'au mois de janvier où il a demandé à passer en France; il s'est embarqué sur le *Bourbon* commandé par M. de la Garde, nous avons appris depuis qu'il était resté à l'Ile Bourbon; le second chirurgien de l'*Alcyon* étant mort à Bengale, nous avons fait embarquer un soldat nommé Charles Charenton dit la Sonde, qui a servi de troisième chirurgien à Mahé du temps de la guerre et sur les vaisseaux où il y a eu des détachements, afin qu'il en puisse servir en cas d'accident à l'ile Bourbon où nous donnons ordre de faire embarquer le sieur Cayrefour pour qu'il reprenne sa place de premier chirurgien sur ce vaisseau; pour que l'équipage ait les secours nécessaires en cas de maladie, nous avons fait fournir des remèdes à cet effet; nous y avons aussi embarqué le R. P. Joseph, théatin, comme aumonier; ce vaisseau est suffisamment pourvu de choses nécessaires pour qu'il puisse être conduit à Lorient en compagnie de la *Danaé*, conformément aux instructions que nous donnons aux capitaines.

Le sieur Le Boulanger, capitaine, nous a présenté une requête dont copie est ci-jointe, avec la réponse que nous y avons faite, nous n'avons pas crû décider sur sa demande. Il n'en est pas de même de celle qui nous a été présentée par les sieurs Diselle, Lecoutre et Castillon, dont copie est ci-jointe, et de la réponse, en conséquence de laquelle nous leur avons fait payer 150 Pagodes en acompte des appointements qui leur sont dûs, attendu la nécessité de les mettre en état de conduire le vaisseau en France.

Nous vous envoyons par la *Danaé* à l'adresse de M. l'abbé Raguet les livres des chrétiens de St. Thomé de Mayliapore pour la bibliothéque du Roi, qui étaient du nombre de ceux demandés par le mémoire.

Vous recevrez, Messieurs, par la *Danaé* les livres de ce comptoir soldés au 30 juin 1729.

La colonie augmente tous les jours en enfants, il y en a plusieurs dont les pères, qui sont employés à votre service, ont l'intention de les faire passer en France pour qu'ils reçoivent l'éducation qu'il est impossible de leur donner ici, nous accordons passage à ceux qui le demandent et à leurs domestiques dans l'espérance que vous leur accorderez la même grâce pour le retour.

Depuis plusieurs années les capitaines de vos vaisseaux y embarquent des personnes dans des qualités supposées, ce qui vous constitue dans une dépense inutile; lorsqu'on les refuse, ils les laissent ici sans permission, et nous ne nous en apercevons qu'après leur départ. Ils embarquent même d'autres personnes qui ne sont pas comprises dans le rôle d'équipage; cela vous fait une multiplicité de français dans l'Inde auxquels nous ne saurions donner de service; ils passent chez les nations européennes et même chez les Maures, où ils se font assez fréquemment de mauvaises affaires, qui retombent sur la nation et nous causent de l'embarras. Nous prions de nous dire si vous souhaitez donner des ordres pour que nous redemandions autant qu'il sera possible tous les français, qui sont répandus dans les différentes parties de l'Inde. Nous garderons ceux qui seront de bonne conduite et capables de rendre quelques services, et nous renverrons les autres. M. de Fayet a donné passage à plusieurs personnes sur les différents vaisseaux qui sont venus, la *Danaé* en a apporté six dont vous ne nous parlez point. Ayez agréable de nous dire si votre intention est, faute d'emploi, de leur donner du service pour les empêcher de passer chez les étrangers, sans quoi nous serons forcés de les renvoyer par les mêmes vaisseaux.

Nous sommes accablés de sollicitations pour donner passage pour France sur vos vaisseaux à des missionnaires italiens, espagnols, allemands et portugais, qui se présentent annuellement en grande quantité, nous n'avons pû le refuser à deux qui se sont embarqués sur le *Royal Philippe*, l'un est espagnol, c'est le gouverneur de Manille qui l'a demandé, l'autre est Italien, c'est le roi du Pégou auquel nous n'avons pu refuser, vos vaisseaux allant faire commerce chez eux; nous l'avons accordé à un Père théatin italien sur l'*Alcyon*, à condition d'y servir d'aumônier; depuis il est venu deux pères augustins de Bengale, dont un a demandé à passer en France, nous l'avons refusé, les R.R. P.P. jesuites nous ont engagés de le lui accorder en payant son passage au capitaine, nous le faisons embarquer sur la *Danaé*. Nous vous supplions, Messieurs, de nous expliquer de quelle façon vous voulez que nous en agissions à l'égard des missionnaires des nations étrangères; quant aux missionnaires français de tous ordres, nous leur donnons passage gratuitement pour tous les endroits oú vont vos vaisseaux.

DU 27 JANVIER 1730

Le vaisseau le *St. Pierre* mouilla en cette rade, venant de Bengale, le 22 de ce mois, chargé de 435 balles de marchandises et de 385 sacs de salpètre, le tout montant à 256.786 Rs. 5 Fs. 18 Cs. suivant la facture que le Conseil de Chadernagor vous envoie; ces marchandises resteront en magasin jusqu'en octobre. Nous avons reçu par ce vaisseau les états ci-après que nous vous envoyons, savoir:

L'état des soldats composant la garnison de Chandernagor au 1er de ce mois.

Celui des soldats de la dite garnison morts en 1728 et 1729, celui des soldats déserteurs pendant ces deux années, les extraits des registres de baptêmes, de mariages et de sépultures du comptoir depuis 1720 jusqu'à la fin de l'année dernière, en 3 cahiers.

Nous vous envoyons aussi l'extrait du registre des baptêmes, mariages et sépultures des comptoirs de Calicut et Mahé depuis le 28 février 1723 jusqu'au 10 août 1729.

Nous vous adressons deux petites boites de graines et de curiosités que le chirurgien major de ce fort envoie à M. de Chirac pour le jardin royal.

Vous verrez, par la délibération du 23 de ce mois, la destination que nous avons faite du *St. Joseph* pour Mahé, et du *St. Pierre* pour les îles, nous nous y référons.

Nous ne pouvons vous envoyer le compte de mise hors du vaisseau le *Pondichéry* pour Moka, dont nous vous parlons dans l'un des articles précédents, il n'a pu être prêt assez à temps.

Outre les 1160 balles de marchandises que les marchands nous ont fournies, ils en ont encore 200 de prêtes dans leurs magasins, que nous ne nous sommes pas pressés de recevoir faute de vaisseau pour les embarquer et d'argent pours les payer, nous les recevrons immédiate-

ment après le départ des vaisseaux que nous vous expé
dions.

Nous vous envoyons ci-joint une facture de 8 ancres
qui sont embarquées sur le *Royal Philippe* et la *Danaé*,
elles sont comprises dans les connaissements.

Outre les 200 balles que les marchands doivent nous
fournir, nous avons encore en magasin 227 balles de
marchandises de Pondichéry et de Mazulipatam, la cargaison en entier du *St. Pierre*, et environ 480.000 livres
de poivre.

Nous vous remettons, Messieurs, les factures du chargement de la *Danaé* et de l'*Alcyon*, savoir: celle de la *Danaé*
montant à 124.671 Rs. 12 : 49 et celle de l'*Alcyon* à
42.255 Rs. 11 : 58 ; nous envoyons les connaissements à
M. Fayet à Lorient.

Nous avons fait tirer de la cargaison du *St. Pierre*
deux caisses de *sanas* fins que vous avez demandés pour
faire des chemises, nous les avons fait embarquer sur la
Danaé, elles sont comprises dans le connaissment général
de son chargement, vous en avez ci-joint la facture montant à 1920 Rs.

Nous venons de recevoir des lettres de M. Duvelaër
datées de Canton du 12 décembre, qui nous marquent
que l'*Argonaute* y était arrivé le 10 aout, et n'était parti
pour France que le 10 décembre, chargé de 97.156 taëls
de différentes marchandises.

Madame Tribert, depuis la mort de son mari, se trouve
très embarassée à Macao, elle ne peut recevoir ce qui
doit lui revenir de la succession de feu son mari; il nous
parait qu'elle n'a d'autres ressources pour vivre que les
secours qu'il vous plaira de lui accorder, nous vous supplions, Messieurs, d'y avoir égard.

Nous avons appris par la même voie que le vaisseau
le *Soucourama* était arrivé à Manille.

Nous sommes, etc, Signé : Lenoir, Delormes Legou, Dupleix, Vincens, Dulaurens et Signard.

———

<table>
<tr><td>La Danaé</td><td>L'aleyon</td><td>INVENTAIRE des pièces qui ont accompagné cette lettre :</td></tr>
<tr><td>1</td><td></td><td>Duplicata de la lettre du Conseil du 30 7bre. 1729.</td></tr>
<tr><td>2</td><td></td><td>Duplicata de la facture du chargement du Royal Philippe.</td></tr>
<tr><td>3</td><td>1.</td><td>Facture des marchandises envoyées à l'ile Bourbon par le brigantin l'Indien.</td></tr>
<tr><td>4</td><td>2.</td><td>Facture de celles envoyées à l'ile de France par le dit brigantin.</td></tr>
<tr><td>5</td><td></td><td>Duplicata de la facture des marchandises envoyées à l'ile Bourbon par le Royal Philippe.</td></tr>
<tr><td>6</td><td></td><td>Duplicata de celles envoyées à l'Ile de France par le dit vaisseau.</td></tr>
<tr><td>7</td><td>3.</td><td>Réponse par apostille à la lettre de la Compagnie du 30 7bre 1728.</td></tr>
<tr><td>8</td><td>4.</td><td>Lettre générale</td></tr>
<tr><td>9</td><td>5.</td><td>Extrait des registres des délibérations du Conseil supérieur de Pondichéry depuis le 8 février 1729 jusqu'au 23 janvier 1730.</td></tr>
<tr><td>10</td><td>6.</td><td>Comptes remis par le sieur Duvelaër du recouvrement par lui fait des fonds séquestrés à Manille, et des frais faits pour y parvenir.</td></tr>
<tr><td>11</td><td>7.</td><td>Etat de la répartition faite aux intéressés du produit en Pagodes des fonds recouvrés.</td></tr>
<tr><td>12</td><td>8.</td><td>Compte rendu par M. M. Burat et de la Bourdonnais aux armateurs du vaisseau le</td></tr>
</table>

62	53.	Lettre de M. Lenoir à M.M. les directeurs.
63		Lettre do. à M. de St. Catherine.
64		Deux paquets d'opium à l'adresse de M.M. Jussieux et Janssin.
65		Une lettre de M. Lenoir à M. de Saintard.
	54.	do. do. à M. son frère.
66	55.	Etat des livres du fort Louis de Pondichéry

H

contenus dans la çaisse marquée L P, em-

H

barquée sur la Danaé.

67		Etat des livres du comptoir de Chandernagor contenus dans la caisse marquée L D C O embarquée sur le dit vaisseau.
68	56.	Une lettre de M. Dupleix à M.M. les directeurs généraux.
69	57.	Une lettre de M. Dupleix à M. son père.
70	58.	Compte général du voyage du *St. Joseph* à Bassora sous la direction des sieurs Regnault et Banel.
71	59.	Facture générale des marchandises chargées sur la *Danaé*.
72	60	do. do. do. do. sur l'*Alcyon*.
73	61.	do. de deux caisses de *sanas* chargées sur la *Danaé*.
74		do. des marchandises de pacotilles permises des officiers de la *Danaé*.
75		Facture de la pacotille du sieur. Ramoud, officier sur la *Syrène*.
76	62.	Le présent inventaire.

Au Fort Louis à Pondichéry, le 27 janvier 1730.

Au Fort Louis à Pondichéry, le 20 janvier 1730.

M.M. D'HARDANCOURT ET GODEHEU,

directeurs de la Compagnie à Nantes,

par la *Danaé* et l'*Alcyon*.

Nous avons reçu, Messieurs, par la *Danaé* qui mouilla en cette rade le 2 juillet dernier, la lettre que vous nous avez fait l'honneur de nous écrire de Nantes le 19 octobre 1728, par laquelle vous nous marquez que la Compagnie a reçu notre lettre du 20 janvier 1728 et notre réponse au mémoire d'observations.

Nous avons reçu aussi celui que vous avez fait sur les marchandises apportées en France en 1728 par le *Lys*, le *Jupiter*, le *Solide*, et la *Badine*, nous nous y conformerons. Nous avons envoyé au Conseil de Chandernagor le mémoire sur les marchandises que ise tirent de Bengale, et au sieur Duvelaër celui des observations faites sur celles de Chine, avec la lettre que vous écriviez à M. Tribert dont le Seigneur a disposé l'année dernière. Nous avons pris communication et retenu copie de tous ces papiers. Vous ne nous accusez point réception de la lettre que nous vous avons écrite le 20 janvier 1728 en réponse à celle que vous nous avez écrite le 2 janvier 1727, elle était cependant envoyée à la Compagnie.

Nous avons l'honneur d'être, etc. Signé: Lenoir, Delorme, Legou, Dulaurens, Vincens et Signard.

Au Fort Louis à Pondichéry, le 27 janvier 1730.

M. DE FAYET, CAPITAINE DE VAISSEAU, GENTILHOMME

de la chambre du roi d'Espagne, Commandant à Lorient.

Nous vous avons écrit, Monsieur, le 30 septembre dernier, la lettre dont nous vous envoyons le duplicata, elle vous sera parvenue par le *Royal Philippe* qui mit à la voile pour France le 8 octobre.

M. Dufay, capitaine de la *Danaé*, nous ayant demandé
le remboursement des vivres et rafraichissements qu'il
avait fournis au dit vaisseau à Madagascar et à Anjouan,
nous lui avons fait payer 141 piastres en 15 marcs 4 onces 2 gros, suivant l'ampliation de son reçu ci-joint à
M. Legou.

Les soldats envoyés à Bengale et qui devaient à Joyaux, cordonnier à Lorient, ont payé à la caisse de la
Compagnie 11 Rs. 6-4, qui font en monnaie de France
16 Lvs. 16-4 ; ils restent encore redevables de 3 Rs. 23-8,
y ayant eu 8 Rs. 5 c. de perte par la désertion de plusieurs.
Nous vous avons donné avis par notre lettre du 30 janvier
1729 que les soldats, qui étaient restés ici, avaient payé 4
piastres 12 fs. qui font 22 Lvs. 16-11, il y a eu aussi des
pertes sur ce qu'ils devaient.

Nous vous remettons l'état général par extrait des inventaires et ventes des effets provenant des successions
des officiers, employés, matelots et soldats morts au service de la Compagnie depuis le 1er octobre 1728 jusqu'au
31 decembre 1729, dont les fonds ont été remis à la caisse de la Compagnie à laquelle nous envoyons un pareil
état, et celui qui concerne le comptoir de Mahé depuis
1720 jusqu'au 30 avril 1729, dont les fonds ont été remis
à la caisse du dit lieu ; vous pouvez faire venir cet état de
Paris si vous en avez besoin.

Nous informons la Compagnie des raisons que nous
avons eues de changer en juillet dernier quelques matelots
de l'*Alcyon* contre quelques uns de ceux de la *Danaé*;
nous vous envoyons deux états concernant ce changement, l'un des décomptes délivrés aux matelots de la
Danaé versés sur l'*Alcyon*, et l'autre de ceux délivrés aux
matelots de l'*Alcyon* versés sur la *Danaé*.

Vous trouverez ci-joint le connaissement général des
diverses marchandises qui composent la cargaison de la
Danaé et de l'*Alcyon*, et le reçu de la boite de nos dépê-

ches à l'adresse de la Compagnie, embarquée sur le dit vaisseau.

Nous envoyons à la Compagnie par la *Danaé* les livres de ses comptoirs de l'Inde renfermés dans une caisse

H

marquée L P, vous en avez ci-joint le reçu signé du

P

capitaine.

Vous avez encore ci-joint l'état des dépenses faites par l'*Alcyon* à Merguy, de celles faites par le dit vaisseau à Chandernagor, un troisième de celles qu'il a faites à Pondichery, un quatrième des matelots du dit navire nourris à l'hôpital, et un cinquième des effets qui lui ont été fournis de nos magasins. Il a été payé à Chandernagor à divers matelots de l'*Alcyon*, 125 Rs.-8-2 suivant l'état ci-joint, et 200 Rs. suviant un autre état ci-inclus. Nous vous envoyons ces pièces afin que vous y ayiez égard en arrêtant les comptes des personnes qui y sont dénommées.

Nous avons fait payer ici aux sieurs Seille, Le Coutre et de Castillon, officiers de la dite frégate, 150 Pagodes, suivant leurs quittances dont nous vous envoyons une ampliation signée du caissier, afin que vous leur fassiez faire la retenue.

Outre toutes ces pièces, nous vous remettons encore trois reçus de 1612 livres de biscuits et 250 livres de bœuf frais, fournis par la *Syrène* à l'*Alcyon*, tant à l'ile Bourbon qu'ici.

Nous vous envoyons l'état des dépenses faites par la *Danaé*, celui des malades du dit vaisseau nourris à l'hôpital de cette ville, et l'état de ce que lui a été fourni de nos magasins.

La nécessité de suppléer au défaut de l'équipage de l'*Alcyon* nous a obligés de prendre trois personnes de la colonie pour servir de matelots sur ce vaisseau, vous aurez agréable à leur arrivée de les faire servir dans le port selon que vous jugerez à propos, et de les renvoyer par les premiers vaisseaux. Ils doivent être payés 16 Lvs. chacun par mois jusqu'à leur retour ici, il ne leur a été payé aucune avance ainsi qu'il est porté sur le rôle de l'équipage dont copie est ci-jointe.

Nous vous remettons encore l'état des passagers embarqués sur la *Danaé* tant à la table qu'à la ration ordinaire, et le reçu de M. Dufay de la caisse des livres de Chandernagor, marquée L D C O, embarquée sur la *Danaé*.

Nous sommes, etc. Signé: Lenoir, Delorme, Legou, Dupleix, Vincens, Dirois, Dulaurens et Signard.

———

PIÈCES qui ont accompagné cette lettre,

par la *Danaé*.

No.

1 Lettre du Conseil supérieur de ce jour.

2 Connaissement général des marchandises de la cargaison de la *Danaé*,

3 Duplicata de la lettre du Conseil supérieur du 30 7bre. 1729.

4 L'ampliation d'un reçu de M. Dufay de 15 marcs 4 onces 2 gros de matières d'argent, à lui payés par M. Legou.

5 Le mémoire mentionné dans le dit reçu.

6 Etat général par extrait des inventaires des décédés depuis le 1er octobre 1728 jusqu'au 31 décembre 1729, dont les fonds ont été remis à la caisse de Pondichéry.

7 Etat des décomptes délivrés aux officiers mariniers et matelots de la *Danaé* versés sur l'*Alcyon*.

8 Un pareil état pour ceux de l'*Alcyon* versés sur la *Danaé*.

9 Note d'un paiement de 125 Rs. 8 - 2. fait à Chandernagor à divers matelots de l'*Alcyon*.

10 Etat d'un paiement de 200 Rs. fait au dit lieu de Chandernagor à 8 mariniers de l'*Alcyon*.

11 Recu de M. Dufay de la boite des dépêches du Conseil supérieur de Pondichéry à l'adresse de M. M. les directeurs, et d'une autre boite contenant des animaux curieux, marquée A.

12 Reçu du sieur Dufay de la caisse des livres des comptoirs des Indes, marquée L $\overset{H}{P}$, et de celle de Chandernagor marquée L $\overset{H}{C}$ D O.

13 Etat des dépenses faites par la *Danaé* à Pondichéry.

14 Etat des effets fournis des magasins de ce fort à la *Danaé*.

15 Etat des malades du dit vaisseau nourris à l'hopital de cette ville.

16 Etat des passagers embarqués pour France sur la *Danaé*.

17 Etat de ce qui a été fourni des magasins de Pondichéry à l'*Alcyon*.

18 Etat des dépenses de l'*Alcyon* à Pondichéry.

19 Etat des provisions et effets fournis des magasins de la Compagnie à Pondichéry à la *Danaé*.

20 Etat des hardes fournies au dit vaisseau la *Danaé*.

21 Le présent inventaire.

INVENTAIRE des pièces contenues dans les dépèches du Conseil par l'*Alcyon*.

No.

1 Lettre du Conseil supérieur de ce jour.

2 Connaissement général des marchandises de la cargaison de l'*Alcyon*.

3   L'ampliation du reçu de M. Dufay de 15 M. 4 on. 2 g. de matières d'argent à lui payés par M. Legou.

4   L'état général par extrait des inventaires des décédés depuis le 1er octobre 1728 jusqu'au 31 décembre 1729, dont les fonds ont été remis à la caisse de Pondichéry.

5   Etat des comptes délivrés aux officiers mariniers et matelots de la *Danaé* versés sur l'*Alcyon*.

6   Un pareil état pour ceux de l'*Alcyon* versés sur la *Danaé*.

7   Note d'un paiement de 123 Rs. 8 - 2. fait à Chandernagor à divers matelots de l'*Alcyon*.

8   Etat d'un paiement de 200 Rs. fait à Chandernagor à 8 mariniers de l'*Alcyon*.

9   Reçu de M, Boulanger de la boite des dépêches du Conseil supérieur à Pondichéry à l'adresse de M. M. les directeurs.

10   Etat des dépenses de l'*Alcyon* à Merguy.

11   Etat de celles faites à Pondichéry par le dit vaisseau.

12   Etat   do   à Chandernagor   do

13   Etat des malades du dit vaisseau nourris à l'hopital de cette ville.

14   Etat des effets fournis des magasins de ce fort à l'*Alcyon* et 3 pieces.

15   Ampliation signée du caissier de la Compagnie de 150 p. payées aux sieurs Seille, Le Coutrei et de Castillon, officiers sur l'*Alcyon*

16   Reçu des biscuits et livres de bœuf fournis par la *Syrène* à l'*Alcyon*, tant à l'île Bourbon qu'à Pondichéry.

17   Rôle de l'équipage du dit vaisseau.

18   Etat des hardes fournies des magasins de Pondichéry à l'*Alcyon*.

19   Duplicata de l'état der dépenses faites par la *Danaé* à Pondichéry

20   Duplicata de l'état des hardes fournies à la *Danaé.*
21   Le présent inventiaire.

Au fort Louis, à Pondichéry le 28 janvier 1730

MESSIEURS LES DIRECTEURS GÉNÉRAUX

de la Compagnie des Indes

par voie de Madras, sous le couvert

de M. Bedfort, négociant à Londres.

Messieurs,

Les vaisseaux la *Danaé* et l'*Alcyon* mirent à la voile la nuit du 28 du mois passé pour aller aux îles de France et de Bourbon, et se rendre ensuite en droiture à Lorient.

Le *Duc Chartres*, commandé par M. Marquaysac, mouilla en cette rade le 29 dans l'après midi, les matelots sont attaqués de scoibut, il a perdu 26 hommes de son équipage avant de partir des îles pour venir ici. Nous avons, par délibération du 31 janvier dernier, pris le parti de l'envoyer à Mahé avec des fonds pour en rapporter des poivres en mai prochain, nous le ferons partir incessamment. Vers le 15 de ce mois nous enverrons le *St. Joseph* à Chandernagor pour y porter des fonds, afin que le Conseil soit en état de faire de bonne heure un contrat pour avoir les marchandises que vous demandez par vos vaisseaux.

Nous avons reçu par le *Duc de Chartres* des lettres de M. Maupain qui a passé sur ce vaisseau à l'île de France, il nous demande une quantité prodigieuse de provisions et d'effets et deux bateaux de 80 à 90 tonneaux, mailletés, pour la communication par mer du port Louis au port

Bourbon, et d'y faire embarquer des matelots et lascars engagés dans l'Inde pour 6 ans. Nous vous prions de nous donner des ordres sur ce projet. Le nouveau *St. Pierre* partira incessamment pour ces îles avec le plus de provisions et de marchandises qu'il nous sera possible d'y embarquer, et 6.000 Pagodes dont 4.500 en fanons et 1.500 en or, par ce moyen vos ordres seront entièrement exécutés, nous continuerons d'y envoyer tout ce que vous nous prescrivez.

Nous sommes, etc. Signé : Lenoir, Delorme, Legou, Dupleix, Vincens, Dulaurens et Signard.

Au fort Louis, à Pondichéry; le 3 février 1730.

M. BEDFORT Négociant à Londres.

Nous vous adressons, Monsieur, une lettre pour M. M. les Directeurs généraux de la Compagnie des Indes à Paris que nous vous prions de vouloir bien leur faire tenir dès qu'elle vous sera parvenue.

Nous sommes, etc. Signé : Lenoir, Delorme, Legou, Dupleix, Vincens, Dulaurens et Signard.

Au fort Louis à Pondichéry, le 8 octobre 1730

MESSIEURS LES DIRECTEURS GÉNÉRAUX

de la Compagnie des Indes

par le *Duc de Chartres* et la *Diane*.

Messieurs

Nous avons eu l'honneur de vous écrire par voie de Madras sous le couvert de M. Bedfort, négociant à Londres, le 3 février dernier, et de vous informer de l'arrivée du *Duc de Chartres* par lequel nous avons reçu le triplicata des expéditions que nous avaient apportées le *Royal Philippe* et la *Danaé*, et celles du 25 janvier, conformément à l'inventaire.

Le *Lys*, commandé par M. le chevalier de Pondevez, a mouillé en cette rade le 20 juillet, nous avons reçu par ce batiment le duplicata de la lettre de la Compagnie du 14 octobre 1729 et celle du 19 décembre suivant avec toutes les pièces qui y étaient jointes, et une lettre du 7 janvier dernier au sujet du camphre envoyé en France par le *Mercure*.

Le *Neptune* et la *Diane* sont arrivés le 29 août. M. Jonchée, commandant le premier, nous a remis vos dépêches du 14 octobre 1729. Nous avons aussi reçu par ces vaissaux les lettres de M. M. Godeheu et Hardancourt datées de Nantes les 20 et 29 octobre, 29 novembre et 8 décembre 1729 avec toutes les pièces qui y étaient jointes. Nous avons reçu par ces trois vaisseaux 106368 marcs 7 onces 5 gros en matières d'argent, poids de France, savoir:

Par le Duc de Chartres.

d'envoi de M. Fayet, à Lorient	2.131.7.0		
do M. Sortie 21.105	19.785.7.4	26.230.5.2	
do M. Disambert de Cadix	4.312.6.6		

Par le Lys.

d'envoi de M. Fayet	1.864.0.0		
do M. Cazaubon de Cadix 34.275	32.132.5.3	40.126.5.7	
do M. Disambert	6.130.0.4		

Par le Neptune.

d'envoi de M.M. Cazaubon et		
Bilhic	42.676.0.0	40.011.4.4
		106.368.7.5

Nous avons envoyé 5.000 marcs de ces matières d'argent à Mahé par le *Duc de Chartres* en février dernier, 52.000 marcs à Bengale par le *St. Joseph*, le *Pondichéry* et le *Neptune*, le premier parti d'ici en février et les deux autres en août. Nous en destinons environ 7.000 marcs pour Mahé que nous y enverrons incessamment, le surplus a été employé à payer les cafés que nous avons reçus de Moka par le *Pondichéry*, et les marchandises ordonnées pour les cargaisons des vaisseaux d'Europe.

Nous avons expédié le *Lys* pour Achem et Merguy en conséquence de notre délibération du 31 juillet, il en doit faire son retour en décembre prochain. Le *Neptune* est parti pour le Gange en août en conséquence de la délibération du 28 du dit mois, il fera son retour en décembre et partira pour France avec le *Lys* en janvier 1731.

Nous avons gardé la *Diane* pour le charger en café au cas que la *Vierge de grâce* ne nous parvienne pas, nous avons attendu ce vaisseau (dont nous n'avons aucune nouvelle) jusqu'au 18 septembre que nous avons pris une délibération en exécution de laquelle nous avons chargé sur la *Diane* 1.350 balles de café, nous vous l'expédions avec le *Duc de Chartres*.

Nous aurons l'honneur de répondre amplement à toutes vos lettres, Messieurs, par les vaisseux qui partiront en janvier prochain, et vous informerons alors exactement de toutes nos opérations depuis le départ de la *Danaé* et de *l'Alcyon*.

Nous avons tiré sur vous, Messieurs, le 16 août, une lettre de change par première et seconde à deux mois de vue à l'ordre de M. Edme de 60 marcs de piastres. Le 11 septembre nous avons tiré une autre lettre de change à deux mois de vue, par première seconde et troisième, à l'ordre de dame Marie Sulpice Benoit, de Quimperlé, de 416 Pagodes 22 Fanons.

Le 1er de ce mois nous avons encore tiré une lettre de change à deux mois de vue, par première et seconde, à l'ordre de Mesdemoiselles Guesdon et Bouquet, de Quimperlé, de 325 Pagodes.

En exécution des ordres de la Compagnie, nous avons fait chanter un *Te Deum* en actions de grâces de la naissance de Monseigneur le Dauphin, et avons fait les réjouissances les plus convenables qu'il nous a été possible pour célébrer dignement un évenement si heureux, nous vous en envoyons la relation, nous avons donné ordre de faire la même chose dans tous vos comptoirs des Indes.

Nous vous remettons la facture générale du chargement du *Duc de Chartres*, montant à la somme de 187.747 Pagodes 22 Fs. 18 C., et celle de la *Diane* montant à 38.989 Pagodes 9 Fs. 38 C., nous en envoyons les connaissements à M. Fayet, Directeur à Lorient.

Vous trouverez ci-joint la note des différents effets que nous envoyons aux Iles de France et de Bourbon.

M. Lenoir nous a remis deux petites boîtes marquées la première No. IV et Rivaudais à Paris, et la 2eme No. 2 V.R.P., cachetées du cachet de M. Martin, dans lesquelles il y a des diamants, ces boîtes ont été remises à M. de Marquaysac et adressées à M. Fayet, vous aurez agréable de les faire remettre à M. M. Verduc et la Jaimais de la Rivaudais à Paris, et de vous faire payer du fret.

M. de Marquaysac nous a présenté une requête le 16 septembre dernier dont copie est ci-jointe, et par laquelle il dit avoir perdu 34 hommes, tant officiers mariniers que matelots des plus capables de son équipage, et demande que nous lui donnions 12 à 15 hommes pour supplément, nous avons engagé trois bons matelots européens, et lui avons donné 11 soldats de la garnison pour remplacer une partie de la perte qu'il a faite ; si nous avions pu trouver des matelots, nous en aurions fourni un plus grand nombre, son équipage nous parait fort faible, il est

cependant nécessaire d'avoir un nombre d'équipage suffisant afin de conserver les sujets du roi, vos vaisseaux et
leurs cargaisons, sans quoi il est à craindre que vous ne
courriez de grands risques.

Nous avons fait embarquer sur le *Duc de Chartres* une
caisse à l'adresse de M. l'abbé Raguet, qui nous a été
remise par les R.R.P.P. Jésuites et qui contient des livres
pour lesquels nous leur avons remboursé (et pour ceux
qui ont été envoyés en 1729) 55 Pagodes 22 F.

Nous sommes, etc. Signé : Lenoir, Delorme, Legou,
Dupleix, Vincens, Dulaurens et Signard.

PIÉCES qui ont accompagné cette lettre
par le *Duc de Chartres*.

No.

1 Lettre du Conseil du 8 octobre à M. M. les Directeurs généraux.
2 Relation des fêtes données à Pondichéry pour la
   naissance de Monseigneur le Dauphin.
3 Facture générale du chargement du *Duc de Chartres*.
4 Copie de la requéte présentée par M. de Marquaysac
   au Conseil.
5 Facture des effets chargés sur la *Diane*.
6 Facture des marchandises des pacotilles permises
   aux officiers du *Duc de Chartres*.
7 Facture des marchandises chargées sur le dit vaisseau, et la permission du sieur de la Bourdonnais,
   officier de la *Badine*.
8 Facture générale des cafés et autres effets chargés
   sur la *Diane*.
9 Facture des marchandises et autres effets envoyés à
   l'île Bourbon par le *Duc de Chartres*.

10   Facture des marchandises envoyées à l'Ile de France
par la *Diane*.

11   Un paquet à l'adresse de M.M. les Directeurs généraux de la Compagnie remis par M. Lenoir.

12.   Un autre paquet à l'adresse de M. de St. Catherine.

INVENTAIRE des pièces contenues dans les dépêches
du Conseil par la *Diane*.

No.

1   La lettre par duplicate du 8 octobre à M.M. les
Directeurs généraux.

2   Duplicata de la relation des fêtes données pour la
naissance de Monseigneur le Dauphin.

3   Facture générale du chargement du *Duc de Chartres*.

4   Copie de la requête de M. de Marquaysac présentée
au Conseil.

5   Facture des cafés chargés sur la *Diane*.

6   Facture générale des cafés chargés sur le *Pondichéry*
à Moka.

7   Facture générale des cafés et autres effets chargés
sur la *Diane*.

8   Un paquet à l'adresse de M.M. les Directeurs généraux de la Compagnie remis par M. Lenoir.

Au Fort Louis à Pondichéry, le 11 octobre 1730.

M. FAYET, CAPITAINE DE VAISSEAU GENTILHOMME

de la Chambre du roi d'Espagne, Commandant à Lorient.

Nous avons reçu, Monsieur, par les vaisseaux le *Duc de
Chartres*, le *Lys* et le *Neptune* les lettres que vous nous

avez fait l'honneur de nous écrire les 3 mars et 5 novembre 1729, 9 et 11 janvier dernier, avec toutes les pièces qui y étaient jointes.

Les capitaines de ces trois vaisseaux nous ont remis les marchandises et autres effets contenus dans les factures et connaissements qui étaient joints à vos lettres, à l'exception du fer, du *Lys*, sur lequel il y a quelques erreurs que nous vérifions. Le vin de Champagne, venu sur le *Lys* pour le compte de M. de St. Catherine, a été remis à M. Lenoir. Nous avons reçu, de votre envoi par le *Duc de Chartres*, 2831 marcs 7 onces de matières d'argent, et par le *Lys*, 1864 marcs au lieu de 1867 marcs 2 onces 4 gros portés sur la facture.

Les effets venus pour différents particuliers sur les vaisseaux que nous avons reçus de France cette année ont été tous remis.

Les passagers embarqués sur ces vaisseaux sont arrivés et débarqués ici à l'exception des Demoiselles du Coudray, veuve Deslandes, Allègre, Bille, sa fille, et la Frénaye qui sont restés en France, ou ont débarqué aux îles.

Nous vous enverrons en janvier 4 balles de toiles pour pavillon de plus de résistance et plus grosses que celles que nous vous avons envoyées en 1729, nous croyons que ces premières toiles conviennent bien mieux que de plus fortes, la grosse toile de coton pèse et se déchire plus facilement; lorsqu'elle est plus fine, elle résiste et dure plus longtemps pour des pavillons.

A l'égard des bougies elles continuent toujours d'être très rares, et nous avons peine de nous en procurer la quantité qui nous est nécessaire, tant pour envoyer aux îles que pour notre usage, nous aurons attention de vous en envoyer quand elles seront plus communes.

Nous vous avons donné avis par notre lettre du 30 septembre 1729 du paiement que nous avions fait aux parents des nommés Claude Brunet et Bourguignon des 180 Lvs. que vous nous aviez remis par la *Danaé*.

Nous répondrons en janvier prochain au mémoire que vous nous avez remis concernant le nommé Philippe Lucas. Naus avons payé à M. de Marquaysac, capitaine du *Duc de Chartres*, la somme de 200 Pagodes d'or pour les dépenses de sa table, vous trouverez ci-joint l'ampliation du reçu qu'il en a donné à M. Legou.

Nous vous remettons ci-joint le connaissement général des marchandises chargées sur le *Duc de Chartres* et la *Diane* avec le reçu de la boite de nos dépéches à l'adresse de M.M. les Directeurs généraux, chargée sur ce vaisseau. Nous vous envoyons l'état des dépenses du *Duc de Chartres* à Mahé, celui de celles qu'il a faites ici avec un troisième état des malades de ce vaissau nourris à l'hôpital.

L'équipage de ce vaisseau étant tres faible par la perte de 34 de ses meilleurs officiers mariniers et matelots, nous avons été obligés d'accorder à M. de Marquaysac un supplément d'équipage, nous vous en remettons copie. Outre ces pièces vous trouverez encore l'état des dépenses de la *Diane* à Pondichéry avec un autre des malades du dit vaisseau nourris à l'hopital de cette ville.

Vous avez ci-joint l'état des passagers embarqués pour France sur le *Duc de Chartres*.

Nous vous remettons ci-joint le connaissement de deux boites contenant des diamants que nous avons remises à M. de Marquaysac, vous aurez agréable de vous les faire remettre et en donner avis à la Compagnie.

Nous sommes, etc. Signé : Lenoir, Delorme, Legou, Dupleix, Vincens, Dulaurens et Signard.

PIÈCES qui ont accompagné cette lettre,

par le *Duc de Chartres.*

No.

1 La lettre du Conseil du 9 de ce mois.
2 L'ampliation du reçu de M. de Marquaysac de 200 Pagodes.
3 Etat des hardes fournies à l'équipage du *Duc de Chartres.*
4 Le connaissement du chargement du dit vaisseau.
5 Etat des dépenses du dit vaisseau à Pondichéry.
6 Etat des malades de la *Diane* nourris à l'hôpital de cette ville.
7 Etat des dépenses du *Duc de Chartres* à Mahé.
8 Rôle des malades du dit vaisseau à Pondichéry.
9 Etat des dépenses de la *Diane* à Pondichéry.
10 Etat de supplément d'équipage fourni au *Duc de Chartres.*
11 Etat des passagers pour France embarqués sur le d°
12 Connaissement de deux petites boites contenant des diamants.
13 Reçu de M. de Marquaysac de la boite des dépêches.

INVENTAIRE des pièces contenues

dans le paquet de la *Diane.*

No.

1 Lettre du Conseil du 9 de ce mois.
2 L'ampliation du reçu de M. de Marquaysac de 200 Pagodes.
3 Connaissement du chargement de la *Diane.*
4 Etat des dépenses faites par le *Duc de Chartres* à Pondichéry.
5 Etat des malades de la *Diane* nourris à l'hôpital de cette ville.

6   Etat des dépenses du *Duc de Chartres* à Mahé.
7   Rôle des malades du dit vaisseau.
8   Etat des dépenses de la *Diane* à Pondichéry.
9   Reçu de M. Toitel de la boite des dépêches.

A Pondichéry, le 10 Octobre 1730.

RÉPONSE DU CONSEIL SUPÉRIEUR
A LA LETTRE CI A COTÉ,
Au Fort Louis à Pondi-
chéry, le 15 janvier 1731.

Messieurs,

Nous avons reçu ces ex-
péditions, nous y avons répondu par notre lettre du
21 janvier 1730 par la *Danaé* et le duplicata par l'*Alcyon*, partis ensemble de
cette rade pour France le
28 du même mois.

Nous avons reçu par ce
vaisseau 26.230 marcs 5
onces 2 gros de matières
d'argent, ainsi que nous
vous l'avons marqué par
notre lettre du 8 octobre
dernier, avec les autres effets embarqués.

LETTRE DE LA COMPAGNIE
AU CONSEIL SUPÉRIEUR
DE
PONDICHÉRY,
reçue par le *Duc de Chartres*
à Paris, le 25 janvier 1729.

Vous avez ci-joint, Mes-
sieurs, le triplicata des expéditions que la Compagnie
vous a adressées par le
Royal Philippe et la *Danaé*
qui sont partis de Lorient
les 23 et 24 novembre dernier, et de Cadix le 25 décembre suivant.

Celle-ci vous parviendra
par le *Duc de Chartres* commandé par M. de Marquay-
sac, lequel vous porte 20.000
marcs de matières d'argent
avec les effets et les marchandises qui vous sont
destinés, et que les deux
premiers vaisseaux n'ont
pu enlever,

Nous avons reçu la lettre et les mémoires d'observations faites sur les marchandises, nous nous y conformerons autant qu'il est possible.

Vous avez encore ci joint le triplicata de la lettre et des mémoires d'observations que M.M. les Directeurs députés pour la vente vous ont adressés sur les marchandises reçues par les vaisseaux revenus des Indes l'année dernière, dont la vente s'est faite le 30 septembre dernier et les jours suivants.

Nous n'avions jamais manqué d'attention à cet égard, la *Danaé* et l'*Alcyon* partis en janvier 1730, le *Duc de Chartre* et la *Diane* partis en octobre dernier, doivent vous en convaincre, nous avions même eu scrupule de charger si richement le *Duc de Chartres*.

La Compagnie vous recommande toujours de donner à ses vaisseaux le plus de marchandises qu'il vous sera possible; les vaisseaux revenus l'année dernière étaient bien chargés, et c'est à quoi vous devez vous attacher principalement.

Il est fâcheux pour ces officiers d'être tombés dans une pareille faute, nous sommes persuadés que les peines prononcées contre eux empêcheront les autres de s'exposer à courir de pareils risques.

La Compagnie vous a marqué par sa lettre du 30 septembre dernier que l'on informait à Lorient contre les propriétaires des pacotilles embarquées sur les vaisseaux revenus l'année dernière des Indes, et qui ont été saisies à leur arrivée. En conséquence de ces informations il y a eu un jugement rendu à Rennes le 13 de ce mois par lequel les sieurs Franquerie et la Feuillée sont convaincus d'avoir chargé des marchandises, et sont condamnés à perdre leurs appointements, à la confiscation de leurs marchandises montant à plus de 200.000 Liv. et en outre à 3.000 Liv. d'amende et à tous les dépens. Comme il ne s'est pas trouvé de preuves suffisantes contre les autres officiers, ils ont été mis hors de cause.

Nous vous avons envoyé ces deux balles de marchandises par le *Mars*, commandé par M. Jonchée, parti de cette rade en octobre 1728 pour France, avec copie du procés verbal qui fut fait à ce sujet le lendemain du départ du *Jupiter*.

La Compagnie vous observera à ce sujet que les factures que vous lui avez adressées, ainsi que les connaissements, sont chargés de deux balles qui doivent composer le port permis du dit sieur de la Franquerie, et que les deux balles s'étant trouvées de manque, il en avait été demandé compte bien avant le jugement du procès au dit sieur de la Franquerie, qui en était chargé suivant le connaissement, à quoi il a répondu que ces deux balles étaient restées dans les magasins à Pondichéry, et que c'était par oubli qu'elles n'avaient pas été chargées, il ajouta même que ce fait était à la connaissance de M. Lenoir, quoi qu'il en soit, la confisiation de ces deux balles de port permis étant prononcée au profit de la Compagnie, elles lui appartiennent, et s'il est vrai qu'elles soient restées en magasin à Pondichéry, vous aurez soin de vous les faire représenter, d'en dresser une facture particulière, et de les charger sur le premier vaisseau qui fera son retour en France.

Nous pensons que les pertes et les chagrins que cette affaire doit avoir causés à M. Baugrand, seront plus que suffisants pour empêcher les autres officiers

L'affaire du sieur Baugrand, capitaine de la *Danaé* n'est pas encore finie, il est toujours en prison, mais il y a lieu de présumer qu'il subira les mêmes peines que

d'embarquer des pacotilles, nous ferons de notre part tout ce qui sera possible pour qu'ils soient en règle, sur tout ce que vous leur prescrivez.

les autres. Peut-être que tant d'exemples frapperont ceux d'entre les officiers qui servent la Compagnie et qui sont portés à la pacotille, et qu'ils deviendront plus circonspects, la Compagnie leur donne assez à gagner pour qu'ils ne doivent pas penser à le faire par des voies illégitimes. Faites de votre côté tout ce que vous pourrez pour empêcher le commerce qu'ils peuvent faire de France à Pondichéry, et servez vous de votre autorité pour rompre toute mauvaise pratique, soyez sévères sur cet article, et n'ayez aucune complaisance pour qui que ce soit.

M. Burat a fait remettre ici des fonds dont nous lui avons fourni une lettre de change sur vous qui doit servir à rembourser ce que vous avez avancé à Mesdemoiselles ses sœurs, elles ne doivent plus rien recevoir de vous par la suite.

M. Burat, chef du comptoir de la Compagnie à Moka, l'a priée par sa lettre du 16 août 1727, de faire payez à deux de ses sœurs qui demeurent à Rochefort une somme annuelle de 500 Liv. c'est ce que la Compagnie a fait, en conséquence vous ferez débiter le compte d'appointements du sieur Burat de la dite somme de 500 Liv. et vous continuerez de même chaque année, la Compagnie devant faire payer la même somme aussi chaque année.

Avant de faire débarquer aucune boisson, nous envoyons un employé avec le tonnelier à bord des vaisseaux pour faire ouiller les barriques et dresser procès ver-

Pour remédier en partie aux abus qui naissent des coulages sur les boissons qui se portent dans les différentes colonies, la Compagnie a réglé qu'à l'avenir et

bal de l'état où elles se trouvent, cela est même nécessaire pour conserver le vin rouge; lorsqu'on en débarque une barrique en vidange, elle se gâte, étant remplie le vin se conserve mieux.

à l'arrivée de chaque vaisseau, les Conseils, tant supérieurs que particuliers, enverraient à bord un des principaux employés avec un ou deux commis pour être présents à l'ouillage des barriques de vin, d'eau de vie et d'autres boissons qui se ferait à bord, et en dresser procés verbal en bonne et due forme, dont copie sera remise à la Compagnie, pour constater le coulage et les avaries des dites barriques. Vous tiendrez la main à l'exécution de ce réglement, vous vous y conformerez et vous aurez soin d'en envoyer copie aux comptoirs de votre dépendance, afin qu'ils s'y conforment de leur côté.

Nous sommes, etc. Signé: Lenoir, Delorme, Legou, Dupleix, Vincens, Dulaurens et Signard.

Nous sommes, etc. Signé: Godeheu, Fromaget, Deshayes, Desprémenil, Castanier, Hardancourt et P. Saintard.

—————

RÉPONSE DU CONSEIL SUPÉRIEUR A LA LETTRE CI A COTÉ, par le *Lys* et le *Neptune*. Au Fort Louis à Pondichéry, le 15 janvier 1731.

Messieurs,

Nous avons appris avec beaucoup de satisfaction

LETTRE DE LA COMPAGNIE AU CONSEIL SUPÉRIEUR DE PONDICHÉRY, par le *Neptune*. à Paris, le 14 octobre 1729.

La Compagnie a reçu, Messieurs, vos lettres des

l'arrivée de ces deux vaisseaux, et que vous avez reçu les dépêches dont nous les avions chargés.

28 septembre 1728 et 30 janvier 1729, avec les pièces qui les accompagnaient, conformément aux inventaires, par le *Mars* et le *Bourbon* arrivés en France les 7 mai et 10 août 1729.

Vous voyez que nous ne manquons aucune occasion de vous informer de vos affaires, si vous aviez la bonté de nous écrire par la même voie, vous nous éviteriez souvent de grandes inquiétudes, et vos affaires en iraient mieux.

Elle a aussi reçu par voie d'Angleterre votre lettre et son duplicata en date du 15 février de cette année, avec les pièces y jointes suivant l'inventaire.

Si les vivres ont manqué à l'équipage de ce vaisseau, et que cela ait occasionné sa relâche, ce peut être par le défaut des soutes qui ont été faites avec du bois vert dont l'humidité aura gâté le pain, de même qu'au vaisseau le *Royal Philippe* auquel nous avons été obligés d'en fournir pour son retour, ainsi que nous vous l'avons écrit par notre lettre du 21 janvier 1731. Lorsque vos vaisseaux partent d'ici, ils sont pourvus de vivres nécessaires pour sept mois conformément à ce que vous avez prescrit.

Le *Mercure* n'est arrivé que le 30 du mois dernier, ayant relâché faute de vivres à l'île Royale. La Compagnie ne peut encore porter un jugement certain sur cette relâche, il lui parait cependant qu'elle a été nécessaire, c'est ce qui sera examiné. Les marchandises apportées sur ce vaisseau seront vendues à la suite de celles du *Mars* et du *Bourbon*.

Nous sommes affligés de ce que vous désapprouvez

Les lettres qu'elle a reçues de l'Ile Bourbon lui mar-

la destination que nous a-
vons faite de ce vaisseau
pour porter les secours nécessaires aux îles; nous croyons que les motifs, qui nous
ont engagés à prendre ce
parti, sont suffisamment expliqués dans la délibération
du 17 janvier 1729 pour vous
persuader que c'était le plus
convenable à vos intérêts
dans la situation où étaient
alors vos affaires ici et aux
îles, nous vous supplions de
la relire avec attention, nous
croyons qu'il ne faudra pas
d'autres raisons pour nous
justifier; cela n'a été décidé
qu'après mûres réflexions,
nous n'avions pas 300 balles
de marchandises, du reste
nous vous avons dit par le
dernier article de notre lettre
du 30 janvier 1729 qu'il en
resterait 200 et 300 milliers
de poivre, cela n'était pas suffisant pour charger ce vaisseau. Nous ne savons pas
qui peut vous faire croire
que nous aurions pu trouver
des marchandises à 6 mois
de crédit pour en achever le
chargement; vous savez qu'il
faut ordonner celles qui conviennent pour France, et

quent que la *Syrène* y était
bien arrivée, et que le Conseil se préparait à lui faire
faire une ou deux traites de
noirs à Madacascar, et l'expédier ensuite pour France
avec un chargement de café.
La Compagnie ne saurait
approuver la destination que
vous avez faite de ce vaisseau que vous auriez pu
renvoyer en France avec
un bon chargement en lui
donnant les 300 balles de
marchandises et les 150
milliers de poivre qui sont
restés en magasin, et en y
joignant quelques autres parties de marchandises qu'il
n'était pas impossible d'avoir
à crédit pour 6 mois au plus.
Si vous n'aviez pas d'argent,
ou si vous aviez bien fait
vos réflexions sur les ordres
précis de la Compagnie, qui
portent que votre premier
soin doit être de renvoyer
ses vaisseaux bien chargés,
vous n'auriez pas dépensé
une somme considérable à
payer la succession de Pilavoine, vous vous seriez con-
tentés de lui donner une
partie en acompte, et vous
auriez employé cet argent à

donner de l'argent d'avance pour les fabriquer. Il n'y a pas un seul marchand dans votre colonie en état de nous prêter 2000 Pags. dans nos besoins; lorsque nous avons fait des emprunts pour votre compte, nous nous sommes servis de moyens qu'il n'est en notre pouvoir de mettre en usage toutes les fois que nous en aurions besoin. Examinez s'il vous plait la date de notre délibération et le temps qui restait pour faire partir vos vaisseaux, vous verrez que les moments étaient précieux, et qu'il était presque impossible de faire mieux, nous l'avons pensé et le croyons encore; nous n'avons point manqué de faire réflexion sur les ordres précis que vous nous donnez

l'achat de marchandises. Vous aurez beaucoup de peine à vous justifier en cette occasion, et la Compagnie s'en plaint à M. Lenoir, et elle lui marque que toute affaire de quelque nature qu'elle puisse être, doit céder à la nécessité de charger les vaisseaux qui font leur retour en France. Vous vous plaignez sans cesse que vous manquez d'argent, vous négligez les moyens de faire des retours, vous dépensez des sommes considérables dans le commerce d'Inde en Inde qui ne produisent rien, comment voulez-vous que la Compagnie vous fasse passer des fonds si les ventes qu'elle fait en France sont si faibles.

de renvoyer vos vaisseaux bien chargés, nous mettons tout en usage pour nous y conformer. A l'égard du paiement fait à la succession de feu M. Pilavoine, en examinant ce que vous avez écrit par votre lettre du 22 janvier 1724 à M. M. Beauvollier, Delorme et Bellegarde, celles de M. Dodun des 14 et 15 décembre 1725, par lesquelles il parait que vous étiez dans l'intention d'acquitter les dettes de Surate, et considérant la situation bien triste de la veuve et des héritiers, nous n'avons par crû différer leur paiement aux conditions qu'ils ont bien voulu souscrire, nous avons même crû vous rendre un grand service dans cette occasion. M. Lenoir répondra aux plaintes que vous lui faites à ce sujet; vous n'avez aucuns fonds employés dans le commerce d'Inde en Inde à l'exception de 2500 Pagodes dans celui de Moka.

Nous croyons que ces secours y auront été très utiles, nous ne doutons point que les plants de poivriers et de rhubarbe n'y viennent bien, mais nous ne pensons pas que le poivre ait tant de force que celui de la côte malabare, ni la rhubarbe une si bonne qualité que celle de Chine. Nous ne manquerons pas de continuer à y envoyer des plants de poivriers et même de toutes autres sortes de plantes précieuses que nous pourrons trouver.

Les secours que la *Syrène* a portés aux iles de Bourbon et de France y ont été reçus, et la Compagnie a tout lieu de concevoir grande espérance des plantes qu'on y cultive. Les plants de poivriers que le sieur de Jonchée y a portés par le *Mars*, y font des merveilles, les deux pieds de rhubarbe que le capitaine du *Jason* y a rapportés à son retour de Chine, y réussissent parfaitement bien; ainsi il y aurait tout à espérer si on pouvait leur procurer des espèces de plants encore plus précieux.

Nous avons crû que la permission accordée à quelques particuliers, qui étaient dans le dessein de faire des habitations aux iles, d'y faire passer des esclaves aux conditions qui leur ont été imposées, était infiniment plus avantageuse à la Compagnie pour défricher et cultiver ces iles que d'y envoyer à grands frais comme el-

La Compagnie n'a pas approuvé que vous ayez permis à quelques particuliers d'y faire passer des esclaves pour leur compte, c'est aller contre les privilèges de son commerce, mais en même temps qu'elle vous défend de permettre pareille chose à l'avenir, elle sent combien il est utile de procurer à ses colonies des esclaves de dif-

le fait, des personnes de France qui sont très peu au fait de la culture des terres, et auxquelles elle a été obligée de faire des avances dont elle aura peine d'être remboursée. Nous n'avons depuis accordé aucune permission, nous ferons ce qui sera possible pour que personne n'y fasse passer d'ésclaves ni aucune marchandise. Il est inutile d'armer un ni deux vaisseaux pour y porter des esclaves de Bengale et de cette côte, il n'est pas possible d'en trouver une grande quantité, nous avons écrit à Bengale d'y acheter tous ceux que l'on pourra avoir, nous faisons ici la même chose, mais le nombre n'en sera pas assez grand pour qu'ils ne puissent pas être portés par les différents vaisseaux qui partent d'ici, et qui passent aux îles, sans vous constituer dans la dépense d'armer exprès. Nous y envoyons par tous les vaisseaux les différentes marchandises et provisions qui nous sont demandées, avec la quantité de pagodes et fanons que vous avez ordonnée.

férents endroits, c'est pourquoi elle ordonne au Conseil de Bengale d'armer un ou deux navires pour porter le plus grand nombre d'esclaves qu'il sera possible avec des vivres et les marchandises, dont vous aurez soin de marquer les quantités et qualités pour faire passer par ces navires. Vous aurez attention de votre côté de faire acheter des esclaves autant que vous pourrez, et les ferez embarquer sur ces vaisseaux, vous y joindrez les marchandises de la côte dont ces îles ont bssoin, ainsi que les 6000 Pagodes dont les 5/6 en fanons d'argent et 1/6 en Pagodes.

Les vaisseaux qui partiront d'ici en janvier pour aller aux îles, ne peuvent passer en revenant à Mahé pour y charger du poivre,

La Compagnie vous recommande de faire partir ces vaisseaux dès le commencement de janvier, s'il est possible; vous en adres-

ils y arriveraient trop tard, et pendant qu'ils chargeraient, il pourrait leur arriver accident. Il faut que la plus grande partie des fonds pour les achats des poivres soient à Mahé en novembre ou au plus tard en décembre. Vous ne sauriez vous dispenser de faire partir d'ici un vaisseau en octobre pour y porter la plus grande partie de l'argent et des effets qui sont nécessaires; ce vaisseau y étant arrivé doit servir à aller chercher les riz et boissons pour les provisions de la garnison et de la colonie, et en partir au plus tard à la fin d'avril, chargé de poivres et autres effets, pour arriver ici en mai. Les vaisseaux destinés pour Moka et la Perse appartiennent à des particuliers qui veulent bien porter gratuitement à Mahé l'argent dont nous les chargeons; ils ne peuvent prendre les vins ni les marchandises que vous nous ordonnez d'y envoyer, parceque ces vaisseaux sont chargés en partant de cette côte. Vous pouvez voir par nos délibé-

serez un à chaque ile, et vous ordonnerez à ceux qui les commanderont d'y séjourner le moins de temps qu'ils pourront, afin qu'une fois expédiés et sans s'attendre l'un l'autre, ils puissent se rendre dés le commencement d'avril à la côte malabare y charger les poivres que le comptoir de Mahé aura en magasin, et s'en revenir au mois de mai à Pondichéry. La Compagnie souhaite que ce qu'elle vous propose ait son exécution, cela convient de toutes manières, parceque les Iles de Bourbon et de France seront pourvues de tout ce qui leur est nécessaire, et que vous vous procurerez facilement les poivres dont vous aurez besoin pour charger les vaisseaux qui font leur retour en Europe. Quand aux fonds que vous devez envoyer à Mahé, vous pouvez vous servir de ces vaisseaux qui font le commerce de Moka et de Perse ou de Bassora, ils passent par la côte malabare, et il leur faut bien peu de temps pour débarquer des matières d'ar-

rations que nous profitons pour y porter ce que nous y envoyons, des occasions qui nous paraissent les plus convenables à vos intérêts.

qu'il est presque impossible que les vaisseaux qu'elle expédie de France puissent y toucher, parceque s'ils partent trop tard ils n'osent s'exposer à mouiller à la côte malabare, si ces vaisseaux partent de bonne heure ils essuyent au Cap de Bonne Expérance des calmes et des vents contraires qui retardent leur route et les empêchent d'arriver à Pondichéry en temps convenable, la Compagnie croit remédier par ce qu'elle vous marque à tous ces inconvénients.

Les vues de la Compagnie étaient conformes à ses intérêts, mais malheureusement ses ordres n'ont pas eu l'effet qu'elle se proposait. Nous ne savons pas dans quél temps ces deux premiers vaisseaux sont arrivés à Canton, le *Neptune* n'est arrivé en cette rade que le 26 août dernier, le *Lys* y était dès le 20 juillet, sa relâche aux îles était inutile, n'ayant rien à y remettre, et son retardement vous porte un préjudice considérable, puisque, f a u t e d'argent à donner aux marchands, la fabrication des

gent et les Marchandises que vous y pouvez envoyer. La raison qui porte la Compagnie à vous faire prendre cette voie pour y faire passer les fonds nécessaires, est

C'est en vue de faire arriver ses vaisseaux de bonne heure à Pondichéry qu'elle a pris le parti d'expédier au commencement de ce mois le *Mars* et l'*Atalante* qu'elle envoie en Chine, et de les faire passer aux Iles de Bourbon et de France pour y remettre les effets et marchandises qui leur sont destinés, elle compte que les deux mois dont elle avance le départ ordinaire pour la Chine, suffiront pour les escales qu'elle leur fait faire, et que ces vaisseaux arriveront à Canton au plus tard au commencement de juillet

marchandises du contrat a été interrompue à un temps de l'année le plus favorable.

de l'année prochaine. Au moyen de cet arrangement, elle tâchera de ne point faire relâcher à ces iles les vaisseaux qu'elle destine pour l'Inde, et hors les vents, rien ne pourra les empêcher d'etre rendus en bonne saison aux lieux de leur destination.

Le *Neptune*, capitaine le sieur de Jonchée, part dans le courant de ce mois, il vous porte 40.000 marcs de matières d'argent et la plus grande partie des marchandises et effets que vous avez demandés par vos mémoires, le surplus vous parviendra par le *Lys* qu'elle fera partir à la fin de l'année, elle se propose de lui donner 30.000 marcs de matières d'argent.

Ce vaisseau n'est point venu, la *Diane* est arrivée le 26 août dernier, nous l'avons chargé en conséquence des délibérations des 28 août et 18 septembre des cafés que ce vaisseau a pû porter, il est parti le 11 octobre avec le *Duc de Chartres* ; nous nous flattons que vous approuverez ce projet à défaut du vaisseau *La Viege de Grâce* ; les autres navires emporteront les poivres conformément à vos instructions. Vous voyez que nous avons toujours des vaisseaux plus que suffisants pour emporter le produit des fonds que vous nous envoyez.

Comme l'envoi de deux navires seulement ne suffisent pas pour remplir l'objet de son commerce, vous recevrez encore au mois de juillet le vaisseau, la *Vierge de Grâce*, qu'elle vient de faire partir pour traiter des noirs à Inda, et les transporter aux iles de Bourbon et de France ; ce vaisseau a ordre de passer à Pondichéry après avoir rafraichi son équipage aux dites îles, qui garderont pour leurs communication et la traite à Madagascar la *Diane*, qui doit y porter des noirs du Séuégal qu'il est allé charger.

L'intention de la Compagnie est que vous chargiez sur la *Vierge de grâce* les 400 milliers de café qu'elle vous a demandés annuellement de Moka, avec du bois rouge, des cauris et du salpêtre etc, et que vous le renvoyiez en octobre suivant en France.

Le motif qui engage la Compagnie à destiner la *Vierge de grâce* pour rapporter le café, est que cette espèce et le poivre étant incompatibles, si vous chargiez la première sur l'un de deux autres vaisseaux, la Compagnie ne pourrait recevoir autant de poivre qu'elle s'attend que vous lui en enverrez et que le *Lys* et le *Neptune* en pourront charger, ce qui n'arriverait pas si vous donniez du café à l'un de ces deux.

Ce vaisseau n'étant arrivé que le 26 août, vous voyez parfaitement l'impossibilité de l'exécution du projet, vous verrez par notre lettre générale les fonds qu'il a portés à Bengale et ceux qu'il en a rapportés.

Et comme la Compagnie compte que le *Neptune*, arrivant de bonne heure à Pondichéry, sera expédié tout de suite pour le Gange avec autant d'argent que vous en pourrez remettre, elle pense que ce navire pourra revenir en septembre avec au moins son chargement en marchandises de Bengale à Pondichéry où vous achevrez de leur donner sa charge en marchandises de la côte avec autant de poivre que vous pourrez, et que vous le ferez partir en octobre de concert avec la *Vierge* de *Grâce*.

Vos employés, tant en général qu'en particulier, ont le malheur d'être condamnés de vous sans en avoir été entendus. Si vous avez pris la peine de faire atten-

Le sieur Burat a très mal fait de vous avoir envoyé une aussi grande quantité de café dans le temps que la Compagnie ne lui en demandait que 400 milliers chaque an-

tion à l'article de notre lettre du 30 janvier 1729 qui concerne le voyage de Moka, et qui est très intéréssant pour vos affaires, vous y auriez vu que nous disons avoir écrit à M. Burat de nous envoyer la plus grande quantité de café qu'il pourrait, et que nous en avions reçu environ 550.000 livres, par conséquent il n'a donc pas mal fait puisqu'il a exécuté ce que nous demandions, et que vous lui avez ordonné de suivre ce que nous lui écrivions, ce serait nous qui aurions fait le mal, s'il y en avait. Le motif qui nous avait engagés de lui écrire de cette façon, était afin de nous servir du produit des marchandises qui étaient restées invendues l'année précédente à différents particuliers que nous ne remboursons qu'après l'arrivée du vaisseau. Nous regardions cela comme un avantage considérable pour vous d'avoir du café que vous ne payeriez qu'après l'avoir reçu dans vos magasins, même dans l'incertitude où nous étions alors si

née, mais vous avez encore mal fait d'en avoir fait acheter la partie qui vous a été offerte à la côte, puisque vous étiez informés de la quantité que la Compagnie en voulait, et surtout de l'avoir achetée 25p.% plus cher que celui de la cargaison. C'est fort mal ménager ses intérêts, elle n'entend point payer les bénéfices que quelques particuliers peuvent faire dans le commerce de Moka; s'ils veulent en tirer des cafés, c'est à eux à le vendre ainsi qu'ils jugeront à propos dans l'Inde, mais l'intention de la Compagnie n'est pas de l'acheter, et encore moins de suracheter une marchandise qu'elle doit avoir de première main. Ainsi elle n'entend pas que pareille chose arrive à l'avenir, et elle vous prévient qu'en cas de contravention à cette défense, elle vous fera payer l'excédent du prix et dommages qu'une trop grande quantité de café excédant la consommation du royaume pourrait lui causer, ne voulant pas absolument que vous lui en envoyez

nous serions en état d'en   plus de 400 milliers.
faire acheter la quantité que
vous souhaitiez, faute de quoi le payer, ne sachant pas si
les particuliers continueraient d'y envoyer à cause du trouble et du peu davantage qu'ils en recevaient. Si vous voulez
vous donner la peine d'examiner, vous verrez que, depuis
1727, les cafés que vous avez reçus jusqu'à présent, n'ont
été payés que des fonds que les particuliers vous ont avancés, et que vous n'avez remboursés qu'après que ces cafés
ont été reçus en magasin. En pareille circonstance 100
ou 150 milliers de plus, est-ce un objet pour une Compagnie qui veut faire un grand commerce? Nous aurions
pensé que vous nous auriez su gré de notre attention à cet
égard. Vous nous dites que nous avons plus mal fait
d'acheter la partie qui nous a été offerte ici et de la payer
25p.% de plus: les 2.300 balles achetées à Moka, pesant
557.080 livres, ont coûté 79.737 piastres 5-6, qui font à
112 marcs 6 onces 4 gros pour 1.000 piastres, poids de
Moka, 8.995 marcs 3 onces 3 gros, faisant 7.915 *serres* 78
Pagodes, à raison de 7 Pagodes 2 Fns la *serre* 56.071 Pagodes 9 Fanons 19 Caches, et 1.294 Pagodes 11 Fanons 48
Caches payés ici pour le fret de 1.800 balles apportées par
le *Pondichéry*, omis d'être passé dans la facture qui en a
été envoyée, font 57.365 Pagodes 21 Fanons 3 Caches que
ces 2300 bailes ont couté, ce qui revient à 49 Pagodes
10 Fanons 18 Caches le *bar*, et les 23.224 livres achetées
ici en coûtent 56 Pagodes 18 Fanons 51 Caches. Ce n'est
donc qu'environ 15p.% de plus, et non pas 25p.%; diminu-
éz encore 4p.% d'entrée ici qui vous ont été payés, vous
trouverez que ce ne sera que 11p.% que ce café acheté ici
coûte de plus que celui pris à Moka. Vous voyez que le
vendeur n'a pas eu grand profit pour les avances de son
argent et les risques d'avaries qu'il a courus; nous avons
acheté ce café pour la même raison expliquée ci-dessus,
dans l'incertitude où nous étions si nous pourrions en

avoir l'année suivante à cause des troubles qui continuaient à Moka et qui interrompaient le commerce; au surplus, nous l'avons acheté de bonne foi et au prix de la côte, dans l'intention de vous rendre service, nous avons l'honneur de vous assurer que personne de nous n'y avait intérêt, et que nous n'acheterons dans la suite que les choses qu'il vous plaira d'ordonner.

Il est absolument impossible d'empêcher les officiers des vaisseaux qui sont à Bengale, ni ceux qui restent ici, d'embarquer ce qu'ils jugent à propos. Le Gange est rempli de bateaux de toutes nations qui vont à bord, la rade est ouverte ici, il y vient des embarcations jour et nuit qui peuvent mettre sur ces vaisseaux ce que les officiers y veulent recevoir, sans qu'une garde de 20 hommes puisse les en empêcher; mais le débarquement aux iles ne serait pas facile, si les ordres que vous y donnez étaient bien exactement exécutés, pour cet effet il ne s'agit que de donner à ceux qui garderont le bord de la mer l'ordre d'arrêter tout ce qu'ils pourront.

La Compagnie étant informée que malgré les ordres sévères qu'elle a donnés aux Iles de Bourbon et de France d'empêcher le commerce qui se peut faire dans l'Inde par ses vaisseaux, il ne se laisse pas de s'y introduire quelques marchandises, et comme il est nécessaire de remédier à ce désordre surtout dans le temps que vous y avez envoyé, et de n'y continuer d'y envoyer des marchandises des Indes, elle vous recommande de commettre l'un de vous pour visiter avec un très grand soin les deux batiments qui seront expédiés de Bengale pour ces iles, et confisquer sans aucune grâce les esclaves et marchandises que l'on aurait pu y charger frauduleusement, et procéder avec la dernière rigueur contre les contrevenants, ordonnants de destituer de son emploi telle personne que ce peut être qui se trouverait en contravention. Vous donnerez les mêmes ordres à Bengale pour que l'on s'y conforme avant le départ des navires; vous devrez sentir qu'on ne peut être trop sévère en cette occasion, et qu'il ne convient pas que la Compagnie soit exposée à un commerce frauduleux qui ruinerait le sien, alors qu'elle fait journellement des dépenses considérables pour mettre ces îles en valeur.

Elle vous autorise à accorder aux saisissants ou dénonciateurs la moitié de la valeur des choses saisies que vous leur ferez payer sur le champ.

Ce vaisseau est arrivé le 20 juillet dernier, nous avons reçu les dépêches dont il était chargé.

La Compagnie répondra amplement à vos lettres par le vaisseau le *Lys* qu'elle compte faire partir dans le courant de décembre prochain.

Nous vous avons écrit qu'il s'était embarqué sur la *Syrène* pour passer à l'Ile de France où il devait former une habitation.

Le sieur Ceré que vous avez établi lieutenant de port ayant demandé à passer à l'Ile de France pour s'y établir avec sa famille, la Compagnie le lui a accordé, et en même temps le même poste de lieutenant à l'un des deux ports, vous le ferez embarquer sur le premier vaisseau qui devra passer à la dite île.

Nous n'avons pas reçu la copie de ce commandement dont l'original a été envoyé par M. de Villeneuve au Père Placide, consul à Bassora, pour le remettre à l'employé qui y serait char-

Vous avez ci-joint la copie du commandement du Grand Seigneur au Pacha et Cady de Bassora au sujet des avanies et des vexations faites journellement aux vaisseaux français qui y al-

gé des affaires de la Compagnie. Le sieur Bunel ayant succédé au sieur Regnault, demanda ce commandement au Pére Placide qui refusa de lui remettre et le présenta lui-même au Pacha qui l'a gardé sans s'y conformer, sous prétexte qu'il avait reçu des ordres contraires de Constantinople. Le peu de crédit que ce Pére s'est acquis à Bassora, le met hors d'état de faire valoir les intérêts de la nation auprès des puissances du pays, et est cause du peu de cas que le Pacha a fait des raisons qu'il lui a données pour le porter à se conformer aux ordres du Grand Seigneur. Il eut été à souhaiter que ce Père eut laissé agir le sieur Bunel dans cette affaire; elle eut eû un meilleur succés. Ce dernier en a écrit à M. l'ambassadeur qui lui a fait reponse qu'il travaillait à obtenir un second commandement, qui ordonne l'exécution du premier et qui renouvelle la disposition des capitulations. Nous prierons M. de St. Hilaire, capitaine laient faire commerce. M. le Marquis de Villeneuve, ambassadeur du Roi à la Porte, en remettant à la Compagnie une copie de ce commandement, lui marque par sa lettre du 30 juillet dernier en adresser l'original aux Missionnaires de Bassora pour le remettre au sieur Regnault, qui a dû encore s'y trouver pour le recevoir, suivant ce qu'il a écrit à ce ministre en lui portant ses plaintes et contre le Pacha et contre le Cady.

Au cas que le dit sieur Regnault soit parti de Bassora avant d'avoir reçu de M. l'ambassadeur la dépéche, ne manquez pas de charger le subrécargue du premier vaisseau que vous envoyez dans ce port, de demander aux missionnaires ce commandement pour le remettre au Pacha, et vous lui recommanderez de rendre compte à M. le Marquis de Villeneuve, de ce qui se sera passé à ce sujet, il peut en écrire à la Compagnie par la même voie et sous le couvert de M. l'am-

du vaisseau *l'Union,* qui bassadeur.
doit aller cette année à
Bassora, de se joindre au Père Placide pour faire en
sorte que les ordres de la Porte soient mieux exécutés
qu'ils ne l'ont été la première fois. Nous pensons que
M. l'ambassadeur aura écrit à ce Père, qui est très entêté,
en sa qualité de consul, d'une façon à l'engager d'agir
autrement qu'il n'a fait jusqu'à présent. Il serait plus à
propos pour l'intérêt de la nation, que ce consulat fut en
d'autres mains qu'en celles d'un religieux; si cela ne se
peut pas, il est nécessaire, Messieurs, que vous écriviez au
Général des Carmes à Rome pour le prier de donner
ordre, à ses religieux à Bassora, de ne point se mêler de
vos affaires, de laisser agir vos employés, et de leur remettre les papiers dont ils sont porteurs, quand ils les
leur demanderont.

Au surplus, l'avantage qui peut résulter de ce commandement n'est pas si considérable, puisqu'il ne s'agit que d'une diminution d'un pour mille de droits sur toutes sortes de marchandises, et de 1p.% sur celles de poids qu'exige le pacha, 4p.% au lieu de 3p.%. Les autres nations payent ces droits comme nous; les Anglais qui payent 5p.% pour les marchandises en balles Les frais faits que la Compagnie à remboursés pour l'obtention de ce commandement, ont monté à 383 piastres, il semble juste que vous lui en fassiez tenir compte sur les armements qui se font à Pondichéry ou à Bengale pour Bassora, puisque ces armements devront profiter de tous les avantages qui doivent résulter de ce commandement.

en payent 6 pour celles sujettes au poids, et le 7p.%o en sus.
Le Pacha a été si fort irrité de notre constance à pour-
suivre l'exécution de ce commandement, qu'il a exigé par
force du sieur Bunel 5p.% de droits sur les marchandises

en balles de la cargaison du *St. Ignace,* au lieu de 3p.%
que nous avions payé jusqu'à présent.

Nous nous conformerons
aux mémoires d'observati-
ons et aux lettres que nous
avons reçues de ces Mes-
sieurs auxquels nous répondrons en particulièr.

La Compagnie se rèfere
aux mémoires d'observati-
ons que M.M. Godeheu et
Hardancourt, directeurs députés pour la vente à Nantes, doivent vous adresser
sur les marchandises du
Mars, le *Bourbon,* et le *Mercure,* qui ont été vendues le 5
de ce mois et les jours suivants, conjointement avec
celles du *Jason* qui est heureusement arrivé de la Chine
le 15 septembre dernier.

Nous l'avons envoyé.

Vous avez ci-joint à ca-
chet volant le paquet de la
Compagnie pour le comptoir de Chandernagor auquel
vous le ferez passer.

Nous nous y conforme-
rons.

Vous avez en outre copie
de l'instruction du sieur
Jonchée, Capitaine du *Nep-*
tune, et copie de celle du sieur Butler, Capitaine de la
ierge de Grâce.

Nous avons appris avec
beaucoup de satisfaction la
naissance d'un Dauphin,
nous avons fait chanter un
Te Deum en action de grâces, nous avons fait et ordonné des réjouissances
publiques, qui ont été exécutées dans toute la colonie

Dieu a enfin exaucé les
vœux de toute la France,
la reine est accouchée d'un
Dauphin la nuit du 3 au 4
septembre, ce prince ainsi
que leurs Majestés jouissent
d'une parfaite santé. L'intention de la Compagnie est
que vous fassiez chanter

avec de grandes démonstrations de joie, nous vous en avons envoyé la relation avec notre lettre du 8 octobre dernier, nous avons fait passer cette nouvelle dans les différents comptoirs, et donné avis de vos intentions.

avec le plus de solémnite qu'il vous sera possible un *Te Deum* en action de grâces d'une si grande faveur, et que vous ordonniez les réjouissances que vous jugerez convenables à un évenement si heureux; vous ferez passer ces nouvelles et ces ordres dans les comptoirs qui vous sont subordonnés.

Nous souhaitons que les affaires se soient terminées comme vous l'espériez par une paix ferme et durable.

Les affaires de l'Europe sont toujours dans la même situation, on espère que tout se terminera par une paix ferme et durable.

Nous nous flattons que cela aura rétabli les affaires du commerce en Europe et donné de grandes facilités aux vôtres.

Le Roi d'Espagne qui avait jugé à propos pendant quelque temps de ne point faire remettre le produit des gallions, en a ordonné la délivrance qui a été faite dans le courant du mois dernier.

Nous sommes, etc. Signé: Lenoir, Delorine, Legou, Dupleix, Vincens, Dulaurens et Signard.

Nous sommes, etc. Signé: Fromaget, l'Abbé Raguet, le Cordier, Castanier, Deshayes, Desprémenil et Langeois, et plus bas: à Nantes, ce 20 octobre 1729, Signé: Godeheu et Hardancourt.

RÉPONSE DU CONSEIL à Pondichéry, le 15 janvier 1731.

Messieurs,

Nous nous y conformerons autant que les circonstances des temps nous le permettront.

le *Mercure*, avec les qualités et quantités que la Compagnie vous demande, vous vous y conformerez s'il vous plait autant qu'il sera possible.

Nous sommes, etc. Signé: Lenoir, Delorme, Legou, Dupleix, Vincens, Dulaurens et Signard.

LETTRE DE M.M. HARDANCOURT ET GODEHEU AU CONSEIL SUPÉRIEUR DE PONDICHÉRY. à Nantes, le 20 octobre 1729.

Nous vous envoyons, ci-joint, Messieurs, le mémoire des observations de la Compagnie sur les marchandises apportées par le *Bourbon* et

Nous sommes, etc. Signé: Godeheu et Hardancourt.

RÉPONSE DU CONSEIL à Pondichéry, le 15 janvier 1731.

Messieurs,

Le camphre que nous avons chargé sur le *Mercure* provenait du commerce qui avait été fait à Achem par vos navires le *Jupiter* et le *Diligent*. Le sieur Porcher

LETTRE DE M.M. GODEHEU ET HARDANCOURT AU CONSEIL SUPÉRIEUR DE PONDICHÉRY. à Nantes, le 29 octobre 1729.

Vous avez chargé, Messieurs, sur le *Mercure* une partie de camphre de 3 qualités, sans spécifier s'il est brut ou raffiné, nous avons crû, à l'inspection de

qui y était chargé de vos affaires, le reçut en paiement d'une partie de marchandises, ainsi que nous vous le marquons par nos réponses en apostilles à la lettre de la Compagnie du 19 décembre 1729, sur la fin de l'article timbré "Commerce du Gange," où vous nous parlez de cet envoi de camphre. Nous avouons n'être pas habiles connaisseurs en cette marchandise, nous pouvons cependant vous dire que ni vous ni les marchands qui viennent à la vente, n'avez jamais vu ni connu le vrai camphre; votre apothicaire de Lorient ne nous parait pas plus connaisseur, puisque les montres qu'il nous a envoyées sont du faux camphre que les Hollandais savent apprêter et distribuent dans toute l'Europe avec un bénéfice considérable. Celui dont vous vous plaignez est vrai, ce n'est point de notre faute si vous ne l'avez pas connu, votre peu de connaissance sur cette matière aurait dû nous épargner les termes durs dont vous vous

votre facture, qu'il était parfaitement blanc et en larmes, avec d'autant plus de raison que le prix en est exorbitant, mais à l'ouverture des jarres et des caves nous avons été des plus surpris de trouver du camphre qui ressemble à une terre pulvérisée brune, à l'exception de celui des flacons que vous cotez pour la première sorte et qui est en petits grumeaux variés de couleur. Les marchands du royaume, actuellement à la vente, n'en ont jamais vu de ces qualités, ils ne l'ont reconnu pour du camphre qu'à l'odeur, et nous pensons nous-mêmes que vous ne le connaissiez pas; peut-être aussi que l'envoi en a été fait par quelque particulier qui avait traité cette partie pour son compte, et qui l'a vendue à la Compagnie à 100 ou 150p.% de profit, sur quoi elle veut être parfaitement instruite pour remédier à d'aussi grands abus, et vous ne devez pas hésiter un seul moment de nommer à la Compagnie celui qui a fait prendre ou

servez dans vos lettres, et qui nous conviennent d'autant moins, qu'outre le droit que nous ne pensons pas que vous ayez de nous maltraiter, nous n'avons jamais tenu une conduite qui le méritât.

vendre ce camphre à la Compagnie, quel qu'il soit.

Si vous vous étiez donné la peine de lire les comptes et les factures du voyage du *Jupiter* et du *Diligent* à Achem, qui vous ont été envoyés en janvier 1729, vous nous eussiez évité le chagrin de recevoir des reproches aussi injustes que ceux que vous nous faites, et la peine de nous disculper d'une affaire qui ne nous touche en rien du tout. Quand nous avons coté le caty d'Achem près de 2 Liv, nous ne vous avons pas dit qu'il fut du même poids que celui de Chine, nous vous avons parlé du caty d'Achem seulement qui est bien différent de celui de Chine, et pèse environ 2 livres.

Nous vous observerons que votre facture ne désigne pas le lieu d'où ce camphre est venu, ce qui nous persuade qu'il procède d'un commerce particulier d'Inde en Inde. Nous trouvons dans cette partie de camphre trois qualités ci-après détaillées.

C.P. No. 1 Une cave de 15 flacons

C.P. No. 2 Une cave de 15 flacons

C.P. No. 3 Une cave de 15 flacons

C.P. No. 4 Une cave de 15 flacons

contenant, ensemble, 75 catis de 1ere sorte.

Dans le No. 4 quatre flacons

C. No. 2 quatre jarres ou bouillons

C. No. 3 deux jarres ou bouillons

67 catis 2e sorte et 43 catis 3e sorte.

dix jarres ou caves contenant 184 catis que vous dites peser environ 2 livres de France, à 2 taëls 14 massias 1/8 l'un dans l'autre, faisant 530 taëls 9 et 1034 Pagodes 14 fs 2 cs. Vous deviez bien expliquer le poids de ees catis, le caty de Chine pèse 19 onces 2/3, ce qui est bien différent de celui que vous côtez près de 2 Lv. apparemment qu'il est d'un autre pays.

Comment les Hollandais pourraient-ils vendre le vrai camphre raffiné 13 Liv. 5s. la livre, pendant qu'en Chine (où l'on recherche fort cette marchandise) il s'y vend de 14 à 20 taëls le caty de 20 onces, et s'achète à Bornéo et Sumatra 10 à 12 taëls. Les chinois composent un camphre qu'ils vendent ordinairement 14 à 18 taëls le picul de 120 livres, c'est cette qualité que nous voyons en Europe, laquelle étant raffinée par les Hollandais, s'y vend comme bon, parceque le vrai n'y a jamais été connu.

Cet achat étant fait l'un dans l'autre, vous trouverez que les 184 catis pesant environ 360 livres coûtent à Pondichéry 1.034 Pagodes 14Fs. 2Cs. à laquelle somme ajontant 10 Pagodes pour l'emballage de 10 jarres ou caves, cela fait 1.044 Pagodes 14Fs. 2Cs. qui à 8 Lvs. 10 sols chacune, valeur numéraire, font environ 8.880 Liv. en sorte que ce camphre coûte à la Compagnie 24 Lvs. 13 la livre, poids de marc d'achat dans l'Inde, alors que le camphre brut en Hollande ne vaut que 11 Lvs. la livre, et le raffiné 13 Lvs. 5 mon_naie de France, le change à 56¾.

Nous n'en eussions pas envoyé une si grande quantité s'il nous eut fallu l'acheter; cette partie de marchandises appartenait à la Com-

Vous deviez vous contenter, ne sachant pas si le camphre a une valeur en France proportionnée au prix coûtant des Indes, d'en

pagnie, nous la lui avons envoyée comme telle, c'est à elle à supporter les événements de son commerce.

Nous n'avons acheté ni fait acheter cette marchandise à Surate, ainsi nous ne pouvons rien dire sur les frais qui y ont été faits. Elle nous a été apportée par un brigantin armé par le sieur Martin ; lorsque nous prîmes le parti d'en faire l'emplette, nous crûmes qu'un bénéfice de 10% était bien peu de chose pour les risques de Surate ici, dont la traversée est la plus dangereuse que nous ayons dans l'Inde par rapport aux Angarias et autres pirates qui désolent la côte malabare. Au surplus, nous ne voyons pas, Messieurs, que vous ayez à vous plaindre de la vente de cette drogue puisqu'elle vous a donné plus de 80% de bénéfice, et que le royaume y trouve son utilité ; il serait même avantageux pour l'Etat que vos cargaisons fussent composées de différentes dro-

charger pour montre une petite jarre, sans exposer la Compagnie à une perte aussi considérable qu'elle ne doit pas supporter.

Vous avez aussi envoyé par le *Mercure* une partie d'encens 2ème sorte en 41 caisses contenant ensemble 287 mans de 34½ Lvs. chacun qui coûtent suivant la facture   Rs. 591.12
Vous passez pour les frais de Surate au sieur Martin 116.0
10% de bénéfice sur les deux parties ci-dessus   70.4
et pour frais d'embarquement à Pondichéry 41 Pagodes faisant à 3 Rr. la Pagode   123.0
Ce qui fait en frais près de 53% ——— 309.4

Total Rs. ... 901.0

L'autre partie de l'encens première sorte qui consiste eu 18 caisses contenant ensemble 126 mans aussi de 34½ Lvs. chacun est emplo-

gueries, notre commerce se soutiendrait et l'on pourrait se passer de l'étranger. Permettez nous de vous dire à ce sujet que vous ne trouvez toutes sortes de marchandises bonnes que lorsque vous trouvez à vous en défaire sur le champ avec un grand bénéfice, sitôt que le prix baisse ou que la recherche n'est plus si vive,

yé dans votre facture 378.0
frais de Surate 51.3
10% an sieur Martin
sur ces 2 parties 42.4
frais d'emballage de
18 caisses à 1 Pagode chacune 54.0
Ce qui fait en frais
39%. ———— 147.7

Total Rs. ... 525.7

vous vous dégoûtez, et vous nous dites que ces sortes de marchandises ne sont pas bien choisies, qu'il y a de la négligence de notre part; nous jugeons de la bonté des ventes par le style dont vous vous servez. Un commerce continu et étendu comme devrait être le vôtre, demande une constance que nous ne voyons que chez nos voisins, et qui jusqu'à présent a été le plus ferme soutien de leur commerce. Ils gardent soigneusement la marchandise qui n'a pu se vendre, ils savent le besoin que l'on en aura sous peu, ils en profitent sans craindre le retard.

Les raisons que nous vous avons alléguées à l'article précédent, militent également pour celui-ci, nous nous y référons.

Les 6 caisses de myrrhe en sortes, et qui ne sont pas belles, contiennent ensemble 42 mans coûtant suivant facture, cy 372.12
frais de Surate 16.4

10% de bénéfice au sieur Martin pour les
   2 parties 38.4
frais d'emballage à Pondichéry des 6 caisses
   à 3 Pagodes 18.0
Ce qui fait en frais près de 19% ———— 72.8

Total Rs. ... 445.4

Le reproche que vous nous faites sur ces sortes de marchandises consistant en 28 balles, n'a point d'autre fondement que celui de ne s'être point donné la peine de lire notre lettre du 30 janvier 1729, vous y auriez vu que ces marchandises étaient restées dans vos magasins de Surate et avaient été mises en gage par le sieur Grangemont pour pouvoir subsister, nous les avons fait retirer en payant ce qui était dû, elles nous ont été apportées par votre bot le *Dauphin*, et nous vous les avons envoyées comme chose qui vous appartenait, ainsi nous ne pouvions employer en toiles de coton ce que ces marchandises ont coûté.

Il en est de même des marchandises suivantes que vous avez envoyées par le *Mars*: 10 balles de *katequis* qui coûtent, la pièce valeur de l'Inde 1 Lvs. 7 S.

	Lvs.	S.
18 balles *corates* ou pagnes	1	17
2 do. bas *justaupauts*	5	10
1 do. *neganepauts*	6	8
1 do. *chazelos*	5	8
1 do. do.	6	3
2 do. do.	6	8

Cependant toutes les marchandises ci-dessus sont invendues, on n'a offert des pagnes et *korattes* que 30 S. jugez de la perte, et à quoi vous exposez la Compagnie. Les achats des marchandises ci-dessus dénommées coûtent dans l'Inde, valeur intrinsèque, 5.500 Pagodes, si vous lui aviez envoyé, à la place, de bonnes toiles de coton, elles seraient vendues avec bénéfice, et vous lui causez un vide de plus de 80.000 Liv. tant en principal que profits.

Nous avons vu par un mémoire sans date et non signé que vous avez adressé à M. Lenoir, où vous faites la comparaison du prix coûtant d'achat avec celui de la vente que vous avez faite de

La Compagnie n'a pas encore exposé en vente l'encens et la myrrhe, ce sera pour la semaine prochaine, et vous aurez la certitude du prix de vente par le *Neptune*, s'il n'est pas parti, et

ces sortes de marchandises, qu'elles vous ont produit 80p.% de bénéfice, ainsi que nous vous le marquons par un des articles précédents, par conséquent elles sont donc vendues.

L'observation que vous nous faites sur les *katequis* et *korates* est mal fondée pour la raison que nous vous disons dans un des articles ci-dessus qu'ils ne procèdent point de nos a-chats, et qu'ils ont été reti-rés d'un marchand chez lequel ils avaient été mis en gage par M. de Grangemont. A l'égard de l'encens et de la myrrhe, nous croyons vous avoir rendu un bon service en les achetant des personnes à qui M. Martin les avait adressés ici pour les vendre pour son compte, et de n'avoir donné que 10p.% tant pour l'avance de l'argent que pour les risques. Quant au camphre nous vous référons à la réponse que nous vous faisons ci-dessus. Il vous restera seulement le chagrin de la fausse accusation que vous nous

à son défaut, par le dernier vaisseau qui partira pour l'Inde, soit pour faire continuer les achats de partie de cette marchandise, soit pour les cesser totalement.

Nous vous ferons encore la même observation sur les *katequis*, *korates* et autres toiles ci-dessus spécifiées venues de Surate, encens et myrrhe, que nous vous avons faite sur le camphre, car enfin, si vous ne savez pas le prix de marchandises, ou que vous vous laissiez surprendre, la Compagnie n'est pas faite pour supporter ces sortes de pertes, avec d'autant plus de raison qu'elle ne vous a jamais dit d'envoyer en pareilles quantités de marchandises, mais bien des montres. Si, au contraire, tous ces articles proviennent d'un commerce particulier, la Compagnie en est d'autant plus indignée de voir des prix arbitraires que ses employés donnent à des marchandises qui proviennent de leur commerce particulier, ainsi qu'elle en a la

faites, faute de vous donner la peine de lire les lettres et les états que nous envoyons à la Compagnie concernant ses affaires. Ainsi vous voyez que toutes ces marchandises ne proviennent point du commerce particulier d'aucun de vos employés, et que la peine que vous dites en avoir par l'achat du café et du poivre à Pondichéry est est une chimère.

preuve par l'achat du café à Pondichéry et celui du poivre à Mahé. Son intention est donc de savoir qui a pû la charger si injustement de tous ces différents articles.

Nous avions donné en conséquence les ordres nécessaires à M. Martin, nous avons appris depuis qu'il est mort en septembre dernier, nous écrirons au sieur de Flacourt de nous remettre ces marchandises, et vous les ferons passer lorsque nous les aurons reçues.

Quant aux marchandises qu'elle vous demande de Surate, comme *douttys, sauvaguses, pounabaguses, deribadis* d'Agra, larges et étroits, *baffetas*, le tout blanc, vous pouvez en faire charger sur ses vaisseaux 2 balles de chaque qualité pour montre, ainsi que des *birampauts* blancs, mais pas davantage, parce qu'il faut absolument que la Compagnie se détermine pour l'ordre à vous donner sur la vente qu'elle en fera, mais surtout observez qu'il ne faut pas que ces marchandises soient chargées de frais comme les drogueries ci-dessus.

Nous ne pouvions exécuter comme nous le voudrions les ordres que vous nous donnez à cet égard, nous vous en disons les raisons par notre lettre générale à la

Nous vous avons demandé par notre mémoire d'assortiments 12.000 pièces de *salampouris* de la marque 1 A = 1 A vous pouvez en envoyer 13.000 pièces, et au

quelle nous nous référons.

lieu de 6.000 pièces; de la marque *2 A = 2 A* il en faut 8.000 pièces, et enfin par assortiment 3.000 pièces, ce qui fait en tout 24.000 pièces de *salampouris* blancs.

Toutes les toiles de *salampouris* et de guinées que vous recevrez cette année le seront encore davantage faute de coton, qui n'est presque de 3me et de 4me sorte, n'ayant pu absolument en avoir que fort peu de 1ère et de 2ème sorte.

Tout ce que nous avons à vous recommander sur la fabrique tant de *salampouris* blancs que des guinées, est que ces marchandises soient bien remplies de fil et bien serrées, s'étant trouvées toutes trop claires, tant dans le gros que dans le fin.

Nous sommes, etc, les directeurs de la Compagnie des Indes. Signé: Hardancourt et Godeheu.

Nous en avons chargé sur les vaisseaux qui portent la présente, nous en avons demandé à Bengale, à Mazulipatam, et en faisons fabriquer ici les sortes que vous et la Compagnie demandez pour faire des chemises, des draps et des nappes.

Depuis ce que dessus écrit, nous recevons des lettres de la Compagnie qui nous marque d'ordonner dans l'Inde des toiles fines de coton de 2/3 de large pour faire des chemises, attendu que la consommation en augmente considérablement. Vous aurez attention d'en ordonner soit à la côte soit à Mazulipatam 1000 à 1200 pièces de 15 aunes de long, et que le grain de cette toile soit beau, bien uni, bien serré et bien frappé. Signé: Hardancourt et Godeheu.

RÉPONSE DU CONSEIL

à Pondichéry

le 15 janvier 1731

Messieurs,

Nous avons reçu ces mémoires d'observations, nous nous y conformerons autant qu'il sera possible.

Nous apporterons toute notre attention à la visite de cette marchandises, nous espérons que vous serez satisfaits de celles que nous vous envoyons.

Nous avons reçu ces échantillons qui sont très chiffonnés et en très petits morceaux d'un pouce de large, auxquels on ne peut rien connaitre, il serait nécessaire de nous envoyer une demi pièce de chaque sorte, un morceau ne suffit

LETTRE DE M.M. GODEHEU ET HARDANCOURT AU CONSEIL SUPÉRIEUR DE PONDICHÉRY.

à Nantes

le 29 novembre 1729.

Depuis la lettre que nous vous avons écrite, Messieurs, le 29 octobre dernier, nous avons relu avec attention nos mémoires d'observation sur les marchandises que la Compagnie vous demande annuellement. Nous trouvons ne vous avoir pas suffisamment expliqué l'article de tarlatannes dont nous vous avons marqué la qualité très inégale; la plupart des balles se sont trouvées mélangées de pièces si grosses et si claires, qu'elles ressemblent plutôt à un canevas qu'à une tarlatanne, ce qui nous prouve qu'il n'y a pas eu assez d'exactitude lors de la visite.

Toutes les tarlatannes sur 7/8 plus ou moins étaient dans ce cas, les négociants qui les ont achetées nous en font faire des remontrances. Nous vous recommandons d'y apporter tous vos soins pour que le contenu de chaque balle soit conforme

pas pour faire voir aux marchands et aux tisserands; les Hollandais peuvent vous en envoyer de supérieures en qualité à celles que vous recevez, elles coûtent certainement plus que les vôtres, il est aisé d'envoyer de ces marchandises supérieures en qualité lorsqu'on voudra en augmenter le prix à proportion, nous ferons de notre mieux pour ce que vous souhaitez à cet égard.

en qualité; les Hollandais en chargent pour l'Europe qui sont supérieures à celles que vous nous envoyez, ci-joint l'échantillon de la sorte qui tire 12 à $12\frac{1}{2}$ aunes sur $\frac{5}{8}$ à $\frac{7}{8}$, vous pouvez en envoyer annuellement 15 à 1600 pièces de cette sorte, qui ont ordinairement les marques B. C. V.—B. C—et B. C; de la marque 7 C. V—et 7 C. V huit cents pièces sur 1 aune $\frac{1}{8}$ à $\frac{1}{8}$; cette qualité s'est trouvée très bonne, ainsi que la marque 7 C—et 7 C dont il faut par chaque envoi 600 pièces, et en superfines aussi; ci-joint la sorte hollandaise que nous estimons cependant être de l'organdi, 3 à 400 pièces.

Nous exécuterons dans la suite vos ordres à ce sujet.

Quant aux betilles diverses dont la Compagnie vous demande 7000 pièces par assortiment, tant de 16 que de 20 aunes, vous pouvez porter votre envoi de 8 à 9000 pièces, d'autant plus que les officiers ne chargent plus de pacotilles pour leur compte particulier, cette quantité se vendra annuellement, vous recommandons la bonne qualité dans le choix.

Nous nous conformerons à ce que vous nous prescrivez, et ferons en sorte que ceux que nous vous enver-

A l'égard des organdis dont la Compagnie vous demande un assortiment de 3200 pièces de 12 et de 16

rons par la suite soient plus serrées.

aunes, vous observerez que vos qualités surperfines sont trop claires, il les faut beaucoup plus serrées.

Nous avons répondu amplement à tous les articles de vos différentes lettres qui parlent du camphre, il eût été à souhaiter que l'on eût connu en France la qualité de cette marchandise, elle ne serait pas revenue aux Indes en si mauvais état que nous l'avons reçue, et elle aurait été vendue beaucoup plus avantageusement que ne l'a été l'alun, nous ne nous exposerons plus dans la suite à de pareils reproches, et suivrons à la lettre ce que vous nous prescrivez.

Nous vous avons écrit-trés amplement sur l'article du camphre, et afin que vous soyez persuadés de sa mauvaise qualité, nous vous envoyons les trois montres étiquetées des sortes que vous avez chargées sur le *Mercure*; si vous aviez suivi les ordres que la Compagnie vous a donnés par sa lettre du 25 septembre 1727 de n'envoyer seulement qu'une caisse de camphre et d'alun pour montres, vous n'exposeriez pas la Compagnie à une perte si considérable qu'elle ne veut pas supporter,

et au lieu d'une caisse, vous lui en envoyez dix caves et jarres de camphre et 15.000 livres d'alun qui coûtent près de 15 Lvs. de notre monnaie courante, et qu'elle a eu bien de la peine à vendre à 16 Lvs. les cent poids de marc. Il convient d'envoyer des montres de nouvelles marchandises et drogueries, et la Compagnie ne vous blâmera jamais lorsque vos envois seront modérés.........

....

Nota.—Deux pages Manquent dans le registre.

RÉPONSE DU CONSEIL SUPÉRIEUR.

à Pondichéry,

le 15 janvier 1731.

Nous avons reçu, Messieurs, ce camphre très mal conditionné, il en a été dressé procés-verbal dont copie est ci-joint, nous ferons notre possible pour nous en défaire soit ici, soit en Chine, mais nous ne rembourserons point son prix à la Compagnie, elle en recevra seulement le provenu de la vente; nous ne sommes point tenus par aucun engagement à lui tenir compte des événements de son commerce, puisque cela ne procéde point de notre fait, et que cette marchandise a été apportée d'Achem par le *Jupiter* et le *Diligent*. Si vous aviez pris la peine d'examiner les comptes que nous vous avons envoyés de ces voyages, vous vous seriez

LETTRE DE M.M. LES DIRECTEURS DE LA COMPAGNIE DES INDES AU CONSEIL SUPÉRIEUR DE PONDICHÉRY.

à Paris, le 7 janvier 1730.

La Compagnie vous a informés, Messieurs, par sa lettre du 29 octobre dernier, de la mauvaise qualité du camphre que vous avez chargé sur le *Mercure*, elle ne l'a pû vendre à aucun prix attendu sa défectuosité, et comme elle vous a marqué qu'elle voulait savoir qui a fait prendre ou vendre ce camphre à la Compagnie quel qu'il peut être, elle a depuis déliberé de le faire charger sur le *Lys* pour vous être remis, ainsi vous ne manquerez pas à l'arrivée de ce vaisseau de tenir compte à la Compagnie du prix montant à 1.044 Pagodes 14 Fanons 2 Caches, y compris les 10 Pagodes pour frais d'emballage des jarres.

dispensés de nous écrire à ce sujet, nous nous référons aux réponses que nous faisons aux lettres de M.M.

Godeheu et Hardancourt à cet égard, et à ce que nous vous en écrivons dans un article de nos réponses à votre lettre du 19 décembre 1729.

Nous sommes, etc. Signé: Lenoir, Delorme, Legou, Dupleix, Vincens, Dulaurens et Signard.

Nous sommes, etc. les Directeurs de la Compagnie des Indes, Signé: Hardancourt, Godeheu, Despremenil et P. Saintard.

FIN DU TOME 1ER.

IMPRIMERIE MODERNE, PONDICHÉRY.

PUBLICATIONS

DE LA

SOCIÉTÉ DE L'HISTOIRE DE L'INDE FRANÇAISE.

Revue historique de l'Inde Française :

    Premier volume 1916-1917 ... ... 6 Rs.

    Deuxième volume 1918... ... ... 6 „

    Troisième volume 1919... ... ... 6 „

Les dernières luttes des Français et des Anglais dans l'Inde, par le colonel Malleson. Traduit par M. Edmond Gaudart, 1911, 1 volume, 230 pages (épuisé) ... 6 Rs.

Lettres et conventions des Gouverneurs de Pondichéry avec les divers princes indiens de 1666 à 1793. Publié par M. Martineau. 1912, 1 volume, 402 pages (épuisé) ... 6 Rs.

Procès-verbaux des délibérations du Conseil supérieur de Pondichéry, du 1er février 1701 au 31 décembre 1739, 3 volumes publiés par les soins de M. Gaudart, 1913-1915; chaque volume ... ... 6 Rs.

Inventaire des anciennes archives de l'Inde française, dressé par M. Martineau, 1914, 38 pages... ... 2 Rs.

Correspondance du Conseil supérieur de Pondichéry avec le Conseil de Chandernagor, du 30 septembre 1728 au 2 février 1747.—Deux volumes publiés par M.M. Gaudart et Martineau 1915-1916, chaque volume ... 6 Rs.

Correspondance du Conseil supérieur de Pondichéry avec le Conseil de Chandernagor, du 4 août 1747 au 21 avril 1747 (1re Partie) et correspondance avec divers du 18 janvier 1745 au 10 février 1757 (2e partie) 1 volume Tome III ... ... 6 Rs.

Résumé des actes de l'Etat-civil de Pondichéry, de 1676 à 1735. Publié par M. Martineau, 1917, 448 p. ... 6 Rs.

Do. de 1736 à 1760, publié par M. Martineau, 1919. 380 pages 1 volume ... ... 6 Rs.

Correspondance du Conseil supérieur de Pondichéry et de la Compagnie—Tome I. de 1726 à 1730. Publié par M.A. Martineau, 1 volume... ... ... 6 Rs.